国家出版基金项目

分卷主编 张丽

中华民国时期外交文献汇编

1911—1949

第三卷

下

中华书局

（三）中国与比利时关于修订条约的交涉

说明：到 1926 年 10 月 27 日，《中比和好通商行船条约》将届十年期满，中方提前半年向比方提出终止旧约、缔结平等互惠新约，比方以根据条约，唯比方有权提请修约为由予以抵制，并游说英美等大国给予支持，还以将诉诸海牙法庭相威胁。由于比政府未能如愿得到英美政府的支持，遂不得已同意可以终止旧约、商定新约，但又在"临时办法"的内容和时效问题上大做文章，在条约期满后仍拒绝对修约期限加以限定。面对中国政府的最后催促照会，比方声明中止谈判，并将修约权争议提交海牙国际法庭，请求公断。1926 年 11 月 6 日，北京政府宣布中比条约失效。1927 年初，比利时政府的态度有所软化，中比重开谈判。不过，此时的北京政府已是岌岌可危，中比谈判不久又告中止。

1. 外交部与比利时驻华使馆的往来交涉

外交总长致比利时驻华公使

1926 年 4 月 16 日

为照会事：中比两国邦交向极亲密，中国政府为使前项邦交益加巩固起见，认为一八六五年十一月二日所订中比和好通商行船条约应于最早适当时机加以修改。盖该约订立已经六十年之久，现仍支配两国间之商务关系，而在此长时期中，两国所经之政治、社会、商务种种重大变更，实已不胜其多。体察各种情形，修改斯约而代以双方同意之新约，由缔约国相互利益言之，不特应为之事，实为必要之图。

人类社会情形，既时时变更，则绝无不加修改而可永久适用之条约，彰彰明甚。依国际惯例，各种国际协定，尤以通商行船条约为最。即使关于修改并无明文规定，亦往往按照各事件之性质及情形，时时量加修改,俾必要之整理得随时施行,以合缔约双方莫大之福利。中国政府欣悉上项所言情节贵国政府可以完全同意,因贵国政府于一九二五年九月四日对于一九二五年六月二十四日中国照会之答复,声明不拘何时,甚愿考量中国修约之提议也。

至现在所讨论之中比条约第四十六条,明定此约以十年为期,每届十年期满可行修改该约,订于一八六五年十一月二日,由一八六六年十月二十七日换文日起,实行有效。至本年是日,该约又届十年期满可行修改之期。因此,中国政府按照上述第四十六条之规定,谨向贵国政府声明,中国政府拟将上述一八六五年十一月二日之中比和好通商行船条约重行修改,所有该约条款及出入口货税则表与通商章程各附件均至本届十年期满,本年十月二十七日止,一律失效,并应缔结新约,以代旧约。

中国政府采此步骤,无非欲使中比从来之友睦邦交益加巩固。平等相互之新约一经成立,两国政府可望开一新纪元,则从此两国邦交必较前益加亲密。中国政府深信,贵国政府亦极愿乐观其成。谨再声明,中国政府业已准备与贵国政府于最早可能之时期,开始磋商本诸上述原则之新约,以代一八六五年十一月二日所订旧约,除训令本国驻比王公使照达贵国政府外,相应照会贵公使查照,即希转达贵国政府为荷。为此照会。

《外交公报》第 64 期

比利时驻华公使致外交总长

1926 年 4 月 27 日

为照复事:接准本月十六日来文知照,对于一八六五年中比条约拟加修改等语前来,本钦使立即据情电详本国政府去后,今日奉到复电,是以本钦使可备此文,照会贵总长如左:

查一八六五年条约第四十六条意义,惟独比国方面可有提请修改条约之权。事虽如此,然本国政府于审查必须时亦可作一度可为修改之思想,但须自当处于某某情节之需用必要时也,故此本国政府可云对此宗旨庶可加以考虑。

一俟中国政局稳定后,及关税特别会议并调查法权委员会等予以结果后,因各该会内所主事项,对于修改条约均有密切关系之故,本国政府与中国政府互邀同意,然后或可不至摈绝,开始商议该约或可修改之点。用特备文奉达。须至照会者。

《外交公报》第 64 期

比利时驻华公使致外交部

1926 年 5 月 31 日

驻比京中国公使曾通知比王政府,无论关税会议暨法权调查委员会之结果若何,中国政府既经通知,则一八六五年十一月二日之中比条约在一九二六年十月二十七日应自动失效,且新约亦应开议。

比使本比王政府之训令,愿重申其前次之宣言,虽约中第四十六条仅给比政府单独提议之权,然比政府仍愿考虑修改条约之可能,将即从事于如中国政治情形能允许其修改之时。

但中国关税问题现归国际会议裁决,治外法权亦由调查委员会研究,此项会议暨委员会均根〔据〕一九二二年华盛顿协定设立,而比国亦其中之一,其事甚显,即此项工作将应完全成就在开议新约之前。

《外交公报》第 64 期

外交部致比利时驻华公使

1926 年 6 月 1 日

驻比中国公使之声明,系重述四月十六日中国照会之内容,此照会业将中国意旨明白表示,且继续维持之。

如遇新约不能于一八六五年旧约满期之日,即一九二六年十月二十七日以前告成,则中国政府愿从事研究,另觅一种能保护比国毫无疑问之利益而又不损及中国正当之权利之临时办法。

《外交公报》第 64 期

外交总长致比利时驻华公使
1926 年 7 月 24 日

　　为照会事：关于一九二六年四月二十七日贵公使来照内称，奉本国政府训令，以比利时王家政府对于一九二六年四月十六日中国来照所开之修改一八六五年中比条约，准备予以修改一事，中国政府对于贵国政府尊重中国提议修约之精神，俾因此所能得之相互利益克以实现，不胜欣感。但贵国政府所称修约之磋议，拟待关税特别会议及法权调查会结束之后，中国政府歉难赞同。查上载之一八六五年中比条约至本年十月二十七日已届十年期满，四月十六日中国照会中业经指明，中国政府如遇新约不能于本年十月二十七日以前告竣之时，愿从事研究，另觅一种能保护比国正当合法之利益而又不损及中国当然享有权利之临时办法。[①] 但中国政府以为，对于一八六五年中比条约在本年十月二十七日以后之情状，实有不能不将其地位予以表明者，盖藉以免除关于此点所能有之误会也。须至照会者。

《外交公报》第 64 期

比利时驻华公使致外交总长
1926 年 8 月 4 日

　　为照会事：前准贵总长本年七月二十四日照会内称，中华民国政府重新声明，一千八百六十五年十一月二日中比条约至本年十月二十七日应即作废，届时如新约尚未订立，中国政府当力求一临时办法，顾全比国必不可驳之利益，亦不损害中国正当之权利等因，当即将该照会内容电达敝国政府矣。

---

　　①　六月一日照会中申明此点。

　　兹奉敝国政府命令,特向中华民国政府将业经提出之宣言,再为申述,即按一千八百六十五年十一月二日中比条约第四十六条,仅比利时王国有提议修改此约之权。

　　中华民国政府于本年七月二十四日照会,仍以为一千八百六十五年十一月二日条约,无论如何必须作废,是两国政府对于该约第四十六条之解释,其意见不能融洽。

　　查中华民国政府与敝国政府均经加入关于国际常设公断法庭之条款,承认该法庭之强制管辖权。中比条约情形既如前述,故奉命特向贵总长宣言,敝国政府拟将此项争议提出于国际法庭,但敝国政府关于此事力主调和,故于前项决定未予办理以前,仍静待一月,望中华民国政府将本年七月二十四日照会所称临时办法之基础先行通知为感。须至照会者。

《外交公报》第 64 期

外交部致比利时驻华公使

1926 年 9 月 2 日

　　中华民国政府与比利时王国政府,兹因一八六五年中比条约期满,愿缔结新约并为慎重新约订立起见,协议暂定下列临时办法,于一九二六年十月二十六日中比条约期满之日起施行,其施行期以六个月为限。

　　第一条　两国外交上及领事上关系继续存在,不因中断,并两国之外交及领事人员仍互相享受国际公法通常赋予之一切特权及优越权。

　　第二条　两国兹承认彼此关税自主之原则,但为过渡办法起见,比国暂时输入中国之商品,得享受外国入口货通用之税率,惟比国对于中国输入比国货物,亦予以外国入口货之最低税额为条件。

　　第三条　两国兹承认彼此领土管辖权之原则,但为过渡办法并施行该原则起见,如比国允许于缔结之新约抛弃在中国之领事裁判权,中国允许比国现在中国享受之领事裁判权暂予容受不即变改。

　　第四条　关于天津比国租界问题,俟商订新约时再决定之。

第五条　凡未经上列各项规定切实包括之一切问题，均依照领土主权及平等相互之原则处理，并该原则此后互认为两国订立新约之基础。

《外交公报》第 64 期

比利时驻华公使致外交部

1926 年 9 月 29 日

中政府于本月二日送交驻京比国公使馆之临时办法，其原文亦于九月三日由中国公使馆送交比国外交总长，业经比政府考量。

比国公使奉政府训令，敬告中国政府，九月二日之临时办法不能承允。

在比国公使将九月二日之临时办法转达比京之时，已经报告政府，当中国外交总长送交临时办法原文之时，曾经表示希望亦可收受比政府之或有对案。

因有以上情形，比政府愿自动的将该项问题和平解决，敬将下列对案提交中国政府，惟关于解释一千八百六十五年九月①二日条约之第四十六款，只比政府可以要求修改约内条款，则特行保留控诉海牙裁判法庭之权。

比国政府深愿巩固两国邦交，虽有一千八百六十五年九月二日条约之第四十六款，只赋予比国政府有要求修改条款之权，而比国政府允将一千八百六十五年九月二日之条约加以修改。

因此之故，中比两国政府立刻得以商议修改该项条约。

至修成之约及早替代一千八百六十五年九月二日条约为止期间，所有一千八百六十五年九月二日条约各款，除第四十六款外仍旧维持。

比国公使馆希望中国政府看重此项对案之和平精神，并请查照

----

① 原文为九月，有误，应为十一月，下同。

为荷。

比利时驻华公使致外交部

1926 年 10 月 23 日

为答复本月二十日中国驻比公使对于比国外交部部长所提之临时办法起见，比利时使署兹特通告于民国政府，以王家政府对于经一八六五年十一月二日条约所载比国单方得有废约之权利仍予特别保留外，愿以下列之基础订立临时办法。即

（一）关于（甲）货物（进口、出口、通过及内地税）；（乙）比国人民在华之地位；（丙）航船宜订明比国得享最惠国之条款。

（二）王家政府愿容纳司法调查会之意见，惟保留再作一度精密之审核。领事裁判权一节，在各国享有此种权利时期之内，应予维持。

（三）临时办法之有效期间，待至中国情形许可之时，关税会议竣事揭晓之际，根据平等及尊重领土主权二主义，缔结新约之日为止。比利时使署遵照比国外交部部长之训令，并通告于民国政府，以在二国政府继续磋商时期之内，王家政府不使用其提出于海牙国际永久法庭之权，惟以民国政府勿使比国政府遇已成之事实为条件，自不待言。

比利时使署甚望民国政府对于提出该项临时办法新草案所抱一种调和之精神，能予了解而加以最周密之审核也。

外交部致比利时驻华公使

1926 年 10 月 23 日

一九二六年九月二十九日及一九二六年十月二十三日比国公使所交两备忘录之内容，中国政府业已详予审核。对于比国政府以一九二六年九月二日中国所拟临时办法之基础，难予容纳一层，深为抱憾。惟内中所称比国政府愿缔结新约代替一八六五年十一月二日之旧约，并

愿依照平等及尊重领土主权之原则,立即从事缔结新约之会商各节,中国政府已经领阅。兹中国政府不妨碍其以前关于一八六五年十一月二日条约终了问题向比国政府通告之意见,对于本日比国公使受本国政府训令所交备忘录内之临时办法基础,提出修正草案如左:

(一)一八六五年十一月二日所订条约,自一九二六年十月二十七日起应视为已失拘束之能力。

(二)两国政府为欲促进友谊起见,承认依照平等及互相尊重领土主权之原则,立即从事缔结新约之会商,并约定该新约自上载日期起算,六个月内订成之。

(三)在缔结新约时期内,中比两国之国交及比国人民在中国所享之待遇与中国人民在比国所享之待遇,依照最惠国原则办理。

惟关于上载六个月时期内,中国法庭对于比国在华人民之裁判问题,中比两国政府当共同觅一双方均可容纳之办法。

《外交公报》第 64 期

比利时驻华公使致外交部

1926 年 10 月 26 日

本月二十三日中国政府所交草案,业经比利时使馆转达比国政府,兹王家政府为表示其调和之倾向,及其热望以友谊之方法解决因中国政府要求修改一八六五年十一月二日条约所发生之争执起见,向中国政府特行提出下列之提议:

中比两国政府业经双方同意,将一八六五年十一月二日所订条约予以终了,爰议定临时办法如左:

第一条　此缔约国外交暨领事人员以及人民、法人、货物、船舶在彼缔约国境内一切,均得享受最惠国之待遇。

第二条　本协议有效时期至新约实行之日为止。缔约双方约定以平等及互相尊重领土主权为基础,从速缔结该项新约。

王家政府关于终了一八六五年十一月二日所订条约友谊之退让,

以全部承认本临时办法为条件,设不能达到赞同,则比国关于废约一节,完全维持其法律上之地位,以便提出于海牙国际永久法庭。惟无论因现在之会商致使中比二国商务及居留之关系发生任何之变更,关于比国以一九〇一年议定书及一九二二年华会协约签字国之资格,对于中国所处之地位继续维持旧状,且会商中之临时办法,其存在设因中国而发生问题,或致于变更,则一八六五年十一月二日条约之各项规定,应恢复其效力。

外交部致比利时驻华公使
1926 年 10 月 26 日

第二条

本协定有效时期,至新约实行之日为止。缔结双方约定,以平等及互相尊重领土主权为基础,从速并在六个月期内缔结此项新约。但在六个月期内新约并未订立,缔约各方对于本协议有自由重加考量之权。

附注:凡画线各字句皆系中国外交总长所提之条件。

比利时驻华公使致外交部
1926 年 10 月 27 日

中国政府对于比国本月二十六日备忘录中向中国所提临时办法草案之建议,王家政府业经阅悉,兹特通告中国政府以对于中国之建议已予考量此种审核结果为照。中国政府所拟之第二条条文,王家政府实难承认。因满六个月时,中国若宣言将本问题重行审核,则其所发生之情状为一届指定到期时间,比国将有无约之危险。

惟为愿望取悦中国政府起见,王家政府承认于第二条"速"字之下加入"为期不得过六个月"诸字样,但必须于第二条之末尾规定,倘在六个月期内新约不能订立或不能实行缔约,一方得于三个月之前通知,要求将本协定再施行六个月。以后均照此限类推，至新约实行为止。如中国政府愿将加入诸字样另作附件，与临时办法同一效力，亦无不可。

至关于比国以一九〇一年议定书及一九二一年、一九二二年华会协约签字国之资格所处之地位，王家政府赞同中国之对案，由比利时使馆向外交部致一单方宣言书，而外交部则仅予以阅悉。

王家政府并通告中国政府以根据一九二一年七月二十五日比利时与卢森堡所订经济联盟协约第五条之所载，宜缮就正式文书，规定临时办法之条款并施行于该项比卢联盟。驻京比国使馆奉有许可，对于以上载各节为基础之临时办法予以签字。

《外交公报》第 64 期

外交部致比利时驻华公使

1926 年 10 月 28 日

本月二十七日比利时公使受本国政府训令所交备忘录之内容，中国政府业经阅悉。关于中国政府以最调和之精神，对于一九二六年十月二十六日比国政府临时办法第二条所提议之修改，比国政府无法承允，中国政府殊为抱憾。

本月二十七日比国公使备忘录中关于第二条所拟增加之点，一若预测新约在六个月期内难以完成，但中国政府深信，双方愿望缔结拟议之新约，苟能抱同等之诚意，则拟议之期间尽足以订成新约。比国政府所提议之修改，将发生一种之感想，以为比国政府倾向于无期延长审核中之临时办法，藉以迟缓新约之缔结，是以中国政府实歉难承认此种之修改。

中国政府对于以平等及互相尊重领土主权为基础，从速缔结新约一节，甚为重视。该项原则，比国政府似亦已愿予赞许。新约之订立愈速，则其利于中比之邦交及二国人民之融洽亦愈甚，此固甚为明著，是以拟议中之新约订立，极宜有一切定之时期。假令第二条而无此种时期之规定,则比国备忘录之第一条,中国政府亦殊难认可。

但中国政府始终设法以友好之精神,图本问题之解决,并为再表示其对于比国诚心之友谊,关于第二条预备再予退让,提议加以修改如下:

第二条 本协定有效时期,至新约实行之日为止。缔约双方约定以平等及互相尊重领土主权为基础,从速并在六个月期内缔结此项新约。但如六个月期满,经双方之同意,临时办法得延长之,并经任何一方之三个月预先通知,得废止之。

因中国举国反对单方条约无期延长之思想,及中国人民一致切愿中国对外之关系须以平等及互相尊重领土主权为基础,上载附加之退让,中国政府以为彼理可退让者已达极点。诚心希望比国观察上载之退让与上载退让之提议,采取同一之精神,并依照其现状予以容纳也。

至关于比国以一九〇一年议定书及一九二一年、一九二二年华会协约签字国资格所处之地位,本月二十六日比国公使与中国外交部总长会谈时,曾经告比国公使以中国政府不见有加述该点之必要,惟此如系比国政府所愿望,则不妨用单方之宣言,而中国政府只予以阅悉。

比国答复备忘录中所引卢森堡问题,似完全系一种新发生之问题。中国政府对于其与现在之会商(于)〔有〕若何之关系,不甚明了,故拟如属比国政府所切望,则缓日再加审虑。

《外交公报》第 64 期

外交部致比利时驻华公使
1926 年 11 月 4 日

关于十月二十八日送交比使之备忘录内载,中国政府本调和之精神,对于讨论中之临时办法第二条提议最后修正一节,中国政府原期比国政府从速予以满意之答复,乃自该备忘录送达比使后已满一星期,尚未得比国政府之答复,中国政府殊觉失望。

查中比条约规定之十年期限,已于十月二十七日届满,故急宜从速解决缔结新约期内施行之临时办法问题,时机急迫,中国政府深盼比国政府承认中国政府之提案,不再延迟,此诚为中国政府所热望。因若不能于相当最短期内接到此项答复,则中国政府关于中国对于一八六五年十一月二日所订条约之态度,将不能不正式宣言,俾两国之各种关系不至常处于一种不定之情状也。

《外交公报》第 64 期

比利时驻华公使致外交部

1926 年 11 月 5 日

比国使馆曾将本年十月二十八日中国政府送来备忘录之内容,转达比国政府。

比国使馆兹奉比国政府命令,特将比国政府不能容纳中国建议之意,敬达中国政府。

比国最后所提临时办法草案内,曾主张对中国根本让步,共同废止一千八百六十五年十一月二日之条约,惟该项让步足以剥夺比国所有权利,故比国于退让之外,同时要求在临时办法内承认比国享受最惠国待遇,并规定此项待遇实行至新约成立之日为止。

前项协同办法实为一体,乃中国政府并未承认,仅欲将临时办法实行之期限减为数个月,而中国政府又可单独停止。设于是时两国政府对于新约之基础尚未商议妥协,则比国有处于无条约并无临时办法地位之可虞。

中国政府当注意双方磋商所达之程度,足以证明比国政府对于维持旧条约之条款,并非作为一种原则或学理上之问题。

此次磋商中,比国之对中国实本于同情之心理,比国政府不惟不拘泥于一千八百六十五年条约第四十六条付与比国之权利,并考虑如何共同废止此约。不过,为退让之交换起见,要求共同订立一种过渡办法,俾比国在华事业与他国事业比较,不致骤处于不平等之地位,因是比国公使于前次与外交总长晤面时,曾向其声明,谓与中国有经济关系之列强，如北美合众国、大不列颠帝国、法国、日本诸国中，如有一国与中国订立新约时，则愿建议于比国政府，请其将延长临时办法之权即行停止。比国由现在起，关于司法事件愿约定，如上列各国中之任何一国日后与中国规定何种办法，比国亦承认同样办法。比国政府不得不取消从前之谈判，将对于一千八百六十五年十一月二日条约第四十六条解释上之法律问题，仍提出于海牙国际常设法庭审理。该法庭系按照国际联合会会章第十四条规定，由国际联合会大会于一千九百二十年十二月十三日设立，中比两国关于该法庭，曾于日来弗签有议定书，彼此约定凡由签字两方提出该庭之各项事件，均愿受其强迫管辖。

　　因此，比国政府请求中国政府按照该议定书第四十条规定程式之一，彼此共同妥定一公断状，以便提出于国际法庭。

　　比国政府赴诉于国际法庭，并非对于中国有何不友谊之举动，故比国使馆奉命向中国政府宣言，如比国之主张在法庭得有利之判决时，比国政府仍愿本乎本案开议时之初衷，续求一和衷办法，其用意不外保全比国利益而又能满足中国之希望也。

《外交公报》第 64 期

外交总长致比利时驻华公使

1926 年 11 月 6 日

　　为照会事：昨日贵公使面交之备忘录业已阅悉。中国政府会商替代前清同治四年中比条约之临时办法，虽经屡予让步，乃贵国政府对于本总长十月二十八日送达贵公使提案所予之让步修正，未见容纳，反声明恢复其谈判前之地位，提议将条约解释问题交付国际法庭，中国政府殊深抱憾。中国政府既仍坚持其以通知方法终止前清同治四年中比条约之见解，对于从前力图该问题友好之解决卒未如愿得有结果，不禁失望。

　　尤为可惜者，为谈判进行已有程度，其唯一争执问题为缔结新约是否应有一确定期间。查规定缔结新约期间一节，并非国际会商中罕见之举,中国政府所以视为尤有必要者,不但因现今中国举国皆抱反对片面条约及不平等待遇无期延长之思想,且所以表示两国欲于相当期内缔结新约之诚心。对于贵国政府声明一俟美、英、法、日本等国与中国订立新约时,比国政府对于中国与上开任何一国所定关于法权问题之办法,亦予以同样容纳。中国政府虽已阅悉,但对于此议不能予以容纳,以替代缔结新约之确定期限。因各国对于修订条约,设均取同一态度,势必有彼此推诿牵掣之弊,致中外共同利益最有关系之新约,反少成立之希望,自甚明了。因贵国政府现在所持之态度,中国政府以为除宣布一八六五年中比条约终止外,别无他途。因此,关于此事已于本日奉大总统命令,兹将英文译本抄送查阅。令中并令从速以平等及互相尊重领土主权为基础,与贵国会商订立新约。在此期间内,对于贵国在华之使领、人民、物产、船舶,已令知地方官依照国际公法及国际习惯,予以充分及适当之保护,并已训令主管各部署按照国际通例会商优待办法,呈候核夺施行。

总之,中国政府愿意重行声明者,为中国政府之欲以平等及互相尊重领土主权为基础,早日缔结新约。不但尽其对于本国人民之义务,且出自促进中比友好关系及相互利益真确之愿望,是以中国政府准备于无论何时根据上载之原则与贵国政府会商缔结新约。相应照会贵公使转达贵国政府为荷。须至照会者。

附:大总统指令第四百三十三号

令外交总长

呈请将业经期满之前清同治四年中比北京条约及税则通商章程宣布失效,另与商订平等及互相尊重领土主权之新约,以重邦交,祈鉴核示遵由。

呈悉。前清同治四年九月十四日中比北京条约共四十七款及税则通商章程,业于本年十月二十七日期满,应即宣布自期满日起失效。着该部从速商订平等及互相尊重领土主权之新约,以重邦交。至现在比国在华之使领、人民、物产、船舶,均着地方官按照国际公法及国际习

惯,妥为保护,一面并由主管各部署按照国际通例迅拟优待办法,呈候核夺施行,余如所拟办理。此令。中华民国十五年十一月六日

《顾维钧外交文牍选存》,第150—153页

比利时驻华使馆致外交部
1926 年 11 月 6 日

王家政府接准本月六日外交部来照,以民国政府宣言,对于一八六五年中比条约,民国已视为终止。

比国使馆对于民国政府之决议,必将转达王家政府,惟于其所持理由,难以承认。

至关于上述十一月六日照会之原文,王家使馆有应请民国政府注意者,即该照会内英文条文第三节,转述十一月五日比国送交外交总长备忘录第六节第二句之内容,不无出入。盖十一月六日照会所认为比国政府之宣言者,其实不过为比国公使之一种约议,依照该项字句,将调处办法转行陈请于比国政府而已。

中国十一月六日照会,对于比国提议根据一九二〇年十二月十六日议定书第四十条协定办法,提交国际永久法庭一节,既未答复,比国使馆认为,该项要求中国政府已予拒绝。

《外交公报》第69期

中国政府宣言
1926 年 11 月 6 日

溯自民国建立以来,中国政府即抱一种果决愿望,使中国在国际团体中得与其他各国处于平等地位,并使其得尽一部分能力,以求人类志愿之完成。此种主要原则为中国全国热望所在,是以时时奉为圭臬。顾中外各国间,设一日无平等及互相尊重领土主权之可言,则此种愿望之实现决难成就。自近百年来,中国受压迫而订立不平等条约,于中外人民之间造成歧异不同之待遇,至今日实为对于各国种种不满及镠轕

之原因。夫国与国之关系,既与人与人之关系相同,必也交换相互利益,能使彼此睦谊足垂久远,而后缔结邦交之主谛乃见。故此项不平等之中外国际关系,实非理所应有,况当此国际联盟成立,罗卡诺会议精神诞生之时代,而仍有不以平等相互为基础之国际关系,似无何种正当理由。盖惟相互乃能产出互相信任之心,而互相信任之心,乃能促进好感与谅解也。

中国政府为期达此项愿望起见,屡次循外交之途径及在各国际会议中,设法将中国与各国所订条约内严重限制中国自由、行使正当权利之不平等条〔款〕,如关税税则及对外人裁判权等等重要事项,予以终止。此项规定,创立片面之权利、侵损中国之主权、阻碍其国际关系之发达、束缚其政治经济生活之发展,故中国政府一方面在凡尔赛及华盛顿两会议并在此次北京关税特别会议中,屡次提出修改不平等条约问题;一方面对于新约之缔结,设除以平等相互主义及彼此尊重领土主权为原则者,概不允订。凡依照此种新基础而订立之条约,为数日增月进,现经订定者中奥、中玻、中智、中芬、中德、中波及中国与苏维埃各条约皆是也。

中国政府依此政策,对于现行各约大概得于满期时通告终止者,现正努力设法改订,俾于各约期满时,所有一切不平等及陈旧之条款不使复见之于新约。职是之故,中国政府对于前清同治四年九月十四日,即西历一八六五年十一月二日中比友好通商行船条约,经先期六个月之通知予以终止,盖所当表明者,缘该约系与中国初与外人通商时违背中国意愿而强迫订立之各约,同属一类,而对于中国主权加以限制者也。

依照同治四年中比条约第四十六条规定:自互换批准日起,每届十年,期满即可修改。因此,中国政府于本年四月十六日通告比国政府,愿将现行中比条约于本年十月二十七日予以终止,同时并提议从速开始商订新约。比国政府关于上载第四十六条中国之解释不能同意,而对于修改该约一节,声明须俟关税会议及法权委员会竣事后,始愿商订新约。

但嗣经长时间之讨论,两国政府同意将同治四年条约予以失效,采用临时办法以资代替，并互相允许此缔约国外交及领事人员以及人民、法人、物产、船只在彼缔约国境内得享最惠国之待遇。又协议以平等及互相尊重领土主权为基础缔结新约，在新约未订未实行以前，该临时办法继续有效。

上述终止旧约、商订新约两要点既经议定，中国政府信为不致提出障碍以阻止解决，讵比国政府对于中国政府定期订立新约之提议竟难承受。

特别权利之制度既须予以切实之终了，则新约自当于确定期间订立，故中国政府提议：会商新约之事须自本年十月二十七日起算，在六个月内完成之，在此项时期届满时，若新约尚未订立，则各方均有重行考量临时办法之自由。盖中国政府之提议确定时期，深信比国政府必无异议。因以为比国亦愿将二国关系从速以新约为基础也。况中国政府业向比国政府声明，谓此项新约之商订，于六个月之末确已议有成绩，则延长时间以便完成新约，届时不难商办云云。是以中国政府更信比国政府必可容纳其提议也。

乃有令中国政府失望者，此项提议比国政府竟不容纳，而反建议在六个月期满后，若新约不能订立或不能实行，则上述之临时办法得因缔约国一方先期三个月之要求，再行展期六个月，以后均照六个月期限继续展期，直至新约成立之日为止。

中国政府信为此种办法非特不能促进新约之订立，反足鼓励临时办法无期之延长，实无法予以承诺。惟中国政府本友谊之精神，为更进一步之让步，提议临时办法于六个月期满之时，得由双方同意延长之，并得以先期三个月之通告终止。此项提议盖以预防比国政府所虑者，即六个月期满时，中比间既无条约又无临时办法之情形是也。但中国政府以为，比国对于缔结新约如果与中国抱同样之意愿，则上项情形决不致发生，故希望所提调停办法能得比国政府之开诚容纳。乃有令中国政府失望者，本年十一月五日比国政府之答复竟绝对拒绝，并声明取消迭次谈判之结果，而提议将同治四年中比条约第四十六款之解释问题提出于海牙国际永久法庭。

比国政府在上开答复中谓，俟英、美、法、日本等国与中国订定新约时，比国政府对于中国与上开任何一国所定关于法权问题之办法，亦允予以同一容纳云云。比国政府表示此意之精神，中国政府至为钦佩，但歉难承认此议以替代缔结新约之确定期间，其理由业如上述。因各国对于到期修订条约若均取同一态度，势有彼此牵掣之弊，于中外公共利益最有关系之新约，殊少成立之希望，甚为明了矣。

夫两国政府实在争执之点，仅在于规定订立新约之确期，并不在同治四年中比条约是否应在十月二十七日终止之问题。关于此点，比国政府曾在最近谈判中业已承受中国之主张。故此种举动，中国政府实不能见其利益及必要之所在。况中国政府之所以一再要求规定该项时期者，其根本用意在顺从中国人民一致之希望，使中比关系因同治四年中比条约而受之不平等地位得可解放，盖此用意实出诸中国全国对外欲达同臻平等关系之志愿。夫一国人民之志愿，焉能认为可付法律裁判之问题耶。

兹既竭尽方法以图与比国政府和平解决，而比国政府五日所送节略竟使交涉停止，是中国政府不得不遵照四月间送交比国政府之通知，宣言将前清同治四年，即一八六五年十一月二日中比友好通商行船条约，于民国十五年，即一九二六年十月二十七日予以终止。

综观上文所述，不难见中国政府并无何种意思，予比国以歧异之待遇，或令其处于不堪承受制度之下，即中比两国间之良好商务关系，中国亦无加以妨碍之用意。反是，中国政府之出此，实出于诚实友谊之感想，欲使比国在中国人眼光中能与业经放弃一切特殊权利之各国，同得良好之印象也。中国此项主张似更属必要，盖比国在华利益，金认为系属商务及经济性质，设不得中国人民之同情与好感，此种利益决不能满意增进耳。查特殊权利在中比关系上本无所需，若予放弃，实与比国人民在华居住、营业、航行无甚关碍，此种权利为中国及中国人民不能在比享受者。故若比国自动放弃，实足以得中国人民之感忱与好意，中国政府并深信因此比国利益之所得,较诸坚持继续该项权利之所得者为尤多也。

兹所不惮及复申明者,无论何国,凡关怀其本国前程及尊重其本国地位者,对于各项条约足以限制其自由发展或足以违反国际间之良好习惯者,不能允其永久束缚,况此种条约滋生误会,常起争端,迟早必归消灭。如一意欲加保存,置根本情形之变更及近代国际思想与生活之进展于不顾,自不啻抹煞历史及其教训也。故为避免此种条约之失平或其流弊起见,国际联合会盟约第十九条曾以明文规定:此项条约得随时加以修正云。

修改条约之通常权利既经承认,则条约内有定期修改明文规定者,其两缔约国得以通知方法终止该约之权,自更当予以承认。若谓仅有一缔约国得有此权,实非公允。设照比国政府主张,谓一八六五年条约第四十六条之规定,当解释为惟比国政府有权修约,则此项规定自身即为片面不平等特权之一,而当为中国政府所抗议者。且与比国声明愿以平等相互主义为基础而缔结条约之精神,显有不符。故即已一方面坚持该条规定之解释,而他方面又担任缔结平等相互之条约,至少亦有自相矛盾之嫌。综观前项情形,中国不得不将前清同治四年九月十四日中比条约宣告终止。惟所能自信者,凡有对于中国之举动能作公平之审察而注意于中华全国人民切望增高其应得之地位者,关于此项重要决定,必不归其责任于中国也。

《外交公报》第 64 期

比利时驻华使馆致外交部

1926 年 11 月 10 日

为照会事:王家使署于十一月五日致中华民国政府公文中,曾通告外交部以王家政府不得不将因一八六五年十一月二日条约第四十六条解释上所发生之法律问题,提出于一九二〇年十二月十六日国际联盟会会员所设立之海牙国际永久法庭。该法庭曾由中比二政府于日来弗签有议定书,约明凡关于签字各方提交该法庭之一切问题,均须承认该法庭之强制裁判权。

职是之故,王家政府向民国政府提议,依照该议定书第四十条所规定各种方式之一种,共同订立公断状,以便提交该国际法庭。

查对于此项提议,比国使署在十一月六日中国政府所交照会中,并未见有何种答复,故十一月六日,比国使署来文有下列各语以指明之:"中国十一月六日照会,对于比国提议根据一九二〇年十二月十六日议定书第四十条协定办法,提交国际永久法庭一节,既未答复,比国使馆认为,该项要求中国政府已予拒绝。"

王家使署愿明晓如此所得之推想是否恰当。十一月六日中国照会,对于比国共同订立公断状之提议,默然无言,是否即为中国拒绝此种之提议,是以王家使署感望外交部告以中国政府果否情愿与比国政府根据一九二〇年十二月十六日国际议定书第四十条,共同决定公断状提交海牙国际永久法庭,并指明法律上争执之点应付解决者,即一八六五年十一月二日中比条约第四十六条之解释是也。

如中国拒绝,王家政府将不得不遵照一九二〇年十二月十六日议定书第四十条所规定手续第二种之方式,单方提出此种陈诉。

法律问题既经决定,不问判词如何,王家政府特向民国政府重行声明,仍预备觅调和解决之方法,以建立二国新条约之关系焉。

《外交公报》第 69 期

王荫泰①会晤赛云华②

1926 年 11 月 15 日

赛云华:公使今日受感冒不能前来,特嘱本参议面交节略一件,即关于中比条约问题拟按照国际联合会公约,付交海牙永久裁判法庭。

---

① 外交部次长。
② 比利时使馆参议。

比政府深盼早日接有答复，如八日内未见回复，则比政府不得不径赴海牙法庭。

次长云：当即将该节略转呈总长，研究后自有相当答复。

外交部致比利时驻华使馆

1926 年 11 月 16 日

准本月六日、十日贵公使来文，中国政府业已详加考虑。查本月六日来文内开：本月五日本馆备忘录内所称，中国如将来与内开之任何一国协定条款，比国准备容纳一节，其意非为比国政府之担任事项，而为比国驻京公使对比国政府之建议等因。此项说明中国政府业已阅悉。但就上开一节之措词而观之，更就贵公使于上月二十八日会晤本总长时，提议备送正式照会以证明贵公使所称比国政府对于此事之担任一节而观之，则当然使中国政府深信，此为比国政府方面之担任事项。至比国政府拟将前清同治四年（即西历一八六五年）中比条约第四十六条之解释问题提交国际法庭，中国政府念及该法庭规约第三十六条本国之义务，如果比国表示愿以国际交涉平等公道之公认原则为广大之基础，藉谋解决之方，则中国政府对于或能会同比国政府提交此项最高国际法庭一节，亦将预备讨论。盖两国政府之争点，并不在该约第四十六条之法律上解释，此项条款，直为全约中种种不平等之特别表记耳。况比国政府业经应允废止该约及缔结新约以资代替，是该政府对于此项法律问题，业已一再抛弃。真正争点，实在平等原则之适用于中比关系，此则为政治性质，决无国家能允以国际平等之根本原则为法庭审问事件也。至将该约第四十六条解释问题提交该法庭，不过重申比国维持在华不平等制度以为己利之希望，而对于有碍谈判告成之障阻，仍无以排除之。

中国政府之宣布特定十年期满废止该约，系为裨益中比两国良好谅解与合作起见。此项宣布，实与国际联合会盟约第十九条之明认关于不适用条约之国际情势变迁原则之精神相符，是以如果向国际机关提出申诉，中国政府深信，此项案件应照该盟约第十一条提出于国际联合会大会。

今中国政府再行声明其意见，如果比国亦与中国政府共抱增进两国公益之诚恳希望，则现在最要者，无过以平等与交互为基础，立即进行商订新约，为此，中国政府准备随时与比国政府重行开议也。

《外交公报》第 69 期

比利时驻华使馆致外交部

1926 年 11 月 25 日

比利时使署兹奉本国政府训令，通告中华民国政府以比国政府续据其十一月五日及十日比国使署公文中所发表之意见，并鉴于十一月十六日外交部节略拒绝签订公断状之表示，决定依据一九二〇年十二月十六日国际法庭规约第四十条所规定手续之程式，以单方之请求，提出于海牙国际永久法庭。

王家使署对于此事指明：关于国际永久法庭之管辖权一节，唯该法庭能予判定。兹特再行声明，比国之赴诉于该国际高级法院，并非对于中国有何不友谊之感想。该法院之成立，比国与中国均与有力，在抱高尚之目的，使国际联合会各会员间一切之冲突、争执及意见纷歧之处，均克得有公正及可信任之解决也。

王家使署将上载各节转达外交部，有重行请予注意者，即比国政府仍愿尊重二国合法之利益及愿望，以考量修改一八六五年十一月二日之条约。

《外交公报》第 69 期

比利时驻华使馆致外交部

1926 年 11 月 26 日

径启者：本月十二日上海海关监督径得曾受领袖公使训令之领团，

同意召集有约国专门商务代表开会,研究禁品单内各种问题。税务司马史(译音,Maze)及比、英、丹、法、和、义、日、那各代表均与会。

　　当开会以前海关监督声明,谓经外交部决定,不能使比国代表列席正式会议讨论事件,比国未认为一八六五年十一月二日之条约宣布无效,并将关于此项宣布无效发生之纠葛诉诸海牙法庭。比国使馆以政府名义,在未判决期间,此次沪关监督态度实违反比国在条约上应有之权利,不得不正式提出抗议。此致
外交部

中国第二历史档案馆藏北洋政府外交部档案

比利时驻华使馆致外交部

1926 年 11 月 29 日

　　关于十一月十六日中华民国政府送交王家使署之节略,王家政府以为内中关于法律上似有忽略之点,应为表而出之。

　　查国际联合会盟约第十九条载:大会可随时请联合会会员重行考虑已不适用之条约,以及国际情势继续不改或致危及世界之和平者。非谓中国政府有单独停止一八六五年十一月二日条约之权也。

　　此条约既仍存在,故惟海牙国际法庭对于中国政府之废弃该约乃有判断之权。

　　惟王家政府有须急行声明者,为因比国政府之起诉于国际法庭以图解决法律问题为目的,与中国政府之拟议提出国际联合会,初无何种之抵触。

　　反是,如此案苟先起诉于海牙,后再提出于日来弗,则该问题可通盘审核。一方面并顾及中比二国因系国际联合会会员,及签字建设国际永久法庭议定书所应尽之义务也。

《外交公报》第 69 期

顾维钧会晤华洛思①

1927 年 1 月 5 日

华使谓:近闻贵总长继续总持阁政,现在外交綦重,贵总长极负时望,至为欣悦。

总长谓:目前身兼两职,倍觉繁忙,现在外交问题又适重要,若中日、中西、中法及中比各条约均须改订。

华使谓:中比商约在未经贵国政府宣布停效以前,本国政府屡拟以四十六条提交国际法庭,经本使竭力阻止,以为总可以商订妥善临时办法。迨至宣布停效后,本使又以为贵国政府一面宣布旧约停效,一面必有相当过渡办法,是以再请政府仍缓提交国际法庭,本国政府因此又静待半月始行提出,讵料上海集议禁止违禁物品问题,中国代表即谓奉令拒绝比领列席;又会审公廨内虽有关涉比领会审未经完结之案,该廨华官亦即宣称奉令不许比领莅廨,是贵国方面即不以友谊对待。回忆当日磋商临时办法,各款悉已商定,不过为九个月之期限问题而已。目下两国处于无约地位,本使不以比国驻华公使资格,而以私人名义商诸贵总长,有如何补救之方。

总长谓:自开始商议临时办法以至于宣布旧约之停效,其中经过许多曲(析)〔折〕,实出于万不得已,现已毋庸追论。惟既往宣布停效,未便再有两歧办法。至上海方面,中国官员拒止比领列议及会审两事,以为政府业经宣布约已失效,自属当然之事举,故事后诚有陈报。总之,改订旧约为全国一致之热望,本总长已屡为贵使声言,贵使可观上海两事件而益信。本总长以为,现在唯一办法,只有根据相互平等及尊重领土主权原则迅速议定新约,本国政府早经准备种切,贵使迭次来文,亦谓悉已准备,即可开议。

华使谓:本国政府已将四十六条提交国际法庭。本使之所谓准备者,俟法庭裁决之后准备之开议耳。贵总长顷云即日开议一层,本使深

---

① 比利时公使。

表同情，但须为本国政府外交当轴着想，因本国国会对于本国人民在华之利益与地位极为注意。现在国会中计社会党议员七十二席、僧侣党七十一席、自由党六席，外交当轴望特万尔氏为社会党阁员，其应付国会之质问必要站住地步。昔日所以不便赞同贵国所提临时办法，以九个月为期限者，即在乎此。其后贵国自行宣布停效，我国政府自不负责，遂提交国际法庭。现要开议须先撤回法庭提案，倘使无故撤回，则国会质问无法应付。故本使以为，贵国方面须有一种表示，庶本国外交当轴方可得转圜地步。查本国在华只有商务关系，故对于关税一层颇为重视，今即开议新约，以至议订成立、批准、实施，需时尚久。中比睦谊素笃，倘由中国政府自行规定适当期限，在此期间给予比国输出、入中国口岸之货物以最惠国待遇，而于订立新约并无连带关系，当无不可。

总长谓：本总长以为，商订新约非中国单方之利益，贵国亦有利益，故最要莫如即行开议。倘开议之后，经过两三个月进行顺利，则新约成立、批准尚须时日。贵使顷提一层，本国政府当为友好之考虑，在此期间内给予优待办法。

华使谓：比国为签订华府会议条约之一国，按照华府所议，关于中国税则之协定第五款，比国在华应享最惠国待遇，此层日前美马使向本使提及。

总长谓：中比商约停效后，对于顷云条文之观察彼此不同，本总长深愿贵使勿提及此，免生无谓枝节。

华使谓：此外尚有比人在华法律问题，因中比两国始终为友邦，不能待遇等于德奥，本使并不要求保持旧约内领裁权，不过亦拟请中国政府在未施行新约以前，由中国政府自行规定适应期限，给予比国在华人民以法律上之优待办法，而于订立新约亦无连带关系。总之，本国外交当轴所处困难地位非有顷述两种办法无由转身，本使知之甚深，务期鉴察衷悃，惠助解决。

总长云：对于税则一层，本总长尚可允予友好考量，给予优待办法。

至法律问题,本总长须征司法当轴之意见,不能置答。不过,本总长深晓司法界中人对此问题至为坚持,是以希望甚鲜。本总长以为,将来议订新约时,一俟此层议订,办法即先行适用。

华使谓:务请贵总长征询罗司法总长意见,见示,俾本使详电政府,以期明(析)〔晰〕而省周折。再,上述办法是否以命令发表并以奉询。

总长谓:或用照会。本总长以为贵使可以本总长允为友好考量税则一层电达政府,以便早日开议新约。

华使谓:本使拟俟得罗总长意见后一并电达。

中国第二历史档案馆藏北洋政府外交部档案

顾维钧会晤华洛思

1927 年 1 月 12 日

中比开始议约,停止海牙公断事

比华使云:兹有佳消息奉告。前日晤面后,曾有长电致本国政府,顷接复电,允准即日与贵国开始议约,前谈在议约时期内优待比侨办法,亦望贵国充分帮忙。

总长云:甚为欣慰。惟日间接比京电,言海牙公断院有所发动,未免两歧。至于优待比侨办法,曾与司法罗总长接洽,已拟有具体办法,不仅较对于德奥且较对于苏俄为优。

比华使云:比政府已经通知海牙公断院,停止一切行动,想系时间先后互相穿插耳。关于中比新约,贵总长有无具体方案。

总长云:备有草案。将来开议后当先与贵公使议定大纲,其详细节目则另组织一委员会,以便从容讨论。

比国自动交还天津租界事

比华使云:此外尚有一好消息奉告,更足表示中比亲善诚意,惟此时请允暂守秘密,俟中比议约正式开幕之日,再由比国自动宣布,即交还天津租界主权是也。关于交还租界,尚有许多专门事件,似须组织一专门委员会,拟派本国驻津领事及银行家 Devos 为委员,以便接洽一切。再者,比租界内有美人公司私人产业数处,将来应如何处置,或须以他处相当地段交换,亦待研究也。

总长云:贵政府终能明了中国现在民情,勉副人民希望,今特以诚意相表示:(一)停止海牙司法上行动,(二)即时开始议约,(三)自动交还天津租界。本总长深为欣慰,此与贵国商务之发展关系非浅。关于第一、第二两项,应请贵公使于一二日内正式用公文照会本部,本部立即答复,并拟定下星期一为开始议约之期,以便贵公使于会议席上自动发表第三项事件。至于天津租界内私产及其他专门事件,不难交由委员会妥议办法。

比华使云:关于第一、第二两项,当即备文前来,即定下星期一为议约开幕之期甚善。本国外交当局固为法律专家,对于欧洲各国颇为熟悉,然关于远东事件不无隔阂,故前此少有误会,今经本公使先后详为解释,终就轨辙矣。

总长云:顷以各方敦促摄阁复活,本人仍以总理兼外交,今日已开第一次阁议。今中比议约又将开幕,固能始终与贵公使和衷议约,要厥成功,更无疑义也。

中国第二历史档案馆藏北洋政府外交部档案

比利时使馆致外交部
1927 年 1 月 13 日

为照会事:中华民国政府与比利时王家政府在其往来各文件中,曾彼此表示愿望以平等及互相尊重领土主权为基础缔结条约。

最近本公使与贵总长谈话中,将二国政府之意愿予以更进一步之指实,并共同决定立即开始会商。

兹比利时政府为表证其始终未变之调和精神起见,决定在不久即将开始之会商时期以内,中止在海牙国际永久法庭之诉讼,虽比国之赴诉法庭目的,并非欲阻碍新约之缔结。此节本公使固早已屡加说明者也。

　　本公使兹特通告贵总长以王家政府对于开始会商之准备业已完竣,并派定 Robert De vos,Henri Lambert,Alphonse van Cutsem 三君为专门委员,以为本公使之赞助。本公使深信,吾人行将着手之会商,必能表示一种互相亲善了解之精神,此项精神在中比间固未断续,且不久定克奏有成效也。须至照会者。

《外交公报》第69期

外交部致比利时使馆

1927 年 1 月 14 日

　　为照复事:接准一九二七年一月十三日来照,内开:比国政府与中华民国政府在其往来各文件中,既曾彼此表示愿望以平等及互相尊重领土主权为基础缔结条约,是以比国已准备立即开始关于此事之会商。又比国政府决定在会商新约时期以内,中止其在海牙国际永久法庭之诉讼,并派定 Robert De vos,Henri Lambert Alphonse van Cutsem 以专门委员资格为贵公使赞助,各等因。查中国政府向来主张为彼此两国利益起见,置两国邦交于新约基础之上,实为必要之图,是以对于贵国准备立即开始会商新约,甚为欣慰。中国政府方面甚愿竭其能力,完成上开基础之新约,使两国邦交益加巩固焉。

　　本总长乐于提议一月十七日星期一为两国开始商订新约之日期,想贵公使亦所赞同。

　　贵公使深信未来之商议,必能表示一种双方互相亲善了解之精神。本总长对于此点甚表同情,并深望此项会商不久可告成功也。须至照会者。

《外交公报》第69期

中比新约谈判

1927 年 1 月 17 日

　　昨日上午十一时四十五分,中比谈判新约会议,在外交部大楼正式会议,中比双方全权及专门委员均出席。首由顾致开会辞,次比使答辞,并正式通知比政府愿自动交还天津比租界。顾再致答辩,表示钦谢之意,并谓接管津比租界事,此后将交委员会办理。兹将开会情形,分志如下:

出席人物　昨日上午十一时二十分,比使华洛思氏偕专门委员杜佛、蓝勃脱、克慈三氏,及汉文参赞毕德共五人到部,即至楼上会客室稍憩。中国方面,外长顾维钧,及委员王继曾、专门委员朱鹤翔、钱泰、周传经等五人出席,另有外部秘书二人□同出席照料,十一时四十五分正式开幕。

顾维钧致词　贵公使阁下,本总长今日得欢迎贵公使开议订约,以明定两国间之关系,职务所在,殊为欣幸。自一八六五年条约签订后,已六十年于兹,两国国内,已几经重大变迁。此种变化影响殊大,两国社会情形,及人民思想随之改变,因此种之变迁,产生出一种新状况,为图两国共同利益计,对于两国友好邦交之基础,遂致有速加改变之必要。中国人民久已悟旧条约制度与现今情形相□,愿得一机会以改正中外间之关系,俾得与国际生活思想敏捷之进步相符合。平等及互相尊重领土主权,乃系现今国际关系上公认之原则,盖足以补助增进国与国之好感,及国与国友谊之了解者,莫过于此,因其确定国际关系坚实稳固之基础,默认民族自决权及其自由之发达,故根据上述原则以与贵国政府进行新约之会商,中国政府亦无非愿从中国人民热诚之志愿而已。中比邦交,向称亲睦,只因贵国对华条约,在中国各商约中首先满期,故中国乃不能不首向贵国提出签订新约之提议。今贵国政府对于中国政府建议以平等及互相尊重领土主权为基础,缔结新约,不惮予以友谊之答复,此诚为中国政府所感悦,而本总长得与贵公使共同合作,以期今日开幕之事业得以成就,尤为本总长个人所引为欣幸者也。平等及互相尊重领土主权根本之原则,既经两国政府彼此认为新约之基础,且两国又同具热诚,使亲睦之邦交,更臻巩固,本总长深信此次各表同情,互相了解,以进行谈判,必能于极短时期内,得美满之结果也。

比华使答辞　今值中比两国政府以平等及互相尊重领土主权为基础,开议新约,承贵总长致辞欢迎,不胜感谢。此次谈判结果,于两国邦交前途,影响甚大,自不待言。自六十余年以来,即自比王列鋆堡二世,当初为勃拉朋公爵时游历中华,感念不忘之后,中比和睦邦交,渐臻发达,彼此既了解相互间之利益,而又协力合作举办各重大事业,并摒去一切政治作用,再加之以各种良好机缘,是故两国之间,已发生一种亲善结合,从未松懈。因有此真切诚意,比国于本会议之前,凡足以破坏互相信任空气之一切误解,依中国之愿望,加以消弭。此后谈判之成效,最要者即在彼此互相信任也。兹抱同一宗旨,敝国政府愿将一九〇二年二月六日条约,赋与比国即称为天津比国租界区域之权利,准备交还中国,除私人财产外,比国别无保留。本公使今敬向贵总长正式通知,今双方各具完全坦白之诚心与善意,本公使敢深信顷行开幕礼之会议,以奏美满之效也。

顾外长再致答　贵公使阁下,本总长对于贵公使顷间代表贵国政府所发表之重要宣言,业已欣悉。此诚为贵国政府诚意及友谊精神明白之表示。贵国对于二十余年前划作天津比国租界之区域,自愿放弃要求,如此举动,定获中国人民钦仰与同情,洵为今晨开议之会商,得奏成功之佳兆。本总长敬告贵公使以本国政府当及早指派专门委员会,协议接管该租界。关于接收一切详细事宜,均交由该委员会接洽办理可也。

致辞后之讨论　外长顾与比使各致辞毕,即开始讨论以后会议进行程序,当决定(一)下次会议下星期一上午十一时,仍在大楼开会。(二)每届会议于双方同意下,共同发表公布。十二时二十分,方告散会。

北京《晨报》1927 年 1 月 18 日

比利时使馆致外交部

1927 年 1 月 18 日

敬启者:本日王家政府向海牙国际永久法庭正式提出本使本月十

三日照会中披露之要求,即中止关于一八六五年十一月二日中比条约第四十六款解释问题之诉讼。

查按照法庭诉讼规则,中止诉讼系由庭长宣告延期。若中比新约之磋商在延期已满之时尚未完竣,自当再行请求必要之延期。相应函达贵总长查照,即祈察阅为荷。此致

《外交公报》第 69 期

外交部致比利时使馆
1927 年 1 月 22 日

为照会事:接准本月十八日来照,业经阅悉。查贵公使最近与本总长会谈,暨本年一月十三日来照,屡向本总长表明,比国政府已决定在磋商新约期内中止海牙国际法庭诉讼。现读来照,似贵国政府于本月十八日所呈请法庭者,不过展长中国呈递答辩之日期,并非如中国政府所了解,在海牙国际法庭中止全部诉讼也。夫展长中国呈递答辩日期之问题,与中止诉讼问题殊属有别。按照国际法庭规则,中国政府如果有意答辩,尽可自行向法庭请求展期,无庸比国政府居间办理。是以贵国政府仅请展长法庭所定期限,恐议约开幕日贵公使所诚恳表示希望除去之误会反易发生也。今鉴于两国议约宜有至亲睦之空气,本总长愿向贵国政府询问,是否有履行原议,在海牙国际法庭中止全部诉讼之意,并祈将贵国政府如何办理之处见示为荷。须至照会者。

《外交公报》第 69 期

比利时使馆致外交部
1927 年 1 月 28 日

总长阁下,敬启者:前接阁下本月二十二日照会,当即将其内容电达比京外交总长矣。兹遵照汪德魏特总长训令,特通告阁下:王家政府谨践前约,请求国际常设法庭停止诉讼,此项停止之请求,其形式系延长期限,以便中国提出抗辩。盖延长期限为停止诉讼之唯一方法也。

比京外交总长又命鄙人通告足下,如至四月底磋商尚在进行,则王家政府由是时起再请展限一次,此项展限必见容纳。如遇必要时,日后尚可继续延期,俾于磋商时期之中诉讼得以实际停止。鄙人深信,前项宣言必能祛除对于王家政府意向上之一切误会。用特函达,即颂

勋绥

《外交公报》第 69 期

比利时使馆致外交部

1927 年 2 月 3 日

敬启者:因一月三十一日贵总长对于本公使之宣言,并遵照本公使对于贵总长之保证,王家政府已向海牙国际永久法庭庭长要求收回为保护比国在华利益所颁布之临时办法,一俟接到上述临时办法实行收回之消息,即当转陈一切。相应函达,即祈察阅为荷。此致

《外交公报》第 69 期

比利时使馆致外交部

1927 年 2 月 22 日

敬启者:关于准贵总长一月三十一日之宣言,并照本公使给予之保证,王家政府业经要求海牙国际永久法庭庭长收回其为保护比国在华利益所颁布之临时办法一节,本公使曾于本月三日函达贵总长在案。兹奉比国外交总长本月十九日电开,现因王家政府提出要求,海牙法庭业已议决将上述关于临时办法之告令宣布停止效力,敬准前因,相应函陈贵总长,即祈察阅为荷。此致

《外交公报》第 69 期

中比修约专门委员会会议记录

1928 年 4 月 28 日

中比修约专门委员会第二次会议记录

十七年四月二十八日上午十一时至十二时在外交部召集
中国委员　　王继增
　　　　　　龚　湘
比国委员　　Baron guillaume
　　　　　　M gallel

王委员宣告开会，并谓上次开会时贵委员赞同本席主张，将草案逐条讨论，惟须请示贵国政府，现在谅已接到比京训令。

比国祈委员云：本席先已接到本国关于草案全部之训令，可以逐条讨论，但开议以前有须声明者，本国政府对于（权）〔全〕约之观察，殊为失望，盖既以相互平等为新约之原则，而草案内处处有限制之意，显与上述之原则不符，此则本国政府所引为遗憾也。

王委员谓：中国政府并无此意，自系一种误会，请将草案逐条提出，从长讨论，则本国政府意旨所在，自不难了解。旋即宣读草案第一条之文。

祈委员云：比政府对于此条自无异议，惟第二条第四节末句"依照国际法所有之权利特权及豁免权"应改为"他国领事所享有之所有光荣、权利、特权、免税权及豁免权（all honors, rights, privileges, exemptions, immunities as accorded to consular offices of other nation.）"，以"依照国际法"句过于空泛，用"他国领事官所享有"句似较确切，此不过文字上之修改，谅贵委员可与赞同。

王委员谓：此条既经修改，应俟报告本国政府后再行讨论，所有贵委员修正条文本委员等自可照录，但为免除错误起见，仍请抄示。

祈委员云：条文只有一份，俟回馆后再行抄送。

王委员遂宣读第三条条文。

祈委员云：此条在事实上甚为复杂，请留为将来讨论。

王委员谓：贵委员对此条如有意见，尽可提出讨论，且此条已有王博士与贵公使讨论多次，议有办法，自可认为业经双方同意。

祈委员云：比国政府尚略有修正，此条乃属法律问题，本委员须加以研究始能提出。

王委员遂宣读第四条之文。

嘉委员云：护照签证一节，欧战后中比已同意免除，若按照第三条之文，是否仍须恢复旧有办法。

王委员云：草案内容既有此项规定，自系恢复旧有办法。

祈委员云：中国政府如欲恢复签证，比国亦可赞同，盖此节本无甚大关系，不过接壤之国为彼此人民往来方便起见，但中比自无此等情形耳。

王委员遂宣读第五条条文。

祈委员云：此条须详细讨论。外人居住之自由，本为各国所许而无背乎国际法者，比国全境均允许外人居住，贵国人民来比者，无论何地，均可自由居住。按照第五条之规定，比国人民之在中国者，只能于一定区域内居住，既与国际法不合，又反乎彼此互相平等之原则。比国政府如将此条提出国会，必不能通过，是否拟将第二节末句删除，即 When nationals of any other nation may do so. "惟以他国人民所能游历居留及经营业之处为限"句，并另加一节如下："此缔约国按照本国法律所组成之私人会社，商业工业金融业保险业之会社在本国享有法人资格者，可以在彼缔约国内按照其法律进行事业，并可设立分社。"

且根据上述原则，比国人民在中国自应享有土地所有权，草案中并无此项规定，殊属缺憾，应于此条内一并规定，不识贵委员以为何如？

王委员云：内地杂居一层，于贵国实际上并无何等利益，现在通商各埠区域甚广，贵国商民已可尽量发展矣。据本席所知，中国政府对于此层实有种种困难，且非外交一部之范围，尚须经主管各部之讨论，煞费时日，欲求新约早日告成，而实际上又与比国无所损益，不如不在约内约定之为愈。

祈委员云：目前虽无多大关系，惟既订新约，则必为将来发展之计，且为原则问题，新约内如无居住自由、土地所有权及关税之最惠国待遇，则有失修约之精神，比国政府何能同意？且比国会亦决不能通过，舆论亦必大加反对,则新约将无从成立。此种情形,谅亦在洞鉴之中也。

王委员云:此种情形在比国方面自系实情,惟中国政府亦有诸多困难之处。盖订约之国非独中比两国,各国在中国以不平等条约之关系,皆享有最惠国待遇,在旧约未能悉数改正之前,比国享有特权,他国将纷纷要求一体均沾矣。本席个人意见,欲达相互平等原则之目的,比国亦不妨对于中国人民居住自由等为相当之限制,贵委员以为何如?

嘉委员云:比国对于此节似难实行,限制人民居住自由,非比国公法所许,且比国既许外人以居住自由而独限制中国人民,当亦非中国人民之所乐闻也。中国政府之困难,本席亦能谅解,独不能折衷至当觅一调停办法,以解决此问题乎?

王委员云:(尚)〔倘〕有两全办法,中国政府亦何乐而不为? 本席自当以贵委员之意报告政府。

祈委员云:前次比国所提之第十条及第十三条修正案,中国政府谅已加以研究,意见如何,可得闻乎?

龚委员云:将第十三条第四项请其作文字上之说明。

祈委员云:此项系关于专卖问题,比国现在并无专卖物品,惟为将来计耳,第二句之意系以国内法关于本国货物之限制及禁止,亦须适用于舶来之货物也。

王委员云:关于最惠国待遇一节,个人意见以为,可以短期允许,设贵委员赞成本国政府提案,则最惠国待遇可以延至明年一月一号,嗣后如双方无何表示,则可延期三个月。贵委员对此如能同意,则本席可以此意向政府提议。

祈委员云:明年一月以前,本约当然尚未施行,如以明年一月为始,则可商量,惟关税之最惠国待遇与比国有莫大关系,比国若无此项待遇,则独落他国之后,比国商业将收无穷之损失。且比国政府放弃领事裁判权及退还租界而一无所得,则利益交换何在? 且他国既保有其旧约特权,而其商业所处地位反优于比国,殊欠持平,于理亦有未合。中国以关税之最惠国待遇允许比国,与中国毫无所损,盖各国皆已享有此等待遇,非因比国享有此等待遇而增加他国之权利,中国政府用意何在? 本主席实不能解也。

王委员云:此项问题实与中国新约之精神大有关系,中国不能不郑重考虑,当以贵委员所述理由报告政府,下次再当讨论,今先讨论第六条何如?

祈委员云:本日所带修正条文已尽于此,留为下次再为讨论何如?本委员静候召集,甚愿中国政府能予满意之答复也。

王委员云:下次会期俟本席报告政府后再行通知,现即宣告散会。

中国第二历史档案馆藏北洋政府外交部档案

2. 外交部与中国驻比公使的往来电文

外交部致王景岐

1926 年 5 月 22 日

希向比外部口头声明,中国政府现仍持四月十六日照会意见,无论关、法两会如何结束,中比条约至本年十月二十七日期满后,应即失效,重行另订新约。外交部。

《顾维钧外交文牍选存》,第 133 页

王景岐致外交部

1926 年 8 月 31 日

外交部:请转上海交涉使并译转上海、京、津、汉口、广州、福州、成都各报馆。中比商约事,比使称外相本月二十七日向报界宣言,不认中国有及期废旧之权,而其向我政府所要求之暂行办法亦限定□涉及法权、关税各条,应听关、法两会解决,其余各款须俟新约成立方能作废,是比国不特无废约之意,即其所谓修约亦无异维持旧状,与中国届满废旧订新,恢复关税法权之主张,相悬霄壤。景岐日来亦向此间报界发表意见,略谓中国倡议与列强共商修改不平等条约远自前清,今已五十年,各国互相推诿,借词不允,即近年巴黎、华府会议以及目前北京英、法两会之召集,中国莫不委曲求全,以冀列强对我关系有所改善,然友邦终不谅其苦衷,将侵略性质之条约慨然取消,致不平等条约长此存在,为欧亚民族亲善之大障碍。华人极为失望。为自卫自存计,只得忍待于各国到期之约宣告失效,以图渐解束缚。此次业已遵守六十年之比约到期作废,尤合情理,比国不可徒以空言相慰,应有实际举动方表友谊。今日无论大国小国,所谓为中国友邦者,莫不以中国为鱼肉,已八十余年。比国数百年中均在外势压迫之下,同病相怜,自不难知中国感受之痛苦。若如昔日奥后之瓜分波兰,仅以数滴假慈悲泪相答报。而以分(脏)〔赃〕得均之公道为理由,不允废约,必至激起华人反感,恐其结果将影响于比国在华之商场。深盼比国早日澈悟,同情于我以博华人好感,则商务必日扩张,所得实益定能较多于旧约存在之时云云。驻比全权公使王景岐。三十一日驻黑河总领事馆转。

中国第二历史档案馆藏北洋政府外交部档案

王景岐致外交部

1926 年 9 月 1 日

外交部:二十七日电敬悉。比主诉诸国际法庭一层,所虑诚如钧意。中央既具废约决心,期限早晚一两月,原无大关系。前拟步骤既变,则暂时办法寥寥数条,想钧部早已拟好,如能在彼所指一月限期内提出,比人方不至借口责我。惟提出后,比人如为无理要求,则又似可罢议。颁令宣布废约后,若彼反抗,拟请先与绝交,彼此将使领馆撤回,再筹对付国际法庭方法。因此次废约,为我民族解放之第一步,关系极大,即在法庭败诉,或缺席审判,或不受执行,或因此而退出法庭及国际联合会,各种利害相权,仍以废约为宜。且法庭根本在于持平,故规约亦有审官回避条文。该庭现任各审官之本国在华均享有特别权利,与比国利害相同,以为审判难得其平,我国亦可拒绝应诉,或要求在华无利害相同之国籍审官审理,使其事实上不能成立。本年四月二十九日晓比外相时,曾驳以双方单方调停,形式上虽为解散约文,而事实上关于我国主权生死。至旧约到期终了,无谓调停余地,即以预杜[原文有误]起诉,其实比政府惕于列强之责,虽非我国做到勒马悬崖之地步,彼必不肯就范,仍请钧部权衡轻重坚决进行。再昨早伦敦泰晤士报载:比国恐吓起诉于国际法庭,中国仍极力镇静,并决定取法土耳其之缺席云云。景岐三日午离比,比约如有训示,请径电日来弗。统。附闻。景岐。

中国第二历史档案馆藏北洋政府外交部档案

王景岐致外交部

1926 年 10 月 16 日

景岐拟以私人资格与比国政府接洽,提议办法三条,并声明此项办法如获比国政府同意,当电政府核准。一、证明此约到期不生效力;二、关税彼此享最惠国待遇,两国货物均以货物来源证书为准;三、两国侨民诉讼,应归所在地法庭审理。另文声明,旅华比侨之诉讼,应由中国新式法庭依中国新法律审理,外国律师及译员并准出庭。旅比华侨在司法上亦受公平待遇。景岐。

《外交公报》第 64 期

王景岐致外交部

1926 年 10 月 27 日

外交部:连日各地函电交责,催废比约,而旅比各埠侨民暨旅德、奥、和、英、法各国工商学界代表百余人居留比京不去,作游行运动时复入馆,迫允宣布废约下旗回国,时虞暴变,不得已择其较轻者顺从其请,本早致文外部,不加奉政府训令字样,重申比约本日失效。前段法文如下:译汉(因中国事物之变迁及舆论一致之愿望,兹特将四月十六日函内所开意见,重予证实如下:即中比条约于本日告终,嗣后中国对于该约各项规定视同失效。)原文后段声明此间与本国政府因通讯困缓,所以在京商订过渡办法,进行程度尚未知悉,但本公使与全民一致切望该办法,于保全比国物质上利益之中完全尊重中国领地上主权,而新约尤盼根据各文明国所公认之原则,早日议定,使两国关系适合普通国际法例得以成立,而经济上、学术上之彼此连络亦因是改良发达,斯则本公使及本国人民所祷祝也等语。特闻。再中央命令已否发表,盼即电示。景岐。二十七日。

中国第二历史档案馆藏北洋政府外交部档案

王景岐致外交部
1926 年 10 月 27 日

外交部:顷据侨民多名到馆呈称,本日午后旅比侨民暨留德、法、奥、和各国工商学代表百余名,整队持中国国旗游街和平运动废约,忽来警察数十强迫解散,抢夺国旗,众不与彼,遂野蛮用武,拳棒交加,当时被捕者十七人,内受伤重者二人,较轻者七人,余被用警棒击散等情,经即派员到警厅询查所报情节相同,众因国旗被辱及多人受伤,请向比政府提出四项:一、比政府应向中政府书面道歉。二、赔偿损失。三、惩戒肇祸警察。四、保留以后一切续提条件之权并求即时允办。几经劝解,告以此举重大,应请示政府。明早先向比外部抗议并声明保留中国政府随后酌定办法,其余仍候训示。侨民等要求各节如何办理以平公愤,乞即电示祗遵。景岐。二十七日夜。

中国第二历史档案馆藏北洋政府外交部档案

王景岐致外交部
1926 年 11 月 6 日

外交部钧鉴:四日电计达。比国自始至终毫无诚意,我国应早定步骤。景岐年来无时敢于壅听,诚以比约作废,可使我国为年积弱外交由被动变为自动,促进他国平等待遇,事关国家生命,谅可引起世界同情,即不受海牙裁判,似尚不至冒大不讳,如竟为法庭二字屈服,各约同于比约者正多,将无日解此束缚,比人或因我期满前无强硬表示,以为不敢宣布,故对政府连日坚决态度,益加玩视。民气未怠,补牢不晚,仍乞坚持到底,俾国人晓然于外交集权之原为人民策福利。又国内废约运动,对比人、比货如合常轨,望勿禁阻。景岐。六日。

中国第二历史档案馆藏北洋政府外交部档案

王景岐致外交部

1926 年 11 月 10 日

新外。比约到期失效事,十月二十七日电计达。兹准比外部照复称,比国政府因商订临时办法无结果,不得不向国际法庭起诉,曾令比使与中国政府商议。诉讼协定在判决以前,比国政府仍维持原有主张,不能承认中国政府声明废约为有效。但比国政府将来即获胜诉,仍愿续求解决办法以副中国人民之愿望,此节并曾令比使告知中国政府等语,特述。再,政府宣布废约后,比、法报持论尚属和平,惟英报异常激烈,主张列强联合助比抗我。查此事原属中比问题,第三国而有此越轨之论,殊为可惜。景岐。十日。

中国第二历史档案馆藏北洋政府外交部档案

王景岐致外交部

1926 年 11 月 13 日

敬启者:昨日以比约满期,留比侨民暨旅德、法、和、奥等国代表胁迫即日宣布作废,经逼不得已顺其所请。备文向外交部重行申明本年四月十六日照会所持看法,该条约各款自本年十月二十七日起均作无效,并经电达各在案。兹特将原文抄录一份,连同译件函送大部,即请查照备案为荷。此致

附件:照译十五年十月二十七日驻比公使致比外相照会

为照会事:根据本年四月十六日中国政府照会所持之看法,一八六

五中比交好通商及行船条约本日已满期终止。本公使现因内情势之趋向以及本国舆论愿望之一致，特向贵总长再行申明前意，所有该条款自今以后，中华民国认为无效，此间与本国政府因通讯困难迟缓之故，所以在系商订过渡办法进行之，目前程度尚未知悉，但无论如何，本公使与全国人民一致切望该办法于保全比国物质上利益之中完全尊重中国领土之主权，而新约尤盼根据各文明国所公认之原则早日议定，如此则两国关系适合国际法之普通规例得以成立，而经济上及学术上彼此连络亦因是改良发展，斯则本公使及本国人民所祷祝而亦为贵总长之深知者也。右照会

比国外交总长

驻比全权公使王景岐

外交部致王景岐

1926 年 11 月 13 日

约事迭电均悉。六日送交比使终止效力照会后，即日准比使备忘录，内有中国政府对于共订公断状提交国际法庭之建议置未答复，可视为已予拒绝。十日又准比使正式照复，询前项看法是否恰当，希望中国政府告以是否愿与比国根据国际法庭规约第四十条共订一公断状等语。并据比署赛参议面告，如八日内不得复，比国即将径赴法庭云云。查法庭问题，政府正在考虑究竟比外部态度如何，及比使八日限期等是否系彼政府意见，希速探询电复。外。

王景岐致外交部

1926 年 11 月 15 日

外交部：十三日电悉。经遵询外相，据云：公断状事曾训令比使请中国政府于相当期内答复，并无明限八日。比国政府态度仍未变更，中

国政府如仅宣告废约,事实上不即日执行,比国政府当暂不提诉。当答以此节,十月二十、二十一、二十二日迭次接洽情形业已电告政府,就本馆所知,中国政府现正拟定优待办法,废约处置尚未执行。彼谓:刻正得比使电云,上海会审公堂已受训令,不许比国陪审出庭,是事实上执行之明证。比国原不愿与中国发生冲突,但提诉一层早经告知列强,如无理由自解,势难延迟。中国政府如允以书面声明暂缓执行处置,彼当与本国政府商定暂缓起诉,双方可以继续商议订约,届时并盼由贵馆与国际联合会首席代表 Louis Sebrouckere 接洽。经答称:正式声明暂缓执行,恐难办到,容电政府考量。彼并请我政府对于以上办法,早日答复等因。谨闻。景岐。十五日。

中国第二历史档案馆藏北洋政府外交部档案

外交部致王景岐

1926 年 11 月 17 日

十五日电悉。十六日复比使节略大意谓:比政府拟以四十六条解释问题,提交国际法庭。比政府果愿以国际平等公道原则谋解决之方,中国政府对于或能会同提交一节,亦将预备讨论。但现在争点并不在该条法律上解释,比政府已允废止该约另订新约,是以已将此项法律问题一再抛弃,故其真正争点实在于平等原则之适用。此为政治性质,决无国家能允以国际平等之根本原则为法律审问事件。中国政府宣布期满终止该约,实与国际联合会盟约第十九条原则精神相符,如欲向国际机关申诉,中国政府深信应照该盟约第十一条提出的国际联合会大会,中国政府应再声明,希望比国立即进行商订平等交互新约等语。特电接洽。再,宣言文件寄到,希广为宣布,并将本电除罗马外转欧洲各馆。外。

中国第二历史档案馆藏北洋政府外交部档案

驻比利时使馆致外交部

1926 年 11 月 27 日①

　　敬启者:案查前以比约期满日旅欧五国侨民力求向比政府声明作废,经于上月廿七日顺从侨意,根据本年四月十六日照会致文比外部,重申中比约期满失效之意,并经电函奉(送)〔达〕在案。兹准复称:廿七日贵公使关于一八六五年中比条约一案之照会业已收到,比国政府曾愿在订立新约以前,与中国政府商订临时办法以维两国邦交。嗣因谈判无结果将不得不向国际法庭提诉,请求对于比约第四十六款加以解释,此层业已训令比使向中国政府商议裁判协定。在法庭判决该案以前,比政府仍维持原有主张,只认比国独有提议修约之权,不能认中国宣布废约为有效,但比国政府将来既获胜诉,仍愿续求解决办法以副中国人民之愿望。此节并曾令比使告知中国政府等语。相应将该部复文副件函送大部,即请查照备案为荷。此致

中国第二历史档案馆藏北洋政府外交部档案

王景岐致外交部

1926 年 12 月 1 日

　　外交部钧鉴:比约作废事,部刊宣言及文件汇编顷已收到。经赶紧加印二千分备用比国内外各界。再,查辛丑条约,举国认为奇辱,苟有机会,似应设法铲除或缄报效力。华会条约本系前五年商订,当时民心未奋,时机未熟,政府未曾定有各约到期陆续作废之方针。故该约与我国现情已渐不适用,且该约成立系为促进各国与我之平等待遇,而近来各国反借口该约以阻我与之单独修订平等新约,大失召集华府会议之本意。十月廿七日比使送部备忘录对此两约将欲保全旧有地位,在我似未便重加承认,即彼单方声明,我国似亦未便接收,多添一次束缚。

---

① 此件系外交部抄存件。

好在我方业已宣布废约,中比间从前一切谈判均已取消,将来比使对于辛丑、华会两约,如有重提,万乞酌核拒绝,以求渐脱约束。至卢森堡大公国,自中德旧约作废后,将及十年与我已立于无约国地位。此次比使忽提出要求,该国亦能享受临时不平等办法之权利,是比使竟敢希冀我国再将如此丧灭主权之条件拱手送于卢国,实为病狂丧心。管见即中比新订条约,未便无条件推行于卢国。将来再与比使议及此事时,钧部如对于本年八月廿八日时字第六八九号馆函加以注意,尤为感激。景岐。十五年十二月一日。

中国第二历史档案馆藏北洋政府外交部档案

王景岐致外交部

1926 年 12 月 3 日

二日电悉。约事聘人辩护如不至,遽认为情愿取销,以致此时保管方法及将来败诉处置,我国有不能不服从之处,则辩护尚无大碍,其人似以德、美国籍为宜。惟世界著名法律家多兼本国政府职务,前曾为此约事就询法国公法家数位,均以法外部反对未允表示所见。本早因以个人名义(傍)〔往〕晤德国驻比公使,告以比约起诉问题,如本人拟向中国政府建议延聘德国公法家辩护,德国政府如认为无有不便之处,请该公使列示数人以凭呈请核夺直接商聘,彼允即刻用私人名义电探柏林,结果容续电陈。至美国公法家,似以电商施公使就近物色较妥。总之,中央既认废约为政治问题,拒绝商定公断状,于前态度自贵,前后一(线)〔致〕当使败诉以及所指保管方法,仍可以政治关系拒绝执行,否则方针一动,全局均变。所以如因辩护反添拘束,将来不服,曲反在我,则出庭辩护与否,尚乞慎重讨论,深虑堕入外人局套。现管见如此,承询。谨陈。景岐。三日。

中国第二历史档案馆藏北洋政府外交部档案

驻比使馆致外交部

1926 年 12 月 11 日

敬启者:本年十一月十六日大部照复比使各节,曾准电嘱不必由馆再复比外部等语,当经遵照在案。本月二十二日比外相约谈,面告取消十五日晤谈各节,随询中国对于起诉一层最近态度,经即以二十日电知各节举示。乃比报载称,中国公使约见比外相,用本国政府名义面交照会,表示中国政府拒绝听受国际法庭审理之意云云,与事实不符,业经分别函嘱更正。相应将各报原载及更正原文各剪一份,函送查阅。此致

中国第二历史档案馆藏北洋政府外交部档案

王景岐致外交部

1926 年 12 月 14 日

外交部:三日电计达。顷德使以私人资格来复,略谓中国如聘德籍律师,仅可用为法律问题之辩护,不得丝毫涉及政治范围,因交下法律家名单四位系:Yastierat Magnus, Professor Keaus, Professor Hrupp, President Erusen。至此外负较大名誉者,因事必须恐不能兼顾云云。查约案我国本认为政治问题,似无出庭辩护必要,若为反对管辖权而辩护,法庭仍可依规约第卅六条末节取决,我国反受束缚。钧部最近方针如何?盼电示。此时如须咨询德国法律家意见,应否移卷就近征求,亦乞酌夺。景岐。十四日。

中国第二历史档案馆藏北洋政府外交部档案

外交部致王景岐

1926 年 12 月 21 日

律师事迭电均悉。现拟先征世界著名公法家意见,已电达住在国使馆,密征美兰辛、德 Schücking、瑞士 Motta、希腊 Politis 四人意见,Schücking 只请其拟具意见,并许以未得其同意不加发表,谅无拒绝之

理。将来延请律师时，再就遵单酌办。再，尊处与比外部来往公文，请钞寄德魏使、法陈使、美施使、瑞士陆使各一份。外。

王景岐致外交部

1926 年 12 月 27 日

英国提议对华政策后，比外相大起活动，在议院及报界露出比国对华原则上可承认华府加税及法权报告之实行。查比约已废，比国不应坚持干涉我国内政，如不明白揭穿，反增我国麻木不仁之语。日内拟向外相抗议，大意谓税务及法权乃国家内政，中比两国不平等条约已不存在，比国政府如再露干涉之意，我国将视不友谊之举动。中比如因此发生恶感，比国政府应负其责云云。敬候电示遵行。再，我国对比废约实行至何程度？法权、租界入手收回否？国定最高税率，对无约国事实上能否实施？谅有研究，何妨试行，并以促赤哈、波兰及其他各国觉悟。景岐。二十七日。

外交部致王景岐

1926 年 12 月 30 日

二十七日电悉。比国参与华府会议关税、法权协定，原系根据中比旧约而来。现在该约效力既已终止，是比国已失其享用华会协定之基础。可将此意在报纸声明，不必提出正式抗议。至比侨法权，已照无领事裁判权国人民待遇，国定税率事实上尚无实行办法。外。

3. 有关中比修约的其他文件

凯洛格致菲利浦斯①

华盛顿,1926 年 9 月 8 日下午 2 时

编号 44。关于你第 62 号电报(8 月 23 日下午 6 时),第 64 号电报(9 月 1 日下午 2 时)。非正式通知(比利时)外交部:尽管国务院以同情之态度考量了比利时的建议,即,本政府对北京政府施加影响,以为比利时取得可以接受的临时解决办法,但国务院怀疑这种行动是否明智,因为这可能会软化比利时政府在解释 1865 年中比条约第 46 款这个明确问题上的立场。

凯洛格

FRUS,1926,Vol. 1,p. 991

格雷厄姆②致张伯伦

布鲁塞尔,1926 年 10 月 22 日

关于我 9 月 25 日有关修改 1865 年中比条约的第 914 号快信,兹荣幸地转给您一篇文章的抄件,摘录自今天出版的《20 世纪》,内容是就中比修约事对比利时外相的采访。

2. 范德维尔德③指出,他已经给了中国政府机会,在缔结新约以前签订一项临时办法,但条件是比利时在司法事件上的立场应予保留。但是,看来中国不准备同意,可是,相对于与中国有约的其他欧洲国家,比利时不把自己置于不利地位,她就不可能放弃现有的关税和治外法权特权。如果中国坚持中止条约,比利时就不得不诉诸仲裁,因为中国

① Phillips,时任美国驻比利时大使——译者注。
② George Grahame,英国驻比利时外交官——译者注。
③ Vandervelde,时任比利时外相——译者注。

和比利时一样,愿意接受海牙法庭的强制管辖。此外,中国通过废除领事法庭,正在努力使比利时人民服从于中国法庭的管辖。目前这会使比利时人面临最大的危险。

BDFA,Part II,Series E Asia,Vol. 31,p. 181

顾维钧声明书

1926 年 11 月 2 日发表

（一）解除不平等条款,为全国一致之主张,维钧对此问题,不惟赞同而已,其赞同且不后于人。当威尔赛会议中七项希望条件之提出,固维钧所手定者,如撤销领事裁判权、关税自主、收回租界等等,皆在其中。嗣以不能收效,又力争之于华盛顿会议,始告稍有端倪。此种已往之迹,谅为诸君所稔知,然则维钧是否以此为职志,当能见信于诸君。

（二）我国对于比约,早于六个月前声明到期失效,中经种种政局之变迁,不免为一致贯彻之障碍,然现已按定步骤,着着进行,比国亦已承诺改订,按改订条约,自颇费事,不若一纸宣言单独废约之爽快而简易。然此种办法,非至不得已时,不可轻试。要当先由国际的常轨尽力向和平的途径做去,必须和平的途径实在到山穷水尽时,然后别谋办法,应可邀世人共谅。

（三）比国对我之关系,以商务为重。彼素不藉武力以立国,我若取断然之手段,本可无甚顾虑。然我国亦非可以武力立国者,且取消不平等条约,乃对于各国一般之目的,而非仅对于比约为然。正惟比国非武力的国家,我国尤不愿以无庸顾虑之故,而遽出以断然之手段。现在此事,尚候比使答复,如能就我范围,可望解决,否则不免取不得已办法耳。

北京《晨报》1926 年 11 月 2 日

外交部上大总统呈

1926 年 11 月 6 日

呈为前清同治四年中比北京条约及附属税则通商章程业经期满，拟请宣布自期满日起失效，另与商订平等及尊重领土主权之新约以固邦交，仰祈钧鉴事：窃查中比通商条约及附属税则通商章程，系于前清同治四年九月十四日在北京议定。该条约于同治五年九月十九日，即西历一八六六年十月二十七日互换施行。自互换之日起以十年为期，计至本年十月二十七日又届十年期满。经本部于期满前六个月，即本年四月十六日照会驻京比使华洛思，声明本届期满该条约即失效力，愿另订平等相互新约，以固邦交，请其转达本国政府。同时，并训令驻比公使王景岐照会比政府。嗣于四月二十七日、五月三十一日先后准比使照会及备忘录，内称：约中第四十六条仅给比政府提议修改之权，然比政府愿于中国情形许可及关税、法权两会议结束后，从事考虑等因。当以片面条约期满不愿继续有效为政府坚决之主张，亦即全国人民之公意，故对于比使所称须俟关税、法权两会议结束后再议修改一层，于六月一日、七月二十四日复比使备忘录及照会内表示不能同意。惟允于旧约期满前，如新约不能成立，则中国政府为敦睦邦交起见，愿从事另觅一种临时办法。而比使于八月四日来照，仍谓该约仅比国有提修议改之权，且认为两国意见不能融洽，声言欲提出国际法庭，但望中国将临时办法之基础先行通知。本部当即拟具在旧约期满后六个月内施行之临时办法五端：一、两国使领关系继续存在，仍互相享受国际公法通常赋予之一切特权及优越权；二、两国承认彼此关税自主之原则，但为过渡办法起见，暂许比国商品输入中国得享受通用税率，而以比国对于中国货物输入，比国亦予以入口货之最低税额为条件；三、两国承认彼此领土管辖权之原则，但为过渡办法并实行该原则起见，如比国允于新约内抛弃领事裁判权，则中国可暂行容忍比国现在享受之领事裁判权不遽变更；四、天津比国租界，俟订新约时决定；五、未经规定之一切问题，照领土主权及平等相互之原则办理。于九月二日面交比使，并电王使照会比政府。旋准比使于九月二十九日、十月二十三日先后送来备忘录，提出对案。始谓比政府对于中国政府九月二日之临时办法不能承允，但愿立时修改条约，修约期间仍须维持旧约效力。继则谓比政府愿订立临时办法：一、要求最惠国条款；二、以明文维持领事裁判权；三、临时办法之有效期间，至中国情形许可及关税会议结束后，结缔新约之日为止。此两次所送备忘录中，均声明保留控诉国际法庭之权及比国单方废约之权。本部详加考核，旧约到期失效，万难稍示通融。至平等及尊重领土主权之新约，当然须及早议订，决不能以中国情形及关税会议为藉口，当再竭力磋商。即于二十三日提出修正临时办法草案，大致分为四项：一、旧约到期终止效力；二、立即商订以平等及尊重领土主权为原则之新约，并于六个月内完成之；三、新约成立前，两国关系及人民待遇，彼此照最惠国办理；四、关于中国法庭管辖在华比人问题，在六个月内觅一双方皆可容纳之办法。开具备忘录送交比使去后，二十六日比使奉政府训令，以备忘录答称：旧约到期失效，业经双方同意。其临时办法，一、两国使领、侨民、法人、货物、航行均得互相享受最惠国待遇；二、本协定有效时期至新约成立之日为止。双方约定以平等及互相尊重领土主权为基础，从速缔结新约，其结论以中国对于此项临时办法全部承认为条件，否则关于废约一节，比国仍可提出于国际法庭等语。本部复加考核，此项临时办法应以六个月为期，如到期而新约未能成立，双方对于本临时办法得自由重加考量。经向比使详细解释，彼允请示政府。二十七日比使来部，以备忘录述政府训令，略谓：六个月期满，如有一国提议于三个月前通知，即可将临时办法延长六个月，以后照此办理，至新约实行之日为止，云云。当告以如此则将发生一种感想，以为比国政府倾向于无期延长审核中之临时办法，藉以迟缓新约之缔结，中国政府歉难承认。盖中国政府所重视者，在于以平等及互相尊重领土主权为基础，从速缔结新约，该项原则比国政府似已愿予赞许。是以订立新约，宜有一种确切之时期。中国政府今仍本友好之精神，图本问题之解决，特预备再行退让。本协议届六个月期满，如经双方同意得延长之，并经任何一方之三个月预先通知得废止之。如斯退让，实已达于终点，希望比政府予以容纳。于二十八日亦以备忘录开送比使。经七日之久，未见复到，深为失望。于十一月四日复开具备忘录送达比使，略谓：时机急迫，若不能于相当最短期内接到此项答复，则中国政府关于中国对于一八六五年十一月二日所订条约之态度，将不能不正式宣言，俾两国之各种关系不至常处于一种不定之情状等语。五日比使来部面递备忘录，内称：对于中国政府之提议，不能赞成。依照国际法庭规约，将中比条约第四十六条解释问题，即行提出于海牙国际法庭，并照国际法庭规约第四十条之规定，请中国政府共同妥定一公断状，以便提出等语。查各国通商条约所定有效期间，大都不过三五年，以期与世界情势相合。中比条约推行至六十年之久，与世界情势之不适宜，显然可见。且其中条款多属片面权利，断无强迫中国永久承受之理。按之国际联合会盟约第十九条，对于已不适用之条约，大会可随时请联合会会员重加考虑。此项规定正以见顺时势之所宜，设法改订以免争端，为万国心理之所同。中国政府笃念邦交，于中比条约满期之先六个月即已正式通知比政府，极愿和平商榷，订一平等及互相尊重领土主权之新约，以代旧约。乃比政府藉辞推诿，叠经往返交涉，未得结果。而中国政府为表示格外友谊起见，许以旧约期满后新约未成立前，暂订一种临时办法，委曲迁就，无非冀新约克底于成，乃舌敝唇焦，节节退让，比政府始终未能相谅，最后欲以六个月之临时办法为无期之延长。虽经许以双方同意可以延长，犹遭拒绝。其不以诚意相待，欲将旧约中之片面权利继续维持，盖已无可讳言。中国政府循国际交涉应用之方法，用之已尽，无由再施，惟有按照公法情势变迁可以废止之原则，将同治四年中比北京条约共四十七款及附属之税则通商章程，宣布自期满日起失效。所有比国在华使领、人民、货物、船舶，拟请令由地方官照国际公法妥予保护，并由主管部署会商优待办法。一面仍由本部与比政府从速商订新约，期于必成，庶于终止旧约之中，仍示维护邦交之意。经提出国务会议议决通过，如蒙允准，即由本部通行京外各官署遵照办理。

所有中比条约期满失效缘由,理合具文呈请大总统鉴核示遵。谨呈。

十五年十一月六日奉大总统指令:呈悉。前清同治四年九月十四日中比北京条约共四十七款及税则通商章程,业于本年十月二十七日期满,应即宣布自期满日起失效。着该部从速商订平等及互相尊重领土主权之新约,以重邦交。至现在比国在华之使领、人民、物产、船舶,均着地方官按照国际公法及国际习惯妥为保护,一面并由主管各部署按照国际通例,迅拟优待办法,呈候核夺施行,余如所拟办理。此令。

《外交公报》第64期

比国对英答复

1927年1月

自英方对华提案发表后,比利时首先表示赞成,对英答,业于一月十一日由比京外部交与驻比英大使,但其立言,与英国主张颇有出入。兹据比京路透社电称,比国答复内容,大要如下:

[第一段]关于英方声明　对于中国争求国家平等之国民运动,势难不予同情一层,完全同意。且比政府欣悉此项意见,与法政府所见符合。

比政府对华方针,仍旧笃守其传统的和睦与宽厚之精神,无论一时的何种困难,皆当不改。

[第二段]谓比利时在华府会议,对华已表示极广大之妥协精神,去年关税开会,并经训令代表,不但承认二·五附税,且愿进一步许中国增征较高之税率。最近中比修约问题,比政府现已应北京政府之要求,筹备开始磋商新约,以平等相互尊重主权为基础。比利时不过要求在过渡办法时,两国须相互的承认最惠国条款而已。

[第三段]谓比国对华,别无任何政治目的。关于中国门户以内之事,无论如何,决不干涉。

[第四段]谓比政府相信可以夸称,比国对华经济之发展,不无笃实之贡献。因此比政府认为比侨及比国产业在华所受之待遇,有要求

不劣于他国所受待遇之权利。且此项保护外侨及产业之待遇,比政府对于在比华侨及中国利益,亦已允予,故对比拒绝此项要求,不特使比国对在华列国相形见绌,于中比双方,亦非利益。比利时现已决定,继续训令驻华各领,对于比利时所认为合理之中国国民愿望,比国绝无反抗之意思与行动。

〔第五段〕谓比利时赞成无条件立即允准中国增征二·五附税,此层经英方提议,法国亦已赞同。对于英方提议适用法权会议调查报告一层,比政府亦表赞同,盖此着可以表现列国对华之诚意。但比政府以为适用法权会议调查报告之程度,若真能达到满足华人之愿望,不亦更妥?

〔第六段〕对于英方提议由签订华约各国联合对华宣言一层,比政府认为不妥,且做不到。不但数国中,业已驳斥英案,按之中国人民目前怀抱之心理,此项联合宣言,无论如何宽宏博大,皆反足增益恶感惹起误会。

〔末段〕谓比国希望中国产生一种有权力足以代表全国之政府,以善意协定之手段,予外侨以平等待遇与保证,则中国国民历年之愿望,不难达到最高限度之满足也。

北京《晨报》1927 年 1 月 16 日

外交部等呈大总统
1927 年 3 月 22 日

呈为中比条约期满失效,遵令会拟优待办法,恭呈仰祈鉴核事:窃查中比通商条约上年十月二十七日期满,经外交部于十一月六日呈奉指令:呈悉,前清同治四年九月十四日中比北京条约共四十七款及税则通商章程,业于本年十月二十七日期满,应即宣布自期满日起失效,着该部从速商订平等及互相尊重领土主权之新约,以重邦交。至现在比国在华之使领、人民、物产、船舶,按照国际公法及国际习惯,妥为保护,并由主管各部署按照国际通例,迅拟优待办法,呈候核夺施行,余如所拟办理等因。奉此除由外交部遵与驻京比使华洛思依平等及互相尊重领土主权之宗旨,商订新约,现已开议进行外,其临时优待办法,经外交部、财政部、司法部按照国际通例,详加讨论,拟具三条,期于商订新约期内,比国在华之使领、人民、物产、船舶所受待遇有所依据,以副大总统怀柔远人之至意。是否有当,理合恭缮清折,呈请鉴核施行。再,此呈系外交部主稿,会同财政部、司法部办理,合并声明。谨呈。

谨拟修约期间比国在华人民、物产、船舶优待办法三条,恭呈钧览。

一、比国人民(包括传教徒)之身体、财产、船舶,应按照国际法之规则,给予应得之保护。

二、凡由比国或由比国人民输入中国,及由中国向比国输出之货物,应按照对于他国人民现行有效之关税税则纳税。

三、凡关系比国人民之民刑诉讼案件,应只由新法庭审理之,并有上诉权。比国人民得选用法庭认可之比国或他国律师及翻译。

中华民国十六年四月一日奉大总统指令:呈悉,准如所拟办理。此令。

《外交公报》第 69 期

中国政府宣言书
1927 年

中国政府宣言书　　关于在华比国人民案件问题　　第一次

中国政府宣言书

中华民国政府兹因对于比国人民实行其司法权,特为左列之宣言:

一、关于比国人民之案件,归普通法院(审判厅)管辖。

二、关于比国人民案件,应准比国或他国律师出庭。前项律师系外国籍者,应经法院认可,其执行职务时应遵守中国法令。

三、比国人民受羁押及徒刑之执行,应于新式看守所或监狱行之。

四、关于比国人民案件,其关系人、证人及参与该案审问之官吏均通某种外国语者,若审判长认为便利,得用该外国语审问,但其审问笔录仍用中国语作成之。

五、关于民事逮捕羁押之法令，对于比国人民非遇确有必要时不适用之。

六、本宣言书施行期限为一年，但得由中国政府延长之。

外交部存《中比商约主要问题稿》
1927 年①

中比商约主要问题之一
收回法权问题

查早年中国与各国所订条约均许以领事裁判权，同治四年即一八六五年中比通商条约亦同有此项规定。如：

第十款之规定：比人在华犯法，应交比领惩办。

第十六款、第十八款之规定：中比人民间民事债欠诉讼，应由地方官与领事官会同审断。

第十九款之规定：比人侵犯华人之刑事犯，应归〔比〕领照比国法律讯办。

第二十款之规定：比人与比人及比人与他国旅华侨民之民刑诉讼事件，毋庸中国官过问。

以同一案件，在同一地方，因原被告不受同一国家法律支配，每遇诉讼，进行迟滞，手续纷烦，在当事人固深感不便，而于我国改良司法，统一法权，适成一重大障碍者久矣。

迨至民国，我国法律逐渐改良，亟谋收回法权，曾经提出于华府会议，冀能磋商收回，乃有华府会议关于在华领事裁判权之议决案，比国当亦在内。旋于上年按照议决案，组织调查委员会来华调查，制有报告，但其第四编之建议案，中比两国政府均未声明采纳。

按华府会议之议决案，法权调查委员会之建议案，均系为谋改善中

① 此件为外交部存稿，原件无作者和时间。据有关文件判定为 1927 年。

外商约而设。现值中比商约届满终止效力,是华府各约关于比国部分既已失其根据,应即谋根本改良,收回法权。

至比国向国际法庭起诉,法庭指定临时办法,据驻和公使电称:只关比人法权保障一节,归中国法庭,其比人犯法等刑事案件,仍属于领事裁判,似此区分,亦殊觉窒碍难行,且已准比使来照,中止诉讼,愿即商订新约,自宜与彼确定收回办法,以维主权。

至关于司法之实施,自当予以相当之保障及便利,惟侨居中国之比国人及其财产,应完全遵守中国之一切法令。

中比商约主要问题之二

收回税权问题

同治四年即一八六五年中比商约第三十款规定:比国商民起卸货物输纳税饷,均照后附税则纳税,不得较诸他国或有此免彼输之弊。全系照英法各国约章先例规定进出口货税率。

其后虽亦加入前清光绪二十八年,即西历一九零二年,我与英国所订马凯条约附订税则及民国七年各国因我国参加欧战修改之税则,但当时所改正者,仍不过规定切实值百抽五之税率,依然束缚我国税权。

迨夫华府会议,我国代表设法解除我国关税所受条约上之束缚,曾一度主张关税自主,维时因各国不易容纳,乃一面先与订立关于关税之条约,以图逐渐收回。盖因前与各国所订商约,一时未到修改期限,故暂定此种过渡办法。

惟查华府条约,系根据各该国旧约而来,现中比商约既已终止效力,是华府条约关于比国一方已失其根据,自应于订立新约时将我国税权完全收回。

查我国于此次关税会议,曾提出关税自主要求,经于一九二五年十一月十九日关税会议分股会议,连同比国在内通过议决案,承认我国享有关税自主权,允许解除各国与中国间现行条约中之关税上束缚,并赞同中国国定关税定率条例于一九二九年一月一日发生效力,是彼对于我国关税自主之要求,原则上既已赞同于前。兹值旧约失效另订新约之际,自宜趁机将关税一项提出,规定悉照缔约两国本国法令办理。

至互惠协定一节,各国间订立商约,虽多有行之者,然皆限于两国之特产品彼此交换之必要时。中比两国间既无此种情形,且彼又未曾向我表示此种意思,故无与彼商订之必要。

摘录同治四年中比通商条约第三十款 附件一

比国商民起卸货物输纳税饷,约准均照本约后附税则为例,总不能较诸他国或有此免彼输之弊,以示均平。比国出入各货,如系值百抽五之货,倘海关验货丁役偶与该商各存己见不能定价,约准各邀客商二三人前来验货,该商内有出最高之价者,即以为该货之价(式)〔值〕,免致收税不公。凡输税饷以净货为率,所有货物应去皮毛,倘比人与海关不能定各货皮毛轻重,就将争执各件连皮过秤,先定多寡约数,再复除净皮毛,秤其斤重,即以所称通计类推。当查验货物之时,如有意见不合,比国商人立请领事官前来,该领事官亦即知会海关从中尽力作合,均限一日之内通报,否则不为准理。于议论未定之先,海关不得将互争数目,姑写册上,恐后难于核定。比商货物或因潮湿等由损坏致价低减,该关应行按价减税,倘该商与关吏理论,价值未定,则照值百抽五之货同法定办。

摘录中国政府声明中比修约期间办法第二项 十六年一月三十一日

(二)凡由比国或比国人民输入中国及由中国向比国输出之货物,应按照对于他国人民现行有效之关税税则纳税。

中比商约主要问题之三

收回航权问题

查沿岸贸易现今各国通例,只为本国国籍之船只所享有。乃自我国海禁开通以来,与各国订约,竟皆许以此项权利。查一八六五年十一月二日中比通商条约第二十一款,比国商船准在条约内列通商各口往来运货,是比国按照该约亦得享有此项权利。

迨其后我国于一八九八年规定内河行轮章程,比国更得援中比条约第四十五款片面最惠条款,一律享有内河航权,是比国商船得在长江各口经营沿岸贸易,且得援引最惠条款享有内河行轮之权利。核与各国维护本国船舶营业之旨既不相合,而我国航权失堕亦莫此为甚。

前曾向交通部调查,据云:比国条约上虽得有此项权利,实际上尚无船舶在我国领水内经营此项航业者。

此次中比修约最惠条款,固宜剔除,即沿岸贸易及内河航业,亦似宜与彼订明,比国商船不得在中国领水内作此项营业,以挽航权。

附件一:交通部函送关于中比修约航权意见节略

十六年一月二十七日

查中比条约宣布失效以后,关于航政事项,前在外交部会议决定:沿岸内河航行在新约未成立以前,凡比商请领船照者,概行缓发,俟新约成立再行核办在案。现中比商订新约行将开始,两国睦谊当然继续,所有比国商船在中国往来贸易之权,自应为有条件的承认,兹撮其大纲如下:

一、比国商船欲在中国各口岸往来贸易者,应一律按照现行轮船注册给照章程报部注册领照,俟由部核准后,方可由海关发给船牌。(十二年三月间,德商船只请求在宜昌、重庆间往来贸易,外交部谓按之相互主义自难拒绝,本部当令其遵守中国一切法令,并照注册给照章程报部领照。嗣德使对于报部领照一事未允遵办,外交部以为外国船只向在海关注册领照,未便强以所难。至德国领事裁判权业经放弃,德船应遵守中国法令,似尚不生问题,主张通融照准,当由本部咨复同意。以后倘比船欲在中国行驶,仍宜将此节力与交涉,以便稽察。)其从前领有此项船牌之比船只,均宜照此办理,如不遵从,即将该船扣留不准前驶。(此条意义,一方面继续中比国交,一方面维持互国航权,较之空言限制,而实际上仍得自由行驶者,似略胜一筹。)

二、比国船只由外国驶入中国口岸在二口岸以上者,其在各口岸卸下之货物,必须该船在外国直接运来之货物,方准分卸。其装载出口之货物,必须由各口直接运往外国之货物,方准装载,不得在中国此口装载货物,运往中国他口卸下。

至由通商口岸至不通商口岸,与由此不通商口岸至彼不通商口岸,妨碍吾国航业,自宜极端禁止。

各国驻华领事动辄干涉航政,于管理上殊多不便。(如天津理船厅章程载明:系各国领事官公司准行,其第十四条云:倘有船主违犯以上各条,即由该领事官查办。此外停泊章程类此者甚多。又天津引水章程第十款之末项云:以上条款由理船厅与各国领事官并通商总局妥为拟定。此外(到)〔引〕水章程类此者甚多。又牛庄口防护染疫章程载明:系由山海关监督会商领事官酌定,其第十二节云:凡华人等如有违背以上章程者,华人则送地方官,洋人则送该管领事官分别核办。又光绪二十四年内港行轮章程载明:领事官有审判船舶诉讼之权。)嗣后订立新约自不能再任比领事有干涉航政之权,而该国领事裁判权中止后,更无从干预船舶诉讼案件,惟各国领事向来有此特权,恐比领事仍将援用,是否需用一种声明手段以免纠纷,亟待详酌。

查中比旧约直接间接与航政有关系,亟宜删除或改正者,附列于左:

一、该约第三十二款所定船钞办法应改正。(比国船只应纳之船钞,暂准其照各海关所定现行船钞章程数目完纳,他日中国政府定有专章时,即照政府所定之章程完纳。)

二、该约第四十一款比国师船因捕盗驶入中国一节应删除。(缉捕海盗乃中国内政,不容外国兵舰藉词任便驶入。)

三、该约第四十二款拯救难船一节应删除。(救护乃中国友谊的援助,不必订于约内,使中国担负一种应尽之义务。)

四、该约第四十五款均沾实惠一节应删除。(有此一语,凡各国在中国一切航行上之利益,如内港行轮之类,比国均得援最惠国条款以为要求。)①

中国第二历史档案馆藏北洋政府外交部档案

---

① 该节略有眉批云:查比国既无船舶在我国沿岸及内河航行,即船钞各节亦属我们关税自主之一端,自应主张绝对照国际通例。交部所拟各节于比国迁就太甚,似非所宜。

4. 各界对中比修约之态度

东南五省当局致部院电

1926 年 10 月 29 日

（衔略）中比通商条约满期，比使希冀无期延宕，殊失公平互惠之旨。国人正谋废止不平等条约，群情愤激，各友邦耳目所及，正宜乘时讲信修睦，以平民气，岂容墨守延宕压抑之故辙，复鼓众怨，窃为各友邦不取。现在旧约已过，若比使仍复推宕不另订平等新约，应请单独宣布废除，俟新约成立，再行遵照办理。特电奉布，幸赐鉴照。孙传芳、陈陶遗、卢香亭、陈仪、周荫人、萨镇永、陈调元、高世读、郑俊彦、李定魁。艳（二十九日）。

北京《晨报》1926 年 10 月 31 日

中华全国商会联合会代表谒见顾维钧

1926 年 10 月 30 日

全国商联会昨日下午开评议会，议决推代表赴外部谒外长顾维钧，陈述对于中比修约意见，当于三时半，由副会长王文典等前往，顾接见后，王等谓中比商约已经满期，应即废止。惟外部对于办理此事方针，完全不肯宣布。且报载有暂订临时办法等说，商界对此，殊涉怀疑，兹特面陈，务请公开办理，与比方赶速决定修约日期，以便进行。王又谓，本人甫自上海返京，沪商界对此亦坚决主张立即废止旧约。如比方延宕，不妨径行断绝通商。缘比国来华之货极多，而中国赴比之货甚少，故通商于比最占利益。果能坚决交涉，必不致破裂云云。顾答报载消息，未可尽信，外部现已在竭力交涉中。惟比使前允昨日（三十日）下午三时政府复电可到，迄现在止，尚未见有消息，诸君代表全国商界所述意见，自当尽量采纳。至五时代表遂与辞而出云。

北京《晨报》1926 年 10 月 31 日

中华全国商会联合会致顾维钧

1926 年 10 月 30 日

外交总次长钧鉴:中比商约届满,逾期作废,于六个月内,另订相互平等之新约,国家主权系于斯举。本会刻经开会议决,旧约须完全作废,新约须积极进行,新约草案须彻底公开,以供国人研讨。闻比使欲于六个月内新约未成时,订一临时协定简单条约,藉以拖延,国人完全反对。并请宣布经手办理条约人员之姓名籍贯,俾国人周知注意,使其完全负责。生死存亡,在此一举,倘违民意,誓不承认。除由代表随同副会长王文典面陈外,迫切陈情,统乞鉴之。中华全国商会联合会。印。陷(卅日)。

北京《晨报》1926 年 10 月 31 日

全国学生联合会总会宣言

中比商约已于本日期满,按诸法理人道,均应废除。盖不平等条约为帝国主义侵略中国之工具,自鸦片战争我国失败,八十余载以还,盘踞中国,削我主权,剥我民生,嗟我兆民,困瘁极矣。最近因民气之激昂,造成废约之时机,千钧一发,不容自懈。中比商约既为不平等条约之一种,则吾人应竭全力以废除该约为废除一切不平等条约之先导。今者比政府迄无正式诚意之表示,已足洞见帝国主义者之用心,吾人于此当一祛瞻顾延仁之旧习,以全力自动废除。深望全国朝野上下敌忾同仇,步伐一致,对于本日满期之中比商约,以不妥协之态度,宣告无效,取消比国在华基于此约之一切利益,另订双方平等互惠之条约,以保障我国之主权。失铁链得自由,胥赖此举,宁为玉碎不作瓦全,为吾人应具之决心。此外无论任何一种延缓狡展之主张,本会愿与全国同胞共弃之。谨此宣言。

广州《民国日报》1926 年 11 月 6 日

全国学生联合会总会致外交部

1926 年 11 月 6 日

北京外交部鉴：中比商约今日满期，按诸法理人道均应废除，乃贵部一再迟延，漫不进行，诚不知是何居心，所望依重民意以不妥协之态度，即日宣告该约无效。民意所在，幸勿游移，迫切上言，诸希察纳。全国学生联合会总会叩。沁。

广州《民国日报》1926 年 11 月 6 日

（四）中国与日本关于修订条约交涉

说明：在 1896 年签订的《中日通商行船条约》将届第三个 10 年期满之际，北京政府外交部于 1926 年 9 月照会日本驻华公使，要求议定办法，根本改订中日通商行船本约及附约。日本政府原本态度强硬，后来受到北京政府公开宣布废除中比条约之举的震动，同意就修订条约展开谈判。但是，在谈判的过程中，双方立场差距甚大。日方坚持首先议决最惠国条款，尤其是关税方面的最惠国条款，然后才可商议其他问题，北京政府认为对此万难让步，谈判遂在这个最重要的问题上陷入僵局，直到 1927 年 9 月双方才达成谅解，缓议最惠国条款，先议其他。当旧约期满时，北京政府的态度较为妥协，一次次同意将旧约有效期延长，中日修约谈判最后不了了之。

1. 外交部就中日修约与日本驻华使馆的往来交涉

外交部致日本公使馆

1926 年 9 月

为照会事：中日两国同在亚洲，而又同文同种，邦交向极亲密。中国政府为欲使亲密之邦交益加巩固起见，以为光绪二十二年六月十一日所订中日通商行船条约,及光绪二十二年九月十三日所订附属前约之公立文凭将届期满,应于最早适当时机加以修正。因该约订立已经三十年之久,在此长时期内,两国政治、社会、商务状况,已不知几经变迁,以订立年代久远之约,支配两国屡经变迁之商务关系,自多不能适宜之处,是以修改此约而代以双方同意之新约,由缔约国相互利益言之,不特系应为之事,且实为必要之图。

如上所述,人类社会情形既时时变更,则绝无不加修改而可以永久适用之条约,彰彰明其。依国际惯例,凡各种国际协定,其中尤以通商行船条约为最。即使关于修改并无明文规定,亦往往按各事件之性质及情形,随时量加修改,俾得实行必要之整理,以期与缔约双方莫大之福利相合。

况现在所讨论之中日通商行船条约第二十六款已明定,此次所定税则及约内各款,日后如有一国欲再重修,由换约之日起,以十年为限,若两国均未声明修改,则条款税则仍照前办理等语。该约系于一八九六年十月二十日互换,至本年十月二十日又届十年期满,可以修改之期。因此中国政府按照该约第二十六款之规定,谨向贵国政府声明,中国政府拟将光绪二十二年六月十一日之中日通商行船条约及其附属文件,以及附属前约之公立文凭,重行全部修改。所有该约及其附属文件以及公立文凭内各条款,均至本届十年期满,即民国十五年十月二十日为止,不再继续。至光绪二十九年八月十八日订立之通商行船条约续约及其附属文件,既系续约性质,根据该约第九条自应归并正约一律修改,于正约满期之日,亦不再继续。

中国政府所最欣慰者,即知此事在贵国政府必能完全同意。盖以贵国政府于一九二五年九月四日答复一九二五年六月廿四日中国政府之照会,声明不拘何时甚愿考量中国修约之提议,足征贵国政府及社会上一般舆论,对于同洲及同文同种之中国,具有格外赞助之意。此次修正商约,必能满足中国人民之希望,毫无疑义。中国政府采此步骤,无非欲使中日从来亲密之邦交益加巩固平等。相互之新约一经成立,则两国政府可开一新纪元。从此两国邦交亲密之程度,将不可以意计测度,中国政府深信贵国政府亦极乐观其成。谨再声明,中国政府业已准备与贵国政府于最早可能之时期内,开始磋商本诸上述原则之新约,以代光绪二十二年六月十一日及光绪二十九年八月十八日所订之旧约及其附属文件。除训令驻日本汪公使照达贵国政府外,相应照会贵公使查照,即希转达贵国政府为荷。为此照会。

中国第二历史档案馆藏北洋政府外交部档案

顾维钧会晤芳泽

1926 年 10 月 16 日

沈觐鼎、西田耕一在座。

中日商约满期改订事

总长云:兹有一事为余所重视,即中日商约,行将满期,应行改订是也。近来我国舆论,提倡取消不平等条约,甚为热心,值此我国与各国所订商约,行将先后满期,各界主张撤废旧约,另订新约之声浪日高。查中日商约,将于本月二十日期满,兹鉴于民意之膨胀,并为改善中日间商务经济关系起见,本国已决定向贵国提议,根本改订中日通商本约及附约,拟于数日内由本部备文送达贵馆,声明该约^{又届十年期满终止之时}(Termination)正式提议改订,顾我国一般人士,主张废旧订新,但余宁重视新约之内容,深盼彼此妥协努力,能照该约第二十六款所定,于六个月期内完成此业。

芳使云:假使两国当局开始磋商修改,而不能于六个月期内完成则如何? 是时是否维持现状,旧约继续有效?

总长云:吾人既欲努力改订,雅不愿预料期内不能成功,万一不能完成,似可待六个月将届期满时,商议一适当之临时办法也。

芳使云:所谓 Termination(终止),其解释若何? 贵国方面主张,系废弃旧约耶? 抑加以修改耶?

总长云:吾所谓 Termination 非 Renunciation(废弃)之意。

　　芳使（索阅条约后）云：若贵国方面果忠于该条约第二十六款规定，则应作 Revision（修改）之解释，鄙见勿论其为根本的、或部份的，贵国当局之意，似亦在修改而非完全废弃也。按此事与关税法权两会议有关，且内不乏专门事项，必须先就贵方照会内容研究后，再定方针，但对于贵方提议，必以友意加以考虑，而为两国之亲善关系，共同努力也。前阅报载，中比商约期满，中政府已向比政府提议废旧订新，但被拒绝等语，究竟如何？又有交国际联合会或仲裁机关公断说，确否？

　　总长云：本部曾于春间向比国当局声明，中比商约期满后失效，彼答以依照该约条文，虽只允比国方面提议修改，然比政府甚愿以好意考虑，但所提满期后即失效力一层，碍难承认，至交付公断一节，曾有提及，但比方对之，似不甚紧迫。此事现正彼此磋商中。

《中日外交史料丛编》（一）国民政府北伐后中日外交关系，第 43—44 页

外交部致日本公使馆
1926 年 10 月 20 日

　　为照会事：中日邦交向极亲密，中国政府为欲使亲密之邦交益加巩固起见，以为光绪二十二年六月十一日所订中日通商行船条约，并附属文件以及光绪二十二年九月十三日所订附属前约之公立文凭，应即按照条约规定，加以修改。查该约第二十六款明定，此次所订税则及约内各款，日后如有一国欲再重修，由换约之日起，以十年为限，期满后，须于六个月之内知照，酌量更改等语。该约系于光绪二十二年九月十四日互换，至本年十月二十日即本日又届期满，中国政府因此特向贵国政府提议，将光绪二十二年六月十一日之中日通商行船条约并附属文件以及公立文凭一律根本改订。至光绪二十九年八月十八日订立之通商行船条约续约及其附属文件章程，既系续约性质，根据该约第九条自应与正约一并根本改订。

　　查中日通商行船条约订立已经三十年之久，在此长时期间，两国经济商务及人民间关系已不知几经变迁，以此年代久远之约，支配两国间

屡经变迁之经济商务及人民关系，自多不适宜，而滋生困难之处，证之近年经历尤见显然。故中国政府对于前述各约照现行之方式，实希望不再继续，而愿即进行根本改订事宜，以图增进两国之公共利益。

此次修改条约，于贵我两国亲善之前途关系綦重，中国政府深冀贵国政府能顺应近年国际进步之潮流，并满足中国人民之愿望，根据平等相互之原则，以确立中日邦交与夫两国人民亲善之新基础。

按照约文规定，期满后六个月为修约期间，中国政府深冀从速开议，于此六个月内完成新约。假使修约期满而新约尚未成立，则届时中国政府不得不决定对于旧约之态度而宣示之。因此，中国政府关于此点，兹须声明，保留其应有之权利。

总之，中国与日本同洲邻国，睦谊素敦，彼此人民关系更较深切。此次提议根本改订前述各约，又专为谋增进两国之亲善，故敢信贵国政府对于中国政府之提议，必能完全赞同，并望贵国政府与中国政府推诚商榷，努力进行，俾于最短期内完成双方满意之新约，而立两国诚心亲善之基础。除训令驻东京汪公使照会贵国政府外，相应备文照会贵公使查照，即希转达贵国政府为荷。须至照会者。

《外交公报》第 69 期

顾维钧会晤芳泽

1926 年 10 月 28 日

沈觐鼎、西田耕一在座。

中日商约改订事

芳使云：贵总长之照会内有"……兹须声明保留其应有之权利"等语。现奉本国当局电嘱，查询所谓应有之权利系何意义？

总长云：此次中国政府为满足人民之宿望，并图〔谋增〕进中日两国之公共利益起见，既提议根本改订中日商约并冀从速开议，照章于六个月内完成新约，假使在此期间内新约尚未成立，则旧约既经声明不愿继续在前，中国政府自不得不决定对于旧约之态度，故须声明，保留决定此项态度之权利也。

芳使云:本国政府以为贵方照会插有此句似属欠当。盖本国政府对于贵方修约之提议,原持友好态度,乃此次贵方照会内有此种措词,令人对于贵国之态度不无疑虑,恐此项照会发表时,敝国舆论或为此句所激昂,转磋商修约前途发生窒碍。

总长云:此项照会措词实经细心推敲,多由余亲至加笔,以和衷之精神与友谊之词句,提议改订。我国舆论主张取消所谓不平等条约甚力,而阁员中亦不乏作强硬论者。本部处此内察民意,外顾邦交,对于此项照会措词颇费一番苦心,余亦屡向同僚说明,方经阁议核定发出,全文精神专在谋增进两国之亲善也。

芳使云:本使固知贵国人民对于此项问题之主张与贵当局之苦心,个人以为该句用意似在缓和舆论之激烈。但本国外相之意,该句似有胁迫之意,足使本国人民激昂。

总长云:该句除前述之义外,毫无他意,更无意使贵国人民激昂或含有丝毫胁迫之意。望向币原外相切实说明。

芳使云:尊意容即传达不误。尚有一点附陈者,即本国外务省转来汪使所递之照会抄件,内有中政府不愿其留为悬案等语,而贵部送来之照会内并无类此字样。

总长云:此间送出之照会与汪使所递者内容完全相同,所提之〔字〕样,想系电码之错误。

芳使云:关于发表此项照会一层,本国方面在主义上并无异议,只以当局对于前述……应有之权利一句颇有疑虑(本使自当去电解释),故在未释明以前,宜暂不发表为是。

总长云:余本欲暂不发表,嗣因中外各报肆加推测,误传内容,甚至有由东京方面传来或有照会全文样式者,因拟早日公表,以杜外间之误会。

芳使云:本使昨得东京方面已发表之风闻,当即电询外务省,现接复称:并无其事,全系报馆所造。对于公布一层,币原外相为慎重起见,曾约汪使,俟本馆所邮送之照会抄件到东京后,即当考虑。邮件稍费时日,而在此时间,本国当局亦可研究前述疑虑之点,故彼此宜暂不公布。

总长云:望去电〔以释〕疑虑,并盼数日内有回音,以便互定日期发表。

中国第二历史档案馆藏北洋政府外交部档案

顾维钧会晤芳泽

1926 年 11 月 1 日

沈觐鼎、西田耕一在座。

中日商约改订事

芳使云:关于贵方照会内保留应有之权利一节,上星期二晤谈后,当即将尊意电达本国政府,现复奉币原外相来电略谓:中政府照会内有此句,一旦公布,深恐本国舆论为之激昂,反使磋商修约前途或生波折,以日本各报咸信中政府之提议系极友谊而稳妥者,亦多主张政府应表示十分好意,以副中国人民之愿望。今一旦公布内容,因有该句,舆论或为之哗然,以后两国政府当局虽欲推诚进行,仍难免受其影响等语。用请对于该句再加考虑。

总长云:该句毫无胁迫之意,不足使贵国人民激昂,前日余已说明之。近年来本国舆论主张取消不平等条约之声浪日高,值兹中日商约期满,民意力主废旧订新,其势甚烈。然政府以新约须经订约国彼此同意,互相妥协,方可成立,故持稳和态度,提议根本改订。但国民以政府态度软弱,不无非难,故政府当局内察民意外顾邦交,研究结果遂插该句。

芳使云:本国政府意似以贵方照会措词,大体上认为友和,只恐该句足使舆论激昂,一旦公布时,予国民以恶印象,致碍及两国当局磋商修约事宜。

总长云:或可由贵公使来文询问该句意义,即由本部于复文内解〔释〕说明之,庶可释贵国国民之误会,而固邦交。此项往复公文不妨与照会同时公布。

芳使云:窥测本国政府之意,虽不敢请贵方收回该句,然似希望贵政府自行收回,以杜误会。

总长云:余将照会稿提出阁议时,已有疑难该句之软和者,屡经余解释后方得通过。经过情形如此,岂能收回。况本国舆论对于该句未必满足乎。

芳使云:可否采下述办法,即于假使新约未能于六个月期内完成时,方声明决定对于旧约之态度。易言之,现不必预先声明,届时如未完成,始作声明。此乃本使个人提议,未审尊意如何。

总长云:该句不过声明保留以备万一而已,假使能如愿于六个月完成,则声明与否决不至发生问题。且此时中国政府并未抱有何种成见在胸,亦未决定何种态度,不过声明保留,届时自由取决适当态度之权而已。有此保留,则将来不致因有权声明与否问题而滋争论也。

芳使云:尊见固是。但在本国政府方面,亦可解释该句不啻囊中剑,似有一种不明之物隐在囊中。假使六个月内未能商成,即行出现,深恐国民以贵国政府怀此而与本国政府开始交涉视为带有一种胁迫,势将伤及日来对于贵方提议所抱之好感,而受论调致碍交涉前途。

总长云:然则顷间余所提议往复解释公文办法,似可释贵国人民之杞忧,盖余固不愿其误解该句之真意也。

芳使云:本国当局对于该句之解释,并非〔有〕所论难,只恐该句之存在,足以刺激本国舆论,致贻不良之影响耳。贵总长顷所提议者亦难保使其满足,但尊意容即转达当局。至所以说明该句之公文,其措词是否即照前日贵总长所读者,抑再加他词切实说明。

总长云:余尚无成见,但自当妥为解释,以免误会。贵使有何意见可作参考?

芳使云:顷间一个人意见提议,假使六个月未能完成时,中政府始声明对于旧约之态度,似不为晚。

总长云:若明我国民意之激烈以及该照会定稿之经过情形,则知尊见碍难赞同。外间对于此项照会迟未发(展)〔表〕,已有烦言,若知其原因所在,则更加诋毁矣。望将顷间余所提议电商贵国当局。至公布照会内容一节,贵使是否仍希望暂缓?

芳使云:贵总长之提议容即转达。在本国当局对于该句未谅解以前,决难同意公布照会内容,请暂缓为盼。(续)

中国第二历史档案馆藏北洋政府外交部档案

沈觐鼎①会晤芳泽

1926年11月8日

中日商约改订事

鼎云:上星期五(十月二十九日)顾总长会晤贵使时,对于贵方所虑某句有所提议,并请电商贵国当局。兹奉命来询已否接到后电,如未,则请电催。盖恐公布照会愈迟,则外间愈加(忆)〔臆〕测,误传内容,且有诋毁当局者,不惟于我国方面有关,且于贵方亦无利益。顾总长意至迟欲在下星期初公布之。

芳使云:迄未奉本国政府回训,容当电催。贵国当局以早日公布为可释群疑,而本国当局则因照会内有该句恐使本国舆论激昂,转于磋商改约事宜有碍,故主慎重,此间彼此见解略有不同耳。

鼎云:照会内容久未公布,贵国驻京访员亦纷纷来询真相,鄙人不堪其烦,多予挡驾,即不得已予以接见,亦只可以空洞之词敷衍之,而彼等则作种种(忆)〔臆〕测,时加妄断,似此不独我方即于贵方亦有不利也。报载贵使昨告日本记者团,谓日本政府不久即可答复中国政府二十日之照会云云。此说确否?抑贵国当局对于我国照会内某句未有释明办法以前,不能答复耶?

芳使云:余曾告访员,日本对于中政府照会之答复想非在遥等语。但本国政府对于该句未有释明办法以前,似难予正式答复耳。

中国第二历史档案馆藏北洋政府外交部档案

---

① 外交部秘书。

顾维钧会晤芳泽

1926 年 11 月 9 日

沈觐鼎、西田耕一在座。

中日商约改订事

芳使云：关于贵方照会内之保留辞句一事，曾将贵总长之提议电商本国当局，昨承派沈君来询，并嘱电催，当即再电本国。现奉政府回训略谓：关于此事，政府以为倘照中国方面所提议互换附件，更加误会，纵使中国当局无考虑删去该句之余地，亦不宜互换此种文件。但本国政府方面对于本国舆论因该句或致激成之不良影响，自当设法减少之。至对中国政府照会之复文内容，拟于下星期内电达，而中国照会内容似宜照普通惯例，俟我复文到后同时一并公布等语。

总长云：关于我方照会内某句，余因贵方有所疑虑，故提议互换一种附件，以资解释，当承贵使允请示本国当局。嗣因外间以我照会内容迟不公布，推测愈多，于中日双方不利，故前日特派沈秘书谒请一催。兹贵国政府既有复电，并拟于下星期内答复我方照会，余极愿以友谊相终始者，自可等候。至我方照会内容全属诚恳友谊之词，即所谓保留一句，亦系自然应有之词，并无他意。屡经晤谈，〔刻〕余对于贵国当局闻将设法减少舆论，或因之而发生之不良影响一节，固表谢意。更望贵国当局切为解释，以免误会。

旋芳使探询中国对比约宣告情形，并再催复编订货价委员会事（从略）。

中国第二历史档案馆藏北洋政府外交部档案

顾维钧会晤芳泽

1926 年 11 月 10 日

魏文彬、西田耕一在座。

芳泽公使云：本使此次之晋谒，系为修订中日商约事。顷接本国政府对贵总长十月廿日照会之答复全文，现备有节略一件，特面交贵总长,该节略因为便利起见,系用英日两国文字。

总长接阅节略后云:本总长对于该节略之友谊精神颇为注意,容加研究后,当请贵公使再来一谈。

芳泽公使云:本国政府答复贵总长之照会,恰如贵总长所云,系根据增进两国邦交之主义,贵总长见解如斯,本使甚为欣幸。

芳泽又云:本国政府拟将贵国照会及本国政府之答复同时公布,至日期与时刻,则由贵总长与本使商定。

总长云:敝国人民甚愿知悉十月廿日本总长照会之内容,兹既得贵国之答复,可否于星期五下午公布,俟星期六之各日报均可登载。

芳泽云:如贵总长愿明日发表亦无不可,本公使回本馆后,即可电致东京,为时尚有余地。

总长云:如此则于明日星期四下午三四时公布何如?

芳泽公使同意。

附:驻京日本使馆节略

1926 年 11 月 10 日

(一)帝国政府接到外交部十月二十日公文,提议改订明治二十九年(七)〔九〕月二十一日签字之中日通商航行条约及附属文件,暨明治三十六年十月八日签字之通商航行续约及附属文件,已加以慎重研究。

(二)外交部公文首先表明,此次提议系专出于图谋增进中日亲善之目的,帝国政府固已知之,对于其目的,深表同感。为谋贯彻中国正当国民之宿望起见,拟与以一切适当之援助,早经定为方针,并已一再宣布。两国重要利害关系相同之处极多,中国如能内享和平善政,外与列国为伍,占有适当之地位,日本国民之欣快无逾于此。

(三)外交部公文中援用明治二十九年中日通商航行条约第二十六条以为根据,该条约之解释规定以英文之正文为准,特录第二十六条之英文正文如左:

Article XXVI

It is agreed that either of the high Contracting parties may demand a revision of the Tariffs and of the Commercial Articles of this Treaty at the end of ten years from the date of the exchange of the ratifications; but if no such demand be made on either side, and no such revision be effected within six months after the end of the first ten years, then the Treaty and Tariffs, in their present form, shall remain in force for ten years more, reckoned from the end of the preceding ten years, and so it shall be at the end of each successive period of ten years.

（四）帝国政府根据本条之规定，欣然允诺外交部之请求，为改订税率及明治二十九年条约之通商条款，与中国政府开始商议，并无异议。

（五）一面查上述外交部公文中有数段令人推测，有于税率及明治二十九年条约之通商条款而外，涉及上述各条约及附属文件之全部提议根本修正之意，似此广泛之改约要求，在中日间现行条约规定内未见有可加以想像或承认者。

（六）但日本政府并无将行将开始商议之范围，限于明治二十九年条约第二十六条所定事项之意思，即对于该事项以外之条约改订问题，帝国政府在法理论上虽保持其自己之主张，但亦愿以同情考量中国政府之希望，深信中国政府亦能以互让之意报之。

（七）再，外交部公文中有引起帝国政府注意之一节，即六个月内新约尚未成立时，中国政府不得不决定其对于旧约之态度而宣言之。因此，中国政府关于此点，兹须声明保留其应有之权利云云。帝国政府对于似此之保留字句，不禁失望。今欲期望此事商议之成功，必须互相信赖，互相让步。而上文所暗示之意义，认为与此精神不副。总之，帝国政府当此应允改订中日条约之提议时，初不含有默认如外交部公文中所保留何等中国权利之意，可率直言明之。

大正十五年十一月十日

日本帝国公使馆

外交部致日本公使

1927 年 1 月 17 日

为照复事:关于中国政府提议改订中日商约事,准民国十五年十一月十日贵馆节略内开,帝国政府欣然允诺,与中国政府开始商议,并无异议等因。中国政府深为欣感,为此照会贵公使,定期开议,俾以平等相互原则为基础之新约早日成立,藉以增进两国商务关系,彼此友善之谅解,想贵公使亦所赞同也。相应照会贵公使查照。须至照会者。

《中日关系史料——商务交涉》,第621页

收日本使馆问答

1927 年 1 月 20 日①

沈秘书觐鼎往晤日本芳泽公使谈话纪要

定期开议修约事

鼎云:本国政府前提议改订中日商约,当经贵国政府允诺,现拟定期开议,特派鄙人面递照会,并接洽开会日期。

芳使(接受照会)云:关于修约事,余以为中国政府似应先有提案,待本使请示本国政府,彼此讨论后,即行开议,似较为顺利。现贵方既提议定期开议,抑已准备提案欤。

鼎云:关于提案事,鄙人未敢明言,但个人以为择期开会后,尽可讨论进行一切,顾总长意择本月二十一日上午十一时半开幕,尊意如何。

芳使云:所提日时并无异议,届时自当前往与会,但仍盼贵方备有提案,以利进行。

《中日关系史料——商务交涉》,第622页

---

① 此事发生于1月18日——译者注。

蓝普森致张伯伦

北京,1927 年 2 月 14 日

在 1 月 22 日我的第 159 号电报中,我荣幸地报告,中日修订商约谈判已经开始。

2. 日本公使后来告诉我,谈判尚未取得重大进展。似乎他很难让顾维钧博士提出一份草案,以在此基础上展开工作。芳泽谦吉先生所采取的态度是,是中国人通告废除条约,所以该由他们而不是他提出草案。顾博士尽力以一个又一个借口进行拖延,但最终确实提出了一份只有 5 项条款的草案。依照芳泽谦吉的说法,这些条款只是中日完全平等互惠原则的公告而已,诸如租界、治外法权等问题甚至均未提及。顾博士后来提出一份草案,其第 6 项条款是涉及关税自主的,这也是芳泽谦吉到目前为止处理的唯一一个问题。他似乎正集中精力于得到中国人关于如何推行和运用关税自主的某种明确声明,但到目前为止尚未成功。

3. 上述消息也许略少,但这就是芳泽谦吉告诉我的内容。我从他谈话的方式推测,他预期谈判会拖上一段时间。关于我的明确询问,他答称,他甚至尚未就诸如治外法权之类的其他事情请示本国政府,而这些事情在谈判的某个阶段是一定会提出来的。

4. 我的比利时同事告诉我,他的条约谈判也进展极其缓慢。他没有给我提供谈判过程的详细情况,只是说顾博士让他相当清楚地知道,治外法权必须统统废除,可是,法权委员会的建议书甚至没有提过满足中国政府的要求。

BDFA,Part II,Series E Asia,Vol. 32,p. 252

收日本使馆问答

1927 年 2 月 18 日①

沈秘书觐鼎往晤日本芳泽公使谈话纪要

---

① 经考,此事发生于 1 月 20 日。

中日商约会议开会事

鼎云：前日来谒时，商定明日开幕，兹事派人再来接洽。本日顺天时报载称，日本公使馆方面，否认二十一日举行正式开议等语，未审确否。又云日使之意，不必拘于一切之仪式云云。其实我方亦未必重视仪式也。

芳使云：余未阅该报，乃检出阅之。总曰我方视为非正式会议一节，尚无不符，盖日本未正式承认现政府，故修约之交涉亦不能视为正式也，但敝国对于北京政府，较之其他列国实抱好意，将来北京政府若经正式承认，则会日之修约交涉，自可追认其为正式者矣。至开会之一切仪式，均可从贵方意思。

鼎云：明日贵使将偕几位出席。

芳使云：敝馆现未提到专门委员，秘书等，明日拟带同馆员二三人与会。

《中日关系史料——商务交涉》，第 645—646 页

顾维钧会晤芳泽
1927 年 3 月 18 日

出席人员：

中国　外交总长顾维钧　次长王荫泰　唐参事在章　钱司长泰魏秘书文彬　沈秘书觐鼎　刁秘书敏谦　金科长问泗

日本　芳泽公使　堀参事官　重光书记官　西田书记官　井田外交官浦

顾总长云（用英语）：欲保通商行船之待遇平等，必须有实在之平等，是即所谓中国对方各国之间，既有平等，则中国必不应受不公平之待遇。又云（用华语）：从上次会议将终时贵公使之说明察之，似乎贵国欲得通商行船之最惠国待遇，系恐苟非其然，贵国将见列于视第三国为劣下之地位，其实为免争论起见，新约内可完全删去最惠国条款，只须加入一条款，具有通商行船待遇平等之原则，则餍贵国之望，自属

易之。

关于税则问题所经讨论之要点，即为如何可以切实维持国际商务平等之原则，鄙意此项平等，惟有照一样条件，给予各国一样待遇，而后可以保全，是即谓如中国照某条件让与某国以任何特别权利，则其他各国，除照同样或类似条件外，不得以最惠国条款均沾此项权利也。

贵公使常恐如无无条件之最惠国条款，则关于税则问题，贵国将见列于视第三国为不利之地位，但在他一方面如予贵国以无条件之最惠国待遇，则贵国所享者，视最惠国尤优，何也？以贵国能无报偿享有第三国有报偿之特别权利也，不惟贵国与第三国间发生不平等之事，并使敝国待遇不公，有厚此薄彼之嫌，是与国际商务平等之原则，完全不合。故本席主张有条件之最惠国待遇，不过欲实行上项原则而已。

至第六项，本席拟订一确定期限，在此期限以内，现以各条约内关于税则之规定条款可援最惠国条款而引用，所以如此拟议者，不过为希望早睹现行不平等条约之废止及新约之生效起见耳。

国际商务平等之原则，不惟贵国与其他通商各国之间，应行维持，抑且此方敝国与彼方通商一国或各国之间，亦应维持，如在对华通商上，贵国与各国比较享有平等待遇，而敝国与各国之间，敝国独不得享有，则其待遇之平等，为不安全，贵公使既特注重国际商务平等之原则，而现议之条约，亦以此原则为基础，故本席深信贵公使决不欲因最惠国条款享有现行各条约内之关税权利，以至于无限期，使将来缔结之新约，不能及时发生效力也。故本席提议确定期限，不过希望迫促修改不平等条约之进行，并无欲藉此置贵国于视第三国为不利之地位之意。敝国政府希望此定期已满以前，所有敝国不平等条约，均早已修竣，则一届期满之时，不独贵国不再引用，抑且新条约时代即行开幕，以管理中外交涉矣。

至第八项，则所拟为增进边界贸易起见之任何特别办法，无论为普通或特别，均不视为有最惠国条款之意义，似与国际商务平等之原则，并无不合，假如订立此项办法，管理法属越南与滇桂间之边界贸易，则对于同类商品，经过滇桂越间边界，运到同一地点，并有其他种种同一条件者，自可引用此项办法，但特别条件，通行于此边界者未必通行于任何其他边界，故若将此项办法，适用于任何其他边界，似越国际商务平等之范围以外，加以如为实行起见，至于普通边界贸易与特别边界贸易之间，画一界线亦殊形为难。

最后本席希望因以上种种说明，贵公使与知所以应赞同上次会议所未同意之各项之道矣。

顾总长答谓（用英语）：本席之意，系照通商行船平等之原则，此缔约国于通商行船事宜，不得歧视彼缔约国。窃料贵公使所欲防止者，无非为对于贵国通商与贵国货物之歧视，如新约内加入无歧视条约，则待遇平等可保矣。

顾总长答谓：据本席所知，其区别在是，即照无条件之最惠国条款，凡有报偿给予一国之任何权利，任何他国得以无报偿要求，而照防止歧视条款，则一日无对任何一国有直接歧视之事，即一日不须实行此项条款，至本席目的，则在各国间绝对之平等也。

顾总长谓：此二款实不尽同，假如与中国有约者，为十五国，今对于其一国，为某种报偿，予以某种关税上之便利，则此种便利，可不推行于其他各国，盖不推行，不致发生歧视情形也。

顾总长谓：遇事应各从其真（缔）〔谛〕着想，中国可只需一国之报偿，而不需他国之报偿，但为保全商务待遇平等起见，不能单择一国，加以歧视也。

顾总长谓：本席以为实无有此项疑惧之理由，今有甲国因其某种需要，与乙国订立关税互惠协定，但不能即谓此项协定之订立，系歧视任何他国。

顾总长问关于商务平等，用防止歧视之法，而不加入普通性质之最惠国条款，是否与贵公使意见不合。

顾总长谓：反对通商行船事宜加入普通最惠国条款之一理由，即为

"通商行船事宜"字样之范围,太无限制,其意义过于浮泛,若见地不同,则关于其范围之解释,亦因而各殊,故苟能使本席了解此字样内究包括何义,则鄙意似觉稍安。

顾总长谓:关于关税,敝国如欲歧视贵国商品,无异于欲贵国歧视敝国自己商品,敝国极拟给予贵国以视所给第三国为平等之待遇,正如希望贵国给予敝国以此项待遇。按照鄙见,平等待遇,系谓根据绝对平等地位之待遇,试举例以明之,譬如有人向某店以某价购买某货,若同样货物售于别人,不索付价,是歧视第一售主,否则第二售主如付一样之价,则第一售主必十分满意,此于每日交易为然,则于关税事项亦莫不然,故关税事项之真正平等待遇,必须遵守同样或类似之条件,而后可适用最惠国条件也明矣,惟其如是,而后其平等为真实有效,否则徒有其名而已。是以本席欲切实声明关于关税事项,拟允加入有条件之最惠国条款,是即此缔约国如系无条件让与第三国以关税权利,则此权利亦得以无条件推行于彼缔约国,但如以条件让与,则彼缔约国之均沾,亦须遵照同样条件也。

顾总长谓(用华语):关于最惠国条款是否适用于关税事项之问题,双方意见交换已尽,敝国政府之意见,一方面虽维持商务平等之原则,一方面须防该条款不良之影响。现在虽有数项业已妥协,而于其他各项,其意见尚未接近,是以本席敢请双方于下次会议各照己意,制备草案,具有业已讨论之各项,俾可见双方妥议至如何地步,及何项为不同意。不知此项拟议,贵公使是否赞同。

顾总长答谓(用英语):双方表示意见,不无详尽,但同意于甲项,而不同意于乙项,故如各照己意,拟一草案,提出下次会议,比较异同或者可利讨论。

顾总长答曰:然。

顾总长答谓:如果贵公使,能将此字样所含之正确意义,切实说明,则本席之久加考虑,似觉于意少安。

顾总长谓:本席欣悉此事,间如贵公使前在某次会议之说明,鄙意为便利讨论起见,其讨论似宜以关于适用最惠国条款之关税问题为限。

《中日外交史料丛编》(一)国民政府北伐后中日外交关系,第 28—33 页

外交部致日本使馆
1927 年 3 月 24 日

径启者:中日修约会议中关于法权问题,前经商定,由专门人员先行交换意见,以利进行。兹派法权讨论会会员郑天(伤)〔赐〕君与贵馆所派专门人员讨论关于修约中法权问题,并声明双方专门人员讨论结果仅系建议性质,相应函请查照,并请将贵馆所派人员衔名从速见示为荷。顺颂

日祉

《中日关系史料——商务交涉》,第 652 页

外交部收日本使馆函
1927 年 4 月 11 日

径启者:接读三月二十四日尊函所称,关于中日通商条约改订会议中之法权问题一节,嘱敝馆任命是项专门委员,兹敝馆业已任命公使馆一等书记官重光葵为该项委员,专此回答,请烦查照。昭和二年四月七日。日本公使馆。

《中日关系史料——商务交涉》,第 652 页

外交部收日本使馆问答
1927 年 4 月 14 日

总长云:关于中日新约内法权问题之范围一事,余提议由双方指派委员,使其详细讨论该项问题,如得有结果,则报告各当局备其采纳,以资当局间交涉之基础。其报告固属建议性质,并不拘束各政府,为此余拟嘱王博士宠惠充我方委员。

芳泽云:贵总长所提议,本使可以同意,拟任敝馆重光书记官充我

方委员，以其曾列席法权会议，且亦相识王博士也，但其讨论鄙意应作为非正式。

总长云：在此等状况下自可认为非正式。

芳使云：可否由贵部备函（半正式即是）将贵总长以上所提各节通知敝馆，而由敝馆函复同意。

总长云：并无异议。

《中日关系史料——商务交涉》，第652页

顾维钧会晤芳泽

1927年4月15日

沈秘书觐鼎在座。

中日修约期间展期事

总长云：本国政府前提议，根本修改中日现行商约时，按照条约预定于期满后六个月内商订新约，假使期满未成，则届时不得不宣示决定对于旧约之态度，对于此点，曾声明保留。按开会以来，彼此努力协商，已有头绪，只因修约范围既广，关系亦颇复杂，现在预定期间将届，其不能于期内议完已明，似须磋商展期，俾得继续进行。兹先与贵使接洽，然后拟以公文提议展期，并照原提议作同样之保留。

芳使云：尊意本使亦表同感，贵总长提议展至何日？

总长云：预定期间以四月二十日为满期，现拟展期三个月，即至七月二十日止，希望于此三个月内议完各项问题，原定期间，虽系六个月，而因种种之关系，未能如期开议，事实上只经三个月而已。

芳使云：所拟展期三个月，在本使个人并无异议，但先须电商本国政府，用请稍待，俟得政府同意后，方行公文手续。又中日商约包括许多问题，苟不速议，恐难如期议了，而彼此公务甚忙，似宜将约中某项部分交委员磋商，以资襄助而利进行。

总长云：所提余自予赞同，关于约中专门事项，如法权等事已交委员磋商，下次会议或可商定，其他何项问题应委其接洽。

芳使云：在所拟之展期期内，现行中日商约应继续其效力。

总长云：在展期期内，暂可不提及此事，但（途）〔余〕起草原提议时，因鉴于本国舆论，故声明上述之保留，现拟展期，自仍须作同样之保留。

芳使云：贵总长所处地位，本使颇谅解。

《中日外交史料丛编》（一）国民政府北伐后中日外交关系，第 44—46 页

外交部致芳泽

1927 年 4 月 20 日

为照会事：本国政府前于民国十五年十月二十日提议，将前清光绪二十二年六月十一日所订中日通商行船条约、光绪二十九年八月十八日所订中日通商行船条约续约，以及该两约之一切附属公立文凭及文件，依据平等相互之原则，加以根本改订，按照约文规定，希望于期满后六个月完成新约。现中日修约会议虽已开会十有五次，只因应议问题甚多，未能如期议结。现在预定期间业于本日届满，为促成新约起见，兹特提议自本年四月二十一日起展期三个月，以便双方继续努力议订新约。惟本国政府对于此次展期，仍保留本部上年十月二十日致贵公使提议修约之照会所称本国政府应有之权利。合并声明，相应照达查照转达贵国政府为荷。此致

中国第二历史档案馆藏北洋政府外交部档案

外交部收日本使馆问答

1927 年 4 月 22 日

觐鼎云：中日商约修约期间，以本日为满期，兹奉总长（面命）〔命面〕递照会，提议展期三个月，以继续努力，商订新约。目前业经总长与芳使晤谈，芳使约以电商本国政府，嗣后遵芳使之嘱，送上照会底稿，以资参考。顾总长本拟俟贵方复音，然后正式照会，只以时期促迫，而贵国内阁适有更迭，恐面训难免稍费时日，不如即于满期之今日照达，

以免外间之猜疑或误会，内案殆与前提议相同，曾与芳使接洽，谅贵方亦无异议也。请将此意转达芳使。

重光云：容即回报芳使，鄙意除贵方所保留事项以外，皆无问题。

觐鼎云：该项保留在我方实不得不有之，此层业经顾总长解释，并已得芳使谅解，此次提议展期三个月，亦为中政府前所保留权利之一耳。

重光云：该项保留似为中国政府对内上不得不有者，日本当局前对之事实上既有相当谅解，此次谅亦不致发生问题也。

　　　　　　　　　　　《中日关系史料——商务交涉》，第654页

外交部收日本使馆节略
1927年5月1日

日本公使馆对于改订关于中日间现存通商航行之诸约及附属议定书之提议，曾于大正十五年十一月十日帝国政府节略予以应诺在案，现准四月二十日外交部公文提议，展长现在北京进行中之本件改订商约之商议期间等因。帝国政府兹应诺外交部此项提议，同意将该商议期间自本年四月二十日起，展期三个月，惟关于上开外交部公文末段所保留之权利，帝国政府仍维持前项大正十五年十一月十日节略内所载之保留，并此声明。昭和二年四月二十日。日本帝国公使馆。

　　　　　　　　　　　《中日关系史料——商务交涉》，第655页

沈觐鼎会晤芳泽
1927年5月14日

中日商约草案事

觐鼎云：兹奉总长命，特来面递中日改订新商约草案内容，略与二月一日之提案大纲相同，至关税事项因正在商议，故未载入。

芳使（接收草案）云：题目用 outline 字样，是否仍系大纲，鄙意以为此时已可择较详之条文矣。

觐鼎云:内容具条文形式,似详于大纲。

芳泽(粗览一遍)云:修约范围颇广,内似不乏日方碍难同意之点。此次展期三个月内,能否议完,不无疑问。

觐鼎云:此所以我方提议暂搁最惠国条款而讨论其他问题,以资促进。

芳使云:日前顾总长与本使晤谈之要点,业电达本国政府,只以政府颇坚持关于最惠国条款之主张,似不欲与他项问题并议,故回训如何,尚难预料。此项条文草案,当亦即转达本国政府。兹仅粗阅,未便发表意见,范围颇广,自须从长研究;惟中政府欲收回租界,而开作国际商埠云云一条,果能收回租界,则开作商埠,乃属当然,其实日方所希者,乃在开放内地。

觐鼎云:贵国对于交还租界所持态度。

芳使云:法权事现正由双方专门委员接洽。

《中日外交史料丛编》(一)国民政府北伐后中日外交关系,第46—47页

外交部收日本使馆问答
1927年5月18日

总长云:中日商约会议已会十九次,彼(次)〔此〕对于最惠国条款问题讨论尤费苦心,而尚无具体的结果,故余曾提议暂搁此问题,而议他项问题,以利会议之进行。盖讨论他项问题后,再议最惠国条款问题,则或可商得妥协办法也。至关于条约华方草案,因日来条约司司长病假,致未拟就,但现正赶办,想日内即可送达。

芳使云:上次会议后,当以贵方正拟提出条约草案之意电达东京,日来正候贵方送来,昨日能发送否。

总长云:希望昨日送达。

芳使云:昨奉本国训令,略谓倘顾外长允在会议录内声明,中政府对于关税事项之最惠国条款允许无条件,则日方可以同意讨论单个Individual 及一般的 General 最惠国条款,本国政府对于一般的最惠国

条款在主义上虽亦主张无条件,而对于单个则不妨采相互条件,或附以限制,但凡业已给予,或将给予外国之特权,亦须给予日本等语。

总长云:余在上次会议谓宜暂搁最惠国条款问题,而讨论其他问题,藉以促进全盘商议,未审贵方已否明了鄙意耳。对于关税事项之最惠国条款要允无条件一层,在我实属困难,贵国政府今所望于余与贵使在会议迭所主张者,似无差异,假使余可允作如贵国政府所示望之声明,则余早可承认贵使之主张,而不至今日之无具体结果矣。余所以提议讨论其他问题者,一则以最惠国条款问题彼此虽有意见,接近之点究未能完全一致,二则以我方未知贵方对于他项问题之意见如何,若经讨论其他问题,则我方对于最惠国条款或更能接近贵方主张,亦未可知,故余之提议无非欲藉以促进会议耳。

芳使云:本国政府甚重视最惠国条款问题,希望能有结果,苟贵总长未允声明关税之最惠国条款不附条件,则对于讨论其他问题之提议,似不能赞同。关税之最惠国条款不应附条件之理由,屡经本使在会议说明,日本与外国所订商约内关税事项之最惠国条款,概不附条件也。

总长云:关于此问题,彼此讨论甚详,仍无具体的结果,故余提议磋商其他问题,在贵方尚有顾虑,不妨保留贵使对于最惠国条款之主张,而赞成余之提议,以利进行。

芳使云:本国政府对于关税之最惠国条款,始终主张无条件,万难让步。贵总长在会议曾谓,倘本使保证日政府允许一般的最惠国条款不附条件一层,可予考虑,今本国政府提议贵总长在会议录内作此项声明,彼此意见似甚接近也。

总长云:余仅谓,倘能如贵使保证日政府同意一般的最惠国条款附以条件,则余对于关税之最惠国条款不附条件一层或可加以考量而已,并未同意无条件之最惠国条款也,故贵国政府之提议实难承诺。现在最惠国条款问题既难一致,而新约内应包括之许多问题尚未磋商,在中政府复须兼顾与他国之修约商议情形,故不如将最惠国问题暂行搁置,维持现状,而开始讨论其他问题,以利进行。

芳使云:所接训令如是,尊意实难同意。

总长云:余现并非坚要贵使赞同余之意见,然同时亦难放弃自己主张,故提议讨论他项问题,今余若能作如日政府所期望之声明,则早可承认贵使在会议之议论矣。如贵使对于余所提议之讨论他项问题一层,以为不便莽断,似可保留贵使之主张也。

芳使云:尊见以为中国政府与他国修约,能于关税之最惠国条款商订附以条件否?

总长云:本国方面自当图之。

芳使云:本国政府意似苟中政府对于日政府之主张未予同意,则不能讨论其他问题,故有此项提议,希望贵总长作上述之声明也。

总长云:贵国政府当不至以其他问题视为不重要。

芳使云:其他问题固不乏重要者,然最重要者厥为最惠国条款。

总长云:在订约之商议常有某项重要问题,虽经详细讨论,未获结果,乃能议其他问题,然后再回该项问题者,想贵政府不至坚持商议之次序,必先专议最惠国条款也。余之提议暂搁此条款而愿议其他问题,纯为促进商议起见。今之最惠国条款问题,单议之或极难解决,而与他问题并议或易得一种妥洽,亦未可知。

芳使云:本国政府意,无论他项问题如何商定,关税之最惠国条款必须无条件,万难让步。

总长云:贵方重视最惠国条款问题,而我方对于其他问题亦颇重视,如其他问题经一番讨论,则我方通盘考虑或可对于最惠国条款问题再谋接近,亦未可知。

芳使云:尊意虽能了解,然本国政府之训令亦甚明了,今既未蒙同意,而本使对于贵总长之提议,亦未便即予赞同,只可报告政府。

总长云:望将余所述之要点亦转达贵国当局。

芳使云:自当转达,盼望贵总长方面亦对于本使所说明各点再加考量。

总长云:余对于贵方主张固予善意之考虑,同时亦不得不保持自己正当之主张,而余所提议转商他项问题者,实欲促进会议耳。

芳使云:倘本国政府坚持其主张,则恐或无从进行。

总长云:是固非吾辈所望,各续议最惠国条款,而每次会议仍无结果,则新闻记者之质问亦难应付也。

《中日关系史料——商务交涉》,第657—659页

顾维钧会晤芳泽
1927 年 5 月 25 日

沈觐鼎在座。

最惠国条款问题

芳使(用英语)谓:上次晤谈后,当详细报告本国政府,现奉回训略谓:中国当局或有误会者,再向之说明,日本之要求,实属有限,仅欲享得关税上特惠,并均沾中国将来或许于第三国之特惠(其实此二点本席在会议上已再三说明,似无庸赘述)。本国政府并无意要求对于关税事项之纷争,有提交公断院之权利,以及其他行政上问题等语。(按在采运进出口货商人之间,对于关税事项发生争执时,有提交公断之例,本国政府之意,似指此而言)。回训如是,贵总长对于最惠国问题(关税事项)之声明一层,可否再予考量。

总长(用英语)谓:关于税则上之最惠国条款,若将最近之会议经过情形,较诸会议之初,则知我方如何努力,冀副贵方希望。上次会议,余曾表示,倘日方能同意一般的最惠国条款之适用系有条件性质,则余对于关税之最惠国条款以无条件适用一层,可允考量,乃贵方未予谅解。故余提议将最惠国条款问题,暂行搁置,而讨论其他问题,以利进行,谅贵使已向贵国政府说明。

芳使云:本使曾详细报告贵总长意思,惟本国政府命再向贵总长说明,日方所要求,实属有限;即关税事项,亦无意涉及行政方面。

总长云:贵国政府对于一般的最惠国条款有何表示?

芳使云:本国政府意如贵总长声明,对于关税之最惠国条款,允以

无条件,则可同意讨论一般的最惠国条款以及其他问题。

总长云:余对于贵方所要求"税则之最惠国条款不附条件一层",并未拒绝予以考量,只以为此问题曾会议十余次之多,仍未完全一致,故提议容后解决,而转商其他问题,盖是时或能使我方对于贵方关于税则之最惠国条款之要求,易得通融之办法也。

芳使云:本国政府似以关税之最惠国条款一项若未议决,而转商其他问题,则恐亦有障碍,会议仍难顺利,尤如先决关税之最惠国条款问题,庶可会议前途,较有希望,盖本国政府甚重视最惠国条款(于关税事项者尤然)故也。

总长云:我方亦重视此条款,余所以提议转商其他问题,纯为进行会议起见,断(然)〔无〕轻视最惠国条款问题也。贵国政府于一般的最惠国条款,有意(外)作一种声明否?

芳使云:本国政府主张一般的最惠国条款,关乎最惠国条款之原则,其适用必须无条件,惟(开)〔关〕于某种各个事项如有必要时,可酌附条件耳。

总长云:所提一般的最惠国条款,是否限于通商航行,不涉及政治事项?

芳使云:然。

总长云:关于一般的最惠国条款之适用,倘余能得贵使一种声明,余对于税则上最惠国条款之无条件适用,可予好意的考虑。鄙意此项问题,纵暂行搁置,然无论如何,在订约期内,必须解决。望贵国当局不必坚持,现须有声明或特别表示之类,盖予已表示对于税则上最惠国条款不附条件一层,允以考量之意也。

芳使云:贵总长未允在会议录内声明此意。

总长云:如贵方坚持此点,则余必将声明此意,而载入会议录,以利进行。

芳使云:可否以所拟声明之措词见告。

总长云:余可允以声明如下:

If we go on with other questions now, I shall have no objection to considering later the point of the unconditional application of the most favored nation clause relating to customs duties and I have no objection to have this statement recorded in the minutes of the conference.

芳使云：本国政府希望贵总长声明"对于关税之最惠国条款不附条件一层可无异议"。故对于此种措词，恐难予以同意。

总长云：余现对于税则之最惠国条款欲不附条件一层，大有异议，此所以提议暂搁之而议其他问题也。贵国政府或虑若议其他问题，则不再提税则之最惠国条款问题，是非余意也。

芳使云：本国政府当无此种顾虑，但似恐如转议其他问题，则贵总长对于我方所要求关税之最惠国条款不附条件一层，必不予同意，此项要求为我方所最重视，万难让步，现为避免 deadlock 计，本使提议，"no objection to considering favorably"字句，如蒙同意，则本使可电请政府考量。

总长云：favorably 此字不能解为表示 acceptance（承诺）之意。

芳使云：所谓 favorably，乃贵总长倾向于承诺之意。

总长云：如要余加此字，则余须在 unconditional 之后加 and equitable 字样。

芳使云：须加 equitable 之意思如何？

总长云：贵国政府要 unconditional 之理由，余尚谅解，但即使 unconditional，亦不应 unreasonable，故拟加为 equitable 字样，以防备漫无限制。

芳使云：本使不能同意加此字，盖无条件即无条件，无所谓公平不公平也。本使顷所提之 favorably 字样，犹恐难得本国政府同意。况此 equitable 乎？

总长〔云〕：措词一层，仅属枝节，如吾人继续讨论，或无须此种防备；但今日贵方坚要余之声明，且欲加 favorably 字样，则余不得不添加 equitable 字样，贵国政府是否欲先商决最惠〔国〕条款，然后始讨论其他问题?

芳使云:然。本国政府以为最惠国条款问题(尤以关于关税者为然)未决,则其他问题无从进行。

总长云:余之看法则异,以为如转商其他问题,后复议最惠国条款问题,则或有接近办法,否则无从进行,如贵使恐贵国政府对于顷余所提议之措词,难予同意,则不妨改为"no objection to considering later favorably equitably"以示通融。

芳使云:仍恐本国政府难予同意,但为谋接近起见,容当请示,惟所谓favorably须能为贵总长倾向于承诺之意。

总长云:望早有回音。

芳使云:本使奉召暂行回国,拟于六月四日离京,所有修约以及其他一切公事,均暂由堀参议代办。

总长云:望在贵使起程以前,能开一二次会议,因开会愈延宕,愈招外间之疑惑也。

芳使云:此须视本国政府之回训如何,在本使个人力谋避免deadlock,只恐本国政府对于最惠国(际)条款主张颇为强硬耳。

《中日外交史料丛编》(一)国民政府北伐后中日外交关系,第50—54页

顾维钧会晤芳泽

1927年9月7日

沈觐鼎在座。

中日修约会议继续开会事

芳使云:中日议订新商约会议,本国方面亦愿继续开会,其进行方法苟可认为于双方有益者,本使无不赞成。

总长云:贵使与顾前总长,曾会议十九次,而大半均费于最惠国条款之讨论,彼此议论虽极有兴味,惜未获多大结果,似宜改变方针,冀收速效。余以为此后宜先由双方专门委员或适当人员,就修约全案交换意见,俟议有相当程度后,再由我辈会商,似此既省时间,而专门委员等

间之讨论亦较为自由也。惟如有宜径由我辈直接协商者,自愿随时候教。

芳使云:尊见甚是,所提进行方法,本使完全赞同,忆本使假中曾经堀代使关于此事有所晤商,本使以为此后专门委员间续议最惠国条款问题,以竟全功亦可,或转议其他问题亦可。

总长云:本部拟派唐参事或其他一二名与贵馆人员开始讨论一般问题,又本会议前因事故停顿,现在赓续会议,似宜开一大会,未审尊意如何?

芳使云:敝馆拟由堀参事官或重光书记官或其他一二人担任,至开大会一节,似可不必,为省事起见,即以本日贵总长与本使之晤谈作为继续开议之表示则是矣。

总长云:如此亦可。

　　　　　　《中日外交史料丛编》(一)国民政府北伐后中日外交关系,第47—48 页

2. 外交部就中日修约与中国驻日公使的往来电文

外交部致汪荣宝①
1926 年 1 月 22 日

径密启者:查一八九六年七月二十一日中日通商行船条约,依照其第二十六款之规定,如有一国再欲重修,应由换约之日起十年为限,期满后六个月内知照。该约于一八九六年十月二十日互换,算至本年十月二十日届十年限满之期,亟应预为筹备,以资应付。贵公使对于此案卓见若何,即希筹画见告为盼。此致

　　　　　　中国第二历史档案馆藏北洋政府外交部档案

---

① 中国驻日公使。

外交部致汪荣宝

1926 年 8 月 23 日

中日通商行船条约系于一八九六年十月二十日互换，计至本年十月二十日复届十年修改之期，部拟于期满前数日内向日政府声明期满改订新约，望预为筹备布置。惟查该约第二十六条英文以六个月为改约期限，与中日文之仅指为知照期限者迥乎不同。中日文义既无参差，自毋庸以英文为准，此层请注意，再，改约内容卓见若何，尚祈详密见告为盼。外。

中国第二历史档案馆藏北洋政府外交部档案

汪荣宝致外交部

1926 年 8 月 29 日

新外廿三日电悉。改约事现正撰拟说帖，即日咨部候核，余函详。荣。廿九日。

中国第二历史档案馆藏北洋政府外交部档案

汪荣宝致外交部

1926 年 9 月 6 日到

外交部鉴：二十四日电悉。修改中日商约事，本馆现正研究筹备，兹博稽众论，参以己见，先就关税自主及撤废领事裁判权谋彻底之解决，旧商约尽属片面条款，应全部修改，以顺国民废止不平等条约之主张。上年张参事所陈说帖，已将旧约内不平等之点逐条签注，新约内应行增加条款提要说明，并比照日本与英、美、义、法所修改之新约编拟草案，为具体之修改。该案曾发各领馆缜密研究，惟多数意见谓最惠国条款此后新约内不宜再有。又沿岸贸易各国商约内均载明不受通商条约限制，应各按本国法办理，特先奉闻。荣。二十八日。

《中日关系史料——商务交涉》，第 577—578 页

外交部致汪荣宝

1926 年 9 月 12 日

　　代电悉。中日通商行船条约本年十月二十日期满,本部拟照该约第二十六款之规定提出修改。惟同年所定公立文凭系附属于该约,又光绪二十九年所订续约均与该约前后关连,虽未规定有效期间,既系连属性质,是否宜一并提出修改? 事实上续约既有最惠国条款,若不一并提出,是此次提议修改通商行船本约直与不修等,且续约亦即永无再行修改之机会。此应讨论者一;原约第二十六款仅言修改,未言失效。此次对日本照会是否仅言修正,抑亦说明到期失效。此应讨论者二;如说明失效,各该约停止效力日期,是否算至本年十月二十日期满日期,抑算至期满后六个月,即明年四月二十日。此应讨论者三。兹事(件)〔体〕大,对于上列三项,尊处卓见如何? 请详酌电复。外。

中国第二历史档案馆藏北洋政府外交部档案

汪荣宝致外交部

1926 年 10 月 1 日

　　外交部:十四新代电计达。照会稿奉悉,极妥,惟不再继续字样,改为不愿再行继续。乞裁夺示复。荣。一日。

中国第二历史档案馆藏北洋政府外交部档案

汪荣宝致外交部

1926 年 10 月 21 日

　　外交部鉴:十九日电悉。即于昨晚提出。本日晤币原谓:主义上并不反对,惟彼意请将文内修约期满至应有权利一段删除,以免发表后惹起日本国民反感,于事无益有损。特电达,请讨论决定速复。余函详。荣。二十一日。

中国第二历史档案馆藏北洋政府外交部档案

外交部致汪荣宝

1926 年 10 月 23 日

二十一日电悉。币原外相所请删去照会修约期满至应有权利一段，希婉告以中国全国舆论对于不平等条约态度非常激切，度为日本政府所稔知。此次修约照会，政府慎重将事，几费斟酌，始有改订之决定。修约期满应有权利一段，如经删去，恐愈惹起中国舆论之反响，于修改前途反多窒碍，希望日本政府加以谅解。外。

中国第二历史档案馆藏北洋政府外交部档案

汪荣宝致外交部

1926 年 10 月 24 日

外交部鉴：十二日电悉。承询此次修改中日通商行船条约应讨论者三。兹就愚见所及，条举如后：

（一）中日通商行船正约既经到期，决定提议修改，则附属公文本系解释正约，当然亦在修改之列。惟日本参税比照美国参税则一律办理之换文，应由税务处与其他税目先行详细研究。至光绪二十九年所订续约，虽系根据辛丑和约第十一款而来，既名为通商航海续约，则与正约相衔接，俨然一体。续约所以不载修改期间者，正以正约业经订明，毋庸再赘。今正约既届修改之期，则续约自当一并提议修改。（二）中日通商行船条约第二十六条，华文仅有声明更改字样，至更改不成立应如何办理，并无一字提及。日文则关于继续有效之条件，除两方无改正要求一语外，尚有条约未经改正一语，试摘译如下："（前略）由十年满期最终日起算，六个月以内如两缔约国间无论何方均无改正之要求[句]条约未经改正时[句]本条约及税目由前十年之最终日起算，向后十年仍继续有效。"按上译文所云：两缔约国间无论何方均无改正之要求，条约未经改正时二语，是否（测）〔侧〕注，抑系平列，不无疑义。然查英文原约中间有 and 字样，则无改正之要求为一事，未经改正又为一事，显然易见。故依此解释，虽有改正之要求，而无改正之结果时，亦不能认为失效。兹详校正约第二十六条汉文、日文，似有参差不符，倘彼据约欲以英文为准，我方甚难驳辩，似到期失效一语，未便提出。但此事关系政府对外方针，如政府决计应国民之希望，毅然废止不平等条约，原可不必拘牵文义，届时如彼方不应修改，惟有自行宣言废止而已。（三）失效期间问题，与前条所云政府方针有连带之关系，如政府按照约文提议修改，则在新约成立以前，旧约似不能作为无效。若采用宣言废约主义，则纯属片面自由行动，无论何时均可宣告，区区日期之计算自更不成问题矣。以上三点，专就鄙见所及，概括言之，以供参考，仍乞卓裁。荣。二十四日。

中国第二历史档案馆藏北洋政府外交部档案

外交部致汪荣宝

1926 年 10 月 26 日

二十四日电悉。关于日政府请删除应有权利一段，本日芳泽日使来部商议，经告以本部此次提出照会几经审慎，不特寓意和平，即字句之间亦复力求平和。关于应有权利一段，因中国既愿将现约加以根本修改，假如六个月不成，自应表示一种态度，丝毫无威胁之意存于其间，请其转达币原外相，勿加误会，并对于中国政府委曲求全之苦心，加以谅解。一面希再由尊处向币原婉告。再芳泽出示尊处致日本照会内有一段与部中文字微有出入，想系电传之误，原稿已于二十二日邮寄，不日即可递到。外。

中国第二历史档案馆藏北洋政府外交部档案

汪荣宝致外交部

1926 年 10 月 28 日

顷晤币原，彼称：此事极望顺利进行，此项文句如不删除，则日本政府为免除舆论攻击起见，复文内亦不得不有相当文句，深觉可惜。并称：昨已电达芳泽向尊处切商矣。荣。二十八日。

中国第二历史档案馆藏北洋政府外交部档案

外交部致汪荣宝

1926 年 10 月 30 日

二十六日电计达。顷芳泽日使来部,仍谓应有权利一段发表,恐有易滋误会,隐示删除之希望。当答以删去一层,歉难照办。惟日政府如有疑义,可备文来询,当由部予以正式解释。略谓:此次中国政府为增进中日两国共同利益,既提议根本改订中日商约,依约应六个月内完成新约,假使期内新约未成,则旧约既经声明不愿继续在先,中国政府自不得不决定对于旧约之态度,故须声明保留决定此项态度之权利,并无胁迫或其他恶意等语。彼允请示政府。并谓:将来此项解释换文是否可与修约照会同时发表? 当答可行。特电接洽。外。

中国第二历史档案馆藏北洋政府外交部档案

汪荣宝致外交部

1926 年 11 月 1 日

密启者:关于修改中日通商条约事,十月二十日午后一钟接准部电,因电码脱讹过多,以意订正,费时数点钟之久,移译始竣,即于是晚送去。昨日午后三钟晤币原,询以所送照会已否阅看,亟盼早日开始缔订新约交涉。伊称:照会已披读,于原则上并无反对,容俟详细研究,并求阁员之谅解,此时尚不能遽尔答复。惟内有不明之点,如根本修改系作何解释。当答以旧约系片面的,今日商订新约,自应采用平等相互主义。所谓根本修改者,即指平等相互而言。伊称:按照旧约第二十六条规定,期满修改只以税则及约内关乎通商各款为限,今所谓根本修改,是否专就税则及通商各款而言? 抑并其他问题在内? 当答以当然含有其他问题在内,凡一切非平等相互之规定,皆拟修改。币原云:然则此事并非专系主张约文内第二十六条所赋与之权利,更有约文范围以外之商议也。又答以中国国民深知现行条约完全不平等,对于此种历史的遗物,厌弃已久,故欲乘此旧约满限之机会,开诚布公与贵国另订一种平等相互之约。今日之请求,固不容以旧日之约文为束缚也。币原云:已了然。又称照会内假使修约期满,至保有其应有之权利云云,似隐有胁喝之意,不知何故插入此节。如云为对本国国民表示政府意态强硬起见,则须知日本政府亦不能不顾虑民论,此种文句一旦发表,日本国民认为意存胁喝,必有极大之反感,届时日本政府实无法应付,恐于缔订新约前途转发生一层障碍。如中国政府开诚商议,何必先用此种文字惹起日本臣民之反感,不特无益,而实有害,宜将此节删除,以免误会。请将此意密电贵国政府,本大臣亦当同时电达芳泽公使表示此意。当经答以此节文字本非重要,决不可以为含有胁喝之意,阁下恐日本国民发生误解,于政府将来办理此事转多棘手,本公使深能谅解,容即转商外交当局酌量办理等语。故昨日即电达,想已接洽。外务省于此项文书严守秘密,不肯发表,即因文内有此一节,盖恐发表后,政府反对党乘机鼓动,主张强硬态度,必于中日国交大有妨害也。昨夕新闻记者纷纷来见,质问照会内容,当将大意告之,并竭力申说中国此次提出修改商约照会,是按照时势,根据法理,为最妥当最合理之要求,务望日本国民全体赞成,俾平等相互之新条约速行成立。反复演说约三十分之久,彼等均甚感动。本日各报登载此事,论旨均表同情。特以奉闻。此致

中国第二历史档案馆藏北洋政府外交部档案

收驻日本使馆咨

1926 年 11 月 9 日

为密咨事:我国与日本提议修改商约,既以撤去领事裁判权为主要条件之一,则将来彼商对我要求内地杂居,我将如何应付,果我国治具毕张,法权警政足以保护外人而有余,未尝不可酌予开放。然按诸现在各地方情形,为时尚早,确有为难之处,只有暂就我国业已约开以及自开商埠之各地点,酌定范围,许外人以居住营业之自由,纯由内国法令详为制定,以示限制。又土地所有权问题,各国取相互主义,然就我国情形而言,外人所得土地上权利已多,尤不能不示以限制。兹博稽日本

与各国所订商约暨日本政府所颁法令编为说帖,咨送贵部,请烦咨商内务部,斟酌国内情形,议订条例,以为修改商约之准备。此咨外交总长。

附件:计咨送说帖:内地杂居问题、土地所有权问题

内地杂居问题:

日本自与各国改正通商条约后,对于外国人,虽许其于日本版图内居住,实际上并未完全许外国人内地杂居,故兹摘录日美、日英、日法、日义通商航海条约如后。

日美通商航海条约第一条载,两缔约国之一方之臣民到他一方之版图内或游历及居住,于他一方之版图内,与其内国之臣民或人民以同一之条件得享受经营、趸卖、零售商业,使用自有或租借家屋、制造厂、仓库及店铺,雇用自己选择之代理人,为居住及商业之目的租借土地及其他关(系)〔于〕一般商业附带或必要之一切行为之自由。

日英通商航海条约第一条载,两缔约国一方臣民至他一方版图内,关于旅行或居住享有完全自由:

一、关于旅行及居住等一切事项,与内国臣民完全受同等待遇。

二、关于经营商业或制造业,及不论其为自家经营或委于代理人独立经营,或与内外臣民合股处理各种商品,苟为合法商业目的物者,均与内国臣民享有同等权利。

三、关于产业、生业、职业及修学研究等一切事情,均与最惠国臣民或人民立于同一地位。

四、必需家屋、制造所、仓库、店铺及附属构造物之取得租用,及为住居、营商、产业等合法目的之土地租借,得与内国臣民取同一方法。

五、各种动产及不动产,依据国法,别国臣民或人民可以取得占有或将来可以取得占有者,按照相互条件,除非违反国法规定条件及限制,得享有完全取得占有之自由。关于买卖、交换、赠与、婚姻、遗言等事项,得按照对内国臣民已制定或将制定之法规,以同一条件处理。所售财产之得价及一切动产,得依据国法享有输出之自由,不得以外国人之故,有异于内国臣民,在同一情形时,所负担或较内国臣民多课税金。

六、关于身体财产，当享受完全保护及保障，且为主张拥护各项权利及请求起见，得自由向法庭及其他官厅申诉，不得稍受阻难。在法庭及官厅有选择使用代理己身之代言人、辩护人之必要时，亦得与内国臣民同享完全自由。其他一切关于司法事项，均得与内国臣民享有同一种权利及特权。

七、无论何种税租手数料、课金及贡纳，不得有异，或较内国臣民及最惠国臣民或人民所纳付或将来应纳付者多征。

八、关于保税入库之便益及奖励金及关税还付等一切事项，完全与内国臣民享受同等待遇。

日法通商航海条约第一条载，两国缔约之一方之国民到他一方之版图内之各地，或逗留于他一方之版图内之各地，与其家族有完全之自由，且遵其国法，得享左列之权利：

一、关于旅行及居住事项，皆须与其内国民同样待遇。

二、从事于商业或制造业者，不论其自作或由代理人作，并亦不论其单独作或内外国人合作，举凡交易、经营、适法商业目的物之各种商民者，皆得与内国民享受同等之权利。

三、关于从事产业生产及职业之事项，及关于修学及学术研究之事项，皆须与最惠国之国民同等待遇。

四、得所有或由租借使用之必要之家屋制造厂、仓库、店铺及附属构造物，并为居住、商业、生产业、制造业及其他适法之目的得租借土地。

五、按照国法，他国之国民得为取得占有并得享受以相互之条件而取得占有各种可得之动产及不动产之自由，以与对于内国民制定或可以制定之同一条件之下，由买卖、交换、赠与、婚姻、遗言及其他一切方法，得处分前项之动产或不动产，并得享受输出其财产售得金及其所属品之自由，并不得以外国人之故，在同一事情之下与内国民负担不同或课多额之租税。

六、对于身体及财产当受完全之保护及保障，并为行使或保护此种权利,得自由且容易出诉审判厅,且与内国民同等享受选择使用代理自己之律师代辩人,或其他受理法律事务人之自由。其他关于司法一切之事项,均与内国民享受同一之权利及特权。

七、不论其为陆军、海军、护国军或民军,皆免强制兵役,并须免为代替服役而课一切之贡赋,再强募公债、军用征发及强征课税之际,除以不动产之所有者、租借者或使用者之资格,与内国民同样课赋之外,一切皆须免除关于前记之事项缔约国一方之国民者较不利益之待遇。

八、不得征收与内国民或最惠国之国民所完纳或将纳不同或较多之任何课金租税手续料及贡纳。

日义通商行船条约第一条载,两缔约国一方之臣民得与其家族完全自由入他一方版图内各地,遵其国法享有左列之权利:

一、关于旅行居住事项均与内国民受同样待遇。

二、凡以合法的商业目的物之各种商品从事商业及制造业者,不论其系由本人或代理人单独经营或与外国人或国民共同经营,均与内国民享同等权利。

三、关于从事产业、生产业、职业及修学或学术上之研究事项,均与最惠国臣民人民受同样待遇。

四、必要之房屋、制造所、堆栈、店铺及附属构造物,得所有租借使用之并得租借土地,以供居住、商业、生产业、制造业及其他合法的目的之用。

五、凡别国之臣民人民得依国法取得占有之各种动产、不动产,得依相互之条件享有取得占有之目的,以上动产不动产得依与对内国民现已制定或将来制定同一之条件,以买卖、交换、赠与、婚姻、遗言及其他一切方法处分之,且得自由输出其财产,卖得金及一切所属品,不得以外国人之故,与在同样场合内国民之所负担者有异,或课较多之税金。

六、对于身体及财产享受完全之保护及保障,得自由容易申诉于裁判所,以便行使拥护其权利,得与内国民同样享有选择使用律师代辩人、其他法律事务经理人之自由，以便在裁判所得代理本人。至于向国家及其他机关之请求，得申诉于该管辖裁判所及其他官厅，其他司法事项均与内国民享同一之权利及特权。

七、不得与内国民及最惠国臣民人民之现所纳付及后应纳付者有异，或征收较多之任何课金、租税、手数料及贡纳。

以上各条约所载，凡许与外国人之权利，惟恐其与本国权利有冲突也，故莫不处处以国内法限制补救之。至所称国法字义，非必经国会通过之法律，亦包涵天皇敕令、各省令在内。如大正十年四月内务省令第十二号载，凡渡来本邦之外国人有相当左〔列〕之一项者，地方长官得禁止其上陆，如有违反禁令不正入国者，地方长官得命其退去日本领土之外，一浮浪或乞食常习者，二于公众卫生上有危险者，三有需救助之虞者。又如明治三十二年七月内务省令第四十二号载，外国人依条约或习惯有入国之自由者，当然不生问题，即无此项自由之外国人，亦得在从前居留地及杂居地以外作居住、移转、营业及其他行为，惟须受下列限制，一在旧居留地、杂居地外从事农业、渔业、矿业、土木业、建筑业、制造业、运搬业、挽车业、小工及其他杂役劳动者，非经地方长官许可不可。二地方长官虽一旦许可，遇公益上之必要，得随时取消之。以上所谓旧居留地、杂居地处，明治四年七月，即前清同治十年七月，中日通商章程所载，日本国内指定通商口岸，则有横滨、箱馆①、大阪、神户、新潟、夷港、长崎、筑地等凡八处，然此等区域以外，亦许外国人居住，因有内务省令之限制，自无虞外人有侵略之行为也。今中国设关开埠已遍十八行省，所谓旧居留地、杂居地者，其区域已有六十余处，以所许外国人权利计之，实为世界各国所罕有，此次修订商约，似不能不加以限制者。

土地所有权问题：

日本明治四十四年至大正二年间，与美、英、法、义等国次第改订新

---

① 外交部文稿中为"箱根"。

商约,但对于外国人不许与土地所有权,只许与土地租借权,于通商条约内明文规定之:日美通商航海条约第一条,为居住及商业之目的①及其他关于一般商业附带或必要之一切行为之自由。日英通商航海条约第一条第四项,必需家屋制造所、仓库、店铺及附属构造物之所得租用,及为居住营商产业等合法目的之土地租借,得与内国臣民取同一方法。日法通商条约第一条第四项,得所有或由租借使用之必要家屋制造厂、仓库、店铺及附属构造物,并为居住、商业、生产业、制造业及其他适法之目的得租借土地。日义通商行船条约第一条第四项,必要之房屋制造所、堆栈、店铺及附属构造物得所有租借使用之,并得租借土地。

至关于外国人之土地所有权规定,虽于明治四十三年法律第五十一号曾经公布,迄未实施,兹录之可供参考:

第一条,在日本有住所或有居所之外国人,又在日本已受登记之外国法人,如彼国允许帝国臣民或法人可享有土地所有权时,得享有土地所有权,但外国法人欲取得土地所有权时,须受内务大臣之许可。

前项之规定仅适用于敕令所指定之国之外国法人。

第二条,外国人或外国法人在左记之地方不得享有土地所有权,一北海道、二基湾、三桦太、四国防上必要之地域。前项第四号之地域以敕令指定之。

第三条,有土地之外国人或外国法人不得享有土地所有权时,在一年内不让渡其土地者,其所有权收归国库。

因外国人在日本无住所及居所,或外国法人无营业所及事务所,至不得享有土地所有权时,前项期间改为五年,外国人或外国法人所有之土地依前条第二项之规定,被指为国防上必要之土地,其所有权收归国库时,当补偿其损失,对于前项金额协议不一致时,得诉于通常裁判所。

附则

第四条,本法施行之(期日)〔日期〕以敕令定之。

---

①　前引日美通商航海条约为"为居住及商业之目的租借土地"。

第五条，明治六年第十八号布告当废止之。

第六条，本法实施之时，在基湾之外国人及外国法人对于所有土地不能适用本法，但土地之所有权收归帝国臣民或帝国法人之后，不在此限。

第七条，明治三十二年法律第六十七号中有土地抵当权之外国人之下，宜附添不得享有土地所有权等字样。法律六十七号规定，即有土地抵当权之外国人请求增价竞卖之时，若由第三取得者提出之金额十分之一以上高价，尚不能卖却抵当不动产时，要负担竞落价额，与加十分之一于提出金额之差额。

第八条，民法第九百九十条及明治三十二年法律第九十四号中，非日本不能享有之权利之时，须消除之，宜改为因丧失国籍至不得享有其所有权之时。

近因日本欲设法收回外国人从前所得永代租借地权，遂于本年大正十五年八月，颁行外国人土地所有权施行细则，本年九月十五日实行。然按施行细则，凡与日本缔约之欧美各国人，皆已许与土地所有权，惟中国人、波斯人、芬兰人不得享土地所有权也。中国人在日本仅有租借土地权，其租借权分有期限、无期限两种，所谓无期限者，可久可暂，如地主人需用此土地时，即须交还，于法律上无抵抗力，盖与永代租借地之性质迥异矣。中国人现保留之永代租借地，因一千九百十年六月二十一日，横滨外人永代借地权所有者召集全休大会议决，谓永代借地权及其附带利益系日本政府愿意给予外人之特权，非取得所有者全体之同意，不得以任何公文变更或修改，经呈报英国外部在案，中国人当时亦与此大会，是以能同享此特权。外人土地所有权，各国惯例原取相互主义，日本既不许与中国人土地所有权，此次与日本修改商约时亦当然不能许与，且就利害上言之，如贸然许与土地所有权，则土地经济不免为外人操纵，民生日蹙，至为可虑。

《中日关系史料——商务交涉》，第601—607页

外交部致汪荣宝

1926 年 11 月 19 日

日约事,对于日本复文,拟不再答复,即与接洽开议新约。昨今路透电文及 United Press 均有日本并无与我从事商议新约之意,确否,希密探电报。外。

《中日关系史料——商务交涉》,第 611—612 页

汪荣宝致外交部

1926 年 11 月 20 日

北京外交部:外十九日电悉。日政府并无不愿开议之意,请从速决定办法提出。荣。二十日。

《中日关系史料——商务交涉》,第 612 页

外交部收驻日本使馆节略

1927 年 2 月 1 日

(一)关于法权之大纲:

两国人民之民刑事诉讼一切案件,应遵守各所在国之法律。

(二)关于航行之大纲:

两缔约国领土间互有通商行船之自由,此缔约国人民及其船舶货物得自由赴彼缔约国境内准许外人通商各地方,与其所在国人民享有同等权利自由,以及关于通商行船之各种豁免权,惟以遵守所在国法律为限。前列航行享受本国待遇之规定,对于两国之沿岸航行及内港行船不适用之,此项航行制度应受缔约各国本国法律之支配。

(三)关于游历及经营商务工业权利之大纲:

凡一缔约国之人民在他缔约国境内,应依照所在地法律章程之规定,有游历、居住及经营商务或工业之权利,但两国法令定有特别限制者,不在此例。

(四)关于警察及课税之大纲:

此缔约国人民在彼缔约国境内准许居住及经营工商业地点,关于居住之房屋及应用之栈房、店铺与一切附属物件,应与所在国本国人民一律遵守警察规条及税捐租赋章程。

《中日关系史料——商务交涉》,第 627 页

外交部致汪荣宝
1927 年 2 月 9 日

日约事,我方提案大纲五项,一关税自主,二取消领事裁判权,三收回沿岸内河航权,四两国人民遵守所在地法令,有游历营业之权利,但法令有特别限制者,不在此例,五遵守警察税捐章程。自一月二十一日起,与芳泽会议三次,均系讨论关税自主问题,芳泽谓关税自主彼个人赞成,但未奉政府复电,并要求说明下列四项,一国定税则内容,二是否即可订立互惠协定并讨论过渡税办法,三许予最惠待遇,四裁厘计划。我方答以彼如承认我关税自主,可与讨论互惠协定及过渡税办法,至最惠待遇不能允许,裁厘正在筹备,国定税则尚待修定。特将连日会议大概情形电达接洽,并希探询日政府对于修约最近态度,电复外交部。九日。

《中日关系史料——商务交涉》,第 631 页

汪荣宝致外交部
1927 年 2 月 10 日

北京外交部,新。外九日电悉。芳泽要求说明四项,即系根据日政府意旨,其要点在订定互惠条件。余快邮详。荣。十日。

《中日关系史料——商务交涉》,第 631 页

外交部收驻日本使馆代电
1927 年 2 月 18 日

外交部鉴:昨电计达,中日修约,中国政府主张绝对平等,日本政府

于原则上无从反对，但尚费踌躇，因恐急激变，更于贸易上不免猝受打击，故以请中国政府将提案内容说明为词，详加考虑，大致欲于各条加以条件附限制之，以为延缓之计，尤注重互惠税率之协定，并称此时在北京商议系非正式的，其舆论颇主张宜多征取南方意见，以免将来纠纷云。驻日本公使馆。

《中日关系史料——商务交涉》，第645页

外交部致汪荣宝

1927年6月11日

中日修约事，关税无条件最惠国条款，日方持之甚坚，会议十有九次，迄无结果，以长此争执，殊无解决之途，曾于本年五月六日会议（序）〔席〕上提议，将本问题暂行搁置，先议约他项问题，以将来通盘筹画，总长再议，日使允为请示。五月十八日，日使来言，外务省以如我方允在会议录内声明，承认关税无条件最惠国条款，则日方可同意讨论其他问题，部中未予赞同。五月二十五日，日使又来谓，政府仍坚持前议，再三讨论，最后答以至多仅能声明，如继续讨论他项问题，将来对于关税无条件最惠国待遇，可加以善意及公平之考量，并将此意记入会议录内，日使允再请示。去后迄今十余日，尚未得复，请就近向外务省详细解释，盼其早日答复，以免会议长此停顿，易起外间误会。

《中日关系史料——商务交涉》，第665页

汪荣宝致外交部

1927年6月19日到

外交总长鉴：十日电悉。无条件最惠国条款流弊甚多，敝馆前具说帖，业经切实说明，此时如与声明，许将此项问题加以善意及公平之考量，意近活动，拟请再加精细之讨论，静待时机，似可不必急于迁就，转滋纷纠，事体重大，仍请卓裁。荣。十四日。

《中日关系史料——商务交涉》，第665页

3. 有关中日修约的其他文件

麻克类致张伯伦

北京,1926 年 10 月 29 日

关于我本日的第 395 号电报,我荣幸地报告,10 月 26 日,在讨论广东征税问题的过程中,堀义贵[1]提到了日本政府收到了北京政府修改 1896 年日本条约的要求,他告诉我,中方照会在结尾时声称,如该约第 26 款所说的修订在 6 个月内未完成,中国政府保留其在此事情上的一切权利。堀义贵要求此消息绝对保密。

2. 翌日,佐分利贞男拜访了英王陛下公使馆中文秘书,解释说他前来询问英王陛下政府对于修约的态度,尤其是关于沿海贸易和内河航行问题,日本人(或者也许是中国人)认为此乃关税和治外法权问题以外在修约过程中所要处理的主要问题之一,会谈中台克满表达了他私下的个人看法,称,由于缺乏一支高效率的中国商船队,为了中外贸易,各国有理由坚持外国船舶从事沿海贸易并在诸如扬子江这样的主要水路航行的权利,但认为最好放弃在次要水路的汽艇贸易,它是与既得利益集团闹出这么多纠纷的原因,也是与中国地方当局发生这么多摩擦的原因。佐分利贞男表示赞同。他隐约透露,日本人正在考察局势,以弄清楚他们可以在多大程度上满足中国人的互惠要求,他承认,在沿海贸易(以及内地航行)上——在日本,外国船舶是被排除在外的,这是相当有难度的事情。

3. 佐分利贞男问我们是否已经认真考虑过修订商约的问题。台克满答称,他认为英王陛下政府的政策,是按照在华盛顿制定的路线尽快与其他各国联合展开修约工作。遗憾的是,先是由于法国的阻碍,后来是由于中国内乱及政府缺位,我们进行不下去了。

---

① Yoshiatsu Hori,时任日本驻北京公使馆参赞——译者注。

4. 在后来的谈话中，佐分利贞男透露，日本政府认为，情况正在朝着中国与各国间单独、个别谈判修约的方向发展，他们相应地忙于考察局势。台克满认为看来似乎是这样，但他说主要大国自己首先就进行修约的主要路线以及我们让步的限度达成一致，是极其重要的。佐分利贞男对此由衷赞同。

5. 佐分利贞男接着谈到由各国在广东征税问题上意见分歧所造成的糟糕而危险的局势，谈到日本政府想要提出强烈抗议并坚持反对理论上属于非法的征税，还谈到我们的建议，即默认并以经海关征收为条件使其合法化。他分析了英、日政府在此问题上的观点分歧，意思如下：日本政府认为关税会议尽管停顿，但还存在，他们仍然希望继续会议并成功了结会议的计划；采用我们关于广东征税的建议会损害全局，使这一切成为不可能。另一方面，英国政府似乎已经放弃了从会议取得任何成果的希望，而且实际上已经放弃了会议。此外，他们不喜欢我们建议中所包含的地方或各省承认的办法。

6. 台克满答称，据他所知，英王陛下政府决没有放弃会议。从会议一开始，英国代表团就按照英王陛下政府的训令行事，各省要求在外贸税收入中有应得的份额，英国代表团强调满足这一要求的重要性。因此，英国代表团制订了厘金补偿方案，该方案的目的在于处理使外国货物免征厘金的问题，并通过单独的省进口税满足各省分享外贸税的要求，从而把关税本身留给中央政府使用。这样英国代表团设想会议工作分为两项，即，增加关税本身供中央政府之用，而各省问题的解决，是在切实可行的范围内与解决厘金问题结合起来，办法是由海关为各省征收地方厘金特别补偿税。广东人现已迫使各国采取行动，也许有可能通过在某种程度上继续会议中各省部分的工作——无论如何都必须以这种或那种方式就此与各省磋商——找到解决的办法。

7. 佐分利贞男似乎意识到这些观点是有说服力的，但他表达看法时总是非常谨慎。

BDFA，Part II，Series E Asia，Vol. 31，pp. 241−242

蒂利①致张伯伦

东京,1926 年 11 月 17 日

我荣幸地报告,在本月 9 日与外相的会谈中——我在 11 月 10 日的第 142 号电报中提到过这次会谈,关于中国要求修改两国间商约的照会,外相阁下私下里给我读了日方答复的最后草稿。照会现已刊登于《日本广告客户》(*Japan Advertiser*),兹附上副本。

2. 币原男爵评论说,中国人抱怨原来适合于 20 年前形势的条约现已不再适宜,这实在没有道理。如果认为条约不适宜,中国政府 20 年前或 10 年间就可以要求修改,而且今日之形势与 10 年前没有太大不同。中国在华盛顿,而且从那以后一直采用情势变迁原则,就是说当形势发生变化后条约就没有意义了,不可能再接受。我说德国在 1914 年以及奥匈帝国在 1908 年实际上就是依据这个理论行事的。

3. 币原说,鉴于治外法权委员会的报告最终会导致放弃该特权,他不反对与中国人讨论修约时涉及的范围比条约第 26 款的规定更为广泛,但是,他已决心表明,不允许以中方照会后半部分显然视为可能的方式藐视日本的合法权利。

4. 关于比利时条约,币原说,他认为中国没有希望在海牙得到有利的结果。

5. 他进而严厉指责了顾维钧的不值得信任的人品,他认为,通过对不平等条约采取虚张声势的做法,顾正试图在更无知、更不负责任的那类中国人中间为自己拉帮结派,也许最终想要成为军阀们的主子。币原把顾维钧与施肇基做了比较,此比较对施很有利,但是,和我一样,他回想起了施的神经过敏,因此也不认为他有能力成为一名领袖。

BDFA,Part II,Series E Asia,Vol. 31,pp. 342–343

---

① John Tilley,时任英国驻日本大使——译者注。

外交部存《中日商约主要问题稿》
1926 年

中日商约主要问题之一
废除协定税率问题

中国早年所订条约均有协定税率之弊,光绪二十二年中日商约,实为此种条约之一。其第九条规定:"凡各货物由日本臣民运进中国,或由日本运往中国者;又日本臣民由中国运出口,或由中国运往日本者,均照中国与泰西各国现行各税则及税则章程办理。其运进中国者,只输进口税,运出中国者,只收出口税,所输进出口税比相待最优之国臣民不得加多或有殊异。又凡货物由日本运进出口,或由中国运往日本,其进出口税亦比相待最优之国人民运进出口相同货物,现时及日后所输进出口税不得加多或有殊异。"第十条规定:"凡货物照章系日本臣民运进中国,或由日本运进中国,在中国照现行章程由此通商口岸运至彼通商口岸,不论货主及运货者系何国之人,不论运器船只系属何国,所有税赋、钞课、厘金、杂派各项,一概豁免。"第十一条规定:"日本臣民有欲将照章运入中国之货进售内地,倘愿一次纳税以免各子口征收者,则听自便。如系应完税之货,则应照进口税一半输纳。如系免税之货,则按值每百两征收二两五钱。输纳时领取票据,执持此票,内地各征一概豁免"各等语。是中国对于日人贩运货物征税之权,全为该约所限制。

其后至前清光绪二十九年,即西历一九〇三年,有中日通商行船续约之规定。其第一条载"中国拟照征海、陆各关所过百货之正税外,另派加税,以酌补裁厘所绌之款。日本国政府允认按照中国与有约各国共同商定加税之率,一律照输无异。所有中国征收出产、销场、出厂等税,亦悉照各国与中国商定办法,无稍歧异"等语。此项条款虽系援照一九〇二年马凯英约规定加征关税办法,惟迄今非但未能实行,且仍属一种束缚我国税权之规定。迨及华府会议,我国代表设法解除我国税权所受条约上之束缚,曾一度主张关税自主,因一时未易得各国之容

(约)〔纳〕,乃一面与订关于关税之条约,以期逐渐收回。盖因前与各国所订商约一时未至修改之期限,故不得不暂为订此项过渡办法。

惟查光绪二十九年中日通商续约及华府会议关于关税之议决案,均系根据通商正约而来。现光绪二十二年中日通商正约既已届满,则华会条约关于日本一方自已失其根据,似应根本改定,藉以收回税权。惟年来日本政府颇有与我订立互惠条约之意,以两国壤地相接,国民之经济生活无不息息相关。设于彼此国民生活所需品互为减征之办法,定以年限,观其实效,征诸各国订立商约关于税法之先例,亦非创举。据十四年海关贸易册之统计,自日本(朝鲜在内)输入中国之货物总值,得三〇九,七八八,六六二两,约占进口货全部百分之三一·一五〇。自我国出口输往日本之货物总值,得二二一,一一八,九一一两,约占出口货全部百分之二七·九二。据日本外务省通商局大正十五年三月(抄)〔杪〕刊布之日本对外贸易地图,关于中国之统计(附表列后)①,在大正十三年度对华贸易之总额为四三五,九三八,〇〇〇两,输出额占二三四,七六二,〇〇〇两,以棉纱、棉布、精糖及各项日用等物之制造品为大宗。输入额占二〇一,一七六,〇〇〇两,以大豆、豆饼、花生、丝茧、棉花、皮毛各项原料品为大宗。两国贸易关系之巨,自居首要地位。

此次中日通商各约届其修改,自应于订立新约时,将我国税权完全收回。查关税会议,我国曾提出关税自主要求,经于一九二五年十一月十九日关税会议分股会议连同日本在内,通过议决案,承认我国享有关税自主权,允许解除各国与中国间现行条约中之关税上束缚,并赞同中国国定关税定率条例,于一九二九年一月一日发生效力。是彼对于我国之要求,既经赞同于前,自应允为实行于后。惟鉴于彼此国民生活需要之重要关系,可用时抱定下列各原则:(一)少数货品;(二)极短年限;(三)以两国特产品为限,与彼订立互惠税率。至其余各种货品,则

---

① 略。

应悉照彼此国定税率输纳,以革旧弊,而维主权。

中日商约主要问题之二

收回法权问题

按日本国人民在华,系依光绪二十二年九月十四日中日通商行船条约之规定,享有领事裁判权,该约第六款内载:"日本臣民准听持照前往中国内地各处游历,如查无执照或有不法情事,应就近交领事官惩办。云云。"第二十款内载:"凡日本人控告日本人,或被别国人控告,均归日本妥派官吏讯断,与中国官员无涉。云云。"第二十一款内载:"凡中国官民控告在中国之日本臣民负欠钱债等项,或争在中国之财产物件等事,归日本官员讯断。云云。"第二十二款内载:"凡日本臣民被控在中国犯法,归日本官员审理,如果审出真罪,依照日本法律惩办。云云。"

此种制度,既侵害我国之法权,又于诉讼之当事人极感不便。自我国司法改良,亟谋设法撤除,始则有光绪二十九年中日通商行船续约第十一款之规定:"中国深欲整顿本国律例,以期与东西各国律例改同一律,日本国愿尽力协助,以成此举。一俟查悉中国律例情形及其审断办法,及一切相关事宜,皆臻妥善,日本国即允弃其治外法权。"迨至巴黎和会,我国以参战国资格,曾提出撤销领事裁判权之希望条件(附件二)①,未得确实结果。(断)〔继〕于华府会议再行提出此项要求(附件三)。当太平洋与远东问题委员会开第六次会议时,日本全权代表埴原君对于撤销在华之领事裁判权曾有以下之重要宣言:"日、英、美与中国曾订条约,允于履行数种条件后,将在中国之领事裁判制度撤销。诚如各代表所言,而日本对于此事较之其他各国对于中国尤为表示同情。因日本亦曾受此痛苦,与中国情形相似,几及三十年,日本代表团极愿此项改革实现之期愈速愈妙。云云。"

会终结果,乃有华府会议关于在华领事裁判权之议决案(附件

---

① 以下各附件均略。

四）。旋与议各国于上年按照议决案组织法权调查委员会来华，调查事竣，制有报告书。其第四编建议案（附件五），依日本委员提议，并有可分区或部分，或以其他方法撤废之规定。在未撤废以前，略将现行在华之领事裁判制度加以纠正，依该款（甲）项，在华外国法院及领事法庭应尽量适用中国法令。（乙）项，华洋诉讼，如受中国法律支配之人民为被告时，归中国新式法院办理，毋庸外国官吏观审或其他之参预。改革现有会审公廨之制度，俾与中国新式司法制度愈趋一致，而限制外国律师出庭公廨之资格。（丙）项，令在华享有治外法权国之人民，按期注册，严杜滥冒之弊。（丁）项，中外司法机关应互予协助。（戊）项，在治外法权未撤销以前，令在华侨民对于中国政府之正当税捐负纳税之义务。此日本国人民在华享有治外法权之起源与因革，并我国屡次交涉撤除之经过情形也。

　　现值中日商约期满失效之际，且法权调查报告建议关于日本部分者，并未经两国正式采用，则无拘束中日两国之效力，自宜于订立新约时，将法权一节根本改订，即要求其本华府会议宣言之精神，将从前在华之领事裁判权完全抛弃。至关于司法之实施，自当予以相当之保障及便利。惟侨居中国之日本人及其财产，应完全遵守中国之一切法令。

中日商约主要问题之三
内河行船问题

　　按我国内河准予外侨行驶，始自咸丰八年中英续约（附件二），继之以同治元年长江通商章程（附件三），光绪二十四年修改长江通商章程（附件四）。如是沿江一带，除已开为通商口岸之镇江、南京、芜湖、九江、汉口、沙市、宜昌、重庆外，即未开商埠之大通、安庆、湖口、陆溪口、武穴等处，亦皆准外轮往来停泊搭载客货。此犹限于长江沿岸各口，乃自光绪二十一年我国与日本订立马关条约，开苏杭为商埠，准日本船只自上海进吴淞江及运河驰至苏杭以后（见马关条约第六款），外侨遂更获得驶入苏杭内河之行船权。嗣有光绪二十四年我国自颁之内港行轮章程（附件五）。其第一条之规定，有云："中国内港嗣后均准特在口岸注册之华洋各项轮船任便按照后列之章程往来,专作内港贸易。云云。"是为我国自将内河开放准许外轮船行之始。后并有同年之续编内港行轮章程(附件六),光绪二十八年续改内港行轮章程(附件七),光绪二十九年外务部核定之内港行轮暂行试办章程(附件八),杭州关洋轮往来沪苏杭搭载客货章程(附件九),九江口华洋各商行驶内河小轮酌定专章(附件十),岳州关小轮往来各内港搭载客货章程(附件十一),南宁关商船往来各内港搭载客货章程(附件十二),江门关商船往来各港口搭载客货章程(附件十三),相继颁行。则几举我国腹地各河港口,均准有约国之商轮照章航行云。

至我国专对日本以条约规定许予之内河航权,除马关条约开其端倪外,复有光绪二十九年中日通商行船续约第三款之明白规定,即"中国国家允能走内港之日本各项轮船,在海关报明由通商口岸往来报明之内港地方贸易,应悉照所定正续各章程办理。云云"。该款之附件有三,其(一)为中日续议内港行轮章程(附件十四),(二)、(三)为照会(附件十五、六),系声明承认日本轮船在中国内河航行之各项权利,此日本轮船依据约章规定,先后取得我国内河航权之始末也。

查我国自颁章程开放内河一节,予夺之权在我,可无置议。至以条约规定,片面的取得他国之内河航权,考之近世各国订约先例,实属创见。盖按照国际公法及各国订定通商行船条约惯例,对于内河航权,皆系绝对不许他国染指,即在沿岸贸易,亦类以彼此保留为原则,相互许予为例外。惟我国航业尚在萌芽时代,即有互惠条款,若与外轮同等待遇,断难与彼竞争,势必使我国内河航运操于外人之手,我国航业反受压迫,是互予内河航权之办法,亦不适于我国航业上现状,彰彰明甚。此次中日通商各约暨附件既届满期失效,于磋商新约时,自应参照交通部对于日约航权所拟节略内办法,予以根本改订,最好将内河行船收归本国自办。如彼不允,则设定年限,限以现有船数,不得再添,并以完全遵守我国关于行船之一切法令章程为条件,许其继续行驶,以期逐渐收回。

中日商约主要问题之四
关于游历及经营商务工业权利问题

查马关条约第六条第一项内载："今中国已开通商口岸之外，应准添设沙市、重庆、苏州、杭州等处，立为通商口岸，以便日本臣民往来侨寓，从事商业工艺制造。"又本条第四项内载："日本臣民得在中国通商口岸、城邑，任便从事各项工艺制造。"光绪二十二年中日通商行船条约第四条内载："日本臣民准带家属员役仆婢等，在中国已开及日后约开通商各口岸城镇，来往居住，从事商业工艺制作及别项合例事业，并准其于通商各口任意往返，随带货物、家具。凡通商各口岸城镇无论现在已定及将来所定外国人居住地界之内，均准赁买房屋、租地起造礼拜堂、医院、坟茔。其一切优例豁除利益，均照现在及将来给予最优待之国臣民一律无异。"又该约第六条内载"日本臣民准听持照前往中国内地各处游历"各等语。查以上各条约，均系规定日本臣民在中国享受游历、居住及经营商务、工业之权。至中国人民在日本应享何种权利，概未提及，纯系片面性质。虽光绪二十九年中日通商行船续约第九条内，有"中国官员工商人民之在日本者，日本国政府亦按照法律章程极力通融优待"一语，然并未许以最惠国待遇（附件二），与我国所许诸日本者显有不平等之别。

此次我国提出大纲，附有"法令有特别限制者，不在此例"一语，暗合不能以内地杂居之意。惟我国要求收回法权，日本难保不要求内地杂居以为抵制。但我方拒绝理由有二：

（一）内地杂居非与领事裁判权为对待，乃与租借地、租界、铁路附属地为对待，在租借地、租界、铁路附属地未交回以前，碍难许以内地杂居。

（二）中国与其他各国，条约尚未满期，皆有最惠国条款。若中国许与日本，恐其他各国援以为例。

将来万不得已时，如许以局部杂居，亦宜以国内法限制为条件。证之日本与美、英、法、义各国所订之通商航海条约，亦均以遵守国内法令为条件，准许外人享有游历、居住及营业之自由，以资限制，而留操纵伸缩之余地。兹将日本与美、英、法、义各国所订通商航海条约，分别摘录如左：

（一）日美通商航海条约第一条

两缔约国之一方臣民或人民，到他方之版图内，或游历及居住于他方之版图内，遵照其国之法令，与其内国臣民或人民，以同一之条件享受经营暨卖零售商业及其他关于一般商业附带（或）必要之一切行为之自由。

（二）日英通商航海条约第一条

两缔约国之一方臣民至他方版图内，关于旅行或居住享有完全自由。如遵守国法，得享受左记之权利：

（1）关于旅行及居住等一切事项，与内国臣民完全受同等待遇。

（2）关于经营商业或制造业及不论其为自家经营，或委于代理人独立经营，或与内外臣民合股处理，各种商品苟为合法商业目的物者，均与内国臣民享有同等权利。

（三）日法通商航海条约第一条

两缔约国之一方国民，到他方版图内之各地，或逗留于他方版图内之各地，与其家族有完全之自由，且遵其国法，得享左列之权利：

（1）关于旅行及居住事项，皆须与其国内同样待遇。

（2）从事于商业或制造业者，不论其自作或由代理人作，亦并不论其单独作，或内外国人合作，举凡交易经营适法商业目的物之各种商民者，皆得与内国臣民享受同等之权利。

（四）日义通商航海条约第一条

两缔约国之一方臣民，得与其家族完全自由入他方版图内各地滞在，遵其国法享有左列之权利：

（1）关于旅行、居住事项，均与内国民受同样待遇。

（2）凡以合法的商业目的物之各种商品，从事商业及制造业者，不论其系本人或代理人，单独经营或与外国人或国民共同经营，均与国民享同等权利。

以上所举各约条款，均系许外人以游历、居住及经营商务工业之权，惟处处以国内法限制之，以资补救。至所谓国内法者，并非专指国会通过之法律而言，即天皇饬令与各省省令，亦莫不包括在内，即如大正十年四月，内务省令第十二号内载：凡渡来本邦之外国人，有相当左列之一项者，地方官得禁止其上陆。如有违犯禁令不正入国者，地方长官得令其退去日本领土之外：

（1）浮浪或乞食常习者；

（2）于公众卫生上有危险者；

（3）有需救助之虞者。

又明治三十二年七月内务省令第四十二号内载：外国人依条约或习惯有入国之自由者，当然不生问题，即无此项自由之外国人，亦得在从前居留地及杂居地（所谓居留地及杂居地者，据驻日本使馆报告，即同治十年七月二十九日中日通过通商章程所列举之横滨、箱根、大阪、神户、新潟、夷港、长崎、筑地等处而言）以外，作居住移转营业及其他行动，惟须受下列限制：

（1）在旧居留地、杂居地外，从事农业、渔业、矿业、土木业、建筑业、制造业、运搬业、挽车业小工及其他杂役劳动者，非经地方长官许可，不准经营；

（2）地方长官虽一旦许可，遇公益之必要得随时取消。

又土地所有权问题，我国目下亦无容许之可能，如日方要求，亦可以前述二理由驳拒。

附件一（略）

外交部致财政部、农商部咨

1926 年 9 月 2 日

为咨复事。接准咨开，据上海云锦公所等电称，中日各约本年期满,该约苛虐不平,隐(刃)〔忍〕已久,现届期满,应完全废弃,另订新约,以苏商(团)〔困〕而挽国(教)〔权〕,等情,请查核见复,等因前来,查中日通商行船条约本年届满,本部正在积极筹备办理,咨准前因,相应咨复查照可也。

中国第二历史档案馆藏北洋政府外交部档案

中日修约说帖

1926 年 9 月 30 日

　　查光绪二十二年所订中日通商行船条约第二十六款载明,此次所定税则及约内关涉通商各条款,日后如有一国再欲重修,由换约之日起以十年为期限,满后须于六个月之内知照,酌量更改。若两国彼此均未声明更改,则条款税则仍照前办理后俟十年再行更改,以后均照此限此式办理,等语。查该约系于一八九六年十月二十日互换,至本年十月二十日之又届十年期满,自应提出修改。又光绪二十二年九月十三日所订公立文凭,系属附属该约。又光绪二十九年八月十八日所订中日通商行船条约续约,系与该约前后关连,虽未规定有效期间,惟既系附属性质,且有最惠国条款规定,若不一并提出,是此时提议修改中日通商行船本约直与不提议相等,且续约亦即永无再行修改之机会,应否一并提出修改。又查现在修改法比两约,法比政府仅许修改,不允到期失效,交涉争点悉在于此。此次对于日本是否仅言修改,抑并予声明到期失效之处,统候公决。

中国第二历史档案馆藏北洋政府外交部档案

中日商约之关税自主说帖

1927 年 1 月 25 日

　　节略　附中日新约关税自主条款草案(附件一)

　　(一)按照先行各条约,日本在中国享有片面条约税则之种种特别权利。

（二）关税自主,乃一种重要主权,除由双方订约切实根据相互协定外,不容加以剥削,无论何国于增进其经济福利及工业兴隆,必以施行此项主权为要素,且一国欲使其财政臻于巩固地位,尤非得自由厘定其关税不可。

（三）现今各国经济利益互相关联,无论何国,如无关税自主之权,必不能发展其财政上之适当政策,使其本国与邻国间之经济利益互相调剂。

（四）因此种种理由,故交还中国关税自主权问题,始则提出于一九一九年巴黎和会,继则提出于一九二一及一九二二年华府会议,最近复提出于北京关税会议。

（五）日本关税会议总代表日置益曾于一九二五年十月二十六日关税会议开幕时宣言,表示日本代表团愿以同情友爱之精神,考量关税自主问题,殊为可喜。其后日本代表团对于一九二五年十一月十九日第二委员会第四次会议议决案,亦曾赞成该议决案,承认中国享有关税自主权,并解除先行条约中之关税上束缚,暨中国国定关税定率条约一九二九年一月一日发生效力。

（六）因此中国政府现拟提议此项中日缔结新约,应将下列条款草案加入约内,俾日本代表团业经承认之关税自主原则实际上得发生效力,而使中日两国人民关于关税事宜享受同等待遇,以便增进两国人民相互利益。咨将该条款草案开列如左:

两缔约国约定所有关于关税事宜,悉由各该国内部法令规定,但无论遇何情形,中国原料或制造品输入日本时所课之入口税不得超过日本人民对于同样物品应纳之数,日本原料或制造品输入中国时,所课之入口税亦不得超越中国人民对于同样物品应纳之数。

税字第一号　一九二七年一月二十五日

中国第二历史档案馆藏北洋政府外交部档案

讨论中日商约问题报告书
1927 年 2 月 14 日

一月二十九日下午四时，外交、财政、农商部、税务处各专门委员在外交部大楼集议关于中日商约问题，议决陈述意见如左：

（一）日本方面所询四项，查国定税则条例，早经公布，其税率最高最低限度亦已规定于条例之内。至此项税率表，现正由各主管机关详细厘订，好在条例内最高不得过四十，中国方面亦决不能违背世界经济原则，骤予提高，以自困国民生计。

（二）互惠协约应与关税自主同时实行，尽可俟日方正式承认我国关税自主之后，再行从容讨论。

（三）最惠国条款核与互惠协定不能相容，缘我国将来与各国订立新约，难保不更有互惠协定，设与此国协定者，彼国亦得享受，势必使国定税则等于虚设，此实碍难准许。

（四）至厘金之裁免，按约须俟关税增至值百抽十二五时，方始实行。关税特别会议时，财政部曾有具体分年进行表册之制，现已明令筹备，主管机关正在进行一切，预计关税自主之日必能悉予裁免也。

《中日关系史料——商务交涉》，第 646—647 页

修改中日商约关于内河及沿岸航行条文草案
1927 年 6 月 10 日条约研究会通过

（一）两缔约国之沿岸贸易及内河行船，各以其国之法律命令之，不在本条约规定之列。

（二）两缔约国一方之船舶得驶往他一方版图内二处以上之通商口岸之一，卸下载货之一部，而以其余载货运往其他之一口岸或数口岸分卸之，但应遵守到着国之国法税则及税关规则。又依同样方法及同一限制，两国一方之船舶由他一方之口岸向国外发航之途次，得在该国内数口岸，装载货物。

（三）中国政府允准自本条约实施之日起，以一年为限，所有日本

在中国境内江河航行贸易之船舶,仍照本约订立时之现状,航行贸易,但须遵守中国现行或将来关于航行所订定之法律命令,并照章缴纳各项钞课税捐。日本政府允准中国船舶依照前项办法于上述期内,亦得在日本境内江河航行贸易。现在所有日本在中国沿岸航行贸易之船舶,以照本约订立时之现状为限,按照前项规定继续航行贸易,以三年为限,但须遵守中国现行或将来关于航行所订定之法律命令,并照章缴纳各项钞课税捐。中国船舶于上述期内,亦得在日本沿岸航行贸易。

　　　　　《中日外交史料丛编》(一)国民政府北伐后中日外交关系,第59—60页

交通部说帖
1927 年

　　交通部关于内河航行之说帖(中日部分)

　　查光绪二十二年中日通商行船条约,其中关于行船之规定最于国权有损者,即沿岸贸易及内河行船一事。日本之取得此权,系以光绪二十一年马关条约第六款内开,两国新订约章应以泰西各国现行约章为本等语为根据,故在英美各国旧约未废,仍保存其沿岸及内河航行贸易之权,德国旧约虽废,然在事实上仍享有此项利益。而欲令日本单独放弃其此项航行之权,恐无以□□日人之口,马关条约无期限之规定,在法律上似亦不无问题,即就事实而言,若于最短期内令日本在我国内河行驶之船舶一律停驶,于彼我经济上必发生急遽之变化,亦非妥当之办法。(顾不)〔故若〕于此次修改约章之际,仍不加以限制,一仍其依旧航行,殊于国权有碍。复查日本曩年改正不平等条约时,其国情与我国今日之情势正相仿佛,用特参酌明治二十七年日英通商航海条约第十一条之规定,拟案如左:

　　一、两缔约国之沿岸贸易及内河行船,各以其国之法律命令定之,不在本条约规定之列。查日英通商航海条约第十一条第一项末段有"在日本国内之英国臣民关于此事项,得享有各该法律敕令及规则所允许或将允许于其他之外国臣民或人民之各种权利"等语,本案不采

用此项规定者,其理由有二,(一)即欧美诸国在我国之沿岸贸易及内河行船诸权利,若在本案所限定之期间以内(见下第三项,日本当时于数年之内,即将各国之条约完全修竣,故虽有此项规定,亦无流弊),不能废除,则日本势必援引此条要求,同享此种权利,且如此则各国皆成连鸡之势,同时解决更不易矣。(二)即日本航业发达,纵允许外人有沿岸贸易及内河航行之权,我国船舶必不能享受其利。顷阅报载东方社电,日政府所定修约方针,其中有一项云,"日本承认华轮在日本沿岸得如日轮在中国沿岸一样享有自由贸易之权"等语,此所谓口惠而实不至也。与其博相互平等之虚名,反不如附以期限之片面之规定较为有利。

二、两缔约国一方之船舶驶往他一方版图内二处以上之通商口岸(即日本所谓开港),运送由外国装载之货物时,得在该口岸之一卸下载货之一部,而以其余载货运往其他之一口岸或数口岸分卸之,但应遵守到着国之国法税则及税关规则。又依同样方法及同一限制,两国一方之船舶由他一方之口岸向国外发航之途次,得在该国内数口岸装载货物。

三、中国政府允准自本条约实施之日起,以三年为限。日英通商航海条约第十一条第三项规定为"本条约之期间",又该约第二十一条规定,"自实施之日起第十二个年间为有效期间",是日人允许英人继续享有沿岸贸易之权为十二年也。所有日本在中国沿岸及内河航行贸易之船舶,仍照本约订立时之现状航行贸易,但须遵守中国现行或将来订定之法律命令。前二项为原则,此项为例外,查日本明治四十三年韩国并合宣言第三条云,"日本帝国政府对于条约国(指日本之条约国而言)之船舶,允许今后十年间于朝鲜通商口岸间或朝鲜通商口岸与日本通商口岸间从事沿岸贸易"。现时欧美诸国对于我国均有修改不平等条约之意,若乘此机会与各国商议仿照韩国并合宣言之办法,由我国自动发布宣言,则一切纠纷皆可迎刃而解矣。

前项期限届满,如尚有展期必要时,得酌量展期一次,但至多不得三年。

四、通商条约大都有两缔约国船舶国籍之规定，而旧约无之。此次订立新约，似宜增加此条，庶约中所谓日本船、中国船皆有一定范围，他日解释条约时，不致发生疑义。

依上列之标准订立新约，则旧有各约不仅光绪二十二年之通商行船条约应于新约实施之日同时废除，即其他各约及附件以及各项之换文，凡与新约有抵触者，亦应一律失效。兹取旧约中应加删除或应声明作废之点略述如左：

（甲）马关条约第六款所载各节，多与本案所定之标准相抵触，而该约又无期限之规定，似宜于新约内专设一条，规定旧有各约暨附件以及各项换文，用概括的规定，则其他各约亦可包括无遗。凡与新约相抵触者，一律作废。

（乙）光绪二十二年中日通商行船条约已届期满，应即废除，自不待言，兹将该约中应删除或改正者列举于下，以免厘订新约再蹈覆辙。

（1）该约第五款有"将来所准停泊之港均准日本船卸载货物客商"等语，就国际贸易而言，既有上列第二项所定之标准，无须作此规定，就沿岸贸易及内河行船而言，则与上列第三项所定仍照本约订立时之现状航行贸易之标准相抵触，故该条不宜订入新约之内。

（2）该约第十五款关于船钞之规定，第十六款关于引水之规定，应删除，另依国际通例于新约中专设一条，规定船钞（即吨税）、码头税、通过税、引水费、灯塔税、检疫费等之征收。两缔约国对于他一方之船舶，应与本国船或他国船受同等之待遇。至雇用引水，应以各该本国之法令定之，无庸载入通商条约之内。

（3）该约第十七款关于船舶遇难之规定，应依国际通例修改，并须改为相互之规定。

（4）该约第十九款关于拿办海贼之规定，应删除。

（丙）光绪二十九年中日通商行船续约自应与正约同时废除。又根据该约第八款，规定"光绪二十七年五月七日先后所定内港行轮章程,间有未便,是以中国允将此章程从新修补,附载此约"等语,所附之中日续议内港行轮章程十条同属条约性质,与上列第三项所定须遵守中国现行或将来订定之法律命令之标准相抵触,亦必须一并作废。惟上列第三项所定期限之间,此项章程又不可缺,而光绪二十四年五月七日所订之内港行轮章程又与事实不合,兹拟将该约所附之章程加以删除,由中国政府以大总统令公布之,拟案如左(惟此案与日人非正式商议,则可不必于会议时提出):

第一款改为"日本轮船东可向中国人民在河道两岸租栈房及码头,无论新租续租,其租期不得超过本章程施行后第三个年以上,如在本章程施行前所订租约,至施行后第三个年止仍未满期者,应即缩短期限至第三个年为止"。

第二款改为"日本轮船东从前所设靠船码头如有迁移之必要时,须呈请最近航政管理局(在航政管理局未设以前,则呈请最近海关),先行查明允准"。

第四款改为"凡日本轮船在条约(即此次新订之约)订立以前曾经航行之航线,均可照旧行驶,不得无故阻挠或禁止之"。

第五款删。

第六款仍旧。

第七款删。

第八款删"非奉中国政府允许"八字,余仍留。

第九款仍旧。

第十款删。

中国第二历史档案馆藏北洋政府外交部档案

芳泽公使对记者的谈话

1927 年 9 月 21 日

(北京二十一日电通社消息)日使芳泽,于本日向日记者团谈话如左:

　　余于本早赴外交部访王总长,关于修改中日商约问题,有所协议。曩昔予对与前外长顾维钧,虽曾讨议最惠国条款问题,但双方意见,尚未完全一致,此固为众所知,毋待赘述。现与王总长协议结果,则期完全解决最惠国条款,势非经过多数之时日不可,故为利于进行交涉起见,决暂停讨议该问题,而先议其他。此在双方间,业经成立谅解。其交涉方法为先由外交部与日使署,各派专门委员从事讨议,一俟两国意见相当接近后,始再由王总长与余直接讨议。该项专门委员会可望于本星期内成立。现其议题虽尚未定,然度当先就二三问题,同时并行交涉。至缓议最惠国条约之故,盖属遵从华方希望,顾该问题终当于适当之时期,再行讨议,自不待论。至关于缔结互惠条约之根本方针,固亦不生任何变化也。

北京《晨报》1927 年 9 月 22 日

（五）中国与西班牙关于修订条约的交涉

　　说明:1926 年 11 月 10 日,北京政府外交部照会西班牙驻华公使,表示半年后将要满期的《中西和好通商条约》不再继续,要求另定平等新约,西班牙方面表示同意。1927 年 8 月,双方正式开始谈判。该项谈判虽然开议较为顺利,但在进行过程中,西班牙驻华公使屡以邮路漫长、西班牙政府方面审议条约手续繁多需时甚久为言,致使谈判久无进展。西班牙方面在谈判中对于最惠国条款多有要求,并攀附中日、中比修约之条件。1927 年 11 月 12 日,北京政府发表宣言,宣布条约到期失效。此后,西班牙政府便停止了与北京政府商订新约的交涉。

爱司戴拉①致宋善良②

1927 年 2 月 25 日

敬启者:关于本月九日本总长函复收到贵代办本年一月三十日照会一节,兹本总长欣为贵代办声明:敝国政府良知自一八六四年中日③条约签订以来,世界上关于经济商务社会之秩序,已突遭重大之改革,因此亦以两国另立协定以代上项条约为宜。依贵代办前函所称,似以一八六四年条约内第二十三条关于订约两国之一方,能声请修改约内关税及商务等项之日期,中日两文未能切合,根据中文则应于每届十年期满前六个月声请,而根据日文则应于每届十年期满后声请。本总长奉悉上项相差之点,观北京政府对此并不加以深究,并以销灭此不同之点而提议立即开议商订新约,本总长极表满意。虽然本总长对此办法固表赞成,而在贵代办之前声请贵国对于中国及中国人民当此国步艰难之时,极表其感情之深切及友谊之笃厚。惟本总长为本人义务起见,兹以最恳切之意,特为表示上述之第二十三条仅及于约内之关税及商务等项,因此其余之各条款,即使敝国政府备与北京政府商议修改,而倘于规定之期限内尚未完竣,则对于贵代办所指之六个月期限,不能适用。然则本总长以为一八六四年条约内之关于其他社会政治外交各条款,在两订约国方面未能达到照日政府所希望从速完全成立协定之前,仍应继续有效。据本总长之意见,此为最适当之解释及直接之解决。盖不独第二十三条,即考事实按诸约内亦并无宣告废约之条文,且第五十条载有最惠国待遇之条款。然则敝国固可以此为据,以免北京政府未得敝国政府之许可,而遽将一八六四年连合吾两国线索之条约加以中断也。但敝国并无他见,惟求一适合于此六十余年以来经济社会国际间情形进步之协定,以图有利于两国而已。因此种种高尚之理由,敝

---

① 西班牙总理兼外长。
② 驻西班牙公使馆代办。此件系外交部存中文译件。
③ 日系指日斯巴尼亚,即西班牙,下同。

国政府对于早日开议商订一新约定,以俟情势得当为成立一根据平等主义及相互尊重国家主权新约之目标,并无不便之处。惟北京政府对于敝国应以最惠国待遇,盖无论何时,旅华日侨所受待遇,倘在他最惠国人民所受待遇之次,为敝国所不能承受也。敝国政府深知中国自一九〇四年以来,对于司法制度、民法、商法及刑法极力改良,乃乘此机会追随他国一并声明:敝国对于治外法权及其他各种特权,当中国之新法律能照众所切愿实在施行之时,当即一并放弃。本总长并望中国收回关税自主。因此敝国政府与有关系各国一致愿自今以后,以自由及公正之精神,协助中国施行建设之政策,俾吾两国交蒙其利,而俟将来中国之治安秩序规复以后,敝国政府希望民国全国国土开放,准许日侨自由贸易,以作正当之报酬也。当此过渡艰难之时,而欲使此项公正之主义,适合于事实,本总长愚意以为修约磋议,不如由敝国驻京公使助以相当人员,与北京政府所派之全权代表在北京开议之较为切当也。专此布达,顺申敬意。此致

中国驻日代办宋

西历一九二七年二月二十五日

署名　爱司戴拉侯爵

中国第二历史档案馆藏北洋政府外交部档案

外交部致嘎利德①

1927 年 4 月 7 日

发驻京日斯巴尼亚公使照会　十六年四月七日

为照会事。一九二七年二月二十五日贵国外交总长致本国驻玛德利代办之照会,本总长业已详加注意。

贵国政府洞悉自一八六四年中日条约订立以来,世界政治商业经济情形大为改变,对于改订新约以代替上载条约一节,深表同情,并愿

---

① 西班牙公使。

根据平等及互相尊重领土主权之原则,立即开始缔结新约之会商,本总长对之不胜欣感。

至关于一九二六年十一月十五日贵国政府照会中所称,依照该条日斯巴尼亚文条约内各项规定,虽经一方宣告废弃,但仍须继续有效,至一九二七年十一月十日为止,并非至同年五月十日即可失效一层,中国政府鉴于一八六四年条约第二十三条中日条文之不符,而二国文字又一律作准,以为解决之方,其昭然公允可行者,莫若视该约继续有效,至一九二七年八月十日为止,即于一九二七年五月十日之后,展限三个月为本届十年告满之期。

贵国政府极愿免除两国条约关系之中断,本国政府深表同情,故诚心期望新约能于本年八月十日以前告厥成功。惟假使新约届满未克成功,而现约即依照展限时间亦已停止实行,则本国政府同时极愿保留其一切之权利。

贵国外交总长此次复照中所列其他各点,本国政府待会商新约时,贵国政府将有关部门此等事项之意见提付讨论之际,自当详予考量。本总长对于贵国政府愿由贵公使在北京进行缔结新约之会商,甚为乐闻,准备与贵公使商择一双方适当之时日,俾得从事开议也。须至照会者。

中国第二历史档案馆藏北洋政府外交部档案

爱司戴拉致宋善良[1]

1927 年 5 月 28 日

敬复者:接奉贵代办本月七日来文,备悉一切。对于一八六四年条约之第二十三条日汉两文解释不同之点,本总长以为已经和衷解决,而阅贵代办来函,则不然。盖来函内对于该点详加讨论,并提议全约效力仅至八月十日为止,而对于我等最有关系之根本问题,即该条款之本旨

---

[1]　此件系外交部存中文译件。

则毫不提及。本总长望贵代办转告贵国政府，敝国政府前已允以中国所愿望之平等及互相尊重主权之原则为开议基础，则今所应讨论者不在对于一八六四年条约期限形式上之讨论，而要在于根本问题。因之，本总长深愿明悉贵国外交部之处置及对于最惠国条款之见解，而当此中国大局尚未完全恢复原状，足以维持旅华日侨民安全及其利益之时，敝国政府极望中国以最广义之最惠国条件待遇敝国人民，此点实为敝国所愿先为明了者也。敝国政府现在之意见，希贵代办转达贵国政府，以便贵国政府将其对于此种根本问题之见解，亦如敝国之开诚相告。根本各点一经明了，则两国政府可立即赓继开议，此实为本总长所切愿者也。此致

署名　爱司戴拉侯爵

中国第二历史档案馆藏北洋政府外交部档案

外交部致西班牙使馆①

1927 年 5 月

为照会事：一九二七年五月二十八日贵国政府致本国驻玛得利代办第七号照会及本月一日驻京贵国使馆第十七号节略，本国政府均已阅悉。对于贵国政府上开照会内所称日斯巴尼亚政府既承认以两国平等及互相尊重主权之主义作为基础与中国从事会商，目下应讨论根本各问题一节，本国政府甚为欣悦，亦以此种问题之讨论自属急不容缓，且以前已曾屡次向贵国政府提议，早日开始会商缔结新约。至关于一八六四年条约有效时期一节，一九二七年五月七日本国政府照会中善意之建议，以本年八月十日为该约届满之日期，贵国政府对之既无所表示，且似以该项问题系次要性质，纯粹一种形式上之关系。是本国政府此种之提议，贵国政府谅已认为可以容纳，本国政府良为快慰。依照上述，本国政府以为现在即可遵照贵国一九二七年二月二十五日照会中

---

① 此件系外交部抄存件。

之主张,立即在北京开始会议。本国政府深信,贵国政府关于开会之手续,即关于中日修约必须待中国将新约中许予日斯巴尼亚旅华人民之最惠国条款范围详为确定后方可开议,日国政府极望以最广义之最惠国条款待遇日国人民一节必不坚持,本国政府对于上项手续见解,不无意外之感。设贵国政府之用意果系在开议以前,必须中国先行承认允许日斯巴尼亚以最广义之最惠国条款,是贵国政府所愿进行之会议将失其存在之理由。新约既有此种条款,事实上与旧约毫无歧异,故中国政府期望贵国政府真正之用意并非如此。盖贵国政府既宣言愿以两国平等及互相尊重领土主权之主义作为会议之基础,今设欲维持最广义之最惠国条款,承认中国全国所愿望解脱之一切不平等不公允待遇,是必致不能再以上载之基础作为依据也。本国政府以为,贵国政府所称之最惠国条款,当系商约中所普通承认或采取相互主义及附带条件之最惠国条文,但果系如此,本国政府虽不愿对于日斯巴尼亚人民有所歧视,然亦以为目下似不能将中国所计划许予日斯巴尼亚之最惠国条款范围预为通告,因此种范围必须视乎中国在新约中所得之利益,且必须在会议时方可讨论审核也。中国政府深信两国政府既同抱诚意增进两国友睦邦交之愿望,则一切重要问题均不难于会商时得有妥协。本国政府业已准备无论何时,均可在北京开始订约之会议,深望贵国政府将开议日期早日示知。以上各节,即请贵公使转达贵国政府为荷。须至照会者。

中国第二历史档案馆藏北洋政府外交部档案

西班牙使馆致外交部

1927 年 7 月 2 日

节略事。论及本国政府于本年五月二十八日曾照会贵国驻玛德利代理公使,现本国外长训令本馆探询贵部:北京政府愿否让与本国最扩大最惠国之约款。本国政府业已允可按照贵国所提修约大纲磋商,然在未开议之先,要从速得知中国政府对于上开一节意见如何。须至节略者。

附洋文一件(略)。

中国第二历史档案馆藏北洋政府外交部档案

中国和西班牙开议新约

1927 年 8 月①

王总长致开幕词:兹值中华日斯巴尼亚缔结中日两国新约会议开幕之期,本总长得欢迎贵公使莅会,曷胜欣幸。中日两国关系所订之友好通商航行旧约,成立在六十余载之前,其中条款,自始至今,毫未修正。然自该约订立以来,今昔情形,根本上已陆续发生不可避免之变化,而民族方面之经济、社会及国际等事业,亦皆有进步之表现。是该约与今日世界进化情形,及方今中国人民正当愿望,实属扞格难容。因此之故,中国政府本其对于到期旧约所定之政策,亦曾将改订中日新约之意,通知于日斯巴尼亚国政府。嗣日斯巴尼亚国政府,赞成中国必须修订旧约条款之意见,并承认以平等及互相尊重领土主权之原则,为缔结新约之基础,中国政府良用欣慰。盖采用此项公允之原则,于保全双方当然之权利之中,并不妨碍其自由发展,以之作为本会谈判根据,定可使妥协成功,于两国大有裨益。

抑更有为贵公使言者,中国具最大热诚,愿使中日间向称亲睦,从未中断之邦交更臻发达。是故本总长深信,以两国政府友好之意旨,再加以贵公使厚意相助,必可使本会应尽职责妥底于成,而于最短促期间内,订立一约,以为两国邦交另辟一新纪元焉。

日斯巴尼亚公使致答词:顷承贵总长致辞欢迎,深以为谢。以前谈判开始准备开会议约之初,即承贵总长及外交部和衷相助,本公使尤极纫感。

日国政府对于此次议约,其友好、坦白、恳挚之精神,贵总长当于两

---

① 原件无日期,开幕日期为 1927 年 8 月 8 日。

国往来照会中得知其详。本公使惟盼此次会商不久即可成立新约，而以平等及互相尊重领土主权原则为基础。

本公使切愿中国大局早日恢复原状，俾新约执行不致发生障碍。至本公使今得参预共订新约，以替代六十年前规定两国从未中断关系之旧约，是则最引为荣幸者也。

《外交公报》第 73 期

王曾思①与嘎利德谈话

1927 年 8 月 19 日

八月十九日下午四时，王曾思与日斯巴尼亚公使嘎利德之谈话。

曾思云：《中日草约》贵公使收到后，谅已开始研究。

嘎使云：本人昨日收到该草约，系仅曾过目一次。本人日来甚忙，缘本馆秘书只有一员，现赴北戴河，所雇之中文秘书亦因丁忧在假，是以事无大小，悉由本人自理。现本人已电本国政府调用专员二人（一为驻斐利滨总领事）来华，襄助订约事宜，如蒙照准，即当照会贵国外交部。

曾思云：贵公使对于草约大概之感想如何？

嘎使云：本人尚未作应有之研究。惟条文中如关于游历、居留及经营工商业之自由，只以他国人民能至之处为限，殊觉违背平等原则。因中国人在西班牙不受此项限制，而西班牙人在中国则受之，岂非不平等乎？

曾思云：中国确欲以平等相互之精神为订立新约之标准，虽贵公使所谈一节委亦实情，但贵公使须知中国与他国尚未一体换订新约，今若对于一国骤将全国内地一律开放，则他国旧约之中既有最惠国条款，又有治外法权，斯与中国至为危险。是以原则与事实二者必须兼筹，并愿贵公使当以为然。

---

① 外交部参事。

嘎使云：本人所奉本国政府之训令，系允放弃旧有之条件，而同时要求中国将全国开放，以符平等之旨。

曾思云：中国亦何尝不愿将全国开放以适合国际间经济合作之潮流，但因从前之特殊情况尚未消灭，此时不得不稍有所待。至贵公使如有何种具体之提议，可由本人呈报部长，请示奉复。

嘎使云：本人对于草约尚未研究，俟下星期三续谈如何？又本人与阁下之一切谈话，应视为非正式之接洽，为将来正式之准备，此层亦请报告贵国外交总长。

曾思云：自当祗遵。即本人亦仅负转达及报告之责任耳。本人今所切望于贵公使者，乃请贵公使在研究草约时，对于中国现今过渡期间之国际状况特予看重，免提不可能之条件。又中国极盼贵国为与中国换订新约之第一国，贵公使为与本国政府换订新约之第一人。日间贵公使将草约咨送贵国政府时，务请予以优好之注释，竭力斡旋，早观厥成，以开中国与列强国际上平等及相互关系之新纪元。

嘎使云：草约送往本国政府之前，当先与贵国交换意见，本国他无所求，但求平等，而如中德、中奥诸约，本人以为不平等也。

曾思云：贵公使对于事实亦须顾及，俾认明在平等及相互主义之下以何者为可能，何者为不可能。窃谓苟双方皆具诚意，则一切当易解决也。

中国第二历史档案馆藏北洋政府外交部档案

王曾思与嘎利德谈话

1927 年 8 月 24 日

八月二十四日下午四时，王曾思与日斯巴尼亚公使嘎利德之谈话（第二次）。

曾思云：草约谅贵公使已予研究。

嘎使云：业已翻阅数次。本人以为草约内容距双方公认之平等原则甚远。

曾思云:本国草约系照平等相互原则提出者,至上次贵公使所言中国须全国开放一层,在现今情势之下,因有他国关系,必须稍待,谅贵公使当可顾及。

嘎使云:本国政府大纲上之看法,业详历次致中国政府及宋代办照会之中,若中国一面欲西班牙抛弃在华旧有权利,而一面并不给与平等待遇之保障,则所议新约纯为片面之中国利益,奚得谓平?故中国必须提出补救之办法,俾西班牙人在华享受之权利与华人在西班牙所享者无异。

曾思云:门户开放主义本已载诸华府条约,但实施之前势须经过一种过渡时期。目前中国政府所抱之宗旨,大致不外二端:(一)尊重主权平等及相互原则;(二)脚踏实地,言出必践,不能应允暂难办到之事,致惹后来之责言。且门户开放主义虽为国际新公约大原则之一,但某国果有相当理由,如宗教关系、经济关系、治安关系、风俗关系之类,则主权所在,亦未尝不可以法律手续加以制限。即如俄国在欧战前,亦曾明定某处不准设领,某处禁止外商,未闻他国提出抗议也。

嘎使云:本国政府鉴于中国之现值过渡,故已主张使新约取一过渡性质,调和双方意见,使西班牙政府承认之各种平等相互等之原则,先在中国现时平静及即可复归平静各地方与夫新式法庭能照常行使职务,各地方次第施行,并使继续推广于各地,其在未施行之处,则维持旧有状况,迄中国全境平靖及中国政府所拟司法改良等实现之时为止。

曾思云:照贵公使所言,岂非谓凡非施行此次新定原则之各地方,旧约仍为有效。查自民国建元,即由阁议议决,嗣后对于满清遗留之各不平等条约不得续延,亦不得再订相似之约。十余年来虽国内多变,然外交政策悉秉此意,未尝或渝。盖中国无论何党,无论何人,皆谓与其续延或缔结丧权辱国之约,不如无约之为愈也。

嘎使云:中国对外一致,乃本人所深信。至该政策,本人亦极钦佩,本人近在本国政府方面竭力主张与中国磋商新约,不必再待者,职是之由。但本国对于本国人民将来在华之利益必须获有可恃之保障,否则,假如中央命令不能及于某省,该省军民长官对于西班牙人违约苛税则将若何?

曾思云:此为内乱时之国际公法问题,各国皆有先例,其解决之法,不外以外交手续行之,实与约章本身并无直接关系。至中国所提草约,自认为适合于平等相互之原则,而贵公使以为不平,则何妨请贵公使将草约中所认为不平之处逐条提出,从事讨论。

嘎使云:应先讨论大纲,方能及于条文,以免舍本逐末。

曾思云:原则上据双方之文牍及开幕日之宣言以观,彼此已经同意。

嘎使云:孰知草约内容未合于各该原则,兹本人所先欲知悉,以便报告政府者如左:

一、草约所拟西班牙人在华之地位未能与华人在西班牙者同。今如西班牙人欲往中国内地游历、居留、经营工商业,或在内地有诉讼事件,而该地并无西班牙领事者,则中国拟如何处置可令西班牙满意?又该项处置之法,行将用换文手续以定之乎?抑用附带声明书以定之乎?

二、西班牙所主张之逐渐推行办法,即八月二日节略第二点所载者,中国以为如何?

(以上两项为先决问题)

三、西班牙为信奉天主教最虔之国,传教问题旧约中之所载而为草约中之所无,将来西班牙教士在华传教者能享何种权利?例如购置地产、兴办学校、设立医院之类。

四、草约第十八条所载国际条件及协定云云,系何所指?似应列举。

五、中国对于日本提出之草约,其内容与对于西班牙者同否?

以上各项,除第五项乘便询及外,如能商议就绪,本人即可据报西班牙政府。此外草约中之详细节目,本人以为不难商榷。

曾思云:据本人个人看法,一二两层贵国总须顾及中国之现况及中国之舆论。第三层则中国信仰自由载在宪法,苟传教之士不作干涉政治之行为,自可受普通之保护,享普通之权利。第四层疑指辛丑和约而言。第五层与本题无涉,本人深信大纲上必完全相同。以上五层自当陈报部长,即由主管司科研究答复。惟贵公使负有议约全权,何妨作具体之提案以利进行乎?

嘎使云:本人收到草约后,其任务即为将该草约转送本国政府,静候对案。但本人为使双方接近起见,愿先非正式交换意见,然后将该草约逐条签注,再行交邮,否则恐对案来时双方意见相距太远,往返磋商殊费时日。至本人虽有全权之名,但若在本国政府未见贵国草约之前,骤有何种提案,则在本人为越职矣。

曾思云:虽然驻使意见力量最大,何况贵公使为极受信任之人,将来总望竭力斡旋。

嘎使云:中西邮〔不〕便,经西比利亚需时二十五天,若本人于九月初将草案交邮,九月底方可达到。既到后,本国外部应交全国经济局研究(该局直隶国务总理,凡国内农工商各界均有代表),然后回至本国外部之条约司,此项研究亦须两三星期方可竣事,嗣乃提出对案,寄至北京又须二十五天,倘对案与中国提案相距过远,岂不更费时日?故本人盼中国对于上列所询各层,从速见告也。

中国第二历史档案馆藏北洋政府外交部档案

王曾思与嘎利德谈话

1927年8月31日

八月三十一日下午四时,王曾思与日斯巴尼亚公使嘎利德之谈话(第三次)。

曾思云:胡世泽博士嘱本人今日此时前来就教。至贵公使所提及所询各点,本人已经据报长官,现正研究,并闻本星期五条约研究会开会时将予讨论。

嘎使云:讨论一有结果,请即枉驾一谈,俾本人速将草约寄出。

曾思云:据本人所知者,贵国各项要求,中国或可通融,但虑他国援例,为患无穷。

嘎使云:本人自与阁下前二次谈话之后,即悉中国此中之各种困难。但在本人方面,一则训令昭昭,再则关(于)〔乎〕本国利益,若本人不予坚持,则西班牙之舆论对于本人轻则诋为庸驽,重则骂为卖国矣。兹本人为中国方面着想,得一办法,敢以完全个人名义请阁下将此办法密陈王总长备采。查大元帅就职之日,曾在外交大楼向外交团宣称,中国愿以和平友谊之精神,依照外交之手续,改订平等相互之条约。闻者莫不钦佩,今何妨进一步而行之?即谓由外交部根据大元帅之宣言向关系各国声明,自某年某月某日起,凡中国与任何一国所订平等条约之中所载之各项权利,以平等主义及互相尊重主权为根据者,不得因有旧存之最惠条款要求援用。诚如是,则关于平等待遇上之种种困难皆可消灭,且可使中国有与各国订立平等条约之可能。

曾思云:深佩卓见,当即禀陈长官。本人以为兹事体大,因华洋内地杂居及土地所有权等,关涉全国对内对外经济及政治上之大政,必须从长计议也。

嘎使云:对内非所敢知,对外何妨一试,盖藉此可觇各国是否对于中国有修订平等条约之诚意。兹再续谈中日草约之事,除大纲上本人已于前二次陈述看法听候中国复音外,尚有数点愿乘便及之:

(一)新约可否加一条款,载明遇有解释约文发生争执时,双方议定交国际法院判断。

(二)将来新约内关于传教问题拟分为三部分:

(甲)信仰自由,(乙)土地所有权,(丙)设立教会学校权。

(三)公文所用文字问题,迄今遵照一八六四年天津条约第五十一款:凡西班牙使馆致外部之公牍,用西班牙文配以中文,而中国致西班牙使馆之文牍,则仅用中文不配译文,将来应请彼此皆用两国文字,以示平等。

曾思云:上列三层当遵报部长。据本人个人看法,第一层似无困难,且中国向来主张用公断之法以解国际纷争之国,更不难表示同情。第二层中之第二项牵涉条约内之大问题,当与该大问题同时解决。第三层在原则上中国当无反对理由,而在事实上中国尚缺乏西班牙文人才。

嘎使云:此项人才不难造就,南美及小吕宋皆用西文,于中国未尝无益。又本公使现拟向本国提议退还庚子赔款,将来可在该款中提出一款,延聘西班牙文学教授来华授课,以发展两国文化关系。惟退还庚款一层,本人尚在与本国政府预行接洽之中,望暂守秘密。

曾思云:所有我二人谈话本皆严守秘密。

嘎使云:关于上次及本次所询各点,早盼复音。

中国第二历史档案馆藏北洋政府外交部档案

王曾思与嘎利德谈话

1927年9月7日

九月七日下午四时,王曾思与日斯巴尼亚公使嘎利德之谈话(第四次)。

曾思云:草约谅未寄发。

嘎使云:正候阁下答复耳。

曾思云:贵公使前二次所提议及询问各点,经本部主管司科郑重讨论,本人兹为口头非正式之答复如左:

(一)关于中国内地开放问题。贵公使所虑各节,中国已有法令可资遵守。照中国所提草约第五条,该项法令对于日国人民一律适用,故似无须再用声明书或换文手续重行叙明。

(二)收回治外法权问题。贵国主张逐渐推行,中国实难同意,因中国举国人民皆愿将治外法权一律早日收回,若照贵国所提办法,必使中国全国之内发生一种苦痛之感想及误会,且推行之标准亦极难规定。

(三)宗教问题。查旧约第六条关于教士之规定,其第一句似已不合于二十世纪之潮流,其余各项则新约第五条皆经载及,惟如贵国坚持此节,中国可承认于草案第五条第二段"工商业"字样之后,添加"及合法事业"等字。

（四）草约第十八条所指之国际条约及协定，系指中国与数国间同时签订之不平等条约及规定解决各项不平等条约问题之国际条约而言，例如一九〇一年之议定书及他种协约。是（已）〔以〕就中日关系言，各该问题即（侯）〔候〕签订新约以资解决者也。

（五）贵公使前以个人及友善名义对于中国与各国所订旧约中之无条件最惠国条款问题发表意见，用意至为可感，惟此似为中日新约成立后所可发生之问题，现可尽先讨论两国间平等相互条约之原则及该约内彼此可以互许之利益。

（六）新约中加入仲裁条款似可无须，因中日两国皆曾签字于国际永久法庭之议定书及和解国际纷争之海牙公约，遇有解释条约等问题，即可依照该议定书及公约办理，但如贵国坚持前议，则不妨（侯）〔俟〕新约成立之后另订一公断专约。

（七）信教自由及教士购产办学问题。中国向主信教自由，已有法令，照中国所提草约适用于日国人民，亦即适用于日国教士。至购地办学等权，系内地法令问题，似应由国内法规定之。

（八）公文应用文字问题。查各国通例，外交部皆用自国文字，故中国驻外各使馆所收各国外部之公文并无译配中文者，故望贵公使予以谅解。

嘎使云：中国近来高唱平等主义，今观关于开放问题之答复，则所谓相互平等者只属空言。

曾思云：中国雅不能以暂难实行者允许于人，故以在事实上相互及平等利益为范围，贵公使未阅中德、中奥、中芬各约乎？

嘎使云：各该条约本人认为不平等，盖德奥为战败之国，亟求与中国通商，是以俯首就范耳。

曾思云：芬兰如何？

嘎使云：本人不解芬兰何以盲允也。兹本人即将与阁下非正式交换之意见连同草约报告本国政府，听候训示。惟本人恐甚困难，因政府之外尚有国会之督责也。

曾思云:总期贵公使注重中国实在情况,善为斡旋。

王曾思与嘎利德谈话

1927 年 10 月 17 日

十月十七日下午四时,王曾思与日斯巴尼亚公使嘎利德之谈话(第五次)。

曾思云:中日约事自前次晤教后瞬经四旬,不知贵公使近接贵国政府何种消息否?

嘎使云:贵国政府所提草约本人于上月中寄出,逆计现正由本国各机关次第研究,尚未得复。本国兹值国会开幕,且国际事件如西义商约问题、摩洛哥问题之类,在本国方面均占首要位置,故恐对于中国草约之对策难盼从速提出。

曾思云:望贵公使催之。

嘎使云:自当催询。

曾思云:中日旧约纵照贵国之看法,下月十日亦已满期,届时贵国拟如何建议?

嘎使云:十月十日为该约中一部分之条款满期,即谓该约中关于税则及通商各满期,其余各款仍属有效,此层本人早向贵国外交部开送节略在案。

曾思云:此层前数次吾二人谈话时,贵公使从未提及。

嘎使云:此为本国政府明白之主张,本人不能予以讨论。

曾思云:此层在中国方面当然有保留讨论之必要,因中国看法认该约为全部满期,并非一部分条款之满期也。

嘎使云:在十一月十日之前,本人拟先拜访王总长,然后再用公文手续请求将该约已满期之一部分展期有效。至本国政府如有何种训示到京,即当电约阁下惠临谈叙也。

外交部文稿
1927 年 10 月

　　查一八六四年中西条约,依照中文约文,至一九二七年五月十日届本次十年期满可以修改之时,当经本部于去年十月间照会西使,提议修约,彼方复文,原则上虽承认极愿以友谊精神详为研究,惟首则对于有效时期坚持应照西文解释,至今年十一月十日方为届满,继则主张中国对于最惠国条款须先有具体表示,始能开议,且声明旧约中可以修改者只限于税则及商务条文,同时并牵涉内地杂居事项。迭经磋议,最后本部对于时期问题相当的表示让步,惟西国主张修约范围只限于商务条款一节,我方迄未承认。至最惠国条款及其他事项,我方主张于会议时再行讨论,断难先有表示。本年八月八日两国代表开第一次修约会议,同月十七日我国提出新约草案,旋双方约定嗣后关于各项问题先由专门委员交换意见,以利进行。本部当即派王参事曾思为我方专门委员,彼方则由嘎使亲任折冲责任,计王参事与嘎使会晤,先后已有五次,嘎使对于上述该国政府之主张,仍一再坚持,并声称已将我国约稿寄回请训,本人拟于现约期满以前,来部面谈一次,然后再用公文手续请求将该约已满期之一部分展限有效云云。

　　现在所应讨论者:

　　(一)西使所称修约范围只限于税则及通商各款,此点我方可否承认;

　　(二)新约进行至今尚无眉目,现约届满时期即十一月十日转瞬即至,届时对于西国究应取如何态度,现在应先作何种预备步骤。

中国第二历史档案馆藏北洋政府外交部档案

王曾思与嘎利德谈话
1927 年 10 月 22 日

　　十月二十二日下午三时,王曾思与日斯巴尼亚公使嘎利德之谈话(第六次)。

曾思云：本国极重邦交，兹因距十一月十日之期仅有二旬，故亟愿切实知悉贵国政府对于中国所提草约之看法，特请贵公使即速电询。

嘎使云：此事如由本人电询，窃恐难得要领，因该草约须经本国各机关次第研究，手续颇繁，本人不能诿为不知，倘复电以正在研究为词，岂不有负贵国外交部之委托，故鄙意由贵国电令驻日中国使馆向本国外交总长或次长面询一切较为妥善。

曾思云：贵公使之陈述当禀告总次长核办。惟本国注重邦交，向贵公使催询答复一层，仍请贵公使速电日京，以收双方进行之效。

嘎使云：既如此，本人可于后日（十月二十四日，星期一）将贵国外交部派员来馆催询答复之事电达政府，请其电复，同时本人并将请其允令本人向贵国外交部作条约展期之提议。

曾思云：当即据报长官。

中国第二历史档案馆藏北洋政府外交部档案

王治焘①会晤嘎利德
1927 年 10 月 24 日

治焘云：中国与西班牙修约事自本年八月八日贵公使与敝总长正式会商之后，复由王曾思参事接洽数次。现在十一月十日期限转瞬将届，敝总长原拟与贵公使亲自接谈，适患足疾，未能出门，特派鄙人代访贵公使，一询贵政府于修约事有无消息到京。敝总长抱极诚恳之志愿，故欲得知究竟也。

嘎使云：贵总长与鄙人第一次开会系八月八日，华方草案送至敝处时系八月十八日，鄙人披阅之后与贵部交换意见，然后将草案寄送敝政府，综计寄出之后不过一月有余，为时甚短，而敝国接到草案首须由全国经济局审查，然后转其余当管机关研究，手续繁重，费时日久，且敝国尚有其他外交问题之纠纷，如摩洛哥事件为全国所注目，政府精神自难

---

① 外交部官员。

专注,故自草案寄出之后,尚未接何项训令。日昨王曾思君亦为此事至敝处接洽,王君曾言由贵部电令贵国驻马德利刘公使就近向敝国政府一问,或者可得若干消息。

治〔寿〕〔焘〕云:王参事与贵公使接洽情形,鄙人亦有所知,但闻贵公使亦允自电贵政府询问,不仅由外部单方发电也。本部以为中西修约由贵公使直接与本部会商,其中经过详情刘公使远在贵国不甚接头,故不如由贵公使同时发电较为切实。至于办事手续不甚简单,诚如贵公使所云,然敝国人民近年对于修约事极为注意,在敝国视之其重要不亚于贵国之摩洛哥问题,敝政府服从舆论,故于修约事深欲积极进行,以图改善中外邦交,此意当能为贵公使所谅解也。

嘎使云:足下所谈甚是。但鄙人发电实有碍难之处,因敝政府对于修约既有相当手续,若不俟其从容办理而一再电催,不将谓鄙人为昧于本国内情乎?

治焘云:鄙人对于办事手续之困难深能了解,但以私见所及,此次如由贵公使发电实有种种利益。各国互遣使臣,原在就地观察,有所见闻随时报告,以促进两国之邦交。而贵公使驻华日久,熟悉我国情形,正为贵国政府所倚重,磋商情形随时电达,在贵国政府不至欣幸乎?再条约内容有种种事件,如修约范围及内地杂居等问题,本部虽与贵公使屡次接洽,敝总长之意仍愿再将华方意见向贵公使切实声明:第一,修约范围。贵公使谓以税则及通商条款为限,敝政府以为同一条约取两种办法既不合宜,而六十余年以前之条文过于陈腐,实足为邦交之障碍;第二,内地杂居一层。敝国情形一时猝难办到,而两国人民彼此往来者,其数极微,尤可无庸及此。本部极愿贵公使向贵政府详为转达,俾能确切了解也。再十一月十日期限将届,贵公使亦可据以为发电之理由。

嘎使云:十一月十日期限将到,鄙人认为可作发电之理由。至关于修约内容各问题之华方意见,鄙人业已转陈敝政府矣。中西修约进行终算便利,较之中比修约经过甚多周折,不可同日而语。且鄙人对于中国极表好感,修约之有今日,鄙人居中斡旋,要亦不无微劳。

治寀云:关于中比修约,敝国抱至诚恳之志愿,惜比政府有所误会,致发生可惜之意外,其后比政府深知所为徒伤好感,无裨实际,故翻然变计,以融洽精神与敝国磋商。有此经验,故敝国政府极盼各友邦对于敝国恳切之志愿,予以充分之了解,免至处于相持不下之地位而发生可惜之结果也。现在与敝国修约各国渐能了解敝政府之诚意及其困难,如日本对于修约范围曾表示不以一八九六年中日条约第二十六条为限,而内地杂居亦不断计较,预料将来结果必仍指定若干区域为日人可以往来之地。鄙人谨以私人关系奉告贵公使,日人对华关系什百倍于西班牙,尚能鉴于敝国地位之困难予以谅解,贵国与中国利益关系比较甚微,岂不尤易得一解决乎?贵公使对华好感,至为欣佩,而敝总长意志之诚恳、办事之认真,谅亦为贵公使所深知。故于此时及早进行,鄙人深信必得至良之结果,故深盼贵公使电请贵政府予以特别注意也。

嘎使云:此事承王曾思君与足下前后与鄙人磋商,足见贵总长办事之恳切,鄙人当勉为其难,将尊述之意再为电达敝政府,但贵部方面亦宜同时发电与刘公使也。

治寀云:本部发电当如尊意,但贵公使电报拟于何时拍发。

嘎使云:今日下午即行起草拍发。

治寀云:如此甚谢。

中国第二历史档案馆藏北洋政府外交部档案

王荫泰[①]会晤嘎利德

1927 年 11 月 2 日

王治寀在座。

总长云:关于中西修约事贵公使有何消息见告?

嘎使云:尚无何种消息。前鄙人允许贵部致电敝政府催问,此电亦

---

① 外交总长。

已发出,迄无回音,缘贵国所提草案系于九月十五日付邮,为时甚短,而敝政府收到之后尚须经过种种手续,敝处未接训令,自系意中之事。

总长云:旧约照中文解释原系本年五月十日即已满期,本部为双方融洽起见,一再让步,容纳贵使之意见,改为本年十一月十日到期。现此期限已将届满,旧有条约与时势相隔悬远,未便令其存在,而新约于预定期前又未能成立,在此新旧交替之时,似应定一临时办法,以资过渡。

嘎使云:鄙人自修约开议之初,即主张适用最惠国条款,因未邀贵政府之允许,故又要求在新约未成立以前,敝国所受待遇应与他修约国相等,此项要求已经贵政府容纳。现在与中国修约之国有将旧约延长而不定临时办法者,如日本其一例也。故鄙人之意以为,目下惟有援照日本先例而已,无他办法之可言也。

总长云:敝国对于日本,系预定条约届满日期而保留到期时自由行动之权,嗣因双方磋商意见日渐接近,新约可望速成,故仅将磋商期限展长,而未适用保留之权。其所以如此者,不过因中日比邻关系过于复杂,在势不得不然,而实则亦系一种临时办法也。

嘎使云:以鄙人所见,实有不同,因中日条约并未废止也。至于关系复杂,则不能认为待遇不同之理由。

总长云:中日两国不过将磋商时期展长,并非延长旧约,故仍当认为临时办法,在原则上实无歧异。至临时办法之内容,则应由双方商定,未可以适于此者而施于彼也。中日之关系较之中国西班牙之关系,相差太远,焉能用同一临时办法乎?且临时办法之内容正待磋商,未可断言其必与贵国不利也。

嘎使云:贵总长顷言日本与贵国磋商意见日渐接近,鄙意敝国对贵国条约,其精神之融洽实有过之无不及者,如修约范围,原系以商务税则条款为限,而敝政府为欲使中国人民心理满足,故认修改条约全部有考虑之可能,此不可不视为敝国表示好感之明证。

总长云:自修约以来,此系第一次闻贵国有此表示。贵国政府能了解中国人民心理，表示同情，至为感谢。旧约既认为不应存在，可见贵政府意见实与鄙人意见甚为接近，故在旧约失效、新约未成以前，更应定一临时办法也。

嘎使云：在新约未成立以前，敝国只要求与其他修约各国同等待遇，其他办法殊难容纳。

总长云：过渡时期应筹办法，贵使意见与鄙人思想原则上实无区别，至具体上如何措置，容从长斟酌，再行奉达可也。

嘎使云：贵国与日本所定办法能否见告？

总长云：容酌量择要送阅。总之，中西旧约成立六十余年，与时代潮流过于悬殊，敝国人民力求修改，两国邦交素极敦睦，而贵使对于我国情形至为明了，鄙人深信必能谋两国之亲善。今日接谈情形，务望报告贵国政府为幸。

嘎使云：当即遵办。

中国第二历史档案馆藏北洋政府外交部档案

王治焘会晤嘎利德
1927 年 11 月 2 日

治焘云：今晨贵使与敝总长接谈甚久，所有华方意见，谅贵使业已了解。顷奉敝总长命，特向贵使再为一度之陈述。中西旧约已实行六十余年，贵政府亦认为应行废止，以合于中国人民之希望，可见双方意见至为接近。所当商议者，即目前新约尚未成立，应立求一过渡办法耳。本部现已拟定临时办法，送请贵使察阅转达贵政府为幸。

嘎使云：贵国自开议之始即与鄙人约定，敝国所受待遇应与他国一律，如定临时办法，则与此旨相违背矣（言时似不愿接受临时办法），如日本所受之待遇即不如此，今日已与总长一再言之。

治焘云：日本与中国犬牙相错，往来关系之繁重，决非中西两国可比。再中日双方已磋商多次，意见愈为接近，逆料新约实有速成之可能，故宜顺势利导之也。且其办法亦不过将议约期限展长，并无殊别优越之处也。

嘎使云：敝国对于修约不能不谓为极端让步，今晨曾对贵总长声明，敝政府为应顺（我）〔贵〕国舆情起见，曾认修改条约全部有考虑之可能，此意在敝国外部本年二月二十三日致贵国驻马德利代表公文内已言及之，可为佐证。

治焘云：敝国对于旧约期限已一再让步，由五月十日改为八月十日，又循贵使之请，展至十一月十日，现在期限已届，而贵国对于所提草案尚无所表示，舆论对此极为注意，故敝政府实有不能再为迁延之苦，今日送交之临时办法乃本部所提草案，本部已电敝国驻马德利代办，嘱其面呈贵国外交总长矣。

嘎使云：临时办法内容是否与对日采用者相同？

治焘云：中日关系与中西关系判然不同，自不同适用同一办法。

嘎使云：今日贵总长曾允将对日办法见示，俟此项文件收到时，再连同临时办法寄送马德利可也。

治焘云：临时办法请即转贵政府，至所许文件俟检出后再送贵使一阅可也。

中国第二历史档案馆藏北洋政府外交部档案

王治焘与嘎利德电话问答
1927 年 11 月 4 日

治焘云：日前敝总长允许之文件，昨日适因敝总长卧病在家未能过目，故尚未送贵使阅看，应请即将本部提出之临时办法转寄贵政府为幸。此项临时办法本部已电达敝国驻马德利代办，嘱其于收到之日即送贵国外交部，以时计之，当已送到矣。

嘎使云：贵总长所许之件如于临时办法寄出之后再行送来，则敝处已无所用之矣。

治焘云：此件敝总长系以友谊关系秘密许交贵使阅看，聊资参考，并非正式送达贵使之文件，与日前送上之临时办法截然两事，仍请先将临时办法转寄贵政府为要。

嘎使云:临时办法本日当即照转。

中国第二历史档案馆藏北洋政府外交部档案

大元帅致外交总长指令
1927 年 11 月 12 日

大元帅指令　第四五〇号　民国十六年十一月十二日

令外交总长王荫泰

呈请将业经期满之前清同治三年九月初十日中国日斯巴尼亚天津条约及附属专条宣布失效,另与商订平等及互相尊重领土主权之新约,以重邦交,祈鉴核示遵由。呈悉。前清同治三年九月初十日中国日斯巴尼亚天津条约共五十二款及附属专条,业已期满,应即宣布自十一月十日起失效,着该部从速商订平等及互相尊重领土主权之新约,以重邦交。至现在日斯巴尼亚在华之使领及其人民财产,均着地方官照国际公法及国际习惯妥为保护,一面并由主管各部署按照国际通例迅拟优待办法,呈候核夺施行,余如所拟办理。此令。

中国第二历史档案馆藏北洋政府外交部档案

中国政府宣言
1927 年 11 月 12 日

一八六四年十月十日①中国与日斯巴尼亚所订友好通商航行条约,中国政府依照该约第二十三条之规定,已宣告自一九二七年十一月十日以后不再有效。中日两国邦交向称亲睦,从未间断,中国政府深信此举必能增进中日友谊之关系,且两国之间既曾同意根据平等及互相尊重领土主权原则另订新约,并已开始会商,中国政府切望此项新约不久必能见诸事实,为两国之互利也。

---

① 条约签订日期为同治三年九月初十日,即公历 1864 年 10 月 10 日。

中国政府终止该约之志愿,暨其根据平等及互相尊重领土主权原则另订新约之提议,业于一九二六年十一月十日备文照会日斯巴尼亚政府,盖鉴于六十年来两国经济商务及社会情形已几经重大变迁,中国政府之出此,因照该约第二十三条之规定,自互换批准之日起,每一缔约国于每届十年期满时,得有要求修约之权。当时两国批准原系于一八六七年五月十日互换,而据中文约文之规定,每届十年期满前六个月,即可通知要求修约,故中国政府认为该约至一九二七年五月十日应为期满之时。

其后日方复文,亦谓日国政府深知自一八六四年中日条约签订以来,世界经济商务政治大有变迁,对于两国商订新约以代旧约一节,认为适当之举。惟关于失效时间问题,日政府以为依照日文约文,提议修约之通知不应在每届十年期满前六个月,而应在十年期满后六个月之内,是故一八六四年条约须至一九二七年十一月十日方为期满。

中国政府为力求与日国政府互相妥洽,并为便利新约成立起见,不复坚持一九二七年五月十日本约期满之主张,虽该约第五十一条规定,两缔约国得各以本国文字为准,然仍承认将该约有效时期展至一九二七年十一月十日为止。惟日方所称关于条文之废止,应将约内税则商务条款与关系其他事项各条款划分为二,中国政府未见有可以承认之理由。盖一八六四年中日条约即专重通商,其所载条款大多数与通商问题直接或间接上互有关系,即似与通商并无关系之条文,而现在情形变迁,亦均已不能适用。故为使两国更能互相了解,并为促进友谊起见,中国政府以为此种区别之办法难以实行,仍主张不如将旧约全部宣告失效,代以新约,较为得计。

目下新约会商正在进行,第一次修约会议已于一九二七年八月八日举行,而中国草案亦于八月十八日提交日使,中国政府深信,得日政府热诚之协助,此事之告厥成功,为期当复不远。在此旧约失效,新约未成时期以内,中国政府于宣告将一八六四年条约自一九二七年十一月十日起失效之时,已令知地方官对于所有日国在华使领及其人民财产,照国际公法及国际习惯,予以充分及适当之保护,并训令主管各部署按照国际惯例会商优待办法矣。

中国第二历史档案馆藏北洋政府外交部档案

朗勃尔德①致张伯伦

马德里,1927 年 11 月 18 日

我荣幸地向您报告,11 月 17 日国务部向报界发表的关于废止 1864 年西中条约的半官方公报,内容如下:

"天主教国王陛下驻北京代表通知国务部,中国政府于 11 月 12 日发布命令,中止 1864 年西中条约,并指示地方当局对我们的使馆、领事馆及其他西班牙在华利益施用公认的国际法原则。"

"1864 年条约系政治和商业性质的,其第 23 条准许缔约方于 10 年期满时通告废止,但只是就商务与税则而言。在政治方面,该条约确立了给予西班牙司法权的制度,与拥有在华利益的其他国家所取得并保持者相类似。"

"中国正在经历严峻的危机时期,在此期间,陛下政府公开声明,并且也这样知会有关政府和中国政府,对于中国,他们希望遵循友好的、建设性的政策以及完全中立的政策;他们还声明,一旦可行,他们就会欣然接受靠建立新式法庭和颁布新法典禁行上述条约,以切合中国民族主义之想望,由此西班牙也成为因必须保护更重要的利益转而作出此种声明的那些国家中的一员。"

"面对北京政府宣布在这种情况下终止 1864 年条约的单方面行动,陛下政府别无他法,只能向外交部提出抗议,声明未来将保留其一切权利及行动自由。同时,西班牙政府可以保证,西班牙在华利益,包括宗教的和商业的,都将得到适当的保障。"

BDFA, Part II, Series E Asia, Vol. 33, p. 307

---

① Horace Bumbold,时任英国驻西班牙大使——译者注。

外交部致嘎利德

1927 年 11 月 25 日

关于中国政府终止一八六四年中日条约一事,本月十四日及十七日日斯巴尼亚使馆两次节略,外交〔部〕均已收到。中国政府所以终止该约之理由,已于本月十二日照会中叙明,深信日斯巴尼亚政府对于此举之正当必能满意,乃日斯巴尼亚政府视为有抗议必要,中国政府深为抱憾。盖中国政府该项宣言对于日斯巴尼亚不但并无缺少睦谊,且实因深信另订新约以待旧约一事既为日斯巴尼亚政府所同意,则终止现约只足促进中日友睦之邦交,为两国共同之利益也。

上载各节略又称,中国并无废止一八六四年条约之权利,依照该约第二十三条,缔约国仅能要求修改税则及商务条款,中国政府殊以为异。关于此点,中国政府兹有请日斯巴尼亚使馆注意者,八月二日日斯巴尼亚使馆节略及十一月九日日斯巴尼亚政府照会中,曾自行承认税则及商务条款可由中国政府宣告废止,且最近中国终止一八六四年条约之后,日斯巴尼亚政府于十一月十四日致中国驻玛得利代办照会内,亦承认此二十三条实为废止税则与商务条款之根据。

至本月十七日日斯巴尼亚使馆节略所称,中国现任外交总长曾允诺在新约未签订以前,对于日斯巴尼亚当予以现与中国议约各国享有之利益与优待各节,中国政府深望日斯巴尼亚公使参阅七月十四日及八月十七日中国现任外交总长两次致日斯巴尼亚公使之公文,该公文内曾明白声叙,最惠国条款范围必须在磋议新约时方可讨论,中国政府不能预允。

日斯巴尼亚政府之要求畀予最广义最惠国之待遇,亦不能预许以照一般商约所普通规定之通常最惠国待遇,抑又有声明者,即与日斯巴尼亚公使关于此事交换意见之时,讨论之点亦只限于新约内应规定之最惠国待遇问题,至在旧约终止及新约订立中间过渡时期内,日斯巴尼亚在华人民待遇问题,从未磋议及此,因中国政府常望旧约届满,新约即可实行,否则至少亦望能订一彼此同意之临时办法,规定过渡时期两国人民之待遇,以满足两国政府之意愿。至目下所发生之情形,实仅由于日斯巴尼亚政府拒绝采用中国政府临时办法最和平之提议,固非初时所及料,而当日关于此事之□□预有承诺,更为明显。

中国政府深望日斯巴尼亚政府对于所提各点,经此番解释之后,必能洞见,从速进行议订新约,实属急图,庶使两国友睦之邦交得立于公正平允之基础焉。此略。

中国第二历史档案馆藏北洋政府外交部档案

蒂勒尔①的说明

1927 年 12 月 1 日

今天西班牙大使告诉我,中国北京政府驻马德里代表致函西班牙政府,大意如下:

北京政府认为中西条约已于 11 月 10 日废止,他们提出了一项缔结新约前的临时办法。根据该临时办法,对于外交领事官员,中国政府保证给以现与中国有约的其他国家官员所享有的同等待遇。关于关税,中国保证,承认西班牙货物低于通用税率,同时要求允许中国货物按照西班牙条约中出现的最低税率进入。由于条约终止的结果,不再给予西班牙人治外法权,而必须听从中国管辖。

中国外交总长在北京向西班牙公使发出了类似的信件。

对于这两封信,西班牙政府已经给予否定的答复,因为它不认为它与中国的条约业已终止,无论如何拒绝接受中国政府所提议的替代该约的临时办法。

BDFA,Part II,Series E Asia,Vol. 33,p. 316

---

① W. Tyrrell,英国外交部工作人员——译者注。

外交部报告稿
1927 年[①]

查中西进行新约一案，近准我国驻西宋代办函称，据西外次面称："自中国宣告一八六四年条约失效之后，西政府对于日前我国所提新约草案早已不复审核，现在西政府所处地位，除停止开议外，实无办法。惟中国如果欲再图接近，据渠个人意见，惟有由中国政府预行允许西国以最惠国待遇。此种最惠国待遇，虽将来新约中自应明白规定，然目前只须中国政府暗为许诺，以为议约之根据，无须正式宣告"等语。现在应行讨论者，为西外次所称"中国如欲继续进行新约，应先暗中预许西国以最惠国待遇"一节，我方可否予以承认？

中国第二历史档案馆藏北洋政府外交部档案

外交部意见稿
1927 年

查近年以来，最惠国条款几成为国际通商条约中通常应有之条文，各国新订商约殆无不载此条款。本年五月经济会议通过议决案，且劝告各国采用无条件之最惠国条款。

夫最惠国条款既有上述之趋势，而返观我国对于旧约中普通片面无条件最惠国条款，实为不平等条款之一，创巨痛深，断难许其继续存在。所为难者，一年以来，我国与各国进行修约，若日本若比国若西班牙，莫不以最惠国条款为前提，即现订新约各国，若波兰若捷克若土耳其，亦皆以最惠国条款为订约之障碍。

查各国商约关于最惠国条款适用之范围甚广，大致如下：

（一）关于外交官、领事官之待遇；

（二）关于旅行居住事项；

---

① 此文件日期应在 1927 年 11 月 12 日北京政府宣布中西条约失效以后。

（三）关于实业及制造业事项；

（四）关于职业及修学或学术上之研究事项；

（五）关于取得动产及不动产事项；

（六）关于租借房屋、工厂、货栈、店铺及因上载各目的赁租地亩事项；

（七）关于转移或处分动产或不动产时所应纳之租税事项；

（八）关于缴纳税租、杂费、课金事项；

（九）关于出入运货事项；

（十）关于禁止及限制输入输出事项；

（十一）关于经营商工业人民及商业旅行人之待遇及课税事项；

（十二）关于船舶之吨税、通过税、码头税、引港税、灯塔税及其他各种税捐事项；

（十三）关于定期邮船之待遇事项；

（十四）关于沿岸贸易及内河航行事项；

（十五）关于军事征发及强募军事公债事项；

（十六）关于商业、实业、银行业各公司所享之权利事项；

（十七）关于遗产事项。

我国对于上列各条款，除领事裁判权、土地所有权、内地杂居诸问题应另加讨论外，其最为困难者即在关税与内国税问题。

现在旧约既不能同时取销，而各国对于最惠国条款又甚为坚持，故本日拟提请讨论者为：

（一）究竟上列各问题何者可允以最惠国待遇？

（二）如何可使新约中虽有最惠国条款而其适用范围不及于旧约中之不平等权利？

盖若无一种匡正补救之方法，则修约各国皆怀抱一种藉最惠国条款以保存其旧约规定之思想，允之则使改约之精神全归消灭，不允则改约一事势将不易解决也。

中国第二历史档案馆藏北洋政府外交部档案

（六）中国与葡萄牙关于澳门划界悬案的交涉

说明：中葡澳门划界悬案交涉，缘起于葡澳当局始终图谋拓占澳门界址。1887 年签订的中葡条约规定由两国派员会订界址，未经定界前一切事宜俱照现时情形，不得变动。然而，澳方屡图侵占地界，至光绪末年又提出澳门领海问题。宣统元年，中葡双方举行澳门勘界会议，会议经数月争执，无果中辍。中华民国成立后的十数年间，葡萄牙人借中国政局动荡之机，加紧在澳门附近浚河筑圩，进行水陆扩张。为此，中国南北政府与葡萄牙驻华使节以及澳葡当局进行了不断的交涉。本节将民国以来界务纠纷及南北政府与葡方交涉的有关资料一并收录，以保持资料的完整性。

旅港勘界维持会呈国务院电
1913 年 6 月 5 日

旅港勘界维持会杨瑞阶等谨具呈

北京国务院、段总理、关务处、各部长，列位先生伟鉴：禀为拱北海关居澳，名义不符，地失交通，国权外夺，国饷内亏，谨呈拙议，请迁移拱北海关还于湾仔，以符拱北正当之方，保领土而益饷源事。盖澳门为无税口岸，为走私生发之源，拱北为有税之地，当设海关，接无税地之交通，收税厘并征之饷。澳门与拱北为国界之分，若设海关以接交通，当择密迩水陆适宜之地，为咽喉必受之区，则交通之无漏，不异国饷之无漏矣。夫海关当设于密迩于邻，其故何也？以无税之邻密迩于边界，进境之便利为必经之要道，受往来之交通，必利于四方。海关之设，则成商业之兴，积而为商场之盛地矣。故边界之地赖有营业商场，设海关于咽喉，收其捷近之交通，制止其不能适远以走私，则至近之地可能获饷源之不漏矣。若弃其密迩之地而图远地之宜，则密迩之地不受交通，则反为间接走私矣。若设海关于海岛与设趸船于要隘之河心,皆控制一方之利,与陆界之走漏则无以及之也。夫卡口与海岛趸船皆奴仆之位,奉命为防守也,为防守者皆必奉其主人之命,海关为施命之主人必居水陆相宜之地,施命之可行,今以海岛趸船之位为海关,是主人而与奴仆同居之可异矣。然有主人之地弃之乎? 主人弃地,则奴仆之防守怠矣。动他人之竞争,则主人之地被夺矣,奉命所守之地何以自存乎? 海关者,平外物之权,人民生计所寄也,卡口防走私之侵损,有纳税之商业也,故拱北海关之主人当设关于拱北正当之方收交通之厘税。设卡口于海岛地方之要隘,截获走私,无摧损有税之商业,故卡口为海关之服从。今拱北无施行命令之海关,则奉命之卡口何以服从? 地方无主,他人见夺以随之矣。然未为他人之夺者,主人纳租而居无税地之澳门,居幽静之方,无出水之路,失海关之效力。犹侨寓者倚赖于人,主人纳租居他人之地,犹居治下以从人,卡口为伏从于海关,拱北数十里之地有卡口,拱北之(名)〔民〕皆率类以从澳门,无异拱北全境为澳门之附属矣。立约之后,早变成失地之证,贰拾余年,官民不悟,他人岂有不悟乎? 然为友邦者不能为我之忠告耳,故葡人种种犯境暴动违犯约章而不惧,各邦不议为非者,以中国早示人无拱北之地矣。前清政府以海关设澳门者,因利便禁止洋烟走私,以无妨碍也,乃不悟弃水陆相宜之湾仔,更失贰拾里拱北之海权以并于澳门。前清民智不开不悟,铸成如此大错,不与政府力争,外人以为地方人民服从,早视拱北之地为澳门之属地矣。故划界未成,以拱北关居澳,改变立约之日之情形也。以拱北为中国领土,海关不守,湾仔正当之方更弃海而并于澳门,犹中国无拱北之地租而居澳门,故葡人隐而不泄,当于议界不成,请公断海牙以收拱北之地也。立约日之界限,拱北地方完全无损,以海关居澳改变为澳门之属地,葡人因乘机占贰拾里海权,夺据险要,虽战而莫收,日久年湮,必遭匪乱之灾。绥靖者顾此失彼之穷,葡人必代我而平,拱北之地必落葡人之手矣。鄙人窃思以拱北地方之无救也,然幸有洋烟禁绝入口之禁将行,洋烟可禁于边地,海关可撤于澳门而(远)〔还〕于湾仔之方,海权自收,释地方之制缚,立约日之界限可明,葡知其谋已破,当从公法公理之断,界务之良效可收矣。谨陈鄙见,伏望先生采择施行,救地救民,不胜厚望之致。未尽之苦衷,再容禀报,专此。并请勋安。六月五号谨上。

中国第二历史档案馆藏北洋政府外交部档案

旅港勘界维持会呈国务院电

1913 年 6 月 5 日

旅港勘界维持会杨瑞阶等谨具呈

国务院、段总理、关务处、外交部长,列位先生伟鉴:禀为迁移拱北海关于湾仔地方,保领土而复饷源事。盖澳门为无税地,而有饷码之捐,包含于物值之中,不知者以无税可喜也,既含饷码之昂,又缴内地交通之厘税,故欲走私之念起也。澳门有无漏网饷码之捐,中国获有限之税,除走私之外,宁有几何? 呜呼! 失此拱北之饷源而不悟,敬为我先生详之。澳门为无税存积货物之地,须防走私侵损,拱北有税之方,卡口设于拱北之地者,杜走私侵损。拱北有税之商业也,防之恐有不及,未有反弃水陆相宜之湾仔为走私也。以湾仔最近澳门,半里之河瞬息渡岸,不设稽查,与任人携取,不缴交通之厘税,数千之民变为无政府之民,为走私之窟穴,更为内地有税之商业诚有不堪之摧损矣。澳门以北内河数百里之乡,数拾万同胞往来澳门之境,约有数千人担负于途,携取而拥塞于道,皆受澳门接济日消之品物,由澳门北界□□之方与拱北之长途,无日不有,数千之众,如长阵之出征,投资于澳门,取日用之品物,不避凄风苦雨,烈日严威,无有不见之者。其何故也? 以祖国□□□之商埠以济我之取同胞之用品也,故不避长途之苦投资于澳门耳。凡我同胞携取之物,所经各方之卡口,或截之,或纵之,时有所闻。凡携取皆零少之物,无成税之可征,故纵之多而截之者少。以壹人之漏饷如毛,积岁月之久而成丘矣。以最近之确切者,以火水论之,澳门火水每箱坐抽叁毛市价,早已包含内地抽四毛,凡火水不足半箱皆免税,故无人不以别器为载水火零携而去,故火水之厘税寥寥无几,皆为携取零星者夺去矣。举火水壹事可类其余矣,陆行之漏饷可知。至于由船艘而携去者,更不知凡几也。以数千之人来往如梳携取之繁移,久尤之岁月,虽个人之漏如毛,焉不积为之厚,所谓巨饷之漏而不悟也。然携取者之众,最为内地商店摧损之灾,有厘税之物品无人过问,致为倒闭破产之无救矣。若海关还于湾仔,殷商必喜而投资为积货之地,纳税厘之并征,无饷码之交剥物,得持平之喜,凡我同胞,无不乐而携取于湾仔之地矣。既携取于湾仔之物品已含税厘之并征,给护照于其所到之方,卡口无留难之苦,内地有税厘之商店,无走私平值者为之摧损矣,则内地之商业可兴矣。今港澳之兴,皆我同胞投资以兴之也,内地之败者,匪乱之灾与走私之摧损,有税厘之商店皆破产,故民不聊生也。鄙邑膏腴之土反变为惊恐之场,富者尽避于澳门,珍宝重器不存于内地,惟掳人于来往之船,富者勒赎数万巨金,极贫者亦几百矣。贼匪用计之神,恃有利器,屡败官军,岂贼有不穷之利器,皆天下之所赐乎,不问可知矣。今广东之贼害甲于全国者,以有路环之匪巢,有拱北数里之湾仔,有贰拾里之长河,皆为匪徒运械进行之假道。为中国捕剿俱穷,膜外视之匪徒为秘密机关,于澳门施行命令,掳劫于四方,不及澳门之附近,其何故也?以附近为湾仔与贰拾里拱北之海皆贼匪运械之假道,无自败以断之理也。呜呼!广东有三邻虎视,将有仆鼎之危矣,尽全体之力救之犹恐不及也。更有未划定界之澳门,界未划定而先弃拱北湾仔之地,与弃拱北贰拾里之海形势已失,而匪徒日炽,无有不至之危。若拱北海关不可还于湾仔,拱北之海难收,匪势日迫,附近澳门之地,葡人必代我而平,不偿其欲而不已。欲救广东之危,非广东能自救也。拱北关之弃地,犹铁案之难移也,非请于中央政府诸公,实无以救之也。粤政府诸公未易研究拱北地方之危险,虽有请之,事关界址交涉,无解释之能力,中央政府之不救,宁望邻国第叁之救以并之乎?鄙人不得已冒陈鄙意,为全粤同胞请命,深望国务院与关务处执政诸公睹全粤有急陷之危,必速施行治标之急救,迁拱北关以还湾仔,收拱北之海权,复立约日之界限而力守之,则拱北之危可救矣。若迁关之议事闻于葡,必竭力反对之发生,鄙人早预谋之,再为异日请陈解散葡人之计,其反对之无效也。至于划界专使,请派岑云阶先生来粤,无不收效之速。因云阶先生威望素著,纯正无匹之人,英美领事敬之。前清粤民抵制美货风潮,美领事强词责备,片言折服,其立言之得体可知矣。澳界仍借香港开议,无涉广州之行政,必为鄙人所料,澳界良果之功可成也。谨诉苦衷,乞施采择,莫不瞻仰惟劳之致。专此,并请勋安。六月五号谨上。

中国第二历史档案馆藏北洋政府外交部档案

国务院致外交部

1913 年 6 月 19 日

　　国务院公函　二年外字　号

　　径启者,据旅港勘界维持会杨瑞阶呈称,请迁移拱北海关于湾仔地方,以保领土,并请派岑云阶为划界专使,等因。又据呈称,拱北海权不收,烟害难除,等语。相应抄录原呈三件,连同地图等件函送贵部,查核办理可也。此致
外交总长

中国第二历史档案馆藏北洋政府外交部档案

澳门界务纪要

1915 年①

　　一、葡人租界及侵占澳门之历史

　　明嘉靖十四年都指挥黄庆请准洋舶停泊濠镜,名为泊口,岁输二万余金,是为葡人船只到澳之始。三十二年托言风涛,借地曝水渍贡物,实以推广租地。万历九年复改纳税租为岁五百金,至清嘉庆时葡人始强行占地闯入莲花茎关闸,拆毁汛墙,自三巴门以北至旧关闸,均认为

---

① 　此件为外交部存件,原件无作者、时间,据有关文件推断当在 1915 年后。

葡界。道光二十九年侵占拉塔石炮台，将原役驻望厦村外委，驱往白石村，并应纳租税，亦抗不交纳。咸丰时遂在西沙岛之沙咀占筑炮台，并建兵房于潭仔。同治二年占塔石、新桥、沙岗、沙梨头，筑马路。光绪五年，占龙田村，九年占望厦村。

二、清廷不认葡国永驻及管理澳门之证据

光绪十三年，总税务司赫德因办理药税，遣税务司金登干赴葡，议订草约，三月与葡外部商订四款，所谓丁亥葡京节略是也。其第二款云：

定准由中国坚准葡国永驻管理澳门以及属澳之地，与葡国治理他处无异。

当时金登干寄交总理衙门底稿，仅有葡国永驻澳门管理一切云云，并无属地字样，六月接赫德面呈节略，始悉内中情形，乃总理衙门不察，于是年冬间订立之北京条约，对于属地二字并未严定范围，仅声明不得改动现时情形一语。本约第二款云：

大西洋国京都理斯波阿所订预立节约内，大西洋国永居管理澳门之第二款，大清国仍允无异。唯现经商定，俟两国派员妥为会订界址，再行特立专约，其未经定界以前一切事宜俱照依现时情形勿动，彼此均不得有增减改变之事。

条约既定，遂致今日有新占旧占地界之争，葡人益多藉口，而政府对于旧占地界遂无辩论之余地矣。

三、光绪末年界务争执之沸点

光绪三十四年正月，日本商轮辰丸私运军火，在九州洋海面为中国缉私巡船拿捕，葡人强谓该处系属葡国领海，要求释放，此领海问题所由生也。当时葡人主张澳门沿海为葡国领海，有管理之权，而中国以条约所许，仅有永居管理澳门等语，并未涉及领海，坚持不下。会粤督有规复拱北一带防营之举，葡人见我坚持，一面请派员会勘界址，商撤驻兵，一面建兵房，设浮桩，拘豪艇，稽查中国兵轮，以相胁制。嗣因葡派方济、格沙等三人为勘界员，不洽华情，商请改派，葡使坚不应允，相持数月，葡又在马料河勒收地钞拟浚海道，且遣兵轮来澳，意在强占。是年十二月，外务部以葡官种种举动有违约章，电令驻法刘使赴葡向外部诘问。据称拘押华人查无其事，开浚海道仅有是意，遣舰系葡国主权，不应干涉，勘界员业已派定，而中国驳拒殊为难堪。又称粤省近来派兵驻屯多处，系属变更光绪十三年订约时之情形，如中国能撤此驻兵，则葡愿改派合宜之员，唯将来勘界委员如有意见争执情事，甚愿交海牙公断云云。英人亦居间调停，要我撤兵，经刘使再四磋议，始定公断作罢。彼此派大员勘界，我酌撤兵队一处，葡撤炮舰，停收钞，罢浚海。并由刘使与葡外部互换文件如下：

两国政府立即各派一大员，查照光绪十三年葡京节略第二款及中葡条约第二款，将澳门及其附属地之界址会勘订定，呈候政府裁决。

四、高大臣与葡专使双方意见之异同

宣统元年正月，葡派马沙铎为勘界专员，中国亦派云南交涉使高而谦为勘界大臣，前往会勘。五月在香港会齐，葡使要索澳门全岛、对面山、青洲、潭仔、过路环、大小横琴及附近各小岛并内口河流，且将关闸以北至北山岭之地作为瓯脱①，高使以会勘界址须先查明澳门属地，大小自何处，起止于何处，查得本地界址，方能论及属地，且约文仅称属地，未言海与岛，可知属地二字，当在陆路上求之等语。互相辩驳，会议两次，卒无结果。

五、会议之结果

其后高使议以关闸以南新占之龙田、望厦各村与葡抵换潭仔、路环等岛，葡使坚言龙田等村本为葡属，无所谓抵换，不能承认。至第九次会议高使议以：

（一）新占之龙田、望厦予葡作为属地。

（二）旧占之潭仔、路环已建造之区，予葡停留，不作属地。

（三）河海仍全归中国。

---

① 　亦作区脱，指双方中间的缓冲地带。

葡使于湾仔、银坑、马骝州、大小横琴等处,知难如愿,辞意较为放松,唯于潭仔、路环两岛及内河海界,仍坚不让步,相持不下,遂致停议。

六、民国以来界务交涉之情形

会勘停议以后,此项界务经驻法刘使与葡政府接议,又值葡国内乱,亦无成议。至民国三年四月,葡使来部面称,奉政府训令,愿继续议商。又,拟先往察看形势,再行开议等语。部以此事关系重要,非经实地调查,将来议界恐多隔阂,特于是年六月派前驻墨西哥陈公使前往调查,以为勘界准备,历时月余,始克竣事。嗣澳门葡总督不愿将此事提出,而于水道问题尤多争执,以故仍未能开议。嗣后葡人在澳屡有开浚河道,修造兵房等事,虽经随时向葡使交涉,并电驻葡代办根据条约向葡外部抗议,而葡国方面无非设词推宕,迄无解决之办法。

中国第二历史档案馆藏北洋政府外交部档案

龙济光[①]致外交部

1916 年 2 月 25 日

外交部鉴:堂密。据旅港商民禀报,澳门葡人浚河筑圩,谋占界址各情。饬据驻前山陆军团长陆奈珍,香山知事厉式金查得,葡人购买浚河机器船,业已兴工在澳门西北莲峰庙前对门青洲之下,沙岗之上,浚深河道,日为筑船澳之用,又将莲峰庙左之炮台山毁掘取坭,由青洲筑路之上,关闸之内,及莲峰庙前一带填筑海圩,坭工用至数百人,载坭汽车共有三辆,另用挖泥机由岸上吸取海泥,其莲峰庙前地,均密筑铁轨驾驶坭车,又在关闸海边大兴工作,建筑兵房。等语。详复前来。济光等查澳门界务,葡人屡图窥伺,全在海权,我所与争亦以此为最要。前清宣统年间,澳门浚河,经我驳阻,并经葡使与勘界高大臣声明,浚河各由其国政府会商等语。有案。今葡人忽行兴工浚河,填筑海圩,起建兵房,显图侵占海权界址,实与界务未定以前不得增减改变之约大相违

---

① 广东巡按使。

背。若不与之力争，将来勘界愈形棘手。现经照会葡领转致澳督，饬将前项工程停，俟界务定议再行办理。但葡人狡谲，恐未易就范，应请大部主持迅与葡使严重交涉，以保主权，并盼示复。

济光、鸣岐敬

《澳门专档》卷4，第201页

朱庆澜^①致英驻广州总领事兼葡总领事

1916年10月31日

广东省长朱为照会事。案据香山县后事呈，据香山警察第七区报称，日前湾仔地方，华兵调离之后，忽有西洋水师兵舰一艘驶至，泊在湾仔中沙对开华界海面。又有西洋国人私托华妇，向湾仔上沙镜湖社侧租屋一间。又有西洋国人由喃哑泗即崔泗之介绍，在湾仔上沙牛栏左便，即旧渔团保甲局租铺一间。又西洋国因租屋期满，屋主十五仔不愿租居，竟督水兵强拿十五仔之妻及伙伴，威迫续租湾仔上沙住屋。均属有违条约，业已由县示禁人民，不准违约租赁铺屋与各外人，应请照会西洋政府饬令该处人舰一并迁移，以免误会而重邦交。等情前来。本省长查湾仔地方，向属中国内地，并非通商口岸，外国兵舰不应驶进停泊，及外国商民不得在非通商口岸之地方租赁铺屋居住贸易，均为约章所规定。今据报贵国兵舰驶泊中国湾仔海面，及贵国人民先后在湾仔内地租赁铺屋居住，实与条约不符，且欧洲战事未终，贵国兵舰驶泊中国领海，久未离去，亦与中国中立条规有碍。相应照会贵总领事官，希即转请澳门总督，饬属查明。如该兵舰尚未驶去，即令刻日开离湾仔海面，及饬各该西洋人将租赁铺屋退还业主，一并迁出，以符约章，至纫睦谊。并希见复，是所切盼。顺颂时祺。须至照会者。

右照会

---

① 广东省长。

大英国驻广州总领事官兼大西洋总领事官杰
中华民国五年十月三十一日

澳门辅政司护理澳门总督罗为咨请事。接准贵总领事十月卅一日来文，并附抄白广东省长致贵总领事公文，暨英文译稿，均已阅悉。兹请贵总领事将本护督答复广东省长原文所指西洋兵舰在澳门内河湾仔中沙对开地方停泊一事，转达广东省长查照。至于原文所指有西洋人数名在湾仔居住一节，本护督应另文答复也。查广东省长十月三十一日原公文称西洋兵舰一只，在湾仔中沙对开湾泊，因此竟切指该兵舰湾泊中国海面，违背条约，阻碍中国中立云云。本护督当即饬属认真详查明白，敢保中国海面决无西洋兵舰或小轮在此湾泊。此事谅系有人捏报，以致广东省长称西洋兵舰所泊地方系中国海面，其实广东省长所指之水面，乃系澳门内河之水面，该水面明系属澳门政府切实管辖。本护督今实告广东省长知照。所有本澳之兵舰及小轮均在西洋海面湾泊，其施行管辖之举动，亦只在西洋海面耳。本澳政府向曾切实声明，澳门内河之水面，乃西洋之水面，一八八七年十二月初一日所立和约之时，本澳政府在海面上所有之权，自应如常执行。在澳界未确定以前，所有立约时两国所管之界址，彼此均不得增减改变。本护督惟有谨守此数言。而此案西洋兵舰及小轮无一逾越其不能执行管辖职权之界线，幸可易于查明。查一八九十年两广总督李与西洋领事施妥订一约章，随经总理衙门承认作实，系该章所指在东亚婆石与青州相距之中心平行线为界，两国官船办公均不得逾越。本护督敢保西洋兵舰及小船轮向系在该平线以南离远一带湾泊，如此则其并无图在中国海面执行管辖之权，决无丝毫疑惑，此事尽可易于查知。如广东省长派员到澳与本护督商酌，则该委员自可目击情形必与本护督所说完全符合，该委员自能据实面报，庶晓然于捏报所生之种种不便矣。然此案决无伤两国向来之睦谊也。再，本公文并饬译务署配译汉文，一统赍送。

此咨。

大英驻广州总领事官兼西洋总领事官杰

澳门辅政司护理澳门总督罗为咨请事。案照本护督于本月初八日曾致贵总领事第二零六号公文一件在案。今再请贵总领事将本护督后开答复十月三十一日广东省长公文所论西洋人在湾仔居住一节,转达广东省长查照。查广东省长原文称,西洋人在湾仔租赁民房二三间,内有一间系强迫一妇人租与者,因此谓湾仔非是通商口岸,指西洋人违背中葡和约,嘱本护督饬其迁徙等由。本护督今先敬谨声明,此项事件应由中华民国政府直接向西洋政府交涉,西洋政府自必详细调查。在澳门总督并无驻扎中国西洋公使之权,是以与广东政府交涉不能过于澳门政府或广东政府行动之外,及两政府所属职官行动之外,故按照现在广东政府所提之事,必须由中国政府提出交涉也。然本护督以礼相待,应谨答复声明。西洋水手强迫一妇人租屋一事,全属子虚,并将下开各节详细陈明。缘湾仔乃喇吧岛(译音)之一乡,该岛为中葡争议之地,西洋政府向来证实西洋国应在该岛有权,并证明中国至一八八七年并无兵士在湾仔驻扎。西洋国一向视该岛为西洋所争属地之一,该岛之管辖,只当俟确定澳界之日方能更改,所有以前提出证明西洋在该岛有权之证据及理由,本护督今不再赘述。但必须声明者,澳门之西洋人,常时有到该岛内,有数人在该岛居住,中国官员并无拦阻。今广东省长竟阻止之,殊深诧异。假令该岛为中国之地,亦属骇怪。盖一八八七年十二月初一日所立条约,并无一款声明禁止西洋人在中国居住者,即非是通商口岸条约中亦无禁止西洋人居住者。如广东省长将条约第十六款查阅,即见该款内有云,行栈只准在通商口岸设立,但各地方西洋人可建造房屋、礼拜堂、医院、坟墓,其买价租价,均按民价公平定议照给,惟须由业主报明地方官,查明无碍民居方向者,方可交易,不得互相勒揹云云。总之,广东省长原文所述之事,应由中华民国政府提出与西洋政府商订方可,本护督之答复以上各节,不过以礼相待而已。再,本咨文并饬译务署配译汉文一统赉送。

此咨。

大英驻广东总领事官兼西洋总领事官杰

一千九百十六年十一月九日

《澳门专档》卷4,第 223—224 页

外交部致朱庆澜

1916 年 11 月 23 日

　　十五日电计达。顷又准葡使面称,此事已经三礼拜,葡京屡催,无以回复。并称朱省长与领事照会中称,湾仔中沙对开华界海面,停泊西洋水师兵舰各节,实为误会,此处实系葡国海面,一千八百九十年李总督曾与澳督订有界线约章,并咨总理衙门有案。等语。经检查旧档并无此项约章,只有光绪十六年五月粤督与葡领照会同称,中国师船暂在亚婆石以下青洲以上适中海面停泊。嗣后两国公干船只,均勿逾越,并声明此举与将来分界之事无干。等语。查此次葡舰系泊在湾仔附近,如(接)〔按〕照前项照会所称,中国便无权干涉。惟此项内港,为两国争执之点,在我惟有抱定维持旧状办法,与葡官和平商办。现在交涉如何,亟盼电复。再,所称一千八百九十年粤督与澳督订立约章有无其事,并希查案报部。外。

《澳门专档》卷4,第 240 页

陆荣廷、朱庆澜致外交部

1916 年 12 月 10 日

外交部鉴:

　　华密。澳门事。艳。三十电祗悉。据委员查复,葡舰向在妈阁外游弋,从未驶入湾仔中南海线。自四月始闯泊湾仔坺,上月退离五十丈后,现乘潮流间复泊近医院坺十余丈,计越泊点距青洲岸三里余,距亚婆石七里余,距澳门岸与湾仔岸比较,各二之与一,实逾原指亚婆石下青洲上之适中海面青洲。等语。是葡舰越泊海界,图占显然。查光绪十六年,粤督暂定彼此泊船之适中海界,系将海面中分,并非横截。历

来我船在湾仔、银坑行驶可证。今澳督复文称,亚婆石与青洲相距中心平行线为界。又称,葡轮向在平线以南离远一带湾泊,均与前定适中海面不符。窥其用意,直欲将亚婆石与青洲直距中点横截分界,揽收湾仔银坑海面归彼管辖。似此不与争辩,将何以维旧状。廷等笃念澳界重要,不敢放弃,务抱和平,由澜照案拒复澳督,嘱令葡舰退回原泊之处,余俟两国委员画界再议。一面饬属劝谕报馆、人民静候解决,勿作激论,为彼间执。可否由贵部援据,再与葡使切实磋议,令葡轮早退,冀易就范。敬乞酌裁示复。再,前山湾仔、拱北岛等处,历年有兵数营分扎。嗣因粤事离防,现照旧派军填驻,并非增加兵队,乞转告葡使。至葡舰越泊海界略图另寄并闻。

荣廷、庆澜叩厌
《澳门专档》卷4,第248页

外交部致菲力特[①]

1916 年 12 月 12 日

径启者:关于澳门事,迭准贵公使面称各节,暨十一月二十八日来函,曾于十一月三十日函达在案。现接广东督军、省长来电称,并无葡使所称订立条约之事,仅有光绪十六年粤督致葡领照会,内开彼此泊船地点,但经声明与将来分界之事无干。云云。至葡舰向在妈阁外游弋,从未驶入湾仔。自四月后始闯泊湾仔埠,上月退离五十余丈,现乘潮流复泊近医院埠十余丈,计越泊点距青洲岸三里余,距亚婆石七里余,实与彼此维持原状之约不符。又前山拱北岛等处,历年有兵数营分扎。嗣因粤事离防,现照旧派军填驻,并非增加兵队。各等语。相应函复贵公使查照,即希电达澳督,转饬葡官与中国地方官和平商办为荷。顺颂日祉

《澳门专档》卷4,第249页

---

① 葡萄牙驻华公使。

陆荣廷、朱庆澜致外交部
1917 年 2 月 21 日

为咨复事。案准贵部公函，内开关于澳门事。又准葡使面交澳门理藩厅来电，内称广东专员现尚未到，现有大队武装军队前往拱北驻扎，为从前所无。此项军队，现在彼处新建兵房左近开掘濠沟。如北京及广东政府并无敌视葡国之意，则前山军官此项举动，殊属违背政府之意思，不啻取消政府迭次所声明维持睦谊之希望。等语。查拱北驻军一事，前准尊处本月十日来电，称原驻军队因粤乱离防，此时不过派兵填驻，并未添兵。等因。已据复葡使在案。此次葡使交电，仍以添兵为词，并有开掘濠沟。究竟是否属实？又所称广东专员一节，是否粤省曾派员往澳，相应函达尊处。即希一并详查见复，以凭转复葡使。等因。又准贵部一月元电，内开本日接葡使照称，本月十日澳督与广东所派委员为解除近来发生误会起见，议定条件，大致如（不）〔下〕：（指）〔拱〕北岛上之军队照旧，系中国兵四十名，以后不更见炮台炮队或其他新添军备，葡国船只不能常川驻泊拱北岛边百法尺宽之界内，但该船只得照前为作梭巡以上界内之警察。至一千八百八十七年及一千八百九十年之条约所承认海面法权，仍无伤损。塞歌门（译音）及沽沙（译音）中间公地，葡国及中国之兵不得武装经过等语。希将详情电复。等因。准此。查日前澳督来（电）内称，拱北岛增驻大队华兵，及开掘战濠备敌葡人等语。饬据委员查复，拱北岛即湾仔，现只共驻军队七十人，系照旧时情形填扎，并非新增大队兵勇。其银坑地方，只挖有沟渠以备兵操避风之用，并非战濠。经照转复澳督。一面令饬附澳军警，勿在驻地无故增设关于军事建筑等物，免彼藉口。而澳督复来文称，所挖之沟系属战濠，请派委员会往查勘。当由本省长派交涉局主任林子峰，会同澳督派员前往察看挖濠一事，并（无）非派员与之会议界务，随据林委复称，偕同葡员察视该沟，证明确非战濠，系为兵操避风之用。惟委员往晤澳督时，澳督曾交出建议条款四则，请求条款三则，委员当以此次来澳，系奉长官委查濠沟一事，此外一切界务无权会议，只可将该条款代呈长官阅看等语答之，澳督亦无别言等情。并据将条款呈缴前来，现阅所交条款，并无签名盖印，亦不交由葡领转送，自不得作为正式交涉之件，且当时委员并无与之会议，今葡使照会贵部，谓该条款为澳督与广东所派委员议定条件，自属误会。至该建议请求条款论列各则，均属关系界务重要，不能允许之事。兹照译出汉文，附加注语，连原洋文一并咨送贵部，请烦察酌。可否分别转向葡使驳议交涉，祗候卓裁见复施行，实纫公谊。此咨。

计送原交条款洋文一件（原文从略）、译文并附注一件。

照译澳门总督建议条款四则

第一则　喇叭岛（即湾仔）地方，此后永不得驻扎华兵逾四十人之数，并永不得建筑炮垒安置大炮。

（按：湾仔系中国领土，就我地方驻我军队，自属政治主权，岂容外人稍加限制。向来粤省盗匪，以澳门及各岛为逋逃渊薮，现正各属举办清乡。若有大股匪徒窜匿该处，仅驻四十名兵，何能剿捕，实于治安前途大有妨碍。且湾仔一岛系粤省屏幛，门户地方，颇关重要，驻兵多少，自当因时制宜，相机察酌，尤不能预为限定，致生窒碍。）

第二则　第一则如得同意，则湾仔已建濠沟篷厂可准保存其原有位置，惟将来不得再有濠沟或炮垒之建筑。

（按：银坑所挖沟渠，只备兵操避风之用，已会勘明确，非战濠，并经令饬附澳军警勿在驻地无故增设关于军事建筑等物，以符不得增减改变之约。则此节葡人不应再行提议。）

第三则　第一、第二两则如得同意，葡国小轮或炮船在距湾仔海岸一百密达之内，不得湾泊逾二十四点钟时间。惟葡国小轮或炮船在该海面仍有梭巡及执行公务之权，并按一千八百八十七年条约及一千八百九十年暂定条约，凡澳门内港至青洲及亚婆石交界平行线一带河面，仍归葡国管辖一节，不得因此条议别有变更。

（按：葡轮向在妈阁以外巡泊，自上年四月始有葡轮一艘进泊湾仔海面，迄未退出，实违不得改变之约，岂能借端要求始不停泊湾仔逾二十四点钟。现因该轮久未驶离，人心甚为惶惑，应请转令早日退回，以符向来现状。至亚婆石以下青洲以上之适中海面原案，只声明彼此办公船只湾泊不得逾越，与将来分界之事无干。今澳督指为澳门内港，归葡管辖，自难承认，致碍日后会议定界。）

第四则　为保存现在情形计，则关闸与高沙交界之中立地点应行留存，凡武装之葡兵，不得越过关闸三十密达之地，武装之华兵，亦不得越过高沙三十密达之地。

（按：葡租澳门原地无多，即就让步而言，关闸以外完全系属我有，不容葡人有再图越占。今澳督指关闸与高沙交界之处为中立地点，及华兵不得越过高沙三十密达之地，无非欲图拓占澳门界址，殊于将来画界有碍，应请驳拒。）

照译澳门总督请求条款三则

第一则　广东省长应严饬中国兵官，尊重葡国政府有管辖澳门内港之权，及不得干预葡国政府于澳门内港地方施行之职务。

（按：条约只认葡国政府永居管理澳门，并无涉及海权字样。葡人屡图侵占，全系注重水界，我所力争亦以此为最扼要。今澳督谓葡政府有管辖澳门内港之权，断难承认。）

第二则　中国政府如欲澳门属民不在中立地点，即关闸与高沙交界处掘取泥沙，则香山属民或别属人民亦应同守此例。惟该中立地点仍得用为澳门华民及香山属民营葬之地。

（按：关闸以外既全属我有，则关闸与高沙交界之处，葡人当然不得越过掘取沙泥，亦不得强指为中立地，限制华人一体遵守。）

第三则　广东省长应饬驻湾仔所属官吏，不得禁止于银坑地方输运泉水入澳门之事。

上列建议条款暨请求条款虽均得同意，仍不得因此于中葡两国自后彼此之权利有所变更。

（按：湾仔银坑纯系中国内地，其泉水准否输运赴澳，自属地方内政，葡人何得有所干求。应请特别注意，勿予允让。）

朱鹤翔会晤菲力特

1918 年 2 月 6 日

鹤翔称，澳门界务商议有年，时机未至，悬案待决。然光绪十三年丁亥葡京节略，及是年冬间订立之北京条约，明文具在。当未经会定界线以前，双方维持旧状，自可彼此相安。乃近数月间有葡舰在澳门附近海面，拦阻华舰，勒填报单，及越过湾仔，索缴华船牌费，驱逐湾泊渔船，并遣艇载运泥土，堵塞附澳海道各情事，以致广东绅商群怀愤恨。部长以值兹协商战争之际，中葡交谊亲密愈增，此案此时未宜提议，不意澳门官吏，适于此际迭生事端，殊为遗憾。本部外重邦交，内顾民意，筹维再四，惟有商请贵使即电澳门总督：海道问题，将来再行商决，此时葡舰对于华船，不应勒填报单，拦阻行驶。因此项报单不能以之为证明管领海道之物，殊属不必争执也。贵使意见于同，对于此节，即当以公文调换可也。

符使允即将所述情形，详达澳督。并云：以本使观察，其中定有误会之处，当由该督详细调查，再行转复贵部。希即回报贵部总次长，兹值中葡交谊亲密之秋，此事当不能成为重大交涉问题，一经解释，彼此定能满意也。

《澳门专档》卷 4，第 311 页

菲力特致外交部

1918 年 3 月 18 日

澳门界务事前准节略内开：第一节，有葡船在澳门附近海面拦阻华舰，勒填报单。第二节，越过湾仔索缴华船牌费，驱逐湾泊渔船。第三节，遣艇载泥土堵塞附澳海道，及澳门官吏迭生事端，请即电澳门总督，海道问题，将来再行商决，此时葡舰不应勒填报单，拦阻行驶，因此项报单不能以之为证明管理海道之物。各等语前来。本公使当将以上情形转达于澳督去后，现已接到回文，兹特分晰答复如左：

一、葡舰并未拦阻华舰往来澳门附近海道，且对于华舰与本国船只及诸联盟国暨他各友邦所有之船，均属一律待遇，毫无歧视之处。况昔年巡弋海道之权，独归葡官执掌，其澳门领海之界线，原自澳门起点，达于湾仔为止。至葡官有专任业经定妥之领海界线之责者，因免生权限不清弊病，且经我国两国①亦皆早已默认，如此方不致别生事端。故于一千八百八十七年十二月一号中葡条约内载，未定界以前，双方应维持旧状。查管理澳门海道权既归葡国所有，则一切华船若往来澳门附近海面，在进口之时，自应照章填写报单，此种特权亦各国所认者。葡政府晓然中国兵舰巡船如开往前山白家及澳门迤北等处之时，必须由澳门附近海面经过，故对该行驶船，免其照章填单，以此可见本国并无拦阻华船之意。但本国既有管理海口权柄，遇有中国用非是兵船而载兵者，经过澳门时，则本国向其要求，必须领取执照，始可放行，以此更能易于显明澳门海权归本国所有。又澳门船政厅因便于华兵起见，故不要求其由外交官方面，或地方官方面承领执照，为免其于来往前山横琴之时，有绕路费时之虞。是以仅令照章填写报单，其单应由带兵官填写，倘因其兵船未立标识，难以辨认之时，则应由其拖带船只之兵舰官长填写。至于用兵船而载兵，自勿庸照章办理，任其往来。若华兵在澳登岸，则必须填写报单，以便领取执照。以上皆为正当办法。因本国有管辖海道权之故耳。查如此办理，不但不为所来节略内云迭生事端无理之语，而仍可以表明与华官亦甚有益，并与本国所有之海权，及保护海上治安之事亦均相宜。

二、所指必谓巡船前往查看在湾仔附近海面停泊之大小船只而言。查按照澳门船政厅所订立之章程，当然索取执照，并巡视船只应否停泊地点等事。其船政厅之海权，能及于所有澳门之领海，以此足可证明无论船在于附澳海面之何处，皆在船政厅权力之下。惟现因海权稍有变动，于一千九百零七年起，在银坑地方搁浅修补船只，或至湾仔船厂者，均应先至船政厅领照。其照费所用无几，原可证明该厅有此种主权，能

---

① 原文如此。

及于港口海面之西,至潮水涨满之时达到之界线为度。其应领照条规,今尚犹存。船政厅所派之巡船,且常于潮长之际,得至近船时,便当巡视一切。其该厅所有之海权,现犹未设施于湾仔码头地方之上。总之,本国所有之海权,在船只由海道能到之处为止。查现今所行之规条,亦为历来所用之法也。

三、遣艇载运泥土填塞海道一节,想必以为运土等工定不在于澳门地方,在于附澳海道之处。不知此确误会矣。其筛挖泥水之工程,实在澳门葡国领土境内,于澳门海面之西,亚婆石与青洲中心平行线之南,将挖出之泥,抛弃海中,其海亦皆在本国所管境内。至于所称中葡两国兵舰常生纠葛之言,查所指皆不过为细微之事,此确因数只不大华船之官长,意欲尝试不按照早经所规定之条例而行。但岂知此项条例在于各文明国遇有船只到该国海口时,亦必须如此办理。船于进口之时,要求其填写报单一事,不但专对外国,而用至于本国兵舰商船亦事同一律,而且目下并无原因不按如此而行。况中葡邦交已历数百载,近来更日加亲密。兹请贵总长秉公详核以上所言。并望转饬所属,在未定界以前一切均应按照旧状办理,是为至要。

一九一八年三月十八日

《澳门专档》卷 4,第 313—314 页

外交部致菲力特

1918 年 3 月 25 日

接准贵馆三月十八日节略内开:澳门总督查复关于澳门附近葡船拦阻华舰等事情形,并澳门海权各节,转达查照等因。查澳门海权为当时界务争执之一点,界址既未勘定,则此项海权属中属葡,断非一方面所能单独认定。按一千八百八十七年中葡条约载明:未经定界以前,一切事宜俱照现时情形勿动,彼此均不得有增减改变之事。等语。贵国澳门总督误认此项争执未定之海权为葡国所固有,因而发生拦阻华舰,勒填报单,及索缴牌照,以致激动商民公愤等事,深为可惜。其载运

泥土填塞海道一节,澳督查复,谓在亚婆石与青洲中心平行线之南,因而认为在葡国辖境之内。按此项线路,系光绪十六年因停泊师船争执,由贺税司提出之调停办法。当时迭经声明,与将来分界之事无干,本部及粤省均有案有可稽,不容牵混。此次澳门总督以此为葡国辖境之证据,似于当时情形有欠理会。总之,现在澳门中葡界址既未勘定,彼此只有按照一千八百八十七年条约维持原状,不能有所更改。所有前此本部派员面达澳门葡船拦阻华船,勒填报单,索缴牌照,以及填塞海道,各均与维持原状之旨显有不符。相应奉复贵公使查照。即希转电贵国澳门总督,将以上情形从速查明阻止,至纫睦谊。并希见复为荷。

《澳门专档》卷 4,第 314 页

广东省公署致外交部

1919 年 9 月 18 日

北京外交部鉴:十码据报,葡国政府近在澳门关闸斜线对开青洲岛堤岸附近,锹浚海道,并填筑坦地,已成路面长约五十丈,宽约十丈。经锦芳等照会葡领,转向澳督抗议,嘱令停工,拆卸回复原状,免碍条约。乃彼答以青洲系其属地,华官不合干预,诸多强辩,工作仍照进行,并准葡领面称,已将此事电京葡使提向大部议辩。等语。窃查葡人欲在澳门附近浚河筑堤,图拓界址,侵占海岸,已于宣统二、三年及民国四、五年间,屡有发见。维时经我抗阻,旋寝其事。今复乘我多事之秋,私在青洲填堤浚海,实违未定界前彼此不得增减改变之约,并与前勘界中葡专使订明,澳门浚河须由两国政府会商之案不符。虽青洲至关闸原有堤路可通,然实从前被其占筑,曾经抗议有案。况青洲本一海岛,与澳门陆地不连,葡人谬认为彼属地,断难迁就允许。且据探报,葡人此次填海工程,曾订十年合同,全堤告竣,面积当在二顷有奇。其蔑约横行,无非预为将来画界伏线,蓄谋狡谲,何可姑容此而不争,后患伊于胡底。锦芳等职责所关,不敢放弃。除仍再筹对付外,拟恳大部察酌主持,提向葡使严重交涉,并祈密示方针,俾有遵循因应,以重界务为祷。护理广东省长张锦芳、特派交涉员梁澜勋叩。巧。民国八年九月十八日。

外交部致郭家骥①

1919 年 10 月 13 日

　　准广东省长电,葡人在澳门关闸斜线对面,青洲岛堤岸附近锹浚海道并填筑坦地,已成路面,长约五十丈,宽约十丈,经向葡领抗议,仍未停止,请与葡政府严重交涉。等语。查澳门界务一案,久悬未决,本年三月,葡使来部,尚称奉政府训电,愿将此案暂行缓办。此时澳督忽又有在关闸附近浚海修堤之举,不惟有背彼此维持现状之约,且与葡使所称各节,先后矛盾。除向该使抗议外,特电达,希与葡外部严重交涉,转电澳督,将前项工程即行停止,以免误会。并电复。外。

外交部致菲力特

1919 年 10 月 14 日

　　为照会事。准广东省长电,葡政府在澳门关闸斜线对面,青洲岛堤岸附近锹浚海道,并填筑坦地,已成路面,长约五十丈,宽约十丈。经照会葡国领事,转向澳督抗议,仍未停止,请与葡国公使交涉。等语。查澳门界务一案,久悬未决。本年三月,贵国符公使来部,尚称奉政府训电,愿将此案从缓商议。此次澳督忽有在关闸附近浚海修堤之举,不惟有违彼此维持现状之约,且与符公使前此所称各节,先后颇有不符。除电本国驻葡代办面商贵国外部,电令阻止外,相应奉达。务希转电澳督,将前项工程即行停止,以免误会,至纫睦谊。并希见复为荷。须至照会者。

---

① 驻葡萄牙代办。

葡萄牙代办致外交部

1919 年 10 月 23 日

为照复事。接准本月十四日照称,准广东省长电:在澳门附近青洲岛地方锹浚海道,填筑坦地,等因。查此事已于一千九百十八年三月十八日所致贵部之节略内业经陈述在案,兹将其意再向贵部申明。原澳门所施行之水中工程,皆只在于本国地界之内,即澳门领海以西,亚婆石与青洲相距之中心平行线以南之处。且此次浚深海道,所挖出之泥土,亦仍皆填于本国所辖之海中。是以贵部所请,转电澳督将前项工程即行停止,实属碍难照办,甚为歉惜。且现奉到澳督告知,以此次该广东省长所要求者,为实属无理之举。至于来文内开本国符公使云云一节,想或出于有所误会。盖符君之意,系专对于澳门界务而言,并非愿将澳门界内一切应修之工概行停止也。须至照会者。民国八年十月二十三日。

《澳门专档》卷 4,第 323 页

葡萄牙代办致外交部

1919 年 11 月 5 日

为照复事。兹准本月一日照称,关于澳门青洲岛附近地锹浚海道,填筑坦地,仍希转达澳督,将前项工程即行停止各等因。查十月十四日来文内开,除电本国驻葡代办面商贵国外部等语,当经本代公使将该广东省长所要求之意亦陈于本国外部在案,统俟奉到本国政府训令时再行照知贵部可也。须至照会者。民国八年十一月五日。

《澳门专档》卷 4,第 328 页

葡萄牙代办致外交部

1920 年 1 月 31 日

澳门海岸停止工作请派员会同划界事。为照会事。前准本月八日文,称关于澳门填筑海岸一事,当经据情转达本国政府在案。仍于静候训令之际,不意广东军政府忽用仇视之举,遣派兵舰及陆军队伍至澳门附近地方驻守。以上想亦皆已为贵代总长所知。既然如此,本国若不念其两国睦谊甚久,将该处工程暂停,则必生出重大事端。况本国系用自有之主权施行工作也。更深悉贵政府并不以该军政府之举动为是,而且本国总以邦交为重,故将该工暂行停止。但查事虽如此,倘若该工停至三阅月之后,则该海道必然归于废弃,其所有之船只,亦难以往来。因此谨代表本国政府之意,恳请贵国派员会同本国所派出之员,将界址速行划清,以我两国之最久之交谊,而足能使两国之员从事,速得美满之结果。并望贵政府竭诚使该军政府能一致同意。以便日后所订明之界址,能以力为遵守不生妨碍,并免其对于澳门政厅应有修浚海(首)〔道〕之权,而不发生争辩之事。即希允准见复为荷。须至照会者。

民国九年一月卅一日

《澳门专档》卷4,第363页

澳门葡人擅在青州填堤浚海案节略
1920年[①]

民国八年,葡人乘我南北政见纷歧之际,擅在澳门关闸斜线对开青州岛堤岸附近挑浚海道填筑坦地,已成路面,长约五十丈,宽约十丈。经前广东军政府照会葡领转向澳督抗议,嘱令停工拆卸回复原状。葡领以青州系其属地,有权填筑海坦,华官不合干预,规画工程仍复进行。查葡人欲在澳门附近浚河筑坦,图拓界址,侵占海岸之举,已于宣统二、三年及民国四、五年间屡有发见,维时经我力争抗阻,始寝其事,未获实行。此次擅在青州填堤浚海,工作大兴,实违未定界前彼此不得增减改变之约,并与前中葡勘界专使声明澳门浚河须由两国政府会商原议不符,虽关闸至青州已有堤路,然实从前被其占筑,历经抗议有案。青州本一海岛,原与澳门陆地不连,葡人竟谓系其属地,殊难允认。又据探

---

①　此件系外交部存件,原件无作者、时间,据有关文件推断为1920年以后。

报:葡人此次堤海工程,拟订十年合同,全告竣,面积当在二顷有奇,窥其用意,无非预为将来画界侵略伏线。当经军政府派员前往青州实地测绘(附图二)(缺)并再行照会葡领抗议,旋准复称:已将此案转送葡使与北京政府办理等语。军政府当将葡人擅筑青州海坦各情电达北京外交部,向葡使提出抗议,部即据情照会葡使,并电驻葡郭代办与葡政府交涉。旋准葡使复称:此次澳门所施行之水中工程,只在于本国地界之内,即澳门领海以西亚婆石与青州相距之中心平行线以南之处,其浚深海道所挖出之泥土,亦仍皆填于本国所辖之海中,所请停止工程一节,实属碍难照准等语。部复驳以光绪十四年①中葡条约载明,未经定界以前一切事宜俱照现在情形勿动,彼此不得有增减改变之事,此次澳督浚河修道显与前项条约有背,界务既未勘定,应无界内界外之别,仍应即行停止工程,以符前约等语。尚未准复,嗣准驻葡郭代办亦以葡外部未肯立电止工,定欲电询澳督后再行答复,以为延宕。旋据探报,葡人将他处之炮二尊移置(蓬)〔莲〕峰山炮台,该处系在关闸之内约距一里,现属葡人管辖区内,后移小陆炮二尊,安放关闸以内警区之旁,将该区华警抽调他处,易以印度兵卒数人,武装逡巡街衢,执行警察职务,殆有戒严景象。又由港新到葡兵三百八十余名,以补从前缺额。军政府以葡人蔑视条约难以理喻,似非实力抵制不能就范,当即遣派卢旅长带队前往镇压,并派雷龙、永丰各军舰前往九州洋一带逡巡。旋据林委员等电称:晤澳督以宽限十日,即电葡京请示办法,如准停工,即向粤政府单独开议划界事宜。未几,由两方派员会商订立两方在澳门界务未定以前兴筑澳门港口工程合约如下:

(一)本合约中所提论之港口工程,应照所附图则之界线施工,该图亦由两方签押。

(二)本合约并非表示放弃葡国或中国所有领海或领地之固有主权,且订立此项合约亦与澳门划界事务无碍。

①　中葡条约签订于光绪十三年,即1887年。

（三）倘中葡两国政府所委派之划界委员全系按照一八八七年条约意义办理，此项工程无〔论〕陆地与海面，将来决定系属中国管辖者，葡国当即交还中国，不另加以条件，并不得附加无论何项之要求。

（四）本合约应俟提议修改之提解华犯章程及修改现在之港口章程，将来由葡政府认可及实行时，然后同时实行。

（五）本合约与所附提解华犯章程及现行澳门港口章程之拟议修改条文，具有连带关系，得彼此同意，应同时实行之。

附修改港口章程：

（一）真实外国军舰寄碇澳门港口，无须签写入口册。

（二）真实中国军舰即使载运军队或拖带有军队之船只，得自由经过澳门港口。

（三）无论何国携带军械之军队或军械药弹非经澳门政府许可，不得在澳门港口上陆。

（四）凡子弹及一切军用品物、或爆烈药品等件，经澳门政府允许上陆后，非经中国官吏给有护照，应不得由澳输入中国各地。

（五）中国船只或到澳门或在中国地方燂刮船底，均可听其自由，澳门政府不得强迫船只必到澳门燂刮。

又订关于澳门交解华犯章程三十二节（从略）。以上各约业经军政府委员与葡国代表双方签字，未几军政府解散，以上各约是否实行以及现时澳门情形如何，未据报告，无从详悉。

中国第二历史档案馆藏北洋政府外交部档案

小幡酉吉致内田康哉

1921 年 8 月 28 日

澳门划界案，业经悬案日久，迄于今日尚未解决。中国方面原有将该问题提出于太平洋会议之说，而该问题之发端于前清宣统三年，而当时葡萄牙人以强硬手段建设炮台于筑堤之上，中国政府对于此事虽已提出抗议，而斯时恰值头次革命之勃发，不得已不为停顿。自民国成立以后,两国又开始谈判,因两不相下,不能解决,于是年中国派王景岐赴该处与葡萄牙总督开始水陆划界之谈判,又因困难,迁延时日,于此际又值中俄蒙恰克图会议之开会,故王使仅将澳门陆界划定而已矣。

东京外务省伯爵内田康哉阁下

北京日本公使馆小幡酉吉殿

中国第二历史档案馆藏北洋政府京畿卫戍总司令部档案

陈炯明①与菲力特谈话

1920 年 11 月 24 日

一九二十年十一月二十四日下午二时,英国驻粤总领事杰,偕葡公使菲力特,暨广东陈省长谈判本年九月十六日发生之粤澳交涉案。当时广东特派交涉员李锦纶,与省长公署交涉局副局长黄建勋均在座,由副局长任两方传译之责。谨将当时情形,照实录呈。

杰领事首先发言曰:本领事与葡使同来拜见,不过尽友谊之介绍。本总领事因与中、葡二国均有交情,对于今日谈话,谨守中立,不发一言。

葡使:本公使此次到粤,为解决粤争端。九月十六日一案,为事甚小,本公使拟先将此事撇开,先讨论其较为重要各案。本公使此来,本至友谊之精神,深信贵省长持论公正,亦必愿解决各种纷争。本公使以为欲先解决纷争,第一步必先共同派员调查九月十六日发生之事。本公使拟请贵省长对于共同派员调查一事,惠然允诺。

陈省长:本省长对于共同派员调查一事,无庸议及,因敝省对于该案已有详细之调查。对于既经切实调查后,亦已根据情形照会葡驻粤总领事要求四项条件。既将四项要求照会之后,本省长所最关心者,乃贵公使对于该四项要求究竟意见如何,是否公平? 是否理由充足? 如以为不然,请特别指出何件不合。

―――――――――

① 广东省长。

葡使：关于九月十六日之事，本公使拟向贵省长前再行声明，此不过一小事耳。我等有较此更为重要之问题，须先解决。鄙意拟先将此事先行撇开，本公使此次来粤，其主要任务，乃欲解决水界问题，以免将来再启争执。惟贵省长既于四项要求有所询问，本公使以为共同踏勘既未举行，该项要求未便讨论。因此本公使再三请求贵省长于两方派员共同调查一事，表示同意。至于该调查团之组织，由粤澳政府各派委员二人，再由粤澳共同指定一无偏私，并与本案无利害关系之第三国人为中立公正人，对于此等计划，拟更请贵省长允为同意，俾本公使能复命敝国政府，并能进行解决各种要案。本公使再三声明，本公使对于贵省长非常欣慕，并愿以友谊解决各问题。

陈省长：本省长亦以为九月十六日之事，比较上尚非如水界问题之重要。惟溯自葡人占据澳门以后，澳政府屡启争端，当葡人初借澳门，不过一隅之地，较之今日大小悬殊。即此一端，已征澳政府侵占之行为。此乃已往之事实也。对于九月十六日之事，本省长更拟郑重声明，本省长所要求该四项条件，乃经再三审酌，并非如无知孩童嬉戏从事者。今澳督对于该项要求，一无回答，竟置若罔闻，果是何意。如澳督及贵公使对于本省长所要求各项决意不理，本省长对于所提共同派员调查之议，亦未便置议。再者，本省政府之所以不能再行共同派员调查之理由，乃因当事端发生之后，贵国副领事以代表贵国驻粤总领事之资格，向本省古政务厅〔长〕（当时代理省长）提议，共同派员调查，古厅长即答应照办。乃贵国领事忽然反汗，不肯派员。故广东政府仍然委员往查，是派员调查之事，本省政府已如议而行，手续上与事实上均已完备妥当。今事过境迁，乃再提共同派员踏勘之议，即使本省长同意派员共同踏勘，亦何济于事。总之，本省长所亟欲知悉者，乃澳门政府对于本省所提四项要求，何以延不答复耳。

杰领事：葡领对于四项要求经已答复。

李交涉员：葡领所答复者，乃关于四项要求之第一次照会。对于最近照会，依然不答。且第一次答复，一味支吾，殊欠满意。

杰领事：请转达省长，如广东政府一味坚执以广东政府所调查者为实据，而压逼澳门，英国以同盟关系，不能袖手旁观，任其与国受人欺凌。本总领事当将此等情形遍布全球。

李交涉员：贵总领事能华语，请以华语将此意告省长，无庸转译。

杰领事：（向省长言）有一事请贵省长注意，广东政府所调查情形，乃一面之词，不能据为定评。譬之审案，审官必于原被告两方面所持理由逐一询问，不能偏听一面。至于第二次照会所以延迟答复之原因，乃因本领事曾对葡总领事献议，以为此案非经两方共同派员调查，无以昭公允。是以葡领对于上次照会延不答复，皆本总领事之过也。幸请贵省长明察。

陈省长：（向英领言）贵总领事之意，吾（以）〔已〕明白。惟贵总领事乃局外人，并非葡国总领事官。

葡公使：本公使深恐贵省长对于鄙意尚未十分明了，于共同派员调查之提议，本公使谨再请省长加以考虑，即行允许。如审查之后，曲在葡人，澳政府当道歉。否则当另有办法。本公使诚意盼望贵省长慨然允诺，权当贵省长对于本公使此次来粤解决各案之一种欢迎，不亦可乎。

陈省长：本省长之意，于葡领必须答复粤政府最近之通牒一事，依然坚持到底，无论如何，澳门政府必须重视本省照会。本省长既承贵公使诚恳提议，再三请求，不便过事决绝，拟提出下述各条件：

（一）于共同派员调查，澳门政府必须答复第一二次要求。

（二）共同派员调查之议，一经本省长同意，第三项要求关于水界问题，即当开始谈判。

（三）第四项要求可由澳政府拟定相当之答复。

以上各条如果贵公使能一一应允照办，并饬贵国领事，将允许履行上述各条之正式照会，由葡国驻粤领事转致本政府，本省长应允对于贵公使所提共同派员调查之议，加以好意的考虑。

杰领事：第四项要求，与事实无关系，未免太过。粤省政府何以不自禁鸦片之偷运，粤省遍地皆赌，粤省在要求澳门禁烟赌以前，应先自行禁绝。

李交涉员:粤政府早已厉行禁绝烟赌。赌博一事在粤为犯法,在澳门则受澳政府保护,此是不同之点。且粤政府以澳门纵赌,于内地治安影响甚大,岂能以无关系视之。

杰领事:(向葡使言)贵公使之意以为何如。

葡公使:本公使无异议。

杰领事:(向葡使发言)贵公使能即时在此(指广东省长公署内洋花厅)将答应该履行各条件之公文,即刻缮就,递与陈省长否?

陈省长:本省政府与澳门交涉,习惯相沿,均经葡国驻粤领事官转致。本省长之意,至好请葡国领事以正式(以)〔公〕文将应允履行各件照会本省长。

葡公使:本公使具有全权办理各案。惟鄙意拟先将各条件面告澳督,以免有碍体面。无论如何,本公使具有全权,既已应允,当即饬葡国领事一一照办。惟须再次声明,第三项要求之讨论开始,非在两方赞成共同派员踏勘之前。

陈省长:此意吾已明白无讹。

葡使:吾望两国争端可以早日了结。

交涉局副局长黄建勋译。

《澳门专档》卷4,第442—448页

顾维钧[1]致外交部

1921 年 10 月 24 日

报载:澳门划界问题,葡萄牙有在华盛顿会议提出之说。顷晤英外部东方股长,亦谓近日此事情形不佳。究竟澳门问题现在广东方面对葡如何争论,请将实在情形电复。钧。廿四日。

中国第二历史档案馆藏中华民国驻英国使馆档案

---

① 驻英公使。

外交部致驻英使馆
1921 年 10 月 27 日

二十四日电悉。此次澳门冲突,葡使称:九月十六日有中国汽船装载兵士不服澳门理船厅盘诘,以致冲突,伤毙数人。又有中国鱼雷艇一艘,不遵向例,突来停泊,因此提起抗议,并声明保留索偿之权等语。迭经电粤查询情形,迄未得复,似可再由尊处电问。现葡使已奉该国政府电令赴澳调查,拟俟该使返京再行酌商解决。至划界问题,全卷业经抄带华府,如何办法,届时再行电达,希酌与英外部接洽。外交部。二十七日。

中国第二历史档案馆藏中华民国驻英国使馆档案

外交部收顾维钧等电[①]
1921 年 12 月 5 日

外交部详。据葡萄牙代表言,澳门案宜早决。葡政府拟请美公断,业向美政府示意,似不反对。如能得中国政府同意,即可在大会中宣布。问我意见如何。请裁示。基、钧、惠。四日。议字十四号。

《澳门专档》卷 4,第 452 页

外交部致太平洋会议代表
1921 年 12 月 7 日

澳门案议字十四号电悉。澳门原系租与葡人停舶。光绪十三年,总税司因药税案订定条款,认葡永驻及管理其地。宣统元年,高使与葡代表勘界辍议,时葡代表即有请付海牙公断之议,当经拒绝。此案仍重在勘界,然新占、旧占情形复杂,非他国所能悉,断难付之公断,或可归入租借地问题,根本上筹收回之法,以图解决。希酌商办理并电复。外

---

① 此电系中国出席太平洋会议代表顾维钧、施肇基、王宠惠从华盛顿发出。

交部。七日。京六十八号。

《澳门专档》卷4,第452页

陈炯明与菲力特谈话

千九百二二年(民国十一年)三月十七日下午四时,葡使符力特晋谒广东省长陈,请求对于划分前山澳门水界一事,赞成仲裁裁判。交涉局副局长黄建勋担任两方传译,谨将当时谈话情形,记录如左:

葡使:鄙人抵粤瞬经数月,乃划分水界一事,尚无头绪。自海员罢工风潮解决,本拟即返北京,兹从友人敦劝,暂留粤境与贵省长对于粤澳水界再行从长计议。近闻贵省长拟将此案搁置。惟鄙人拟提出仲裁裁判,并请菲力滨总督活将军为仲裁裁判人。

陈省长:本省长所以将此案搁置者,乃由澳督意未诚实,且蓄意侵略所致。当本省长前次应贵公使划清水界之要求,深望贵政府开诚布公处理此事。不期澳督对于银坑树立中华国旗一事,横加抗议,(银坑)与湾仔历来皆隶属中国版图,试问澳督具何权限而提出抗议。

葡使:贵省长待鄙人优礼有加,甚深感谢。可否再予允诺,重开谈判。本公使私意以为贵省长决不将该案搁置。澳门政府毫无恶意,该抗议不过是一种形式上的公事。吾等所以作此抗议者,盖亦欲将此划界事重提,早日了此悬案耳。至于澳政府所要求,合与不合,非本公使所知。惟澳政府所以必须抗议者,因划界从未举行也。一八八七年中葡条约第二款所载有云:"(一)前在大西洋国京都理斯波阿所订预立节略内,大西洋国永居管理澳门之第二款,大清国仍允无异。惟现经商定俟两国派员,妥为会订界址,再行转立专约。其未经定界址以前,一切事宜,俱依照现时情形勿动,彼此均不得有增减改变之事。"以上所录乃中葡条约明文,澳人居澳已历数百年,葡人以为澳门及其附近区域,皆属葡国,此历史上经过之情形也。是以澳门政府今次提出银坑树华旗之抗议,乃根据历史上的理由,澳政府万不得已而提出此种抗议。本公使惟有希望贵省长只当此种抗议仅是形式上的,至于合否,吾所不知。虽然此等形式上的抗议,请贵省长亦以形式上的视之可也。

陈省长:本省长对于贵公使之要求已再三通融。去岁九月十六,澳兵枪击华兵一案,既已勉徇贵公使屡次之请,求彼此派员,共同调查。乃澳门政府对于银坑树华旗一事,横加抗议,侮辱粤政府主权太甚。除非贵公使转知澳督,将抗议收回,本省长断不能将划水界事重行提议。

葡使:本公使对于此事颇难办到,深为抱歉。鄙人确无此能力,请贵省长原谅。再者划清水界,为防止来日缪轕所必要之方法。至于银坑与湾仔是否属于中国,乃划界中之一问题。鄙人并不绝对谓湾仔、银坑非中国领土,但该地乃葡人历史上所争执者也。

陈省长:贵公使言,贵公使并不绝对的谓湾仔及银坑非中国领土,然则贵公使能否称说湾仔、银坑为中国领土,并请澳督将抗议收回?苟非澳政府自行将抗议收回,则共同派员调查九月十六日之案,及划清粤澳水界事为不可能的。共同调查九月十六日一案,尚非如划清水界案之重要,此乃当然之事。惟该抗议一日不收回,本省长惟有将各件作为悬案而已。如澳督若执意根据历史为要求张本,本省长亦可根据历史为要求张本,将澳门划入粤界,并抗议葡人不得在澳门悬挂葡旗,葡人可任意将银坑及湾仔于地图上划为澳门历史上的附属领土,但此图断不发生效力。历史云者,无聊之饰辞耳。

葡使:贵省长于本公使所处之境遇尚未谅解,鄙人深以为忧。鄙人乃葡国公使也。又系驻各国公使领袖,当来粤之时希冀各悬案可以解决,乃事多逆意,难期进行。惟鄙人以公使资格逗留粤境,于一己之尊严有所贬损,鄙人现拟一星期后返京,贵省长能惠然将尊意明白见示,则鄙人感激无穷。贵省长须知鄙人所处地位之困难,苟易地而处,不知有何善法以谋进止。贵省长对于鄙人素重友谊,亦能将意见明白见示欤。贵省长亦知彼此所处地位不同否?贵省长为全粤之主,权力足以指挥全省,且人民乐于爱戴,凡事听命,为政府后盾。惟鄙人则毫无能力。澳门浪人与报纸日日吹毛求疵,与本公使为难,即澳督所为,亦未与鄙人一致。且鄙人之上,又有本国外交总长及殖民总长,鄙人固无独断独行之权也。如有之,则粤澳交涉可迎刃以解,不须半刻钟,即可了结一切。鄙人郁郁五中,有不能言之隐衷。以私人资格言之,澳门不应于银坑、湾仔有所争执。以公事言,则鄙人不能为此说也。本公使或者不久须返葡京请本国政府训示,不知陈永善将军亦曾转达贵省长否?幸请对本公使个人困难情形,曲加谅解。

陈省长:贵公使困难情形,本省长知悉。虽然,本省长有一言奉质。贵公使对于澳门政府此次抗议,果以为当否?

葡使:贵省长此问,希冀鄙人以私人资格答复欤?抑以葡国公使资格答复欤?

陈省长:以葡公使资格答复。

葡使:本公使不能答复此问。

陈省长:贵公使代表葡国,何以不能答复。

葡使:请贵省长注意,彼此乃朋友,而非寇仇。如必欲本公使即时答复,是哀的美敦式质问而含有战争之意。战争非贵省长本意,尤非本公使所乐闻。

陈省长:察核贵公使所答,对于收回前次抗议认为办不到之事,本省长惟有将由华界海岸边竖立华旗地点之直线距离丈量,然后向澳门政府提出抗议。由澳门海边达澳门内地,在同等距离内,不许澳门政府竖立葡国旗。

葡使:贵省长不过以此相戏耳,非直欲为此也。

陈省长:非也。本省长并非戏言。

葡使:葡国虽瘠弱小国,于国家体面甚为重视,请勿为过分之行。如蒙赐惠,我必报德。彼此互相让步,则事易了结。如贵省长必坚持原议,是欲战争也。

陈省长:本省长既非戏言,亦非挑战,予惟主张公道,安我民心。中国虽老弱文明古国,亦永不作无理之举动,予所主张为公道耳。贵公使既不绝对的说湾仔与银坑非中国领土,惟该地之属中国为事实的无庸辨白。因该地为中国所固有,亦无须乎澳门政府之承认。虽经澳门政府之承认,并不增加何等价值。惟今日所争者,乃葡人无抗议银坑竖立中华国旗之权。贵公使既谓不能咨达澳门政府,将该抗议收回,本省长亦惟有将中葡事件作为悬案而已。

葡使:以现在情形言之,今日谈话尚无结果。划分水界乃重大之事,本公使须赴葡京请示。希将贵省长意见明白见示,俾能代达一切。

陈省长:(一)湾仔、银坑为中国固有之土地,事极真确,固无须葡国之认可。(二)关于划分水界,须依照万国公法以河之中间或至深处为界。

葡使:划分界线,亦包括澳门附近岛屿否?

陈省长:是的。

葡使:贵省长可否将上述各端缮就见赐,如此则转达本国政府时,将有所依据。

陈省长:此事容商后,再行核定。

葡使:甚善甚善。鄙人明日赴港,约下星期四再行会晤,并告别返国。惟再有请者,请于六个月内,彼此约束两国人民及军士,并防止无意识之举动。闻粤政府拟在银坑设立水上警察,可否暂时缓办,俟六个月后再举行。本公使并非制止此事,不过希望稍为缓办耳。

陈省长:可是可以缓办,俟六个月后再说。

葡使:甚谢甚谢。尚有一事请贵省长允诺,关闸外华民筑墙,亦请令其暂行停止,俟六个月后静候解决。此虽民业,惟贵省长有阻止之权。工程如不停止,将来继续建筑,(延)〔延〕至闸口,恐无识葡兵发生误会,致起冲突。

陈省长:本省长可以约束部下,不知澳督亦能之否?

葡使:现共产主义流行,兵士多不遵命,本公使虽能转致澳督维持秩序,惟事或有出人意料之外者。

陈省长:筑墙一事,本省长不能命其停止,以其与本案无关也。

葡使:此事无关紧要,听之可也。本公使不日回葡,贵省长可否以肖像见赐。本公使得本国政府训示后,六个月即回中国。

陈省长:本省长甚愿以小照奉赠。

葡使:甚谢甚谢。后会后会。

陈省长:后会后会。

《澳门专档》卷 4,第 455—463 页

澳门界务交涉纪要①

1923 年 3 月 14 日

一、葡人租界及侵占澳门之历史

明嘉靖十四年,都指挥黄庆请准洋舶停泊濠镜,名为泊口,岁输二万余金。是为葡人到澳之始。三十二年,托言风涛借地曝水渍贡物,实以推广租地。万历九年,复改纳税租为岁五百金。至清嘉庆时葡人始行占地,闯入莲花茎、关闸,拆毁汛墙,自三巴门以北,至旧关闸均认为葡界。道光二十九年,侵占拉塔石炮台,将原役驻望厦村外委驱往白石村,并应纳税租亦抗不缴纳。咸丰时遂在西沙岛之沙嘴占筑炮台,并建兵房于潭仔。同治二年占塔石、新桥、沙岗、沙梨头、筑马路。光绪五年,占龙田村。九年占望厦村。

二、清廷承认②葡国永驻管理澳门

光绪十三年,总税务司赫德,因办理药税,遣税务司金登干赴葡京,与葡外部议定草约四款。其第二款定准由中国坚准葡国永驻管理澳门以及属澳之地,与葡国治理他处无异。是年冬中葡订立条约,其第二款载明葡京所订预约内,葡国永居管理澳门之第二款仍允无异。惟现经商定,俟两国派员妥为会订界址,再行特立专约。其未经定界以前,俱照依现时情形勿动,彼此不得有增减改变之事。等语。

三、澳门水界历年争执之事实

光绪十六年,粤省与澳门因停泊师船,双方争执。经贺税司调停,

---

① 外交部秘书朱鹤翔整理。

② 应为不认。

六月初八日由粤督致葡领照会,暂定中国师船在亚婆以下青洲以上居中停泊。嗣后两国公干船只均勿逾越,但声明此举与将来分界之事无干。等语。三十四年正月,因日本商轮辰丸私运军火,在九洲洋海面为中国缉私巡船拿捕。葡人强谓该处为葡国领海,要求释放。中国以九洲洋海面为海关巡缉界内,自系中国领海,中国官员在领海内有巡缉私运之权,相持不下。四月粤督规复拱北一带防营,葡一面请派员会勘界址,商撤驻兵,一面建兵房,设浮桥,拘嚎艇,稽查中国兵轮以相胁制。旋葡派方济格沙等三人为勘界员,不洽华情,商请改派,葡使坚不应允。葡人又在马料河勒收地钞,拟浚海道。且遣兵轮来澳。是年十二月,外务部电令驻法刘使赴葡交涉。葡外部称浚海仅有是意,派员遣舰系葡国主权,中国如能撤兵,葡愿改派合宜之员,并暂缓派舰赴澳。又称勘界如有意见争执,应否提交公断。云云。英人亦居间调停,请我撤兵。宣统元年,刘使与葡外部议定,公断作罢,我允撤驻兵一处。葡允撤炮舰,停收钞,罢浚海。概不列牍,仅将两国派员勘界一条,备文互换。

四、高马两使在香港会议界务之情形

宣统元年,云南交涉使高而谦奉命与专使马沙铎在香港会议。葡使坚执光绪十三年条约附属地字样,要索澳门全岛,对面山、青洲、潭仔、路环、大小横琴,及附近各小岛,并内河、外海,且将关闸以至北山岭之地作为瓯脱。虽经高使严词驳辩,葡使坚执如前。最后高使议以澳门原界作为本境,以龙田、望厦等村作为属地,潭仔、路环已建造之区,予葡停留,不作属地。其余对面山、大小横琴及内河、外海均归中国。葡专使仍未满意。因彼此主张悬殊,中道辍议。是年十月二十六日葡使照请提交海牙平和会公断,二十八日照复,提交公断实难同意。嗣经驻法刘使与葡政府接议,值葡国内乱,亦无成效。

五、民国以来中葡交涉之经过

民国三年四月二日,葡使面称,奉政府训令,愿继续议商澳门问题。五月二十四日电令驻葡郭代办探询葡外部意见如何。十二月十八日据该代办函称准葡外部函开,重议澳门界务,仍以马沙铎致高使节略为本。如中国政府所拟办法足使两国满意,亦和衷参酌。等语。二十一日,葡使约本部刘秘书到该馆非正式晤谈澳门问题,互换意见。四年一月,葡使又以个人交情,约刘秘书同赴澳门调查界务。五年二月,广东将军巡按使电称,葡人在澳门西北莲峰庙前对门青洲之下,沙岗之上,浚深河道,填筑海圩。经电由驻葡郭代办据约交涉,葡外部言,须藩部详询情形后,始能确实答复。等语。是年十一月三十日,广东省长电称,葡舰向在妈阁外游弋,今乘我军换防,于四月间进泊湾仔,遣兵登岸租屋,经我诘责,葡舰虽离岸约五十余丈,仍干涉往来湾仔、银坑船只,勒令缴费,等语。经本部及粤省与葡交涉,彼坚称光绪十六年已与粤督订约,内港属澳管辖,意在揽收湾仔、银坑海权。一面由粤省驳复澳督,嘱令葡舰退回原泊,一面由部函达葡使指明,光绪十六年并无订约之事,仅有粤省与澳督暂定彼此泊船地点,但经声明与将来分界之事无干,葡舰闯泊湾仔实与彼此维持原状之约不符。等语。六年一月,葡使函称粤督派委员林子峰与澳督议定协商大纲,切盼予以核准。等语。经电粤督查明详情,当于二月二十二日函复葡使,略谓粤省派委员林子峰系会同葡员察看濠沟,当时澳督所交条款,该委员仅允带呈长官阅看,并未与议。现在惟有遵照旧约,维持原状。云云。七年一月二十四日,广东交涉员呈称,澳门附近葡舰拦阻华舰,勒填报单,越过湾仔索缴华舰牌照费,驱逐渔船泊澳门,并遣艇载泥土填塞附澳海道。等情。当于二月六日,部派朱秘书根据来呈逐一面达葡使,请电澳督阻止,并饬驻葡郭代办向该政府交涉。三月二十三日,葡使略复,仍藉口光绪十六年粤督致葡领照会,认定澳门海权归葡管辖,运泥填海在葡境以内。等语。三月二十五日,驳复澳门海权为界务争执之点,属中属葡,断非一方面所能单独认定。至光绪十六年之临时泊船办法,不能藉为辖境之证,仍请该使将二月六日本部派员面达各节转电澳督,查明阻止。云云。七月十四日,收驻葡郭代办电称,根据刘公使与葡国所约停止浚海之案,与葡外部交涉,彼以无据不认,意在乘广东多事,大动工程。等语。八年,葡人擅在澳门关闸斜线对开青洲岛堤岸附近,挑浚海道,填筑坦地,已成路面长约五十丈,宽约十丈,经广东军政府照会葡领,转向澳督抗议,嘱令停止,拆卸回复原状。葡领以青洲系其属地,有权填筑海坦,华官不合干预,规划工程仍复进行。当经军政府派员前往青洲实地测绘,并将葡人擅筑青洲海坦各情电京,本部于十月十四日据情照会葡那代使转电澳督,停止工程。二十三日,该代使复称,此次澳门所施之水中工程,只在于本国界之内,即澳门领海以西,亚婆石与青洲相距之中心平行线以南之处,其挖出之泥土,仍填于本国所辖之海中,碍难停止。等语。十一月一日,本部驳以光绪十三年中葡条约第二款曾经载明,未经定界以前,俱照依现时情形勿动。此次澳督浚河修道,显与前项条约有背,应即停止工程,以符前约。云云。十一月二十四日,葡那代使复称,澳门工程与条约并不违背。等语。九年一月八日,本部复根据条约及历次抗议澳门浚海成案,严词驳拒。会广东军政府以葡人浚海进行不已,蔑视条约,难以理喻,派陆海军前往镇压梭巡,复委林子峰协同办理交涉。二十八日英朱使向本部面称,英徇葡请派舰赴澳,请劝告当局勿出强迫举动。等语。当经本部转知粤省,三十一日,准葡那代使照复,浚海工程已暂行停止,请派员会同划界。等语。二月四日,葡那代使面询,若使与南方订立暂时界约,中央是否承认。当经部长答以划界定约,事关法律,若专与广东相订,仍属无效。云云。

六、广东军政府与葡国签订港工合约

十年三月,广东军政府解散,派员将九年九月二十一日与葡国代表签订之澳门港口工程合约及修改港口章程、澳门交解华犯章程等件移送政府。

七、中国不赞同葡代表交付公断之提议

十年十二月五日,太平洋会议代表电称,据葡代表言,澳门案宜早决。葡政府拟请美公断,业向美政府示意,似不反对。如能得中政府同意,即可在大会中宣布。问我意见,请裁示。等语。七日,本部电复澳门,界务情形复杂,断难付之公断,或可归入租借地问题,根本上筹收回之法。十一年一月三十日,太平洋会议代表电称,澳门勘界事,遵电答复。葡使现言该政府因案久悬宜速解决，拟提交国际联合会公断，经查前电告以公断难为情形。等语。

八、葡使在广东与陈省长炯明之谈话

十一年三月十七日，葡使与广东陈省长会晤，面请陈省长明白表示对于水界之意见。陈省长谓，澳督对于银坑树立华旗曾提抗议，应即收回。至对于水界之意见：一、湾仔为中国固有之土地，事极真确，无须葡国之认可。二、关于划分水界，须依照国际法以河之中间或至深处为界。最后葡使请于六个月内彼此约束两国人民及军士，并防止无意识之举动，并请粤政府将银坑水上警察暂时缓办。陈省长表示同意。十月二十日，葡使来部面称，广东与澳门休战条件，十一月底即将届满，拟延长日期。等语。当由国务院转知广东交涉员，旋据该交涉员复称，粤省当局亦表赞同。云云。

《澳门专档》卷 4，第 521—526 页

关于抗议葡人在澳门侵占我国土压迫华人情形电

1925 年 12 月 10 日

广州中山公会会长徐玉亭等呈

呈请即令广东交涉员将前山洋务委员卢光功撤回，并派员与葡人严重交涉，勒令拆去建筑物，将关闸外地址交还，及饬前山军队严卫国境，以杜侵略而保主权。

为呈请事。前据罢工宣传员投称：葡人在澳门关闸外新建筑花园一所，显系侵略我领土，贵公会桑梓所关，请即呈请政府交涉，以保主权等语。敝公会据此即函前山洋务卢委员查明交涉，讵卢委员复称现未奉到交涉公署明令，未便办理等语。敝公会即行电请国民政府外交部胡部长暨广东省政府政务会议，请从速派员严重交涉去后，现奉省政府令开：现据广东交涉员傅秉常呈称：已令前山洋务委员彻底查明，详细具复，以凭核办。去后现据呈复，澳门葡关闸外葡人将原关小菜园改建

花园,非系扩阔,其电杆内之地,查近来植花则有扩地则无也,合将查得实情备文呈复察核,等情。当以澳门关闸外原系中国地方,葡人不应在此经营花园。本年葡兵改种花卉,便是新近确有动作,核与中葡条约第二款,彼此不得有增减改变之事一语,显有违背,仰即向葡官严重交涉,并以后遇有此等事件,务须严行制止等语,批饬在案,兹奉前因,除令行并案办理外,合先呈复钧府察核等情,据此合就转行,为此令仰该会长等即便知照。此令。等因。

奉此查中澳界线,以原关闸为界,非以电灯杆为界,所有关闸外尺寸之地皆我国领土,今卢委员如此具复,殊属昧于实情。敝公会以国土所关桑梓所在,碍难漠视,经即函致前山罢工会办事处,请详细查明葡人所占地址,绘成图式,以便呈请政府交涉。去现接该会张办事员来函,并将所占地址测绘成图,披览之余,显然侵占无疑,事关国家领土,万难放弃。敝公会经开全体会议,群情愤激,佥以卢光功父子均系葡籍人,家宅财产悉在澳门,以葡籍人办理中葡交涉事宜,难保无偏袒情弊,应呈请政府即将卢光功撤回,另委能员接充,以重交涉而平众愤。又澳门一埠前乃租借地,今葡人据为己有,夜郎自大,蚕食无厌,曩者欲夺我银坑水道,复兴筑黑沙湾海坦,现更在关闸外建筑花园,侵吞不已,若不严重交涉,将侵略之患不堪设想,应请政府派员勒令葡人将关闸外所有建筑物及电灯杆全行拆去,恢复原状,并责令前山军队严为捍卫,以固吾圉等议,随付表决,全体赞同,案经会众通过,会长等自应照章执行,为此备文,连同罢工会办事处绘具关闸外占地图式呈请察核,即令广东交涉员将前山洋务委员卢光功撤回,免滋贻误,并派员与葡人严重交涉,勒令拆去建筑物,将关闸外地址还我故土。一面饬前山军队严卫国境,以杜侵略而保主权,实为公便。再,正会长吴铁城现在假内,合并叙明,除呈广东省政府外,谨呈国民政府。

中国第二历史档案馆藏广州国民政府档案

中国国民党曲江县执行委员会快邮代电

1926 年

中国国民党中央执行委员会、国民政府、各省党部、省政府、省农会、省妇女解放协会、中华全国总工会,各市、县党部、各报馆、全国同胞钧鉴:此次葡帝国主义者借口建筑游乐场,欲将澳门关闸一带霸占,遽下令驱逐我华人出境,流离失所者数千人,此等强横无理之侵略政策,侵犯我国主权,违背国际公法。一息尚存,誓与奋斗。尚望我政府严重抗议,全国一致声援,以维国权而张公愤。临电激切。中国国民党曲江县执行委员会叩。寒。印。

中国第二历史档案馆藏广州国民政府档案

中国国民党惠来县执行委员会快邮代电

1926 年

中国国民党中央党部、国民政府、广东省党部、广东省政府、各省党部,各县、市党部,各工会、各农会、各报馆钧鉴:报载葡帝国主义借口将澳门关闸一带地方改建游乐场,遽然下令驱逐我国男女同胞数千人出境,一时无家可归,流离失所,哀号之声,惨不忍闻。敝会聆耗之下,莫不发指眦裂。务请各界一致声讨,誓雪此耻。竟望我政府迅即提出严重交涉,以拯无辜之同胞,而维我国之国体。敝会仅率全县党员,誓作后盾,临电不胜迫切待命之至。中国国民党惠来县执行委员会叩。鱼。

中国第二历史档案馆藏广州国民政府档案

五、日本在中国东北的利益扩张

说明:本章资料反映的是 1925 年—1928 年间日本在中国东北扩张利益的有关内容,主要的线索是,其一,日本对华政策的变化,以田中义一接替币原重喜郎出任外相和东方会议的召开为标志,以"协调外交"著称的币原外交为田中的"积极对华政策"所取代,日本着力推行武力侵华政策,而其首要目标则为中国的东北。其二,奉系张作霖与日本既互相利用,又矛盾冲突的关系,郭松龄反奉时奉日合作,东方会议后日方要求张作霖兑现承诺,对东北铁路、商租权勒索不已。在张作霖不肯允诺日方各项索求的情况下,日本关东军的强硬势力断然采取炸车行动炸毙张作霖,制造了令人震惊的皇姑屯事件。

本章主要资料来源:

中国第二历史档案馆:北洋政府外交部档案

中国国民党中央委员会党史委员会编,秦孝仪主编:《中华民国重要史料初编——对日抗战时期》绪编(一),台北"中央"文物供应社,1981 年

《日本军国主义侵华资料长编(上)——〈大本营陆军部〉摘译》,四川人民出版社,1987 年

中央档案馆、中国第二历史档案馆、吉林省社会科学院合编:《日本帝国主义侵华档案资料选编:九·一八事变》,中华书局,1988 年

李云汉编:《九一八事变史料》,台北正中书局,1977 年

河本大作等著、陈鹏仁译:《我杀死了张作霖》,吉林文史出版社,1986 年

辽宁省档案馆编:《"九·一八"事变档案史料精编》,辽宁人民出版社,1991 年

辽宁省档案馆编:《奉系军阀密信》,中华书局,1985 年

辽宁省档案馆编:《奉系军阀密电》,中华书局,1984 年

三浦贯一著:《森恪》,日本东京高山书院,1943 年

章伯锋主编:《北洋军阀》第 5 卷,武汉出版社,1990 年

吉林省社会科学院《满铁史资料》编辑组编:《满铁史资料》第二卷《路权篇》第三分册,中华书局,1979 年

台湾中研院近代史研究所编:《中日关系史料——渔盐路矿交涉》,台北,1995 年

日本外务省编纂:《日本外交年表并主要文书》,杉田屋印刷株式会社,昭和三十年

日本外务省编纂:《日本外交文书》昭和时期 I,第一部第一卷(昭和二年),文唱堂印刷株式会社,1989 年

日本外务省编纂:《日本外交文书》昭和时期 I,第一部第一卷(昭和三年),文唱堂印刷株式会社,1990 年

《时报》,北京《晨报》,《顺天时报》,天津《大公报》

Kenneth Bourne and D. Cameron Watt ed. , *British Documents on Foreign Affairs: Reports and Papers from the Foreign Office Confidential Print*(《英国外交文件集》,以下简称"BDFA"),Part II,Series E Asia,Vol. 33,University Publications of America,1994.

日文资料除特别注明外,均由徐志民翻译。

其他资料来源文中说明。

(一)从币原外交到田中外交的转变

说明:本节资料主要反映日本对华政策从币原外交到田中外交的转变过程。币原重喜郎担任日本外相期间,主张避免刺激中国的民族主义,尽量避免介入中国内战。不过,在其不干涉主义的名义之下,日

本确保并在一定程度上扩大了在东三省的权益。而田中内阁上台后，即于 1927 年 6 月 27 日在东京召开首次东方会议，以确定北伐战争向北推进形势下的对华政策，会议制定了针对东三省的积极扩张政策，其核心是向张作霖当局索取大规模修建铁路的权利，并通过支持张作霖政权达到将东三省从中国本土分离出去的目的。1927 年 8 月 13 日，日方在大连召开第二次东方会议，密商实施满蒙政策的具体方法。

1. 币原外交

币原在五十届国会的演说
1925 年 1 月 22 日

去年七月，我在本会场上曾就政府执行外交方针的根本意义及当时我国国际关系问题概略地向大家谈过。从那以后在各国间发生了种种重要事件。综合这些事件，大体上谈谈我的看法。当前世界人心，一般都排斥、反对偏激狭隘的利己主义政策，反对滥用武力，不承认侵略主义，对一切国际问题，正朝着要以互相谅解与协作的方式谋求解决这一方向发展。例如关于德国赔款问题的伦敦会议，以及和平处理国际纠纷问题的国际联盟第五次总会的召开等等，都表明了这种趋向。

做为以上趋向的必然结果，近年来国际会议显著地在日益增加，去年一年，我国所参加各种国际会议，总计达到四十二次之多。在会议的议题中，固然有不少对帝国本身没有特别重要的直接利害关系。但我国早已不是一个孤立在远东的一隅、关着大门、只顾自己生存所能限制住的国家，而是一个国际联盟的主要成员，对于世界和平、人类幸福负有重大责任。因而只要与这个大目的有关系的问题，不管其利害关系与我国家轻重与否，或较为间接，当然都必须派代表参加这个会议。我国担负的责任如此重大，事在今日，已经是无须讨论的客观事实，这是一件无论如何也不容逃避的时代要求。我相信：这是一种推动世界前进的一种伟大力量所使然。

固然,在目前的形势下,各国尚未从激烈动荡的世界大战中恢复旧观,对内财政经济尚未恢复常轨,国际关系也未达到十分稳定,理想之实现,尚感渺茫。但一般若从世界人心所向这方面来看,毫无疑问,国际的斗争时代已逐渐成为过去,代之而来的可以说是国际协作的时代。然而世界上往往把这种倾向称之谓国际主义,认为与国家主义是不相容的,是违反本国利益,为此而加以猛烈攻击者不乏其人。如果认为国家主义就是意味着一国的专横,其他各国皆迎合此一国的意愿的话,那么,现今的世界大势,的确非常明显地与这种国家主义是不相容的。再则,如果所谓本国利益就意味着眼前一时的利益,或者是国民一部分人的利益的话,那么,现今的世界大势,确实是不利于诸如此类的国家利益,这也是不容争辩的事实。但是,地球不是以一个国家为中心而旋转的。凡是一个国家,不论其国力如何强大,其财力又如何地丰富,以此就有恃无恐,在各国间极尽专横之能事,到头来,势必以极惨的失败而告终,这已为历史所证明。国家的真正而又长远的利益,只有各自在相互的立场之间,获得公平的调和,才能有确实的保证。我们根据这种信念,以期规正与各国外交之关系。

关于政府的对华政策,其大纲我已在上届议会予以阐明。首先,我阐明了我们在尊重中国的合理立场的同时,也必须有彻底维护我们的合理立场的信念。其次,关于中国内政问题,我也曾经谈过,我们完全没有干预的意志。不幸的是:去年继江浙战端之开,而有直奉两军的激战,一时间挑起了中国内部非同寻常的内战。我们对于当时的时局,始终一贯地贯彻了早已声明过的政策,也就是:第一,在维护我国合理的立场上,不断地加以深切的注意。所谓合理立场之一例,就是我国在满蒙的权利和利益。这一权益如果受到在山海关的奉直两军的侵犯,是不能允许的。所以在十一月十三日,对奉直两军直率地阐明了我方的立场。关于这个问题的经过,当时报上已经公布,想大家都很详细。不言而喻,日本所忧虑的,不仅仅限于满蒙的事态,对于全中国,在日本国家的生存上,都有着极为密切的利害关系,这是个现实的事实。然而在我国国民的感觉上,事关满蒙特别敏感。其原因是:除了利害之外,还有个历史理由,即日本在满洲的原野上,为了自卫,为了东亚的和平,曾经以国家的命运为代价,进行过两次大战。日本人今天在该地方之所以获得从事各种和平事业活动的权力,毕竟是由于这种巨大努力的结果。当然,我们无论在满洲地区,或者在中国其他地区,都没有什么领土意图。关于这一点,政府曾经一再声明过,现在又在重复声明。第二,关于对华内政不干涉主义,政府尚在彻底地执行这个主义。我们对任何派系,只要是继续以战争为目的的武器、弹药、借款等,就绝对禁止供给。我们深知中国国民对战乱是深恶痛绝的,所以坚信:对中国任何一派不给予支援,它本身就等于对中国国民进行了支援。我们尤其认为最重要的一点是国际信义。日本已在数年前承认了禁止各国向中国输入武器的这一决议,并且又屡次地申明了不干涉中国内政的方针。并且把这一诺言体现于实际行动上。其结果如何呢? 我们的公正态度,已为中国公民和世界各国普遍所承认。中日两国关系显著地得到了改善。并且同各国之间的相互信赖,益臻于深厚。此乃值得庆贺之处。

帝国政府,在段祺瑞氏就任临时执政的同时,即与各国协议,承认了段氏政府为中国事实上的政府。我们对任何人出来执政,与中国采用什么样的宪法制度,也没有横加干涉和滥提意见的情形。中国人民有数千年的历史背景,还有它独特的环境,其国家组织,只有任凭中国国民自己来选择,此外别无他途。但是,以我国而言,唯一的着重点是:希望中国对外忠诚地履行国际义务,对内维护各地的和平秩序,建立一个巩固的政府。我们本着这一目的,承认临时执政府目前在锐意改进,并以深厚的同情,祝愿其成功。这种同情与援助,决非单纯地为了中国某一个特定的人、某一个特定的派系,始终是以中国国民的全体利益为出发点。我想这一点需要予以明确。

要确立中国国内的和平统一事业,当然不是轻而易举的。但也不能只看其既往的事业毫无成绩,就轻易下结论,断定中国国民缺乏自治能力,这是错误的观点。特别是根据这种错误观点,倡议将中国的铁路及其他行政机构,实行如国际管理之类的计划,这是我们绝对不能容忍的。我们并且相信:各国政府亦不会有诸如此类的计划。另方面,目前似乎有这样一种说法:中国将来可能成为共产主义的国家,或者有人认为于自己的国家不利,就策划破坏国际公约。我对这些说法论调,概不予以置信。我们必须要经常以满怀耐心与希望地注视中国国民革新政治的努力。总之,我们要在坚决主张我国在华正当权利与利益的同时,也对中国的特殊国情抱有充分的同情心,在精神上、文化上以及在经济上谋求两国公民的协力合作。

其次,关于俄国问题,如我在上届国会已经谈到的那样,我们两国关系,在很多方面毕竟还是利害相同的邻国,也充分地认识到在我们彼此之间,须要保持十分亲善友好的关系。然而,也有一些议论认为:在目前两国之间,还有许多需要解决的案件,因而在两国恢复国交之前,如果不解决好这些问题,在建交后必然要陷于不愉快的纠葛中去。为了两国的将来,我认为这样做也是一件极不明智的事。我们绝对没有想以石油与煤炭等为报酬,以作为承认俄国的条件。不过我们认为,事前应廓清那些将来可能引起双方矛盾的因素,能在融和的气氛中恢复国交,殊有必要。这就是日苏恢复邦交谈判需要漫长时日的理由。幸好这一谈判最近进展得很顺利,已在前天晚上,即一月二十日,双方在基本条约及其附属书上签字。

如此,日苏问题的多年悬案已告圆满解决,不久在交换了协定批准书之后,日苏之间又将恢复正式国交。在这里我为能够向各位报告这个消息而感到满意。

至于同美国之间的关系,我相信:为了太平洋的和平,进而为了世界的和平,两国之间永久维持亲密国交,相互努力协调一致,双方对此均负有重大使命。并且相信:美国国民的大多数,对此点与我有同感。在去年五月间制订的美国移民法中,对日本人入境,设有差别规定,我的确感到遗憾。关于此条款中的情况以及政府对此之意见,我已在上届国会谈过。这个问题迄今尚未解决。但法律问题如不通过法律程序，是不可能得到改变与废止的。美国的法制，立法与行政完全是独立的。所以现在两国政府之间，即使一再讨论，要使本问题得到解决，显然还是不可能的。现在只有等待一般美国国民正确地理解我国的主张，否则是不可能的。急躁的态度，囿于感情的言论，决非是促进国际谅解的正确途径。我毫不怀疑：在美国国民的血管中，现在仍然流着美国建国时那种正义与爱的精神，我期待着实际证实我这一看法的时机的到来。

关于与其他各国的关系，正在极为顺利地向前发展，并在日益加深着亲善与友谊，对此，我感到十分欣慰。

总之，成为我国外交方针的基础是：在增进帝国正当权利与利益的同时，维护各国的权利与利益，竭力避免国际斗争，坚持国际协作。我们遵循这一方针，确信在付诸实践时，会受国民的正当理解与支持。

陈仲言译：《日本外交年表并主要文书》（下），转引自《北洋军阀》第 5 卷，

第 491—496 页

币原在五十二届国会的演说

1927 年 1 月 18 日

我在此按照以往的先例，就五十届国会以后我国对外关系的发展，向在座各位陈述意见，供做参考。

当前最引人注目的国际关系之主要问题，不言而喻是中国的时局问题。过去十数年以来，中国是内战频仍，连续不断，战争之当事者和地区，虽屡有变换，而国内秩序之恢复，尚无丝毫迹象。特别是自去夏以来，南方军队已挺进到长江沿岸，他们举着改革政治及社会改革的旗帜。因此，给中国内乱的性质带来了变化。于是，在中国的中央和地方拥有兵力的各党派，在安国军的名义下，团结起来，以反抗南方军队。在军力与政策方面，都形成了南北对立的局面。

这种新事态，对于各国的在华权益，将造成何等影响，以及中国政

局将如何转变,目前尚非明确断言之时。当此之际,我相信:我国国民绝不会为片断的或片面的报导消息所动,尤其以坚持审慎冷静态度至为重要。不过,鉴于目前事态,兹就一二问题,申述愚见,幸希鉴察。

第一,我们或从对邻国人民发自自然的同情而言,或从维护我国工商业利益而言,均殷切地希望在中国迅速地恢复和平秩序。但这种愿望的实现,只有等待中国国民的主动努力,别无他途。如由外部施加压力,强制其维持国内之和平,只能是有害无益。不过,我们支持企求和平的中国人民的努力,并为此利用一切机会,我认为这是友邦在道义上的义务。因此,我认为有必要禁止一切对中国的有助长其内乱危险的武器及借款的供应,且自大正八年(1919年)以来,我们在政府权力所及的范围内,采取最严厉措施来取缔这类活动,这一方针在今天仍然不变。如果,外国一方面声称不干涉中国内政,而在另一方面却向中国的一党一派提供与其敌党作战用之武器或借款,如有类似这种行动,那只能说是完全自相矛盾的态度。

第二,在中国将由谁来掌握政权,究竟以何种国内政策对中国是健康的妥善的,这些都是需要由中国国民来决定的问题。如其政策能适应中国人的国民性,能导致国内的繁荣,能提高它在国际上的声誉,则自然会增强其势力。如果,与此相反,它背叛国民的期望,其必然自趋消亡。中国国家的发展变化,实际是以数千年历史为背景的,而是在本国特有的环境的刺激下发展起来的。所以,不管任何外国,想根据以自己本身臆造出来的政治或社会组织计划强加于中国之类的作法,是永远不可能成功的。至于要中国国民长期忍受别国的干涉,甘心服从其指挥,亦是不可想象的。当然,不管中国采用何种制度,我相信:日本国民自有其自己独特的历史,有我国独特的理想,有彻底维护自己国体的坚强决心和充足的力量。

第三,我国国民不管在任何场合下,当然在中国拥有保护其生命财产的权利,亦享有全世界公认的国际法的保障。即使在中国国内出现任何政治上或社会上的变革,我国民在华所享有的基本权利是不应受到限制和改变的。另外,现在在中国政界发生的任何变动,也未听说有否认日本在华所享有的这种权利。但由于维护治安责任的权力中心不稳定,有的地方对坏分子的跋扈行为取缔不力,这种情况是有的,也是明显的事实。这种事态随着该地方政情日趋稳定,并非没有改善的希望。目前我们在中国各地,正努力与现政权进行交涉,尽可能地使日本人的生命财产得到适当的保护。这个目的到今天为止,大体上已经达到了。

其次,关于中国关税特别会议,不幸由于中国国内的动乱日益加剧,结果以致形成连中国委员自己都不能出席会议的情况。因而去年七月三日,各国委员发表共同声明,决定在中国的正式代表参加会议之前,暂时休会,致使这一会议甚为遗憾地中途停顿。但我想长达十个月的各国委员的事业,并非毫无益处。各国委员对中国的立场一致表示同情,特别是在中国与各国之间力图求得公平解决的诚意,不但在会议的全过程中明显地表现出来,就是各项议题的调查审议在将来也是非常适宜、非常珍贵的参考资料。特别是日本委员,鉴于本国的历史经验,观察邻邦人心的动向,在与各国保持密切协调的同时,另一方面与各国一起援助中国,以世界各国对中国的善意谅解来使中国人民的希望得以实现。这种千方百计煞费苦心的努力,已为一般人所公认。无庸置疑,这对增进日中两国的友好亲善,给予了很大的推动。

借此机会,我就日本为何在关税会议上采取这种态度的动机,向在座各位略谈数语。溯自华府条约签订以来,日本就不懈地尽力推动促使迅速地召开中国关税会议。及至酝酿召开这一会议时,日本则立即表示欣然同意。我们之所以采取这样的行动,其真正的目的,无非是希望谋求一个保障日本在华正当而且重要的经济利益的调和方法,并为增进一般中国国民的幸福做出贡献。我们希望为确实保证中国在国际上享有其当然的地位与信用,并尽力给予援助。我们对华府条约规定中国提高海关税率,固无任何异议。但关税之收入,必须保证避免间接直接地充当内战军费,或被某一党一派所私占垄断。并且一般必须拟订适应华府条约之规定与精神的适当办法。为了贯彻这一精神,有必要就关于提高关税的目的及条件,签订一个协定。应该认为,这就是我们忠实于中国,也是对中国四亿人民在道义上的责任。从这个观点出发,为中国和其他各国着想,我们希望继续重开关税会议的日子再次到来。届时,如果能使南北各方面的负责人都参加到中国方面的委员中来,共聚一堂,促膝畅谈,交换意见,共同讨论问题,更是我们所不胜企望的。关税会议何日再开固难预料,不过,如上所述,我们的希望与方针,即在今天的情况下,仍然认为没有必要作任何变更。

中国治外法权委员会于去年一月十二日召开会议,于九月六日完成了全部任务。其报告书业已公布于世。关于它的详细内容,请参看该报告书。委员会固然没有签订条约的任务,其报告书对任何国家也无约束力。但这是各国委员与法界著名权威人士,以及中国的主任委员,协同一致,前后经过八个多月的时间,热心调查研究所得的结晶。无疑,这是一部具有重大价值的文件。在该报告书中,一方面记载有对中国政府提出的若干劝告,对这些劝告事项,在中国如果得到相当程度的执行,各国则可考虑撤消其在华治外法权。并且在另一方面亦指出,在治外法权撤废前,在各国现行的制度惯例中,亦有需要改正的事项。并且还提出,在撤废治外法权时,可不必在中国全国范围内同时进行,不妨采取分地区或部分的以及其他办法,逐渐推行的方针。当中国委员在该报告书上签字时,对其中的第一篇、第二篇以及第三篇中记载的各项规定,表示不能全部承认而有保留,对第四篇上提出的劝告事项,并未作何等保留。所以,我们认为第四篇有关劝告事项是中国与各国委员共同一致的结论,故当处理治外法权问题时,当然主要侧重于这一方面。

再次,最近发生的日中通商条约改订问题,也引起我们慎重的注意。关于这一问题,北京政府外交部所提出的建议和日本政府的回答,业已公布,在此恕不重复。总之,北京政府外交部的提议,从法律论点上看,尚有许多需要讨论之处。但日本政府从大局着眼,决定目前应暂避开这类争论,尽快同意与其进行改订条约的交涉。但为将来计,关于这一问题的我国之法律立场,要明确地表示予以保留。同时,鉴于日中两国的亲密邦交,对于合理的中国公民的要求愿望,准备以十分同情与理解的态度来加以考虑。如果中国方面亦如我方所期望的那样,以同样的稳健友好的精神给予响应,相信改订条约的交涉,必然会得到顺利进行。

综合日中两国关系中的各项问题,政府的方针,概括地说,就是:第一,尊重中国之主权与领土完整,对其内争,严守绝对不干涉主义;第二,期望两国间增进共存共荣关系,以及经济上之合作;第三,对中国国民合理的希望,一定要以同情与好意对待之,并共同努力,促其实现;第四,对于中国目前情况,尽可能持以忍耐与宽大态度,同时,决心对我之在华的正当而重要的权利与利益,坚持以合理的手段,努力维护之。

以上所述,是日本既定方针。对于各种具体案件,始终以此制约我们的行动。我们过去是遵循并执行这一方针,今后仍然决心循此继续前进。

陈仲言译:《日本外交年表并主要文书》(下),转引自《北洋军阀》第5卷,
第497—501页

2. 东方会议内幕

东方会议

对华政策之更新

田中内阁成立伊始,即于四月二十二日发表施政方针,其中关于对中国政策的部分阐述如下:

"当前中国的事态,对于我国及远东来说,都是直接有关而且十分迫切的重大问题。对于中国国民正当愿望与要求,吾人深抱同情,如能周密分析其国的内外形势,在其实现上,自会有适当的程序与方法,倘不审时度势,而一任其动乱愈演愈烈,则不仅有悖于中国国民的意愿,且

就中国与各国的关系而论,中国国民之正当要求一旦得以实现,若再陷于危险地步,亦不符合中国国民之初衷。综观与中国有重大关系的各国态度,对于中国国民的正当要求亦当不惜予以容纳。由此推演,吾人确信,在诸外国与中国之间的关系上,既不酿成任何险恶事态,而又能使中国国民之正当意愿得以实现的途径,应该存在。就此而论,吾人不得不希望中国国民慎思熟虑。至于共产党在中国的活动,视其结果如何,我国有直接受其影响的危险,且为维护东亚大局,我国负有重大责任。基此立场,我国断然不能漠然置之。再退一步来说,仅就维持世界和平与人类福祉考虑,共产党在中国的活动也是必须予以密切关注的严重事态。基于上述见地,关于时期、问题及方法等,必须与列强保持协调自不待言,对于我国之上述立场,相信邻邦俄国亦能给予充分谅解"云云。

这一政府方针表明,田中内阁势必担负起全面更新对华外交政策的使命,也就是改革民政党内阁的币原外交,重建新的外交机轴,为适应革命的中国局势以及凡尔赛条约和华盛顿会议以后的国际形势而开辟新的外交路线,田中内阁就是肩负着这一使命而登台的。

于是,田中内阁为贯彻其新方针、新政策而立即着手推行的步骤是:第一,是对中国方面的山东出兵;第二,是为使其全面更新的外交方针在其驻外使节之间得能贯彻执行,因而召开了东方会议。

田中外交亦可谓为森恪外交,就是以解决上述两个问题为其政策的出发点而展开了。嗣后二年间的田中内阁,也可说是在解决这两个问题的荆棘之路上前行着。它在这条艰难道路上前行当中首先遇到的是,国内反对党的攻击。其第一次烽火就是民政党永井柳太郎议员于五月五日在众议院会议上向田中内阁的对华政策提出的攻击性质问。

永井柳太郎的质问要点如下:

一、田中首相既对若槻内阁的对华方针提出责难,那就首先有责任在国民面前申明自己有何对华政策;

二、田中首相在四月二十二日发表的声明中,表明了要消灭中国共产党的态度,这是不是干涉他国的内政;

三、田中首相既对中国的共产党提出威胁,那么,对其发源地的俄国又将采取何种政策;

四、南京事件发生当时,在野的政友会曾不断散布流言,进行煽动,现在南京事件的调查,想已告终结,那么,首相是否依然相信这些流言?

对此,田中首相做了要点如下的答辩:

一、我内阁根本就没有偏袒某一方面予以援助的意念。然而基于维护我帝国之权利利益的立场,在必要时为自卫而采取某些适当措施,乃是势所必然。换言之,即在需要采取行动的时候,是不能犹豫寡断无所作为的。

二、关于俄国共产党的质询,可说是一场夸大的、独断性的演说。我所声明的是:对于动辄以暴力进行破坏的行为,必须加以充分监视。也就是说,在他们的行动使我帝国感到危险时,我们就不能袖手旁观。至于这中间的具体情况俄国政府也会予以充分谅解。这在今天看来,对于日俄亲善并无任何妨碍。

三、在中国,共产党的情况今天已有所变化,假如任其发展下去,中国国民亦能回到他们本来的立场。那么,对于他们多年来的希望,即所谓独立自主的要求,我们也有欣然予以响应的决心。

四、看来有些人对于我们或将出兵等等颇有疑虑,实际上我本人始终认为出兵是必须审慎行事的。

五、关于南京事件,经过调查已逐渐明了,社会上传布的那些流言,往往是出于误解。且举一例而言,如污辱妇女云云,就纯属子虚。又如说帝国军人持无抵抗主义云云之类,实际上这并非帝国军人不愿抵抗,而是基于当地我全体侨民的要求,而忍泪未加抵抗的。

六、关于南京事件的第二次交涉,刻下正在研究当中,并将为与列国保持协调而努力。总之,与列国保持协调,是当前对中国外交中深感必要的。

东方会议的历史使命

所谓的东方会议,共召开两次。

第一次在大正十年(1921年)五月原敬内阁时期。会议的主要组成人员为：原敬总理大臣以下的全体内阁大臣之外，还有驻外首脑斋藤朝鲜总督、永野朝鲜政务总监、山县关东厅长官、立花海参崴驻军司令官、由比青岛派遣军司令官、大庭朝鲜军司令官、河合关东军司令官、小幡驻华公使、赤塚驻奉天总领事等人。会议的议题是，就山东、满蒙、朝鲜、西伯利亚、中国本土等地有关对外关系的各项重大问题广泛交换意见。其主要目的是，决定当时在政治上急需解决的西伯利亚撤兵问题和山东撤兵问题的善后措施。

在这第一次东方会议上决定的对华政策要纲如下：

一、对在中国的保险制度，提供通融资金五十万圆。

二、向在中国的工商业者金融机构以银资本提供融通资金五十万圆。其监督机关由外务省、大藏省选出委员组成委员会担当之。

三、对于长江流域的日本侨民拨款一千八百万圆。

四、关于东三省的财政整理，以(我国的)金融专家为顾问。

五、整理借款的财源由大仓组、满铁、东亚劝业筹措。

第二次东方会议，是田中内阁时期由森恪提倡于昭和二年(1927年)六月召开的。森恪担任议长，主持会议议事日程。会议的中心议题是专门研究讨论有关对华政策，特别是满蒙政策。以此为中心，还兼及一般对华政策、对南方革命军政策、对北方的北方政权政策，具体说来，就是在满蒙建设铁路的问题，对华经济发展以及对长江沿岸的日侨保护问题等等。

若对第一、第二两次东方会议加以比较，很明显，两者虽同称为东方会议，而其目的却迥然不同。第一次是政府为制定关于满洲、朝鲜、西伯利亚、山东以及中国诸多悬案的方针政策而召开的预备会议，换言之，即决定一般国策的会议；而第二次是内阁向驻外使节宣示政府方针并就其贯彻执行的方法加以说明和指示的会议。由于这次会议的性质与国策会议不同，故以外交事务关系的形式举行。又基于这种性质上的差异，故前者以总理大臣官邸为会场，而后者则以外务大臣官邸为会场。当时虽亦有陆海军、铁道、内务、大藏、文部、农林等各部大臣时时出席,但均以列席者的身份参加,并不干预会议的协商和决议。

关于第二次东方会议的经过情形,当时的《支那时报》(第七卷第二号)已有记载,为供参考,摘录如下。

东方会议的召开

据闻田中首相组阁当时,天皇陛下曾有谕旨颁赐:关于对华政策,要深思熟虑,审慎运筹。其结果,由田中首相自兼外相,为了确立对华方针,统一执行对华政策,除派遣外务省官员赴中国进行实况调查外,并征求各方面意见,进行了种种考虑和研究。然而仅仅采取上列措施,只能停留在各种意见的分歧上,很难得出完整的结论。于是,田中首相兼外相决定召集与推行对华政策有关的外务、陆海军、大藏、关东厅等首脑集于一堂,听取各方面毫无隔阂的意见,然后确定对华政策纲领,并训示所属贯彻执行,为此召开了东方会议。会议从昭和二年(1927年)六月二十七日起,在霞关外相官邸召开,出席这次会议的,除当时驻中国各地的使节外,大体有如下人员参加:

外务省方面:田中兼外相、森政务次官、出渊次官、植原参与官、木村亚洲局长、小村情报部长、斋藤通商局长、堀田欧美局长、芳泽驻华公使、吉田驻奉天总领事、高尾驻汉口总领事、矢田驻上海总领事;

陆军方面:畑次官、南参谋次长、阿部军务局长、武藤关东军司令官、松井参谋本部第二部长;

海军方面:大角次官、左近司军务局长、野村军令部次长;

其他:儿玉关东厅长官、富田大藏省理财局长、浅利朝鲜总督府理财局长。

会议开始,首由田中外相作了下列致辞,接着由木村亚洲局长公布议事日程,随即散会。

田中首相的致辞

中国政局纷乱已极,我政府在对华政策的推行上,必须慎加考虑。趁此中国战局稍形平稳之际,特约集我驻中国各方面之各位代表齐聚一堂,就中国政局问题开诚布公、各陈所见,以供政府参考;同时,就政府之方针政策,亦希各位充分理解,并统一贯彻执行。这就是召开此次会议的用意所在。在探讨政府的政策运筹当中,有些细节问题,随着会议的进展,或将组成特别小组委员进行专题研究,对此,亦希各位予以谅解。

议事经过及其内容

会议先后共召开五次,出席各委员均就对华问题一一陈述了己见,经过种种讨论,最后关于对华政策由田中首相作训示,以期达到对华政策之推行及其统一步骤。

关于议事经过情形及其内容列述于下:

第一次会议

六月二十九日上午,于外相官邸,除各有关委员外,有小川铁相、山本农相、三土藏相、白川陆相等出席,鸠山内阁书记官长等以旁听者身份列席。开会后,首先由矢田驻上海总领事作了内容大体如下的报告:

从上海冷静地观察中国大势,中国自民国元年以后,内战连年不绝,名义上虽叫共和国,而实质上是在依靠武力互相争夺权势,与中世纪封建时代毫无二致。最近,广东又出现了一些特殊的新分子,他们既无统一,又无节制,妄图梦求乌托邦,情势极为混乱。要考察中国时,如不对两个相异点加以综合,我相信不会得出适当的考察结果。对这样一个变幻无穷、前途莫测的中国,我国要对它实行一定的政策,殊属困难。本人认为,作为日本来说,不论采用任何手段和方法,日本都必须与中国在经济上结成密切的关系,必须谋求日本商品顺畅地进入中国;当然,更必须为日本的安全树立良策。总之,我国政府对中国的政策必须不失机宜地妥善考虑。

当日下午,继续由下列人员汇报情况陈述意见,未及进行讨论,旋即闭会。

高尾驻汉口总领事:

武汉政府关于对日方针,正在认真考虑。他们对于日本出兵山东,不愿说三道四,亦不愿再酿事端,似乎愿与日本达成长久性的谅解。武汉政府目前执行的是委员制度,不是由一个人决定政府的命运,而是由集体来决定,因而他的基础看来还是相当巩固的。对于四月间的骚乱事件以及实行共产主义,他们也承认是失败,故其稳定性近来也逐渐有所增强,这也是事实。然而要巩固武汉政府,如能排除共产党徒的妄动,或将成为相当有力的政权,也有可能与南京政府保持联系。关于这个问题,其间夹杂着两个关系,即冯玉祥与唐生智、冯玉祥与蒋介石的关系,故其前途,遽难逆料。今后必须加以密切注视。

吉田驻天津总领事:

关于以奉天为中心的中国政局,由于当前张作霖在北京,从政治上看,奉天目前处于空虚状态,所以要考虑东三省问题,必须与北京的势态联系起来,加以综合探讨。不论东三省将来由谁主宰,由于我国在满洲的地位是巩固的,所以我本人相信:今后只要我们以公平合理的主张,维护我国的权利利益,并获得经济发展即可。但在这里必须更进一言,以期唤起注意的是:我们必须坚持严正公平的态度,不可滥用已得的巩固势力,以免招来误解。

松井第二部长:

中国政局的演变,并不取决于兵力与武器弹药之多寡,必须由战局和政局两个方面来加以综合分析。从军事和政治上来看,南京政府在组织实体和财政等方面,似乎都已逐渐走向坚实地步,从根本观念上亦与武汉政府有所不同,它已摒弃了共产主义而转向于三民主义的立脚点上。然而由于冯玉祥的出现,在北伐这一点上,武汉、南京、冯玉祥三者之间未必不能达成一致;但其主张与信念,则未能够达成一致,所以说不定什么时候又会发生纷纠。关于北方形势,奉天派自河南失败以后,已进行内部整顿,维持现状,当无多大困难。然而由于奉天的退却,造成了山东与山西之间的联系断绝,所以今天最堪忧虑的是山东的战局演变。假如北伐军的阵容坚实,能够推进到兖州,则济南亦将化为危险地带。然而南方各派亦非铁板一块,纵使其目的相同,而在山东方面究竟能给北方军以何种程度的打击,目前尚难明确预料。

第二次会议

六月三十日上午,会议继续进行,首由武藤关东军司令官陈述意见如下:

过去二十年来,(我国的)满蒙政策已取得了相当成果,毋庸赘述。但遗憾的是,交通及资源的开发并不充分。不管满蒙由谁主宰,我们都殷切希望东三省的政治基础稳定和地方秩序安宁,不论是为东三省政府或为东三省人民着想,都应该促进其资源开发和产业发展。要而言之,满蒙的交通建设及资源开发之所以未能达到满足我国需要的程度,其原因主要是因为我国政府过去未能树立和执行一定不变之政策所致。正因为日本对满蒙有特殊的利益关系,就更必须确立明确而坚定的方针,为东三省居民,同时也是为日本而致力于交通建设和资源开发。

武藤发言之后,接着由左近司海军省军务局长汇报了在这次动乱中海军方面所采取的措施,儿玉关东厅长官就满铁沿线和关东州租借地行政问题陈述了意见。最后由此次东方会议的中心人物、驻中国公使芳泽谦吉就中国一般政情,特别是中国南北两个对立势力未来的消长等,陈述所见如下:

芳泽公使:

判断中国问题,无论何时都必须付以前提条件,否则无法判明。南方派若一致北伐,可估计其胜利约占六分、危险四分。即使南方派获胜,亦难断定今后中国会实现和平统一。不论何人主掌中国天下,其政府亦难长期稳定。自民国建立以来,政权争夺屡有反复,不论谁人取得政权,前政府的组织机构及其施设均被破坏殆尽,宪法从来未曾得到贯彻执行。

关键在于,与其说是为日本着想,毋宁更是为中国着想,都必须讲求公正的手段,对中国绝不可纵爱,致使其变得更加骄狂恣肆。这就是日中关系的微妙之处。

第三次会议

七月一日上午,接着上次会议继续交换意见,特别以满蒙为主题进行研究,与会者的意见大体如下:

满洲与日本具有特殊关系,但自结成此种关系以来已历时二十年,而在铁道、租借地、商租等问题上尚有许多悬案均未获得令人满意的解决,而且从某种意义说,经济上已陷入僵局,其原因在于:

(一)除铁道附属地、租界地以外,尚未享有土地所有权;

(二)商租问题尚未解决;

(三)交通机关尚未整备,等等。

除上述者外,最大的理由是没有确立起一贯的满蒙政策,且在实行政策时未能采取坚定不移的行动。

上述政策上的缺点,是由下列原因造成的:

(一)满洲在政治上没有得到安定;

(二)未能遏制中国本土的政变与战乱波及满洲,以致带来动摇。

基于上述情况,应对满洲需要树立起坚定不移的政策;同时,使满洲政治安定,不受中国本土连年兵乱错综复杂的政治影响。为此,我国必须实行的政策,当然是"要坚持维护日本之特殊地位,同时要根据机会均等门户开放的原则,努力实现满洲的工业化"。

当日下午,继续就满蒙问题进行协商时,各委员间出现了如下的意见分歧:

一种意见认为,以往的缺点是,满蒙的资源开发未按国策贯彻推行,资源调查一任满铁独自担当。因此,今后如不按照机会均等的原则,与中国、俄国协同进行调查,就不能得到发展。如不取得土地所有权,坚实的满蒙产业化亦难实现。取得商租权,固然也可算作一种解决办法,但必须使中国官宪承认日本人的土地所有权。早年日本也曾禁止过外国人的土地所有权,然而即使予以承认,也未有多大危险。况且在广大的满蒙土地上允许外国人享有少许土地所有权,是毫不足虑的。所以使中国官宪主动承认外国人的土地所有权,这对中国本身和对满蒙的产业化,都是有益的。再则从我国的立场而言,改变过去以满铁为中心、以大连为根据,集中发展满蒙产业经济的体制,而将满蒙各地尚未兴建的各铁路线建成,另在清津开港出口,这也不失为是一条可行的方策。如此改革,不仅可使满铁分成两三个机构,各自充分发挥作用,而且可使满铁所属的臃肿的附属事业分散经营,让满铁专以铁道、矿山为主体,调查研究事业也可分别独立进行,效果较好。另一种主张是仍由满铁统揽一切,综合经营。

此外,一种意见分歧:有人主张除满铁工商事务外,其地方行政应由关东厅掌管。对此,有人表示反对。

当日还就长江一带复兴以及日侨撤离问题进行了讨论,初步决定拨款七十万圆以资救济。

第四次会议

二日上午主要审议了关于复兴长江一带的我国经济问题。

第五次会议

四日,又重复讨论了向中国投资的问题。会议决定:"过去对中国的无担保投资已达三亿五千万圆乃至四亿圆之巨。关于这个问题,应交由小组委员会进一步研究筹拟。"

其次关于改订日华通商条约和违反现行条约的问题,决定如下:

关于条约改订问题,在中国方面看来,是废除治外法权与改订税制的问题。日本在关税会议时已对中国的各种不平等问题,率先各国表示同情,并曾努力谋求对中国有利的解决;但为促其实现,中国本身亦须有忠实履行一切协约、条约及其它约定之实际表现。总之,关于改订条约、回收税权等问题,总须到中国实现统一和政治之安定以及中国国民表现出能够履行条约义务之后方能解决。

东方会议的收获

东方会议先后经过上述五次讨论,议事日程大体结束,于七月七日下午举行了最后一次会议。这次会议,开始由木村局长概要报告了会议的经过情形,继由田中兼外相作了下列的讲话:

"此次东方会议是一次极为重要的会议,除外务省各委员外,还有陆海军及有关各省的负责人惠临出席,大家畅所欲言,开诚布公地交换了意见。本人相信:通过这次会议,各位已能理解政府即将采取的彻底的统一方针政策,并能得到贯彻执行。趁此机会,本人愿就政府对中国的政策纲领宣明如下……。"(《对中国政策纲领》见后载,故略——译者)

此次东方会议,惹起内外各方面极大的注意,中国对此尤为关切,他们对会议的内容进行了种种揣摩臆测,并以东方会议与其后田中内阁的强硬外交联系起来,认为日本怀藏野心,要先占领满洲然后向大陆进击,而捏造出什么"田中总理奏折"用以进行排日宣传,施展出用国际舆论牵制日本的外交策略。尤其在王正廷出任外交部长以后,这种活动已达到无所不用其极的程度。

基此种种,从对外影响而言,田中内阁的第二次东方会议,其反响远较原敬内阁的第一次东方会议巨大得多。

田中内阁为澄清内外的疑虑,宣明田中内阁的方针即对中国的政策,特于七月七日会议最后的一天,由田中兼外相做了关于对中国政策纲领的训示,并立即向中外发表了声明。

对中国政策纲领

确保远东和平,谋求日中共存之实效,乃我对中国政策的核心。至其实施办法,鉴于日本在远东的特殊地位,对于中国本土①与满蒙两者,自不得不各异其趣,分别对待。本此基本方针,现将当前的政策纲领宣示如下:

一、中国国内之政情安定与秩序恢复,虽系当前之急务,而其实现方法,仍应由中国国民自身努力寻求。因此,当中国发生内乱、政争之

① 帝国主义时代的日本军国主义分子,久已怀藏分割中国的野心,妄称我东北四省及蒙古地区为"满蒙",称新疆及蒙古地区为"蒙疆"。对其余长城以内地区则僭称为"支那本土",俱含有蔑意和侵略色彩。为保存史料的真实面貌,本书译文除将"支那"改为中国外,其它一概袭用原词——原编者注。

际,帝国政府绝不偏于一党一派,而专以民意为重,严格避免干预各派间的磨擦与纠争。

二、对于中国稳健分子出于自觉的、正当的国民要求,当以满腔同情协助其合理地、逐步地取得成效,并努力与各国保持协调,以促其实现。与此同时,中国的和平的经济发展,也是世界各国的殷切希望,应配合中国国民的努力,争取列国之友好的协助。

三、上述目的,只有在符合民意的、巩固的中央政府成立之后才能达到,但就当前政情来看,此种巩固政府之成立殊非易事。因此,在当前情势下,只能暂时与各地之稳健政权保持适当联系,以待全国统一政府之建成。

四、随着政局的推移,或将出现南北政权对立或各地方政权联立等情事,届时日本政府对各政权均将不偏不倚、同等对待。在这种形势下,如在对外关系上有建立统一政府之可能时机,则不问其建在何地,日本政府均将偕同各国共表欢迎,并愿对此统一政府之健全发展予以协助。

五、不容置疑,值此中国政情不稳定之际,颇有不法分子乘机跳梁,扰乱治安,酿成不祥的国际事件之虞。对于此等不法分子的镇压以及社会秩序的维持,帝国政府期望中国政权能够依靠国民的自觉而着力执行;但在帝国的在华权利、利益以及日侨的生命财产有遭到非法侵犯的危险时,帝国政府只得根据需要,断然采取自卫措施,加以保护。

尤其对于那些为破坏日中关系而捏造流言蜚语、招摇惑众,妄图掀起排日和排斥日货等非法运动的分子,一方面固应予以揭破澄清,而另一方面为了维护帝国权益,亦须进而采取机宜措施。

六、满蒙、特别是东三省地区,无论在国防上和国民生存上,均与我国具有重大的利害关系,我国不能不加以特殊的考虑。不仅如此,在维护该地方之和平,促进其经济发展,以使其成为内外人安住之地等方面,我国作为其接壤的邻邦,亦不能不痛感负有特殊的责任。

满蒙地区从南到北,均应本着门户开放、机会均等原则,促进内外人士的经济活动,此乃加速实现该地区和平的有效途径。至于我国既得利益的维持乃至悬案的解决,亦应本此方针适宜处理。

七、关于东三省政情的稳定,依靠东三省人民自身的努力求得实现,实为上策。如在尊重我国特殊权益的基础上谋求满蒙地区之政情稳定时,帝国政府将予以适当支持。

八、万一动乱波及满蒙,治安陷于紊乱,致使我国在该地区之特殊地位与权益有遭侵害之虞时,不问其来自何方,均坚决加以防护,并须不失机宜地采取适当措施,以保证该地区为内外人等安居繁昌之地。

最后要说的是,此次东方会议似已引起中国南北当局之关注,故各位归任之后,亟应利用这一时机,文武官员同心戮力,促使各项对华问题以及诸多悬案之早日解决,以使本次会议更有成果。至于上述对中国政策之具体实施方法,本大臣将与各位另行协议。

大连会议

田中内阁的对满蒙积极政策,随着东方会议传遍遐迩,后又决然向山东出兵,因而给中国和满洲的中国人以极大的冲击,特别是奉天的官方与民间已把田中内阁的满蒙政策,看成是帝国主义的表现,是剥夺中国主权和侵略中国领土野心的暴露,因而多方筹拟反抗的对策。八月下旬,以奉天总商会召开排日大会为导火线(开端),奉天省议会也随即商讨排日的行动方针。如此等等,满洲的排日运动愈演愈烈,已形成不容忽视的局势。

在这种情势下,吉田驻天津总领事根据东方会议决定的政府方针而与奉天当局展开的外交交涉,亦完全陷入僵局,几乎濒于决裂。

另一方面,在满洲的日本侨民为对抗满洲的排日运动,亦召开日本侨民大会造声势,要求政府采取积极政策,解决满洲的诸多悬案;并唤起舆论,特派代表前来东京,向朝野各方面发出呼吁。

于是,在满洲日中(原文为"满",即指我东三省而言,下同。——译者)双方的对立愈益激化,日中间的交涉亦随之陷于停顿。为此,森恪为与我驻满官员直接联系,特于八月十一日离开东京前往大连,在大连召集我驻奉天总领事吉田茂、驻满洲各地领事以及驻北京公使芳泽谦吉和就近的驻中国外交官员，召开联席会议，进行商讨，此即所谓的大连会议。

森恪在大连会议上决定：一方面将解决满蒙悬案的交涉移到北京由芳泽公使与张作霖直接折冲；另一方面，对满洲采取强硬手段推行我方针政策。

然而这个计划，由于森恪与满铁总裁山本条太郎之间在对满政策上发生意见分歧而不得不宣告中止。

山本满铁总裁与森恪在对满问题上意见相左

森恪与满铁总裁山本条太郎之间所发生的关于对满政策问题的意见分歧，其实质一言以蔽之，就是山本主张采用内科方法，而森恪则主张采用外科方法。据当时寓居大连的森恪的总角之交满铁理事田村羊三回忆说，当年森恪曾经发过如下牢骚：

"根据情况，采用内科手段亦未尝不可；但也有必须动用外科手术彻底根治的时候。对满政策就必须如此。"

在此之前，接受田中总理的恳请出任满铁总裁的山本氏，在就任之前曾向田中首相谈述了自己的抱负，谈话不仅限于满铁本身的问题，还就根本解决满蒙问题的具体方案——即与张作霖直接谈判，两人秘密达成了谅解之后才接受了全权委任。其后，在这项交涉过程中，为了向中外保密，曾经作过周密的防范，结果在极秘密中于北京签订了《山本·张作霖备忘录》。这项交涉在达成协议之前，不但未向驻华公使芳泽谦吉透露过任何消息，也未向外务省提出过任何中间报告，完全是独断进行的。

当山本听到森恪在东方会议、大连会议上策划对满施行强硬手段的消息后，急遽赶回东京，向田中首相兼外相汇报了与张作霖秘密交涉的结果，同时在其私邸召集森恪、出渊（外务省事务次官）、木村、植原等外务省有关首脑，第一次向他们叙述交涉经过，并竭力强调说，如在这项交涉尚未完成的中途，实行如大连会议上拟议的那种强硬政策，将使全部成果尽付东流。对于山本氏的这种作法,不但森恪反对,芳泽公使亦颇愤慨,而被蒙在鼓中的外务省,更是既有异议,又极不满;但因与田中首相早有默契,故亦无可如何。结果,森恪花费一个多月的功夫绞尽脑汁策划出的对满强硬政策,终不得不暂告中止了。

森恪与山本之间的分歧,是首相田中男爵缺乏一贯方针所造成的。

陈仲言节译:《森恪》下卷,转引自《北洋军阀》第5卷,第514—529页

日本内阁东方会议经过报告(日本外务省)

(一)召开之由来

大正十年五月,原内阁①时代曾以内阁阁员为中心,另使与中国有关之主要文武官员等参加其中,为研讨对华方针,召开所谓"东方会议"。昭和二年四月田中内阁②甫一成立,即仿效上例,以田中外务大臣为委员长,集合与中国有关之重要文武官员以及有关各"省"之代表,亲自听取各委员报告各现地之情况,乃至有关对策之意见;同时并为使政府之方针得以对各委员贯彻到底起见,决定在同一名称之下召开会议。而其会期则先规定六月十六日,有关此项之准备虽曾进行,但因其后中国之时局变化,使驻华各重要官员一时归国述职诸多不便,不得已决定加以延期。然其后中国之情势幸获小康,而田中外务大臣之健康状态不佳,结果于六月二十七日始得以召开。

(二)会议之准备

关乎此次之东方会议,事前并未召开特别准备会议,仅由内定为会议干事长之木村亚细亚局长在奉到上司之命令后,就有关会议之构成以及日程等进行准备,同时命令主管科编印会议用之参考文书,并使之就特殊问题之满蒙议案、长江方面日侨救恤案、以及对支发展方策等,筹划妥当一种向会议提出作试行草案之方案。

---

① 原敬,1918年9月至1920年11月任日本内阁总理大臣。
② 田中义一,1927年4月至1929年7月任日本内阁总理大臣兼外务大臣。

又有如前述,因外务大臣患病而开会之日期一时延期,但另一方面,驻外公使馆、领事馆方面之委员已齐集东京,故曾利用此一空闲期间,在六月二十一日起至二十四日之间,前后共召开四次有关上述特殊问题之仅限外务省内人员参加之协商会议。

(三)会议之构成与进行方法

(甲)会议之构成如左:

A　此次之东方会议由委员长(外务大臣)一名、委员(外务省本部方面五名,驻外公使馆、领事馆方面四名,殖民地方面三名,陆军方面三名,海军方面三名,大藏省方面一名)十九名、临时委员二名(外务省本部方面一名,陆军方面一名),共计二十二名所构成,另设干事长一名(由委员兼任)、干事四名及书记三名。

B　会议分为正式会议与特别委员会。

C　本会议以委员长为议长,委员长有事故时由外务政务次官代行。又议事组组长由外务政务次官担当之。

D　特别委员会系在特别有问题发生时设置之,由森恪政务次官任议长,并兼任其议事组组长。

(原注:特别委员会之委员数额,最初本以尽可能减至最少人数为主旨,预定仅限于特别具有深切关系之委员出席,但其后情形转变,实际上成为委员会全体委员皆特别委员之形态。再者,田中委员长并未曾出席特别委员会。)

E　旁听仅限于获有委员长许可之国务大臣以及其他人士。

F　东方会议之出席委员及旁听者之官衔姓名如下:

a　委员

委员长外务大臣男爵　田中义一。

委员(括弧内为临时委员)

外务省本部:外务政务次官森恪、外务次官出渊胜次、外务参与官植原悦二郎、亚细亚局长木村锐市、通商局长斋藤良卫、欧美局长堀田正昭。

驻外使馆领事馆方面：驻华公使芳泽谦吉、驻奉天总领事吉田茂、驻汉口总领事高尾亨、驻上海总领事矢田七太郎。

殖民地方面：关东长官伯爵儿玉秀雄、关东军司令官武藤信义、朝鲜总督府警务长浅利三郎。

陆军方面：陆军次官畑英太郎、参谋次长南次郎、陆军省军务局长阿部信行、（参谋本部第二部长松井石根）。

海军方面：海军次官大角岑生、军令部次长野村吉三郎、海军省军务局长左近司致三。

大藏省方面：大藏省理财局长富田勇太郎。

b　旁听者：铁道大臣小川平吉、陆军大臣白川义则、内务大臣铃木喜三郎、大藏大臣三土忠造、文部大臣水野炼太郎、农林大臣山本悌二郎、内阁书记长官鸠山一郎、外务省情报部长侯爵小村欣一。

c　干事：干事长亚细亚局长木村锐市。

干事：大使馆一等书记官谷正之、外务书记官村井仓松、外务书记官中山洋一、外务事务官三浦武英。

书记：外务事务官宇佐美珍彦、外务事务官柳井恒次、大使馆三等书记官森乔。

（乙）会议之进行方法

有关会议之进行，决定大体按照下列之顺序与方法，依据六月二十七日开会当日田中委员长之指命，由木村干事长宣读之。

A　正式会议

（1）正式会议按照下列顺序听取各委员有关中国政局之报告以及对一般政策之意见：

①以南方、特别以南京政府为中心之政治情形报告与意见　矢田委员

②以南方、特别以武汉政府为中心之政治情形报告与意见　高尾委员

③北方、特别是满蒙之政治情形报告与意见　吉田委员

④从军事上所见到之中国南北情势报告与意见　松井委员

⑤从军事上所见到之满洲情势报告与意见　武藤委员

⑥海军警备上之报告与意见　左近司委员

⑦从行政观点所作之满洲情势报告与意见　儿玉委员

⑧中国一般之政治情形报告与意见　芳泽委员

（2）在上述报告与意见发表后，得按照对此项报告与意见之质询问答方法，作意见之交换。

B　特别委员会

（1）在上项意见之交换终了后，如有需要火急措置事项，或趁此机会加以相当研讨，而适宜供作担当政策运用责任之外务大臣参考之事项，得在特别委员会中加以研究。

（2）当作应行委托特别委员会之事项，在本会议中交换意见之结果，或许提出其他问题亦未可知，但目前仅限于下列两问题：

①满蒙悬案之解决问题。

②长江方面日侨之救济问题以及对华经济发展方案。

C　外务大臣之训示

正式会议与特别委员会之报告与意见以及意见交换终了后，由外务大臣作有关对华方针之详细训示。

（四）会议之经过

（甲）会议经过概要

会议自六月二十七日（星期一）开始在外务大臣官邸召开，七月七日闭会，其经过概要如下：

六月二十七日（星期一），自上午十一时至十一时四十五分：外务大臣致开会词，宣读会议进行之方法。

六月二十九日（星期三），上午至九时起：

中国政治情形之报告与意见之陈述（矢田、高尾各委员）。

同日下午二时起至四时止：继续上午之节目（高尾、吉田、松井各委员）。

六月三十日(星期四),上午九时起至十一时半止:

继续昨日之节目(武藤、左近司、儿玉、芳泽各委员)。

同日下午二时半至四时半:

对有关排日、抵制日货问题及山东派遣军撤退问题交换意见。

七月一日(星期五):

召开特别委员会研讨下列两项:

A　满蒙悬案(铁路问题)。

B　对在满洲之朝鲜人之指导与发展之希望(浅利委员)。

同日下午自一时起至四时半止:

召开特别委员会研讨下列三项:

A　满蒙悬案(继续昨日)(包含铁路、商租、财政整理问题等)。

B　自长江撤退之日侨救济问题。

C　武器禁运问题。

七月二日(星期六),上午自九时起至十一时半止:

召开特别委员会研讨:

A　自长江撤退之日侨救济问题(继续昨日)。

B　对华经济发展方案(事变保险与金融机构整顿充实问题)。

C　投资问题。

D　俄国之策动状况报告(松井委员)。

E　对关东州行政统一之希望(儿玉委员)。

七月四日(星期一),上午自九时至正午:

召开特别委员会研讨下列问题:

A　武器禁运问题。

B　投资问题。

C　不平等条约之改订与条约之违反问题。

D　海军警备问题。

E　有关对华文化事业之希望(儿玉委员)。

F　对俄警告之希望(南委员)。

G　对有关派兵山东之我国内言论指导取缔之希望（南委员）。

七月七日（星期四），下午自二时起至三时半：发表有关对华政策纲领之外务大臣训示。

田中兼外相曾就外务大臣训示中重要之点加以说明解释如下：

（1）第一项中所谓"尊重民意"：

对各派系间离合集散无常之中国最近政局，如以某个人或一派系为目标而建立我对华政策，则为危险之事。上述目标必须自大局着眼，追究中国国民全体之意向究去何方。然则在中国之现实情况上究竟是何种民意支配中国，从法理与形式上加以理解说明虽然困难，但现今三民主义正支配中国全体之气氛一事，则为吾人所甚能了解者。又譬如以前段祺瑞所召集之善后会议，或现在国民党所希望之国民会议能召开时，以在该等会议上所表现认作为民意之反映者。因在中国之现状下并无具有获知民意之形式，故不外以大体之民意为民意。

（2）第二项中所谓"稳健分子"：

在中国国民党中，其主义与主张与共产派之主义与主张相反，无论在经济方面，或在社会方面，皆不会对我国之利害带来甚大之冲突。因之，对其实行手段亦不偏于过激之所谓"稳健分子"，我方将采取同情之立场，而协助其达成其要求与愿望，相信宁可谓之为诱导整个中国至和平之域之根本。再者，在上述"稳健分子"中虽有不确实可靠之人物，但不加以仔细考察挑剔，只在大体上属稳健者即对之加以善意解释，以"稳健分子"对待，即当加以善导。吾人须注意万不可极度保持洁癖，反而驱使彼等走上过激化之途。

（3）第三项中所谓"巩固之中央政府"：

在中国之现状之下，求一巩固之中央政府之成立，几乎乃一难以期待之事；然某政府即或仅在形式上亦可，如已受到一般民意之支持时，则即可认作其具有相当之永续性。

如以露骨之说法，在中国自有史以来，整个中国完全统一之事几乎无有，如偶或有之，亦仅限于以强力武力控制之场合。况现在之共和政府能否成为有如吾人所期望之坚实政府,颇有疑问乎,但话虽如此,即在今日之状态之下,在任何地方亦无非与外国接触,非作国际交涉不可之道理,对此亦无作过度保持洁癖之考虑之必要。

(4)第三项中"与稳健之政权作适当之接洽":

此一字句包含之意义为:对地方之稳健政权,作善意之接触,顺应必要与以精神的援助;盖因物质的援助效果甚少,精神的援助反而有效故也。所谓"精神的援助"者,系以使之感到似可引导该政权成为列国所承认之正统政府为有效。在其具体的方法上,有如使保有外交官名义之人驻在其地,即其一例。

(5)第四项中"对外关系上之共同政府":

鉴于中国之现实情况,如斯之共同政府成立之场合,究竟在宪法上有否根据,或是否采用如俄国之委员制度,并无特加重视考虑之必要。在实质上共同政府形成之时,不问其形成如何,皆将进而出之以欢迎之态度,有如其所在地亦不一定必须为北京。如举一例言之,如蒋介石先生所言遵从孙文先生遗训,以南京为其所在地,即如此之场合,亦无任何加以讨究问询之必要。

(6)第四项中所谓"不法分子":

此与第二项之"稳健分子"相互对应,系指共产主义者等煽动无知无识之游民、学生等,特别是以排外运动为目标,以破坏恐怖之手段扰乱秩序、破坏社会组织之人而言。现今外国人,尤其我国人,在生命财产以及其他上直接受到此等人物之害,吾人对之断然不能默视。本人愿藉此机会附言数语,有如前数日矢田委员所说,今日中国人对日本人怀有一种轻视侮蔑之念头,相信即此种念头进而使之发生有如最近之暴虐行为而无恐。彼等即对排斥日货似亦认作日本对此束手无策。对如斯之我国国威与权益,实有去中国人之头脑中注入日本并不默视之观念之必要。有如前者芳泽公使所称,出兵与撤兵等应以日本自身之判断为之,而不可因恐惧排斥日货等而为之。吾人从大局上观察,大有决定我方态度,而使中国当局彻底领悟之必要。

（7）第五项后段中所谓"排除对捏造虚构的演说之疑惑"：

本项乃阐明上述部分。尽管我出兵山东之理由在乎我居留侨民之保护，乃极明了之事，但中国方面对我方理由作种种猜想臆测，或以之为对北方之援助，或以之为对山东之领土野心，用易于入耳之言，以引起排日运动。虽然本人自身亦不能说出兵与排日绝对无关，但今日如我恐惧排日而撤兵，则彼等又以其他口实为排日之举动亦未可知。

（8）第六项后段在满蒙之"门户开放、机会均等主义"云者：

一向在外国人中，似有认为日本在满蒙采取封锁主义者，然本人宁可认为即在满蒙亦应按照门户开放、机会均等主义欢迎外国人。本人认为英、美、法固不待言，即使俄国人来此地投资，当亦无妨碍。总而言之，本人是想使满蒙成为在中国全领土中最能安居之地。最近本人曾对俄国大使怂恿其在西伯利亚亦能适用上述主义，现今正在想以此种心情向前迈进。

（9）第七项中"对东三省有力者之支持"：

本段系与第一段所谓"民意之尊重"互相照应，亦即东三省之统治者如真以与吾人相同之想法，谋求经济之发展，维持秩序，以期政情之安定，在现实上实行机会均等主义，有诱导其走上成功之途之必要，乃属当然，更不需要问其为何人。本文虽非为支持张作霖而言，但如张作霖回归东三省而保境安民，对之加以支持，本来即属可为之事。再者，其他人物治理东三省而符合我方之主义方针，吾人当亦加以支持。总之，本文既非援助张作霖之意，亦非排斥张作霖之意。吾人之主旨乃在坚持独自之立场而行动。

（10）第八项中"不问侵略压迫来自任何方面，皆加以防护"：

侵占压迫我在满蒙之特殊地位与权益，可能来自中国本部，亦可能来自俄国或北满方面，再者亦可（能）因东三省内部之崩溃而引起，抑或亦可能由于中国以外之国家某种行动而发生。不问其原因为何，在我方当不能使之搅乱东三省之和平；为拥护我方权益，不能不讲求防护之手段。

（五）与会议有关事项

A　有关发表会议经过事项

东方会议在其性质上，对发表其内容必须特别细心注意。因此，在会议才一开始，由田中外务大臣指定由植原参与官担任对外发表工作。该参与官在每日会议终了时，以口头作无有妨碍的程度之适宜发表。

尤其有关最末一日之外务大臣训示，为避免他日提出关乎字句责任问题，加以发表。而鉴于第七项后一段，预想有时会产生微妙之结果，"东三省有力者云云"以下朗读下列字句之趣旨，又训示之末尾"最后"以下暂不发表。

"而对尊重我在满蒙之特殊地位，讲求政治情形安定之方法，帝国政府当支持之。"

B　会议中分发之文件目录

（一）会议中外务省方面分发予各委员之文书如下：

（1）东方会议出席、列席者名单。

（2）东方会议之由来日程表。（极秘）

（3）中国政治情况概观（昭和二年六月廿五日调查）。（秘）

（4）昭和二年四月十六日政友会临时大会与同年六月十二日政友会关东大会田中政友会总裁演说，以及同年四月二十二日组阁时田中内阁总理大臣之声明书。

（5）有关满蒙之政情安定以及悬案之解决案。（极密）

（6）有关长江方面日本侨民之救恤案。（极秘）

（7）对华经济发展方策。（极秘）

（8）山东派兵之反响（其一与其二）。（秘）

（9）在中国之日本投资额、借款额以及贸易额表（昭和二年元月调查）。

（10）昭和二年七月七日东方会议席上田中外务大臣之有关对华政策纲领之训示。（秘）

（二）由外务省以外方面所分发之文件如下：

（1）支那各派军队内容一览表（参谋本部）。（秘）

（2）有关苏俄对北满之企图（参谋本部）。（秘）

（3）贝加尔湖以东地区之俄军部署要图（参谋本部）。（秘）

（4）没收北京苏俄大使馆之秘密文书第一号与第二号（参谋本部）。（秘）

（5）南满洲所属地之地方行政统一案（关东厅）。（秘）

（6）民间对华债权明细表（银行关系者除外）（当该业者请愿参考用）。

（三）为会议所准备之参考文件：

为此次东方会议所准备之参考文件目录如下：

（甲）与亚细亚局有关之资料

1．一般政策关系：

a　中国政治概观。

b　中苏关系（中东铁路、中苏国境驻军、搜查俄国公使馆事件、最近苏俄之对华态度）。

c　中英关系（英国政府有关对华政策之第一次备忘录、同上第二次备忘录以及汉口与九江协定）。

d　中美关系（美国国务卿声明）。

e　驻华之帝国官方意见：

①芳泽公使意见。

②吉田总领事意见。

③天羽总领事意见。

④赤地渡之意见。

⑤松井少将之意见。

f　清浦内阁四大公（？）对华政策建议书。

g　第五十二议会之币原外务大臣演说。

h　昭和二年四月十六日政友会临时大会上田中政友会总裁演说，以及同年四月二十二日组阁时田中内阁总理大臣之声明书。

　　i　昭和二年六月十二日政友会关东大会上田中内阁总理大臣演说。

　　2. 满蒙问题：

　　a　大正十年五月有关对张作霖态度之内阁会议决议。

　　b　大正十三年儿玉关东长官对张作霖之提议协商情形。

　　c　大正十三年八月有关对满蒙铁道方针之内阁会议决议。

　　d　大正十五年三月有关对张作霖警告之内阁会议议决以及经过概要。

　　e　有关满蒙之政情安定以及悬案之一并解决方案。

　　(附)有关吉林海龙间铁路方案。

　　f　有关吉海铁路、打通铁路之经过。

　　g　商租问题之经过。

　　h　在满洲之朝鲜人问题。

　　3. 与南方政权之关系：

　　a　与蒋介石先生方面之非正式联络问题。

　　b　有关特派外交代表等之武汉政府方面之提议。

　　c　南京事件之交涉。

　　(附)有关对华强硬政策方案。

　　4. 以蒋方旋与刘厚畹等为中心之南北妥协运动经过概要。

　　5. 有关中国问题之与英、美、俄之共同了解问题：

　　a　对英。

　　b　对美。

　　c　对俄。

　　6. 驻华外国军队以及出兵问题：

　　a　满洲驻屯军交代与补充问题。

　　b　华北驻屯军之增派问题。

　　c　山东派兵问题与其影响。

　　d　上海以及其他地方之长江警备问题。

7. 有关对华武器、辎重、船只供给之禁止协定。

8. 长江方面日本侨民救恤案。

9. 在中国之日侨经济发展问题：

a　对华经济发展方策。

b　过去与将来之投资问题。

c　中国海关、邮政、盐政制度之破坏问题。

d　在中国之日本投资额、借款额、贸易额以及其他数字之资料。

10. 中日通商条约修改问题：

a　我方之方针草案。

b　非正式交涉之概要。

11. 治外法权委员会报告书。

12. 租界问题：

a　有关日本在华直辖"居留地"地位变更问题之我方方针草案。

b　上海公共租界行政组织修正问题以及所谓大上海方案。

（乙）与通商局有关之资料

1. 对华经济发展方策（通商局之提案）。

2. 事变保险关系之参考资料：

a　在华之日本侨民损害要求赔偿额调查。

b　日本之对华投资额调查。

3. 金融、银资金、黄金关系之参考资料

a　在华之日本人银行一览表。

b　大藏省调查之海外事业资金表。

c　对满洲之日本政府融通资金调查。

d　贸易金融业助成银资金特别会计法案。

e　最近六年间伦敦银块市场涨落表。

f　外汇调节银资金计算基准。

g　在华之日侨商业会议所表。

4. 有关通商条约与关税修改会议之资料：

a　有关中日通商条约修改之根本方针。

b　中日通商条约修改问题之经过。

c　对华关税修订会议之经过概要。

（原译者注：此处上下不连接，而下列村井报告书后又缺第九页，疑原档案有遗漏。）

（六）村井外务书记官报告书

（参考）武汉政府所公布之各种新条约。

对华经济关系之一般资料：

（1）中日贸易之消长。

（2）在华之日本侨民企业调查。

（3）最近五年间中国各重要港口之贸易额一览表。

（4）最近五年间每月之日本对华贸易表。

（5）由中国资源与市场所见到之日本之地位。

（6）一般时局与金融界概况。

（7）时局与对日人纺织业之影响。

（8）有关中国劳资冲突罢工事项。

（9）在华之外国人（日本人在内）企业所受时局之影响。

（10）有关长江流域地方金融界前途趋势之预测看法。

（11）时局对日本航业之影响。

（12）由于时局关系中国人所受经济的打击之情况。

附录

有关特殊问题，为会议所准备之试案：

对在会议席上即将成为问题之特殊事项，外务省为附议时之方便，特在事前准备妥下列甲号、乙号、丙号三方案。

（甲号）　有关满蒙政情之安定与悬案解决事项。

关乎满蒙之政情安定，自大正十五年以来，帝国领事馆即善体政府之方针，对东三省当局，特别是对张作霖，每有机会即劝告其自爱自重，努力于内部之充实。其后张作霖渐渐为政局之变化所拖累,进军南方。现今奉天方面各军已在江苏、安徽、河南与南军相对峙,形势之推移未可逆睹。如斯情形,中国政局之混乱,比之过去益发呈现扩大而紧急之情势。伴随此种情势之发展,立脚于我国之立场,对与我有密切特殊关系之满蒙地之安宁秩序,有时有加以考虑之必要。鉴于该地方之地理形势对中国中原地带之祸乱当能维持比较超然之地位,乃过去经验所显示,为其政情之安定,当以急速充实东三省内政之基础,为谋治安之维持与人心之安定,藉以尽可能预防动乱之波及为当务之急。而参照东三省财政金融界之现状,惟有在该东三省当局自身谋求财政之整理与确立之后,始能期待内政之基础充实。我等认为,即以帝国政府亦当在不涉及干涉内政之范围内,为达成此一目的,支持与满蒙有关系之我企业家或公司,使之供与东三省之官民以财政以及技术之援助;同时借此机会促进解决以该地方中日双方经济的发展上所必要之诸种悬案,实为紧要。因此拟在近日预计一适当时机,出之以下列措置:

(甲)关乎东三省财政整理问题,依据另附文件第一号之趣旨,对东三省当局予以财政上与技术上之援助,同时努力于我既得利权之确立。

(乙)关乎满蒙地方悬案铁路之完成,继续大正十三年八月内阁会议所决定之方针,依据另附文件第二号之趣旨,谋求其促进成功。

(另附文件第一号)有关东三省财政整理问题方案(抄译)。

有关东三省之财政整理问题,驻奉天吉田总领事根据大正十五年三月之内阁会议之决议,与奉天当局多次恳谈,对方已渐渐谅解我方之真意,已有意接受由我方供给财政整理费之借款,而委托我方调查其财政状态,实行整顿。因此,我方此际应有承诺该财政整理借款之决心,并应努力。

(一)趁最近之机会,派遣我金融界相当之专家,从事东三省财政状态之调查,使之对该满洲货币之安定方法,筹划草拟具体的方法,加以劝告实施。

（二）该财政整理借款之财源，如求之于政府，乃困难之事，但如使在东三省内而有特殊利害关系之各公司允诺此种借款，则甚为可能，现今即有：

A　大仓组：如能解决本溪湖煤矿契约之期限延长以及其他问题，则大仓组不吝允诺相当金额之借款。

B　满铁：如能在此际与中国方面间确定已计划妥当之各铁路契约，则满铁愿支出相当金额，以充该项借款。

C　东亚劝业：如此际以此为达到日本政府多年来所主张之满洲商租、以及蒙古农业合办经营问题解决之一路程，而以满蒙新建设或已建设完成铁路之沿线土地之解放、以及对此之固定租权之获得为条件，则东亚劝业并不踌躇应允相当金额之借款。在某种情形之下，当作政府之方针，当有必要向该公司强有力支持者之满铁与东拓作土地获得之强硬劝告。

（另附文件第二号）有关满蒙铁路问题案。

有关满蒙铁路问题，大正十三年八月二十日内阁会议上即有所决定，其后经过两年，至今日虽已大体实现上述决定之方针，但尚有未完成者，另外亦有必须延长或新建设者。此时此际应使满铁公司依照下列方针，努力完成满蒙悬案之铁路计划。

有关满蒙铁路计划之方针：

一、长春大赉线：本线已在大正十三年八月二十二日内阁会议上有所决定，此时此际满铁公司应（1）使中国方面在本线采用标准宽度之路轨，（2）特别留意使本线成为南满铁路之培养线，而且（3）如日本方面能获得对本铁路债权之确实担保，则无论其采取官营或民营之形式建设铁路，满铁皆无妨予以援助促进。

二、呼兰绥化线：满铁公司对本线所需资材之出售契约业已签订，但对本线今后之延长，当考虑与此最具有利害关系之俄国关系，当试以共同协力，或共同组织借款团等适当方法，不伤俄国之感情，而促其实现。

三、自奉天铁岭间某一地点至新邱之铁路线:奉天以西约一百英里之新邱煤矿,预想其埋藏量当凌驾抚顺。满铁公司已以五对一比例之中日合办公司形式,完全获得其权利;即其残余五分之一之大半,亦以中国人之名义暗中将权利取之于我手,近日正计划以同样方式获取百分之百之权利。然为该煤矿之开发,必须使满铁公司以适当之方式,促进修筑由奉天铁岭间之适当地点通至该煤矿之铁路一条。

四、吉林会宁线(实际上为敦化会宁线):本线在国际上以及在经济上有急速实现之必要,本不待言。然朝鲜总督府正谋求与本线联络一起,正计划完成在沿图们江至雄基之新铁路,而同时收买三峰会宁间之图们铁路(南满太兴合名公司,即与饭田延太郎有关系之公司)改为宽轨,藉以作"满"、"朝"联络之用。

在此一计划之完成上,据饭田称,图们江大桥改筑为通宽轨火车之初步工程,正在进行,自图们江对岸至老道沟间中日合办之天图轻便铁路之改设宽轨,正在计划中,估计约需时三年。而通过间岛之吉会线一部分应维持中日合办铁路之形式,以符合我方多年之政策。又吉会线之另一部分——吉林至敦化间之一段,目下正由满铁包工建设中,估计两年以内完成。其后敦化至老道沟间当生出大约六十五英里之空隙,满铁应与饭田方面之计划相呼应,与中国方面交涉,申请包工建设该六十五英里之铁路,作为吉敦路之延长线。吾人今后当努力促进以上各方面之计划,使之今后在大约三年之期间内,完成全线之通车。

五、齐齐哈尔昂昂溪线:鉴于本线对俄国关系之微妙,应饬满铁公司高级干部完全以个人之资格,指导中国方面,如有与日本方面无重大利害关系之新铁路线而又系苏俄所希望者,则中国方面可以本线之修筑为交换条件,允许俄国修筑其所希望者,藉以促进本线之实现。

六、洮南索伦线:本线一方面对东三省方面而言,可控制苏俄势力对北满与东部内蒙古地方之侵入,并可达成增进经济上利益之目的;即对日本帝国而言,在国际上以及作为满铁之营养线,均有重要之价值。同时在另一方面,我方此时此际强制促进本计划时,顾及其对苏俄之利益发生重大之影响,或刺激该国,进而不无使日俄两国国交陷于危殆之虞。因之,政府当继续不断注视时局之推移,在可能范围之内,务必努力使本计划急速实现。

有关吉林海龙间之铁路案:

中国吉林省当局最近正计划建设吉林、海龙间之铁路,而目下奉天方面更拟使该铁路与正在进行工程中之奉天、海龙线相连结,俟铁路线将通过"与大正七年中日间满蒙四铁路之交换公文中之我方保留线"之同一地点;但我方既已承认奉天方面上述奉海线之建设,而认为该路线延长至吉林对我方利益并无特别重大之影响,况且有如本案之吉海线,本来在中国方面即系根据该地方人民之希望,拟以中国之资本修筑此一铁路线,如我方对此勉强以日本既得权利为法宝,继续提出抗议,吾人认为此并非谋求满蒙铁道网完成之根本良策。

然我方一方面对满蒙铁道网之完成,目前正适逢有按照另附之方针而进行实现该计划之必要,另一方面,对中国方面之彰武、白音太拉间铁路计划,正立于并不应因其与南满铁路平行,即阻止其实现之立场。此时拟按照妥协之趣旨,以中国方面承诺我方下列之提议,而我方以承认中国方面该吉会线计划为交换条件之方针,在适当机会中开始与中国方面交涉。

我方之提议:

一、中国方面承认"有关满蒙政情之安定与悬案解决方案"中附属文件第二号所记载之各铁路建设计划。

二、中国方面不修筑彰武、白音太拉间之铁路。

(乙号)　对华经济发展方策(通商局提案)。

一、制定设立在中国发生事变之保险制度。

要旨:以对由于在中国发生事变,以及其他特殊事件之灾害所蒙受之财产上损失之保险为目的,日本政府新设中国事变保险制度,由自己自身经营其业务。

所需经费:每年 500 000 圆。

1.内容概要:

a　新设中国事变保险制度,政府自身经营其业务。

b　设置以外务、商工、大藏各省之高级官员与民间保险业者所组成之委员会,作为保险业务之经营与监督机关。

该委员会主管业务之执行,亦即一方面监督政府基金之运用,同时另一方面保有危险范围、保险费之决定权以及危险之检查等重要事项之决定权。

c　保险业务之执行,委托民间保险业者,政府对该保险业者交付以一定之手续费(保险费之大约百分之十五……以十五万圆为准)。

d　保险业务之范围虽由委员会决定,但大体应为对由于中国发生战争、动乱、革命以及其他特殊事变,而使日本人在华之财产"动产(包括运输中之货物)与不动产"蒙受损失,加以补偿。

再,有关人寿保险方面,并无加以特别考虑之必要。

e　政府自昭和三年度起,以后每年皆在预算中编入五十万圆,以充作该项保险经营费。

f　为上项基金之运用,设订特别会计法,将保险费之收入转入之。

g　加入保险者接受政府保险机关之损失补偿后,如再接受来自中国方面之赔偿时,应自该赔偿额中扣除已实收之保险金额,作为政府之收入。

2.理由:

中国政局之如何转变虽未可逆睹,但吾人必须痛下决心,认定在最近之将来目睹其安定概属无望,而今后数年间仍将继续其不安定之状态。在此种状态之下,如想促进日本人之经济活动,则讲求补偿其因战争、动乱以及其他特殊事变所受意外损失之途,乃最必要而又最有效之举。在本案中,政府为上项目的,经营中国事变保险业务,尽可能降低其保险率,使日本人业者广泛利用,藉以保护助长日本人之对华经济发展。

二、对在华日本中小商工业者之金融机构之整顿。

主旨:准备固定之银资金,在一定条件之下,充作在华日本人(主要为中小商工业者)经济活动的保护助长之资金,其所需经费为50 000 000圆。

1.内容:

A　政府为对在华日本人(主要为中小商工业者)之资金融通,或为金银外汇行市不自然而又急剧的变动之调节,以设定银资本之目的,从一般会计中支出五千万圆。

本年四月,政府曾运送约七百五十万圆之现银至上海,作为上海五银行银资金,转入本资金。

B　上项银资金在一定条件之下,将之存入正金银行、台湾银行、朝鲜银行以及其他特定机构,其中一部分由政府自己保管。

C　关乎银资金运用条件之详细诸点,须由资金运用委员会作决定,但大体系依据下列方针:

a　银资金之贷款之范围,尽可能供作中小商工业者所必需不动产之取得资金、以及其商工资金。

b　贷款利率大体以普通银行贷款之利率为基准。

c　为使取得该银资金贷款之中小商工业者表现其运用该资金之实际成绩,尽可能组织同业公会,以连带责任保证其信用。

d　该银资金存入特定银行时,应与该银行原有业务分开,设特别部门。

e　银资金之一部分(大约一千万圆),应充作由于中国发生事变,或其他特殊事件,而使金银外汇行市产生不自然而又急剧之变动时之调节资金。

f　设立由外务省、大藏省官员与有关银行代表所组成之委员会,使之隶属于大藏省。

2.理由:

吾人试一观察日本人在中国之经济活动实际情形,即可发现不但对日侨中小商工业者之金融机构完全缺如,而且彼等之活动舞台虽为银本位国家,但其企业计算之基础必须为金圆,而因金与银兑换价值之变动永受威胁,因此,其发展受到阻害之处匪鲜;再加以最近中国发生动乱之结果,使彼等之活动益加困难。故此时此际为此等中小工商业者打开一适当金融之路途,以诱导助长其稳健之发展,诚可谓当务之急。

（丙号）　对长江方面日本侨民之救恤案。

长江一带之我日本侨民因南京事件及汉口事件前后时局影响而撤退之人数,上海约为五千四百名,连其他地方合计二千六百名,共达约八千名之多。其中尤以上海以外地区之撤退多在仓促之间,多将财产商品遗留侨居地而变成身无一物,突然丧失生计之资。此种情况特别以南京、汉口直接受害地区为甚。

此次撤退乃系帝国政府之方针,各地领事所发撤退侨民之命令,系国家之公法行为,在我国法制上固不负赔偿损失之责任。但鉴于现状,吾人认为政府在此时出自社会政策以及对华发展之观点,对此次撤退之侨民讲求适当之善后措施,实为当前之急务。

目前之善后措置不出以下二途:

（一）救济由于时局影响所产生之穷困日侨。

（二）在援助该撤退侨民回归原侨居地,再恢复原来业务之意义下,予以损失之垫付补偿。

其所需金额如下:

（一）穷困者救济金　600000 圆。

（二）损失之垫付补偿金　1215000 圆。

以上合计　1815000 圆。

附:参与东方会议各委员对满蒙政策意见

在"各委员对中国政局之观察概要"中

一、吉田茂奉天总领事之意见:

如至南军准备完成而北上之时,则张作霖早晚定将失去在京津地方之地位。在此种场合,头脑机敏之张作霖定将单身逃回东三省,而东三省现今特别政治组织,尚可足以使张作霖在最近维持其地位。然张作霖在中国全国固不待言,即在满洲内部,进而在对外方面,皆将陷入所谓进退维谷、举步难行之状态,其前途实未可乐观。

二、芳泽公使之观察:

在南方方面,因武汉派与南京派皆在必须整顿内部之时期,故在此时此际应否立即出以与北方决战,颇有疑问。即在北方方面,因亦无试行决战之勇气,故中国之时局,可作"将保小康状态"之观测。如该"小康状态"时期过后而南北两军决战时,大体似可谓:北方军胜利之可能为三成,而南方军胜利之可能为七成。但今后南北决战,而胜利归于南军,即使假定有南方方面一时统一中国(或中国本土)之场合,其永续之可能性,本人亦认为甚为缺少。国民政府虽以单一之党与军队为基础,但(1)中国人之猜疑嫉妒心颇为强烈,且对利益有时甚为敏感;(2)鉴于中国之军队通常为野心家利用为图谋私利工具之实际情形,国民政府与军队之内部必定将发生斗争与分裂。如斯情形,中国之内争将呈不容终熄之局。

再者,北京安国军如能维持现状,则成为南北对峙之状态,得其小康,虽其间亦可能有妥协运动等,但经济状态究竟能否维持一相当期间,颇成疑问。

在一般对华政策之研究中

一、矢田七太郎驻上海总领事之意见:

A　对"对华诸政策"之批评

a　压迫政策:

对付共产党,以兵力加以压制,乃颇为危险之政策,既然漠视尚未成形之民众成为势力之中心,以之为对手而用兵,无异抽刀断水。

b　放任主义:

放任主义在有如最近南方方面发生分解作用,而情势对我方顺利时固然良好,但在相反之场合,结局则不得不讲求某种对策。

c　过去之援助政策:

日本之援段政策,英国之援吴政策,皆已归于失败;又苏俄之援助南方,现亦正濒于失败状态中。上述失败之原因可大要列举下列三点:

①一国之单独援助,招来其他国家之嫉视与妨害。

②以个人为目标之援助,既无民众之背景,又缺少永续性。

③在民众变成伟大力量之今日情势之下,武器与金钱等之物质援助,业已成为时代落伍。

d　妥协政策:

以中国人自身之力而形成自然之妥协,虽然可以,但加以外力使之妥协成功,则本人依据下列理由认为不可。

①中国各派系间之关系有如犬牙错综,在现实情况下,即使现在玩弄合纵连衡之中国人自身,亦深感不明真相。经外国人之手,在此中间使之妥协成功,乃颇为困难之事。

②即使假定此种妥协可能成功,如斯之妥协亦不自然,不能长久继续。

B　我方所应采取之态度与方针

日本对华之目的,主要是在我国之贸易与投资能在中国获得公平公正之保护。为此,我方交涉对手之政策有维持我方所必须之和平与秩序之必要,而如斯之政府必须是:①与日本在政治上、经济上、社会上大体组织相同;②保有相当之永续性。而由此种见地观之,居于北方政权与武汉政权中间之南京政府,可谓正适合于上项资格。因此,立于我方之立场,第一先应:

a　以承认南京政府为交涉之对手一事,予以一种援助(但此与法律上所谓承认问题乃两回事),进而

b　对中国青年之国民运动目标,表明同情之态度(例如在有关租界问题、治外法权问题等方面),再行

c 考虑在中国民心中对日本尚存有"正在援助北方中"之极深猜疑心,我方应将之拂拭,且成为白纸状态,此乃十分重要之事。

总而言之,以上所言不外一种南京政府援助论,但此并非以蒋先生一人作目标,而是以当作一组织体之南京政府或国民党作目标。

二、芳泽谦吉公使之意见:

A 日本处于不能不利用中国丰富资源之立场,如不能获得中国国民之充分了解,则不能实现日本之目的。因此,

a 对中国之国民运动,必须以有如监护人对未成年者之心情,尽可能以同情之态度对待之。

b 但对中国收回国权要求之实现,自有其顺序与方法,有如徒然嗾使中国人之事,乃必须避免者。

B 所谓国际共管案,对有如中国之大国,乃不可能实行之方案。结局将因①经费;②各国间之不一致乃至嫉妒;③中国人之不满意等,归于失败。

本来中国内政之整顿,乃以出自中国人自身之力量为原则,违反中国人之意志而加以外力,乃不可之事。但为终止继续不绝之内争,或为缓和此种内争,外国方面出自友谊精神,借助以一臂之力,自无不可。再有不干涉政策,亦即对各派系无所事事,可对各派系均表示好意。

C 再,有关满洲方面,日本在历史沿革上、条约上以及实际上皆保有特殊之地位,故在有关我对满政策方面,应有加以特殊考虑之必要。

对南方政策

一、高尾亨驻汉口总领事:

A 现在武汉政府之对日态度可称稳健,日本应利用此种形态,加以善诱,以日本侨民之经济复兴为主眼。

B 将来如南方稳健分子之大同团结成功,本人认为可以承认其为一政权,加以直接间接之援助。

C　以个人作目标而与之提携合作,在理论上与实际上皆为拙笨之方策,吾人必须着眼伟大之民众力量、以及立脚于此民众力量上之国民党组织之力量。

二、松井石根参谋本部第二部长之意见:

A　将来如南方方面大同团结成功,则武汉政府与南京政府两者之色彩互相接近,在全体上将成为粉红色。而上述大同团结在粉红色之期间,虽可与之提携合作,但其将赤化时,我方则必须想办法加以防止。

B　在革命进行之过渡时期,蒋介石先生与何应钦等之军宪方面有实力之转移乃自然之势,有如现今蒋介石先生等之稳健,对我方而言乃有利之事。

对北方政策

一、吉田茂总领事之意见:

A　东三省目前维持现在之制度组织,对我方虽然方便,但我方如过度置重于张作霖之命运如何,则不可。张作霖自身如有支持自身之力量,加以支持固然可以,但如其自身已无支持之力量,而我方仍加以支持,则有百害而无一利。换言之,亦即张作霖之命运一任张自身之力量,乃极紧要之事。

B　我在满蒙之发展须倚仗张作霖政权之好意帮助而实现之政策,乃不可之事。在满洲保有租借地、铁路、附属地行政权、驻兵权、矿山以及其他条约上诸种权利之日本实力,并非何种微弱之物。过去我方政策经常忘却此点,过度想讨取张作霖之欢心好意,反而有为张作霖所乘而不能达到目的之倾向。

C　当然,我方倚仗在满洲之坚强地位而加以滥用,亦属不可。站在我方立场上:

①满蒙发展乃在中国领土内所行之事,故须尊重中国之主权,同时②对中国国民运动之将来,加以充分留意,而后

a　我方要求应彻底合理,即向全世界公开发表亦无所忌惮。过去

"二十一条"之要求,曾受到列国之"日本排他利己"之非难,有如将在中国所得者抛弃于华府。不重演此种失败,乃极重要之事。

b　在达成此项目的之方法上,不可依靠强大力量,使中国方面领悟日本之要求与愿望既正当而又为中国带来利益,亦即使之领悟中日共存共荣所以然之道理,乃极重要之事。

最后,本人更认为在具体方策方面,站在政府之立场上,有加以慎重考究之必要。

二、武藤信义关东军司令官之意见:

A　俄国世界革命之指导,将来亦将波及至我日本,我对华政策之目标即在此点。而东三省之政权不问握之于何人之手,使其基础得以安定一事,在我国防上乃一重要大事。

换言之,我对满蒙政策之方针,必须以下列之方针加以推进:

a　使东三省之政权先确立在东三省与东蒙古之权力,其次再使之将其势力缓慢推进至外蒙古。

b　为使中国本土之战乱余波不波及东三省,对该东三省之官方加以指导。

c　有关东三省铁路之发达与资源之开发方面,指导该东三省之官方,藉以满足我国防上之需要。

d　东三省尽可能使东三省人治理。

三、儿玉秀雄关东厅长官之意见:

对关东州以及铁路附属地将来之方针,应以治安之维持与经济之发展为其主眼。

对满蒙方面,过去一向系以经济之发展为基础,然对满蒙经常必须在经济方面之力量以外,对政治方面之力量亦一并加以考虑。盖满蒙与朝鲜不同,乃全中国之一部分,经常受到全中国之动向以及"中国与列强之关系"之影响。因此,吾人欲在满蒙获得成功,有先行决定政治上方针之必要,而在满洲之日本人正期待现内阁毅然决然痛下决心。

《日本外务省档案》,转引自《九一八事变史料》,第1—38页

日本外务当局之言论

1927 年 8 月 11 日

（东京十一日东方社电）日来此间各报,载有对满蒙积极政策之种种报告,外务当局,关于此事谈云:

外间盛传政府对满蒙,此时□行何等积极政策,要皆为揣摩臆测之词,致招内外之疑虑,殊为遗憾。满蒙为纯然之中国领土,日本只不外努力保护依据条约之诸般权利利益。若有以满蒙误认为日本之属地,而为种种臆说者,则根本上已大误特误。又所谓满铁之权限扩张者,若在昔日英国东印度公司时代而言,或为正当,但在今日,如委行政权于一公司,乃时代错误之议论也。又外传日本将在满蒙敷设铁道,但此事因从来几多之关系,日本无随意在中国敷设铁道之理。要之,政府衷心希望满蒙政情之安定,愿于该地方以依门户开放主义及机会均等主义,以经济的发展为主眼,增进中日两国之利益而已。若夫因无据之夸大的报告,致招内外人之猜疑,殊为不胜遗憾云。

北京《晨报》1927 年 8 月 13 日

日本发表旅顺东方会议内容

1927 年 8 月

旅顺之东方会议后森恪外务次官发表者如下:吾辈乃利用政治季节余暇,视察满洲情状,及参考首脑者意见而来。日本政府之对华政策,田中首相已于东方会议中详细说明,兹次之会合,不过为近来时局变化,芳泽公使述南方之情形,本庄、松井两人,述其北京方面之感想,吉田总领事报告其管下排日情形,及不当课税。又复将奉天之日本商会及□满日本人会之请愿书,互相交换意见。要之,数年以来,满洲之中国官吏,侵害中日条约,侵征不当课税。其余如日本人当然获得权利,不即解决之,且出压逼的态度,不理日本之抗议,则满洲日侨所诉,乃属当然,必须以决心态度以解决之。田中内阁之政策,虽属积极,但决不如新闻纸上所报告之出征〔侵〕略的行动。其余诸点,以恐招华方误会,不能发表,并望新闻界亦取此方针。

北京《晨报》1927 年 8 月 21 日

田中内阁侵略中国满蒙积极政策奏章(节录)
1927 年 7 月 25 日

田中首相致宫内大臣一木喜德请代奏明积极政策函。

昭和二年(按即民国十六年)七月二十五日

内阁总理大臣　田中义一署名

外务大臣　　田中义一署名

铁道大臣　　大藏大臣署名

宫内大臣　　一木喜德

对满蒙积极政策执奏之件

欧战而后,我大日本帝国之政治及经济皆受莫大不安,推其原因,无不因我对满蒙之特权及确得之实利不能发挥所致。因此颇烦陛下圣虑,罪大莫道。然臣拜受大命之时,特赐对支那及满蒙之行动须坚保我国权利,以谋进展之机会云云;圣旨所在,臣等无不感泣之至。然臣自在野时主张对满蒙积极政策早极力欲使其实现,故为东方拓开新局面,造就我国新大陆,而期颁布昭和新政,计自六月二十七日至七月七日共十一日间,招集满蒙关系之文武百官开东方会议,对于满蒙积极政策之议定如左,烦祈执奏,谨此依赖。

御奏章

内阁总理大臣田中义一引率群臣,诚惶诚恐,谨伏奏我帝国对满蒙之积极根本政策之件。

对满蒙之积极政策

所谓满蒙者,乃奉天、吉林、黑龙江及内外蒙古是也。广袤七万四千方里,人口二千八百万人,较我日本帝国国土(朝鲜及台湾除外)大逾三倍,其人口止有我国三分之一,不惟地广人稀,令人羡慕,农矿、森林等物之丰,当世无其匹敌。我国欲开拓其富源,以培养帝国恒久之荣华,特设南满洲铁道会社,藉日支共存共荣之美名,而投资于其地之铁道、海运、矿山、森林、钢铁、农业、畜产等业达四亿四千余万元。此诚我国同业中最雄大之组织也。且名虽为半官半民,其实权无不操诸政府,若夫付满铁公司以外交、警察、及一般之政权,使其发挥帝国主义,形成特殊会社,无异朝鲜统监之第二,即可知我对满蒙之权利及特益巨且大矣。故历代内阁之施政于满蒙者,无不依明治大帝之遗训,扩展其规模,完成新大陆政策,以保皇祚无穷,国家昌盛。无如欧战以来,外交内治,多有变化。东三省当局亦日就觉醒,起而步我后尘,得寸进尺之势,而谋建设其产业之隆盛;进展之迅速,实令人惊异。因而我国势之侵入,遽受莫大影响,惹出多数不利,以致历代内阁对满蒙之交涉,皆不能成功。益以华盛顿会议成立九国条约,我之满蒙特权及利益,概被限制,不能自由行动,我国之存立随亦感受动摇;此种难关,如不极力打开,则我国之存立既不能坚固,国力自无由发展矣。矧满蒙之利源,悉集于北满地方,我国如无自由进出机会,则满蒙富源无由取为我有,自无待论;即日俄战争所得之南满利源,亦因九国条约而大受限制。因而我国不能源源而进,支那人民反如洪水流入,每年移往东三省,势如万马奔腾,数约百万人左右。甚至威迫我满蒙之既得权,使我国每年剩余之八十万民无处安身,此为我人口及食料之调节政策计,诚不胜遗憾者也。若再任支那人民流入满蒙,不急设法以制之,迄五年后,支那人民必然加增六百万人以上。斯时也,我对满蒙又增许多困难矣。回忆华盛顿会议九国条约成立以后,我对满蒙之进出悉被限制,举国上下舆论哗然。大正先帝陛下密召山县有朋及其他重要陆海军等,妥议对于九国条约之打开策。当时命臣前往欧美,密探欧美重要政治家之意见,佥谓成立九国条约,原系美国主动,其附和各国之内意,则多赞成我国之势力增大于满蒙,以便保护国际之贸易及投资之利益。此乃臣义一亲自与英、佛、伊①等国首领面商(颇可信彼等对我之诚意也)。独惜我国

---

① 佛、伊,即法、意。

乘彼等各国之内诺,正欲发展其计划,而欲破除华盛顿九国条约之时,政友会内阁突然倒坏,致有心无力,不克实现我国之计划。言念及此,颇为痛叹。至臣义一向欧美各国密商发展满蒙之事,归经上海,在上海波止场①被支那人用炸弹暗杀未遂,误伤美国妇人,此乃我皇祖皇宗之神佑,方克义一身不受伤,不啻上天示意于义一,必须献身皇国为东极而开新局面,以新兴皇国而造新大陆。且东三省处东亚政治不完全之地,我日人为欲自保而保他人,必须以铁与血,方能拔除东亚之难局,然欲以铁与血主义而保东三省,则第三国之阿美利加,必受支那以夷制夷之煽动而制我。斯时也,我之对美角逐,势不容辞。更进而言之,以臣义一在上海船埠受支那人爆炸之时,转伤美人性命,而支那便安然无事,则东亚之将来如非以如此作去,我国运必无发展之希望。向之日俄战争,实际即日支之战,将来欲制支那,必以打倒美国势力为先决问题,与日俄战争之意,大同小异。惟欲征服支那,必征服满蒙;如欲征服世界,必先征服支那。倘支那完全可被我国征服,其他如小中亚细亚及印度、南洋等异服之民族必畏我而降于我,使世界知东亚为我国之东亚,永不敢向我侵犯。此乃明治大帝之遗策,是亦我日本帝国之存立上必要之事也。若夫华盛顿九国条约,纯为贸易商战之精神,乃英美富国,欲以其富力征服我日本在支之势力;即军备缩少案,亦不外英美等国欲限制我国军力之盛大,使无征服广大支那领土之军备能力,而置支那富源于英美富力吸收之下,无一非英美打倒我日本之策略也。顾以民政党等徒以华盛顿九国条约为前提,盛昌对支贸易主义,而排斥对支权利主义,皆属矫角杀牛之陋策,是亦我日本自杀之政策。盖以贸易主义者如英国,因有强大之印度及澳洲为之供给食物及原料;亚美利加者因有南美、加拿大等可为伊供给养料及原料之便,则其余存之力可一意扩张对支那贸易,以增其国富。无如我国之人口日增,从而食料及原料日减,如徒望贸易之发达,终必被雄大资力之英美所打倒,我必终无所得。

---

① 日文,即船坞。

最可恐怕者，则支那民日就醒觉，虽内乱正大之时，其支那民尚能劳劳竞争模仿日货以自代；因此，颇阻我国贸易之进展。加之我国商品专望支那人为顾客，将来支那统一，工业必随之而发达，欧美商品必然竞卖于支那市场，于是我国对支贸易必大受打击。民政党所主张之顺应九国条约，以贸易主义向满蒙直进云云者，不啻自杀政策也。考我国之现势及将来，如欲造成昭和新政，必须以积极的对满蒙强取权利为主义，以权利而培养贸易；此不但可制支那工业之发达，亦可避欧势东渐，策之优，计之善，莫过于此。我对满蒙之权利如可真实的到我手，则以满蒙为根据，以贸易之假面具而风靡支那四百余洲；再以满蒙之权利为司令塔，而攫取全支那之利源；以支那之富源而作征服印度及南洋各岛以及中小亚细亚及欧罗巴之用。我大和民族之欲步武于亚细亚大陆者，握执满蒙利权乃其第一大关键也。况最后之胜利者赖食粮，工业之隆盛者赖原料也，国力之充实者赖广大之中国土也，我对满蒙之利权，如以积极政策而扩张之，可以解决此种种大国之要素者则勿论矣，而我年年余剩之七十万人口，亦可以同时解决矣。欲具昭和新政，欲致我帝国永久之隆盛者，唯有积极的对满蒙利权主义之一点而已耳。

满蒙非支那领土

　　兹所谓满蒙者，依历史非支那之领土，亦非支那特殊区域；我矢野博士尽力究研支那历史，无不以满蒙非支那之领土。此事既由帝国大学发表于世界矣，因我矢野博士之研究发表正当，故支那学者无有反对我帝国大学之立说也。最不幸者，日俄战争之时，我国宣战布告明认满蒙为支那领土；又华盛顿会议时，九国条约亦认满蒙为支那领土，因之外交上不得不认支那为主权。因二种之失算，致祸我帝国对满蒙之权益。如以支那之过去而论，民国成立，虽倡五族共和，对于西藏、新疆、蒙古、满洲等无不为特殊区域，又特准王公旧制存在，则其满蒙领土权确在王公之手；我国此后有机会时，必须阐明其满蒙领土权之真相与世界知道。待有机会时，以得寸进尺方法而进入内外蒙，以新其大陆。且内外蒙既沿王公旧制为治，其主权明明在王公手中，我如欲进出内外蒙,可以与蒙古王公为对手,而缔结利权,便可有余裕绰绰机会,而可增我国力于内外蒙古也。至对于南北满权利则以二十一个条为基础,勇往迈进,另添如左之附带利权,以便保持我既得,可永久实享其利。

一、三十年商租权期限满了后,更可自由更新其期限。并确认工农等业之土地商租权。

二、日本人欲入东部内外蒙古居住、往来及各种商工业等,皆可自由行动及于出入南北满时,支那法律须许其自由,不得不法科税或检查。

三、在奉天、吉林等十九个铁及石炭矿权,以及森林采取权获得之件。

四、南满及东部蒙古之铁道布设,并铁道借款优先权。

五、政治、财政、军事顾问及教官佣聘等增聘以及聘佣优先权。

六、朝鲜民取缔之我警察驻在权。

七、吉长铁道之管理经营九十九年延长。

八、特产物专卖权及输送欧美贸易之优先权。

九、黑龙江矿产全权。

十、吉会、长大铁路敷设权。

十一、东清铁路欲向俄收回时之借款提供特权。

十二、安东、营口之港权及运输联络权。

十三、东三省中央银行设立合办权。

十四、牧畜权。

对内外蒙古之积极政策

满蒙既为旧王公所有,我国将来之进出必须以旧王公为对手,方可以扶持其势力。依故福岛关东长官之长女,因献身于皇国起见,以金枝玉叶之质,而就未开民族之图什业图王为之顾问;加之图什业图王之妃乃肃亲王之侄女,因此关系,图什业图王府与我国颇为接近。我特以意外之利益及保护而罗致之,在内外蒙古各王府等,无不以诚意对我敬我。现在图什业图王府内之我国退伍军人共有十九人在矣,而向王府收买土地及羊毛特买权,或矿权,均被我先取定其特权矣。此外接派多数退伍军人密入其地,命其常服支那衣服,以避奉天政府嫌疑,散在该王府管内,实行垦殖、牧畜、羊毛买收等权。按其他各王府,仍依对图什业图王府方法而进入,到处安置我国退伍军人,以便操纵其旧王公。待我国民移住多数于内外蒙古之时,我土地所有权先用十把一束之贱价而买定之,然后将其可垦为水田者种植食米,以济我麦料不足之用;不能垦为水田者则盛设牧场,养殖军马及牛畜,以充我军用及食用;余剩之额制造罐头运贩欧美。其皮毛亦可供我不足之用。待时期一到,则内外蒙古均为我有。因乘其领土未甚明显之时,且支那政府及赤俄尚未注意及此之候,我国预先密伏势力于其地,如其内外蒙古之土地,多数被我买有之时,斯时也,是蒙古人之蒙古欤?抑或日本人之蒙古欤?使世人无可辩白,我则藉国力以扶持我主权,而实行我积极政策也。我国对于蒙古之施为,因欲实行如上之政策,按本年起由陆军秘密费项下,抽出一百万元以内,急派官佐四百名,化装为教师或支那人潜入内外蒙古,与各旧王公实行握手,收束其地之牧畜、矿山等权,为国家而造成百年大计。

新大陆开拓与满蒙铁道

交通者乃国防之母,是战胜之保险公司,亦是经济之堡垒也。按支那全国铁道仅七千二三百哩①,在满蒙则有三千里矣,居其全数之四成。按满蒙土地之广,产物之巨,虽有铁道五六千里,亦不足其用。加之我国所扶植之铁道多在南满,而为富源之北满尚多未及,殊为遗憾耳。加之南满各地,支那民族颇多,其国防上经济上颇不利于我。然我国如欲开拓其富源及坚固其国防者,必须极力建筑北满铁道,依其铁道之开通,可移多数国民于北满,以便掣肘南满之政治及经济,而可强固我国国防,以奠定东亚大局。加之南满铁道既成之线路,多以经济为目的,致缺循环线路,颇不利于战时之动员及军需之搬运。此后必须以军

---

①　原文件中有多处哩与里混用,应为哩。

事为目的建设满蒙大循环线,而可包围满蒙中心地,以制支那之军事、政治、经济等等发达,亦可防杜俄势之侵入。此乃我国之新大陆造成上最大必要之关键也。加以现在满蒙铁道有二大中心点:一曰东清铁道,二曰南满铁道。其支那之自设铁道,依吉林省政府之余裕,不久必能现成一大势力之铁道。且合之奉天及黑龙江之财力而论,其支那铁道之势力,不久必须驾我南满铁道之上,当能现出激烈之竞争。幸其奉天之经济紊乱,我如不供其救济,彼确无力可恢复,我则利用此时期勇往迈进,达我铁道目的而后止。且我如用力煽动之,其奉票降价不知其止,奉天政府必成赤俄财政之第二,确可拭目以待,从此彼必无力可开拓满蒙也。惟有东清之势颇难打倒,不幸其所成之路线与我南满之路线,同为丁字形;如以丁字形而论,虽为便利,唯军事上之进行颇为不便。倘支那新设之铁道,如欲培养于东清路北,必须与平行为妙,则用起西而向东。以我南满铁道之中心而论,其新设之支那铁道,必须使其由北而向南。如以支那自身之利益而论,亦以由北而向南,确有多大便利,因此与我无甚抵触。幸赤俄势力日衰,既无力可进出满蒙,此后支那之铁道建筑,必然须听从我日本之指挥而无疑。岂料奉天政府,迩来首以军事的见地而开通打通路及吉海路,然在支那政府虽不晓经济的而专以军事的建筑打虎山至通辽及吉海路者。在我国则因此二路之完成,其对满蒙之国防及经济颇受多大打击,而南满铁道之利益亦颇受损,是故向支那提出强硬之反对也。然此二路之被支那所完成者,初因出先〔自〕官宪及满铁当局等误算奉天政府乏力可及此,故事前未甚注意。及后欲强阻之,其路线已成矣。加之又有美国人利用英国资本家,欲投资开筑葫芦岛港,因此第恐支那政府受迫,将打通、吉海二线牵入英国资金,反增长我在满蒙之劲敌,故对之似有似无。唯待有机会时,而再向支那政府解决打通、吉海二路问题也。据闻奉天政府之计划,欲由打虎山起至通辽,更至扶余而至哈尔滨为终点,使在北京出发不由南满及东清二路,由自己之路线而可达北满之哈尔滨;更为最恐人之计划者:由奉天起点经海龙,由海龙而至吉林经五常而至哈尔滨。依如上之计划,用左右二线包围我南满铁道;而我南满铁道受支那此二线之包围,几成为小区域,因之我对满蒙支那政治、经济之发展,悉被制限及缩少,与华盛顿九国条约实行制我伸张国威于满蒙。按此二路线完成,我南满铁道几成为无用长物,其南满铁道公司必然多大恐慌。检讨支那今日之财政,如无外债之借入,必然无力可及此;如果自有财政可及此而成此二大铁道者,如吉林经奉天,或扶余开通经通辽而至连山,其运费必比利用南满铁道更贵。如以此点而论,我国虽可安心,万一将来此二大铁道告成,支那政府特以经济为主眼,一如东清路特别减其运费,以与我南满路对抗之时,不惟我国必受莫大之损失,而对东清路,亦一不可忽视之大事也。日俄二国断不能视支那铁道之跋扈,殊如东清铁道之于今日,以齐齐哈尔及哈尔滨为收入大宗;如支那此二大铁道完成,或大赉与安达之路完成,此我南满铁道更受其惨,其较东清之痛苦必然巨大而无疑。

更将满蒙铁道竞设之概略而言,支那则欲设索伦至洮南铁道、吉林至哈尔滨铁道;赤俄所欲建设者:安达至伯都纳铁道,吉林至海林铁道与〔兴〕凯湖之密山至穆陵铁道。

以上之计划,无不欲培养东清铁道,而发挥其帝国主义,其新设之方向多以西东故也。盖赤俄虽衰弱,其对蒙进出,仍然不怠。其一举一动,无不阻我进出而祸我南满铁道。我对赤俄之进出,非尽力防避不可,必须藉奉天政府为探子,而阻其势力南下。我第一着手藉防,以得赤俄南下为题,得寸进尺方法,而强进北满地盘,以便攫取其富源,南可制支那势力之北上,北可制赤俄势力南下。如欲与赤俄之政治或经济之角逐者,必须驱支那为前驱,我只可督支那于背后,一以防避赤俄势力之伸张,而我方另以秘密方法与赤俄提携,而制支那势力之增长,而免防害我满铁之既得权。加藤内阁时,我后藤新平唱日俄外交恢复,迎请越飞俄使入国之目的者,大半因欲利用俄以制支那也。东清铁路与我南满铁路,虽有约束,按满蒙之出产物运送,以五十五分归南,以四十五分归东也。然满铁及中东二路虽有如此之契约,而各用公然秘密方法而特减其运费,因此我南满颇受莫大危险及损失。

更考察赤俄向我秘密宣言,谓俄罗斯与支那国境,不幸生成弓形,虽不欲侵人之国土,但因弓形以北,地寒物稀,确无敷路之价值,不得不把守东清,分些利益,故东清路断不能放弃。加之俄国在太平洋唯一之港如海参崴者,因有东清路而得存;如东清路放弃,与俄国放弃太平洋同也。赤俄主义如此,益使我国之不安。

而我国之于满蒙,如徒赖南满铁路,必不能满足,依我进出之将来及现状计,南北满铁路非全收归我手不可。殊如大富源之北满及东蒙古方面,可为我发展之余地颇多,且颇有利。而南满之将来支那汉民族之日增,其政治及经济颇不利于我,故不得不急进北满地盘,以计国家百年之隆盛。如赤俄之东清路横于北满路,对我之欲造成新大陆颇有所阻害,我国之最近将来在北满地方,必须与赤俄冲突;斯时也,我仍以日俄战争,依样葫芦,攫取东清铁路,以代南满铁路;攫及吉林,以代大连。因北满之富源,我国再与赤俄一角逐于(南)〔北〕满旷野者,实为国运之发展上势所难免。盖此难关如不打破,我对满蒙之暗礁必定难除。在现下之状势向支那要求各军事重要之铁路,待铁路完成之时,北满可能及之地,我则倾力以进。赤俄必然前来干涉及破坏,斯时也,即我与赤俄冲突之秋而无疑。我对满蒙铁路急欲实现全成者如左。

通辽热河间铁路

本线延长四百四十七哩,约须建设费五千万元。此铁路如完成,我欲开发内蒙古,可得一大贡献;在满蒙铁道中,以此线最有军事及经济之价值。如以内蒙古全体而论,依我陆军省、满铁会社等派人详细之调查,其数及十回矣。在内蒙古之地内,颇多可耕水田之地,如加以人工的施设,将来至少亦可容我国民二千万之额。而其内蒙古所产之牛有二百万头,我国将来藉此铁路之便,可以取之为食料,及加工输出欧美。他如羊毛为蒙古之特产品;我国之羊每年每头只可取二斤之毛。如蒙古羊之产毛,每头每年可产六斤之额,我南满铁路公司试验至再,无不尽然。而其毛质比之澳洲种毛更优良数倍,其价格之贱、生产之多、品质之优良等,可为在世界上暗室中之一大富源。我如可执掌其铁道,极力以扩张之,至少比之今日可增加十倍之产额,盖如此之富源尚未致被世界知道,以防次毛国之英美与我竞争,故我必先攫其交通权,然后极力扩张蒙古羊毛,使他国知之而无如我何。按通辽至热河之路如归我手,我国之羊毛可以自给自足,又可加工毛制品输贩于欧美。且如欲完全与内外蒙古王公之握手,非赖此铁路不可,如以我日本手腕欲开拓蒙古,非赖铁路不可。盖我帝国主义对内外蒙古之浮沉,尽在此路线已耳。

洮南至索伦铁道

此铁道延长至百三十六哩,建设费须一千万元。按我国之将来必须再与赤俄角逐于北满平野,此路如成,我南满之军兵,可沿此路线而迫赤俄阵后,亦可阻止赤俄增军于北满之用。即以经济而论,此铁道可压取洮儿河流域之富源,用以培养南满铁路。他如既与我接近之札萨克图王府及图什业图王府等,亦可利用此路以保殖我国势力,以便开拓其土地。按我国之欲与内外蒙古王公握手,收买其土地、矿山、牲畜、商业等,以备将来有用之机会,专赖此铁路而侵入内外蒙古;利用通辽热河线而侵入南蒙古,以便南北呼应。待其产物发展之时,我则依此一线而远入外蒙,以发展我国运于无穷。然洮索线完成,最有利害者,第恐引诱支那移民多数侵入蒙古,因之必破坏我对蒙古之积极政策,岂不第二之南满铁路,徒为支那人造福乎?幸其沿线之矿山及土地,皆为蒙古王公所有,我如预先买收其所有权,则欲排斥支那人民之侵入,何患无法乎?他如蒙古王公者,我可以强制力令其发布预防支那人民侵入之法令,使支那人侵入蒙古时不能安全生业,自然必能远去;尚有其他方法颇多。我如极力防之,则支那人之迹不能印于蒙古地方矣。

长洮铁道之一部铁道

此由长春至扶余大赉,则长春至洮南间长百三十一里,建设费约千一百万元,此铁道之计划,为经济上最有大利益之铁道,盖满蒙之富源悉集满北,此铁道如成,我对北满之进出颇为便利;且可打倒东清铁路,而培养南满铁道利益。又有松花江上流,其农产物颇多,可耕地颇巨,而大赉附近有月亮泡可兴水电。按将来此长洮路之一部份,必然成为工业农产加工之大区域;待此线路成后,则由大赉而至洮南,由大赉而至安达,由大赉而至齐齐哈尔,分展三叉线路。以攻西比利亚路线,定可攫取北满之富源,亦可作黑龙江进出之第一步。加之长春至洮南、长春经扶余、大赉至洮南,共成为小循环线,为军事上最妙之交通;我如欲进出蒙古,则此小循环之铁道不可不速成。而此长线,沿路地广人稀,其土地之沃肥,虽五十年间不下肥料,亦不恐无可收成;此铁路如可执在我手,则北满及蒙古之富源尽为我有矣。其沿线地之可容我国移民者,至少亦可居二三千万民之多。至将来吉林之敦化线与我朝鲜会宁路连络开通之时,其蒙古及北满之富源,我可一直至东京及大阪。待有事之秋,我由东京方面出师,经日本海一路直至北满及蒙古,其支那之陆军必无力可突破北满地方;在日本海之交通,赤俄之潜水艇必无力可以入我朝鲜海峡。盖我日本唯望吉会、长大二路速成,则食料及原料便可自给自足,不论与谁战,皆可自由自在。斯时也,我之对满蒙交涉,不论何事,支那政府惧我设备之周至,必然畏我而从我。如欲完成明治大帝第三期灭亡满蒙之计划者,唯此吉会、长大线之成功而已耳。然长大铁路如成,不惟可以培养南满路日致富足,即长大路本身亦有致富之望。此长大路为满蒙经济发展上,最大必要之积极政策也。

吉会铁路

吉林至敦化之间铁路之建设现既成功,敦化至会宁间之铁路尚未实现,虽会宁至老头沟有二呎六吋之狭轨路线,实不足新大陆及经济发展之用,此改筑费须八百万元。而敦化老头沟之建设费须一千万元,二者共须二千万元巨款,按此铁路如成,就是我新大陆之成。从前欲往欧洲之人,须经大连或浦盐二港,今则由清津港经会宁而入西比利亚铁路,可赴欧洲,不啻东洋之交通大动脉,将来不论人与货,皆须经由我地。斯时也,我握此交通大动脉之权,可以无客气侵略满蒙,实行明治大帝第三期灭亡满蒙之计划也。如斯即大和民族征服世界矣。按明治大帝之遗策,第一期征服台湾,第二期征服朝鲜等,皆既实现,唯第三期之灭亡满蒙以便征服支那全土,使异服之南洋及亚细亚全带,无不畏我服我而仰我鼻息云云之大业,尚未能实现,此真臣等之罪也。按吉林省合奉天及黑龙江一部分,我古历史称之为"肃慎"民族,即今繁殖于沿海洲、黑龙江畔、豆满江流域等者是也。其民族之沿革,古来称为肃慎、秽狄、把娄、沃沮、史余、契丹、勃海、女真等,其兴废多种多样,良莠不齐,我国清正公进击会宁及间岛,其爱新觉罗亦起于宁安附近,先平定敦化、间岛、珲春地方为起源,遂定大清天下三百年之基础。吉林历史如此,按欲造成新大陆以开极东之新面目者,我如不先造势力于吉林地方,必不能征服满蒙,从而不能征服世界。故以吉会路之完成,即我昭和新政之成,新大陆之成,即征服亚细亚全洲之成功;不啻为吾国策上最重大之路线;是亦国益产生之重要路线也。

以吉会线及日本海为中心之国策

吉会路之终点,为清津乎? 罗津乎? 雄基乎? 均可由我自由自在,依时制宜而常其变换。以现势之国防而论,以罗津唯一无二之良港为终点,终可为世界贸易良港。一面可粉碎赤俄之浦盐港,一面可集北铁之丰富物产,以挽满蒙之繁荣于我国地域。且大连港非我领土,如满蒙尚未为我新大陆之时,其经营上施设上颇多费手,万一最近时期中实现战争之时,我日本须求满蒙之富源,当由大连为出口。如敌舰由对马及千岛两海峡封锁之时,我则不能摄取满蒙之富源,终必为战败国。须知欧战后之美国与英国暗合,每一举一动而欲牵制我国对支之施为。然我国为独立计,不得不与美一战以警示支那及世界。且美有吕宋舰队,与我对马千岛乃一苇水之遥,朝发夕至;如以潜水舰而游曳于我对马及千岛之间,则满蒙之食料及原料必不能供我益我。如吉会路可成,在南满北满与朝鲜成为大循环线路,其长春至洮南、长春到大赉至洮南,成为小循环线路,可以四通八达,利我军旅及食料运输之便,是北满富源之征服亦可确定矣。且其北满之富源,经吉会路越海而运至敦贺、新潟等港者,敌潜水艇必无有力能侵入我朝鲜及日本海峡,从而战时之交通、经济等皆可自由及独立,所谓日本海为中心之国策者此也。夫如是,战时之食料及原料可足,则美国虽有雄大之海军,支那虽有众多之陆军,赤俄虽有众多之军兵,终必无如我何,亦可制朝鲜民在战时抗我制我。且我固然必须实行新大陆政策,故非急成吉会路不为功。盖满蒙为极东政治未完成之区域。

我国终须再与赤俄角逐于满北平野者,就以吉林为中心也。到时欲实行明治大帝第三期遗策之时,则以福冈、广岛二地国军由朝鲜而入南满,以制支那军之北上,由名古屋关西地方之国军,取敦贺海道而进清津,经吉会路而入北满;另以关东地方之国军由新潟出港直至清津或罗津,仍依吉会路而猛进北满地方;另以北满道仙台各地之国军,由清森及函馆二港为出口,而急进浦盐,占领西比利亚铁路,以直至北满哈尔滨而南下,直迫奉天及占领蒙古等地,亦可阻俄军之南下。终于关西军、福冈及广岛军三面会合,分派为两大军,南则把守山海关以防支那军北上,北则把守齐齐哈尔以阻俄军南下,则满蒙之食料及原料等皆可听我自由取用,可依吉会路而运内地。夫如是,虽战十年,我亦不恐食料及原料之不足之忧也。更将其吉会路完成,与我内地之距离如左:

由清津起点至〈津〉浦盐一百三十哩,至敦贺四百七十五哩,至门司五百哩,至长崎六百五十哩,至釜山五百哩。

如以北满之富源运至我大阪工业地而论,以敦贺为到着港,与大连比较,所差时间如左:

长春至罗浦再至大阪陆路四百零六哩,海上四百七十五哩,共费时间五十一小时(大连长春间)。

长春经大连至神户入大阪者,陆路五百三十五哩,海路八百七十哩,共费九十二小时。

扣时以外,长春经大连由神户至大阪,比之由吉会路经敦贺至大阪,加有四十一时之多。于此足见吉会路在军事上、经济上之大有价值矣。

依以上计算法,铁道每时间三十哩,海上一时间十二哩计算,如用快走船及快车者可折其半也。夫满蒙者为极东之比利时,欧洲大战,德国蹂躏比利时以成功;未来之日俄、日美战争,我国非蹂躏满蒙必不为功。且我国欲实行新大陆计,不得不破坏满洲之中立地为战场,是故不得不整备吉会、长大二路,以作武装的充实,增强大之国防势力,进而可以依吉会交通之便路,可以最短时间移民千万于彼地,以开拓其水田,而充我人口及食粮问题之用;亦可防避支那移民之侵入。夫吉会路者真可为日本致富之路线,是亦日本武装之路线也。

吉会路工事之天然及其附带利权

欲完成吉会之工事者,必须乘其减水期一气而成方可。且因欲节约其工事费,其山皆为花冈石,必须用新式之凿岩机以求速成,其四十分之一均配隧道,至建设上应用之木材,在该沿路皆有;其他如砂利石等沿路皆有产生,而蛟河附近产石炭,且有砖块原料土,可在附近自制砖块,以供建设之用。然欲完成吉会路者,我只运往洋灰及铁轨、车头、客货车而外,皆可在地取用,真可为天然之铁道工事也。依四围之状势皆可依预算额七折,便可完成吉会路全段。而工事期日,亦可依预算日六折之期间,便可以完全成功。更将其沿线之利权而言,乃吉会路如成,皆可自然附随为我国之权益者。如吉林至会宁间在敦化方面之木材产额,依我参谋部与南满铁路之调查,确有二亿万之巨,恐每年按伐采百万吨,由吉会路输入我国,则二百年之间,继续伐之,亦不能尽;此雄大之森林,足可教我日本二百年间不受木材饥馑之危,亦可驱逐美国产松材输入我国也。我国现时每年消用美国木材,约须八千万元至亿二千万元;在该吉林有如此之森林,我国虽详细调查至再,皆不敢公表世界。因恐美国每年供我如此多额之木材,如被赤俄或支那知我利用吉会路线欲开伐吉林间岛间之大材库之时,必然煽动美国出而干涉我吉会路之成,亦恐美国木材家必能以重金向奉天政府,先买定其吉林采林权,以保其美国材木对我输出之保护策,亦可制东亚木材之权能,不啻制我制纸界之死命。故我国虽得其调查之真相,不敢出表于世界矣。按吉林之森林,前清乾隆全盛时代,即号为树海,然至今日数百年未入斧伐,足见其森林之巨大也。按以现时如经由长春、大连至大阪之森林木材,共达有一千三百八十五哩之遥,每一立方尺,自吉林至大阪须费运价三角四分。因运费之巨,且产额不能多,故不能与美国木材竞争。如吉会路完成,则吉林木材至大阪只七百余哩。每一立方木材只需运费一角三分而已;如此之便宜,必可打倒美国木材而无疑。且吉林之森林,如以最少为二亿万吨而计算,每吨得利益五元而论,则吉会路之成立,我国可不劳而得十亿万元之森林利权。且可防美国木材入国。而我国民得此贱价之吉林良木材,则加工为器具及艺术工业品或化学制纸之用者,至少每年亦可增长国际利益二千万元之多也。另有新邱大炭矿,其埋藏量有十四亿吨之多,其质驾抚顺炭之上,而土层多为硬石质所成,颇便于开采;且颇合骸炭抽收之用,我可取之为抽取煤油、农肥、化学各用药以供我用,且可扩贩于支那全国。是吉会路之成,则此新邱大炭矿,我不劳而可得之利权至多,足与抚顺炭矿相呼应。且藉此大炭矿之势力,而征服全支那之工业,决非难事。单以新邱大炭矿而论,如以吉会路取其良煤炭于日本者,每吨至少亦有五元之利益,如用之以化学工业,抽收其副产者,每吨至少亦有十六元之利益。盖新邱炭质颇合骸炭抽附产之用。按每吨平均如以十五元为利益计,共可得二百亿万元之利权。此莫不因吉会路而附带之利权也。其他如牡丹江流域之大金矿,以及其附近之森林,亦可依吉会路之交通而开拓之也。

　　他如敦化地方之工业,如大小麦、粟、高粱等物,每年可产二百余万斤;酒酿场大小共有二十余处,皆须仰我鼻息;而我商品之进出北(海)〔满〕,亦依吉会线之完成而可急速突进也。其敦化地方制油业有三十余所,每年产油九十万斤,豆饼可产出六十万枚,单以此数种之生物运费之收入,便可以偿吉会路之经费而外,每年尚有二十余万元纯利;如合之木材、新邱煤炭及副产物等而论,如吉会路之收入每年至少当在八百万元以上。尚有无形之大利益者,则培养南满铁道,取得森林、矿产、商业等权,又可大宗移民于北满等是也。且可缩近我日本与北满大富源之距离。按清津至会峰只三时间,会宁至上三峰只三时间,豆满江岸至龙井村只三时间,即晨发日本岸,夕可至间岛中心地点;所谓六十余时间,可能将北满富源突破者,则吉会路之权能也。

珲春至海林铁道

长百七十三哩,建设费二千四百万元。此铁道沿线,左右皆是密林,为欲培养吉会路势力,及开采北满之树海及农矿计,此线路亦必要之一也。且欲挽浦盐斯德港之繁华,而就我朝鲜之会宁者,亦不得不急建此路线以抗。最可卜将来之利害者,则海林以南、敦化以北所在之镜泊湖,待吉会及珲海二路成后,则利用其湖水为电之发生,以便控制满蒙全土之农工动力,使支那之活动竟不得如我电气化之工业何。依南满铁道之调查,该镜泊湖水之差落,至少亦可发生水电八十万马力。以此强大之电力,欲征服满铁之工业,可绰绰有余裕,料其发电所之附近,终必大发展。我国因欲开拓北满之大富源,必欲极力以进。如非修筑珲春海林铁道为吉会路培养,终必不足其富源运输之用也。尚有支俄共领之兴凯湖,亦可发生巨大电力,第恐支俄二国合办以制我。我必须于本年国际工业电气大会于会京之时,乘支俄不觉之间,提出发电所在同一供电区域不能设立二个为题,以求国际承诺,以期制止支俄合办兴凯湖之电力制我也。尚有五子制纸公司,在宁古塔及海林驿附近,既得有木材之伐采权,是亦须镜泊湖水电之连成及珲海路之急成,方可保其制纸之大成功,以供我国内之制纸原料,亦可以制纸征服支那全国也。且奉天政府所计划之吉林五常间铁道,吉林奉天间铁道,无不欲挽北满富源,经葫芦岛或天津为出港者;我则以珲海路培养吉会路之便,而可打倒支那之计划,挽其北满富源于我朝鲜之清津港。我依珲海及吉会路而运搬北满产物者,其运费比之支那线可减轻三分之二,比之西比利亚线可减轻三分之一。按此路如成,支那及赤俄之铁道,皆不能与竞争。其战胜之荣冠属我,皆可拭目以待。

对满蒙贸易主义

满蒙之贸易额,每年可有七八亿万元之多,均为我国之掌执,而我取其富源如羊毛、棉花、豆饼、铁等物之金额,居世界贸易之第二十位。

此等富源此后必日进而无疑。然我对满蒙贸易之盛况如此,为何大连浪速町之家屋,尚归支那人之所有乎?且为满洲工业之基本者,如制油业营口三十八轩间,而我国人尚无一轩;安东三十轩之制油业,我国人只一轩;大连八十二三轩之间,我国人只七轩;以全数而比例之,我只占零六,大多数皆执在支那人之手,是我之于满蒙进出上颇为可悲也。今欲挽回其利权,必须利用交通势力为堡垒,然后以成品贩卖之贸易权、原料买入之采买权等以干涉之,方可收其大权于我手。另用金融机关以助我国民之油业者,以期打倒支那工业油之退缩。至贸易之关系,如支那人多数在我大阪川口町,收买大阪制品扩而卖于满蒙,与我在满蒙之商人大开商战,乃我国人因生活费之高,往往非厚利不能营生,从而贩卖,竟大败于支那商人之手。按奉天方面之支那商人,多在大阪收买高价劣货,且输送上又无有贤能人物,为之集货成数,向我国于所采之价至少须加一成,而东三省人所付我国船运及铁路费,比之我国人每吨须加费二元七角。盖采入如此之贵,尚可在满蒙以贱价而打倒我商人,于此足证我国商人之无能为也。尚有支那政府对于贸易商,皆不知保护;反之,我政府对在满蒙之商人,则极力保护,而以低利长期资金借与我国商人,乃我商尚七颠八倒,此亦满蒙贸易上最可慨叹之事。今后拟尽力扩张"共同合作关系",由各汽船公司及南满洲公司付与特别廉价之运费,再由关东厅及满铁通融其低利资金,以期战胜支那商人,而可恢复我贸易权,进而可使满蒙特产品以扩世界也。

盖掌管满蒙特产品之贩卖权,即监理满蒙财政及贸易之第一步。然如欲名实相符者,我必须先取其满蒙特产品之专卖权,以便培养我新大陆完全之政策。且亦可防避金洋国之亚美利加资本侵入满蒙之机会,而支那商人之活动,亦可利用特产品专卖之势力以阻之也。

以大连为中心,建设大船会社,以执东亚海
运交通,水陆相应,称霸于太平洋

满蒙特产物之吞吐港,虽有大连、安东、营口,而其中心点无不居在大连。其每年出入之船只有七千二百只,其吨数有一千百十六万五千吨,占满蒙贸易有七成之多。其定期线有十五航路,多为近海。按满蒙海陆之交通无不掌执在我手,而其特产品之专卖权终未必可归我掌执。斯时也,我则以海陆交通之便,又加特产品采入及贩卖之盛,我且更尽力于海运事业之发达,以谋打倒安东及营口二港之势力。至中南支那各地应消费之豆类甚多,皆可由我国一手而供彼。按支那民为世界油食国民,倘有事之秋,我如禁止豆类不供给于中南支那,支那全国民之生活必受威迫。殊知豆饼一物为产米之农肥,日支两国之食料耕作上,最重要之产物;其豆饼之采卖权及运输权如可掌执于我手,我则可以贱价之豆饼,以救我国内产米之用。更可把此附随抚顺及新邱之煤炭抽收之农肥,以征服支那全国之农业。倘如有事之秋,我则禁输豆饼及煤炭抽收之农肥与支那,其支那之食料及原料必定恐慌而动摇,此为新大陆之建造上不可缺欠之手段也。他如欧美所消之大豆饼亦多,我有专卖权及海陆之运输以扩之,其世界各国如欲利用满蒙之特产,无不须仰我鼻息。此为欲统一满蒙贸易计,不得不如此之施为。盖欲掌管满蒙之贸易,必须有海陆整然之交通,方可以制支那商人。殊知支那人悉暂步我后尘,而与我竞争。而支那人所兴之帆船贸易及油房等之事业,我国人则无力可打倒之,颇以为憾。此后如我水陆交通之整备,则以大资本而打倒支那帆船贸易,一面奖励我国人仍步支那人之后,设立帆船贸易及油房,以补我不足。加以我国对满蒙之开拓,自古以来悉在满蒙设立工厂,利用满蒙原料而加工,因此支那民悉窥采我国工厂内容及学我新式之加工法,终而独立,仍如我设立工厂与我竞争者到处皆是。此乃我在满蒙企工业家,欠失秘密及预防之罪。故按此后如欲利用满蒙之原料而欲加工制品者,悉宜直接运回本国精制,然后方可分输于支那及各国,一可救我国内之失业者,二可杜绝支那民不能如洪水流入满蒙地带,三可使支那民不能学我新式工术。而如本溪及鞍山之铁及抚顺炭亦宜回本国加工。夫如是,则海运之扩张,益显其大必要。故拟扩张大连船公司,由政府通令南满铁助其低利资金。按明年中先完成五万吨之造船,以充远洋航路,而可执东亚交通大动脉;况陆路之有南满铁公司,又有我政治范围之满蒙巨大特产物可运搬,依经济上之原则,堪信大连之海运扩张,必可期其大成功也。

（下略）

《中华民国重要史料初编——对日抗战时期》绪编（一）,第55—76页

（二）日本和张作霖关于"满蒙新五路"、商租权等的交涉

　　说明:根据东方会议的决定,日本政府一方面继续支持张作霖,另一方面加紧对张作霖施加压力,以求解决所谓"满蒙悬案"。东方会议后,田中内阁即决定压迫张作霖接受日本在东北的商租权和满蒙五路的敷设权,日本驻奉天总领事吉田茂与奉天省政府首开交涉。由于双方交涉难以进展,日方改变策略,由驻华公使芳泽谦吉、满铁总裁山本条太郎等在北京与张作霖、杨宇霆直接交涉悬案问题,并议定"满蒙五铁路秘密协定",但张作霖并没有在协约上正式签字。随后,芳泽力图在口头密约的基础上签订正式协定及承建合同,但毫无进展。本节所引日本外务省档案胶卷,转引自《满铁史资料》第二卷《路权篇》第三分册。

关于吉海铁路问题张作霖的回答及对其的反驳
1927 年 1 月 18 日、1 月 25 日

政字第一号

照会

　　镇威上将军　节制东三省军政督办东北边防屯垦督办奉天军务善后事宜公署,为照复事:准贵总领事照会第七四八号,内开吉林官宪计划敷设吉林至海龙间之铁路,认为藐视条约之规定,希速为调查,如果属实,请转饬吉林官宪中止进行。又准贵总领事照会第七八一号,内开

此案调查结果,请迅见复,各等因。查吉林省政府筹集官商资本投入奉海路,请求为延长之敷设事,诚有之。奉海路敷设之初,承贵总领事转陈贵国政府声明承认,当经正式表示在案。查东省地面之开发,贵国政府及贵总领事素抱协助之心,此次奉海路延长即为开发地面之计,想贵国政府对此已经承认之,奉海路为开发地面而计划延长,必能乐于赞同,且奉海路之敷设无异为南满路添一支线,兹计划延长即无异为南满路营业上计划发展。贵国政府自应有以辅助提携之。相应照复,即希查照。此致

大日本驻奉代理总领事蜂谷辉雄

　　　　　　　张作霖　中华民国十六年一月十八日

　　镇威上将军　张作霖

　　敬启者:关于吉海线敷设计划件,根据详细阅读一月十八日所接到的政字第一号贵照会的来意,该吉林、海龙之间铁路敷设计划,在奉海铁路敷设当时我国政府即给予承认,且该铁路无异将促进满铁营业之发展,因此我国政府赞同在该地进行开发。关于吉林、海龙之间铁路敷设,正如上次拙信申明,亦如在大正七年贵我两国之间的满蒙四铁路借款交换公文所示,我方具有明确的敷设权,至今未曾放弃该敷设权的事实,即是很好的证明。虽然我方希望在满蒙地区开发上逐渐增加铁路敷设,但因为贵方无视条约协定,无视贵我之间的约定,以致强行敷设本线而违反协定的一切责任,当然应该由贵方承担。据此,送交本项重要照会,静候尊意。

　　敬具

　　　　驻奉日本帝国总领事　吉田茂　昭和二年一月二十五日

　　　《日本外交文书》昭和时期I,第一部第一卷(昭和二年),第123—124页

木村亚细亚局长致驻中国芳泽公使函

1927年2月16日

关于解决满蒙悬案问题件

敬启者:关于解决满蒙悬案问题,通过这次我们与大藏满铁理事之间进行的协议,达成了大体一致的协定。本件会谈要领及协定事项要领各一份,即您另见之甲号、乙号文件,作为极密,迄今仅送交贵官(该会谈要领及协定事项要领作为极密,还将送交驻奉天总领事)。前述文件之中,关于吉会铁路部分的内容,在整理后也将送交驻吉林总领事。鉴于送交该总领事文件中包含极密内容,故附送前述两项要领,敬请查收,并据此提出尊意。

附记

关于解决满蒙悬案木村亚细亚局长与大藏满铁理事之间的协定事项(昭和二年二月一日)

第一,满蒙铁路敷设

(一)新线铺设计划　大藏满铁理事表示,希望曾经协商完毕的悬案各线,与延吉海林线、吉林五常哈尔滨线、大赉安达线三条新线,以及齐昂线之齐齐哈尔以北的延长线,同时开始交涉。对此,木村局长也认为这些线路在满蒙地区开发上都是重要的铁路,但鉴于现在对华对俄的微妙关系,提议等待机会,乘机实行之。结果是,由满铁就上述各新线对政府提出另外的意见书,并将其编入这次的《在满蒙的政情安定及悬案解决案》之中。

(二)悬案诸线的一举实现

此前大正十五年协定的诸线中,(1)长春大赉线、(2)呼兰绥化线[既有的材料购入契约已到期,其延长线即另项第三的(一)之协定]、(3)白音太拉开鲁林西线、(4)敦化会宁线、(5)齐齐哈尔昂昂溪线(在中国方面横穿东清线),该五线这次在与中国方面的总体交涉上,应立即实现。

(三)日中合办运煤铁路

这次与中国方面交涉的诸线,正如前项一样属于我方既得权益,或者不过是其延长线而已,唯有新邱煤矿至新台子一线是此前契约关系中没有的新线。在满铁,该铁路与其他各线不同之处在于,它是纯粹的运煤专线,且其铺设是取得目前新邱煤矿权力的一部分。在日中合办的大新公司(满铁投资)的人事变动之际,由杨宇霆任其督办,镰田(满铁奉天公所所长)任其总办。同时,为使新邱铁路归属于日中合办的该大新公司,应讲求其他的方法。

(四)交涉的顺序方法

(1)首先应由驻奉天总领事向张作霖(及杨宇霆)全面提出解决满蒙地区向来悬案之宗旨。然后,就各个问题,如铁路问题,满铁方面首先与奉天方面达成一般之协定,接着应逐条线路与地方实力者,即吴俊陞或张作相,达成适当之协定。

(2)关于敦化老头沟之间的铁路,首先由饭田延太郎向中国方面交涉日中合办天图铁路宽轨改建事宜,同时就作为其延长线的敦老之间铁路铺设事宜进行预备性的交涉。即使该延长线交涉不成功,至少极力谋取宽轨的改建。然后,不必拘泥于前述交涉结果的成功与否,可在必要时命令饭田停止,不应使其成为满铁方面就满蒙诸铁路进行整体交涉的障碍。

第二,获得土地权问题

满铁曾投资五百万元,购买作为新商埠的土地,以开发该地区,但至今毫无收益而被搁置。就本次出资的盈亏,希望找到政府补偿该满铁投资利息的方法。非常重要的是,该购买土地问题,应被政府视为是解决满洲悬案之一的商租问题的一个简便方法。不仅如此,满铁绝非是毫无收益。关于此前的借款或者在合同铁路沿线,不仅创造了满铁活动的基础,而且开拓了本国人发展的地盘,故应由作为实现重要国策的政府,向满铁株式会社发出继续投资该地的指令。

第三,满铁方面要求外务省承认的其他诸问题

(一)关于绥化海伦线借款问题

关于齐昂线横穿东清铁路及实现宽轨改建,对吴俊陞有必要许给相当的筹备费。齐昂线虽区区十多哩轻便铁路,但其宽轨改建费约超过220万元。在此基础上,若再拿出充足的筹备费,无论如何也是困难的。目前,吴俊陞请求"奥斯特劳莫夫"订立绥化海伦之间的铁路(呼绥延长线)工程合同。这时,作为满铁,以正隆银行的名义向其投资500万元,以通融"奥斯特劳莫夫"(但以铁路及其收益作为担保)。据此,通过"奥斯特劳莫夫"间接地给予吴俊陞筹备费,从而更容易获得齐昂线,特别是在该工程费由黑龙江省方面支办的情况下。作为满铁,对该铁路应仅限于供给车辆等。

(二)关于吉敦铁路增款追认方法件

根据吉敦铁路协约,该铁路建设费1800万元,在满铁与中国方面交涉后,现在其款增至2400万元,对此政府方面应该予以追认。不过,本件增款内含:

(1)工程费增额300万元。(隧道开凿费及其他超过最初估算额的费用)

(2)建设过程中工程费利息200万元。(在吉敦铁路协约内,完全没有关于建设过程中工程费利息的规定,在此前这些都是满铁方面的损失。这次交涉的结果,中国方面承认把相当于上述利息的200万元计入工程费中)

(3)筹备费100万元。(本项增款用于使张作霖承认前述交涉结果,而中央政府的追认是使张对其负责的证据)

(三)关于洮昂铁路增款承认方法件

本件是中国方面已向满铁方面提出,希望将1292万元(工程费)的既有借款额增加到约1850万元。虽然满铁方面还未对中国方面做出任何反应,但关于本线已按程序通知对华借款团。本项增款即使对满铁也是有利的,对此,政府要予以承认。另外,本项增款内含:

(1)对王永江的贷款200万元及利息(年息九分)476,000元。(这是满铁在王永江任省长时贷给的200万元。中国方面苦于整理近

来的贷款,这次才根据莫省长提出的上述数额及利息编入洮昂线借款之中)

(2)车辆购入费 200 万元。

(3)筹备费 100 万元。

还有,关于以上(一)、(二)两项增款,预备费与贷款的关系属于是满铁与中国方面之间的内部关系,外务省只知其表,不知其里。满铁的前述增加额,纯粹是工程费超标数额等(亦称车辆购入费),故应整理出增款理由的大纲,以方便的形式提出。外务省对此应考虑追认或承认的方法。

对于本协定事项,币原外务大臣的意见是:

一、虽然推进饭田的交涉,但一般问题应视中国的时局形势,在必要的情况下暂时停止。

二、关于长大线,适宜的政策是,事先以适当的机会由满铁方面与俄国方面进行内部会谈。

三、第三的诸项,等待提出书面报告后再行审查决定。

《日本外交文书》昭和时期 I,第一部第一卷(昭和二年),第 124—128 页

田中致吉田①训令(第 90 号)
1927 年 7 月 20 日

东三省当局违反条约以及其它非法措施,近来愈甚,或者强行征收各种非法捐税,或者开始修筑打通线、海吉线②等违反日中协定的铁路工程。这对我国在满蒙的经济发展实大有损害。解决满蒙问题之第一步,首先必须由我方表示坚决态度。过去在解决悬案时,或进行利诱,或采取断然态度,即须采取软硬兼施的政策。而当前对东三省当局,尤其对张作霖,应揭发其因违反条约以及采取其它非法措施而产生的各

---

① 吉田茂,日本驻奉天总领事。
② 打通线:即打虎山—通辽线。打虎山今为大虎山。海吉线:即海林—延吉线。

项悬案,并迫使其采取解决办法。东三省当局如拒绝或迁延推脱,则相机采取下列手段,促使东三省方面深思反省,以阻止上述非法措施;或者施加压力后,进而按另电第九十一号要求解决铁路问题。然而,根据交涉进展情况,则可对增加二厘五的关税附加税,暂时予以默认;另外,关于另电之铁路问题处理案的一部分或全部,亦无妨略微透露。

一、拒绝东三省方面通过南满铁路进行军事运输;

二、停止对东三省兵工厂供应煤炭及其它各种材料;

三、禁止京奉线专用列车通过满铁附属地;

四、外务、陆军、关东厅、满铁共同体会政府之意图,拒绝东三省方面的要求;并严正声明,今后将对东三省方面从各方面采取对其不利的措施。

希贵官善体此意,为此项解决悬案办法充分努力。

详情函告。

日本外务省档案胶卷,P57,P. V. M. 23,第 940—943 页

田中致吉田训令(第 91 号)

1927 年 7 月 20 日

关于满蒙铁路问题,当前暂应按另纸所开各项要点,力求于短期间内实现。至于交涉的进行可根据情况,采取适当方式;可以一并解决,也可以个别解决。在实现下列各线计划时,应根据:

(甲)采用标准轨距;

(乙)日本方面之债权,应有确实可靠的担保,以便充分加以维护。

一、吉林—会宁线:

该线未完成部分:

(甲)敦化—老头沟段,应作为吉敦延长线,令满铁迅速承办工程修筑之;

(乙)老头沟至江岸段,将现有之天图铁路改为宽轨。

二、长春—大赉线：

该线不论其为官营、私营或其它形式，应令满铁协助促其实现。

三、新丘运煤线：

自奉天、铁岭间之某一地点至新丘煤矿的运煤专用线，应以适当形式迅速实现之。

四、通辽—开鲁线及其延长线：

关于该线，令满铁迅速订立协定，设法促其实现。

五、齐齐哈尔—昂昂溪线：

鉴于该线与俄国有微妙关系，应令满铁对中国方面于幕后加以指引，以适当方式促其实现。

六、洮南—索伦线：

关于该线，应注意时局的发展，在条件允许时尽可能努力促其实现。

七、海龙—吉林线及打虎山—通辽线：

中国方面所规划的吉海线及打通线，对我方既得权益虽有所侵害，倘中国方面同意我方上述满蒙铁路网计划所列一至六项中的至少一、二、三项我方所希望的铁路线时，则作为交换条件，我方亦同意中国方面修筑吉海线，并根据情况还可同意打通线。但如同意其打通线时，必须要求中国方面不将该线延长至我方路线；同时，要求其保证同意新丘运煤线与打通线交叉。

与上述两训令发出同时，大臣已对堀代理公使发出训令（7 月 20 日来电第三五四号），令其同驻奉总领事之交涉相呼应，致力于该案的解决。

日本外务省档案胶卷，P57，P. V. M. 23，第 944—949 页

臧式毅①致杨宇霆②

1927 年 8 月 4 日

督办钧鉴：

敬密陈者，日本总领事吉田，自由国回奉后，直接往见莫省长。问答之后，当面提出觉书，莫公当将经过情形，详细函陈，想邀鉴及。日前吉田、河野两氏来见，将觉书原稿交阅，并云：莫公如不觉悟，彼方将有适当办法，致影响于军事行动，故预为声明，届时尚望原谅等语。今早蜂谷、河野两副领又到兵工厂，以代表总领事资格，见毅云：已向莫公口头声明，将停止京奉路通过南满附属地之军事运输。查日领两次来见，并非私人谈话，纯为外交方式上之口头声明。此事关系重大，用特密陈。附呈觉书原稿，请察阅。专肃，敬请

钧安

臧式毅谨上

八月四日③

《奉系军阀密信》，第 290 页

外交部致汪荣宝

1927 年 8 月 10 日

外交部鉴：顷田中首相托出渊面告，此次东方会议决定对东三省方针，拟将各种悬案与地方当局诚意商榷，以求解决，经吉田总领事迭次通知莫省长在案。惟该省长始终不肯负责协商，再三警告，仍无效果，近更有排日举动。据吉田请示办法，拟以强硬手段对待，如遮断京奉铁路等类，现日政府顾全两国交谊，于实行此种手段以前，请先行电达中

---

① 东三省兵工厂督办。

② 安国军总参议。

③ 东方会议后，日本驻奉总领事吉田开始与奉天省长莫德惠进行交涉，故此信当为 1927 年所写——原编者注。

央政府，再加一部分反省，严令省长变更从来态度，以诚意与吉田商议，否则情形重大，日本将有不得已举动等语。查此次出渊语气甚形严重，应如何相机处置，乞迅定方策，并电复为盼。详情另函。荣。九日。总长已派陶秘书赴奉，与莫省长当面接洽，此件暂为密存。

《中日关系史料——渔盐路矿交涉》，第 620 页

汪荣宝致外交部

1927 年 8 月 13 日

北京外交部：新。外极密。顷闻日方将在大连再开东方会议，拟向我要求吉会、洮齐、洮梁、大赉、新林、宾黑六大铁路敷设权，此议果行，不啻举全满东蒙置彼掌握，非但激动全国反感，兼恐引起国际纠纷，无论得何代价，决不能许。务请峻拒并乞电复。荣。十三日。

《中日关系史料——渔盐路矿交涉》，第 620 页

外交部致汪荣宝

1927 年 8 月 13 日

九日电敬悉。查东省各悬案，除铁路问题最关重要外，其余各项未经案件，尚不难设法商决。出渊所称各节，意近恫吓，自应持以镇静，免为所乘。邻葛兄及泰曾以私人名义向此间各重要日人酌表意态，颇得谅解。芳泽已到大连，召集日方重要人物会议，征决实施方策，此间有关系各日人，亦往参加，将来交涉情形如何，自当随时电陈。荫泰叩。

《中日关系史料——渔盐路矿交涉》，第 621 页

山本与田中①会谈记录

1927 年 8 月 13 日

昭和二年八月十二日下午,出渊次官正与田中总理大臣在该大臣官邸会谈之际,山本满铁社长来访总理,谈称:希望次官列席一同进行会谈。总理立即予以接见。

山本社长开头说:吉田总领事最近在奉天对莫省长采取了极端强硬的态度,甚至公然提出将拒绝铁路联运问题,中国方面因此极端反感。如果这种形势发展下去,铁路问题终将无希望解决。本人深感满铁社长地位之重要,故以极大的决心前往赴任,为了首先使铁路问题获得有利解决,已经起用江藤,正在进行筹划。所以,政府如果愿意让本人将铁路问题朝着对我国有利的方向加以解决,渴望现在不要因为无关重要的悬案而向中国方面表示强硬态度,以致累及铁路问题。还进一步用稍为激动的态度说:而且,根据本人接到总理大臣的命令,政府的方针似乎是只要有关满洲的悬案未获解决,即不着手进行铁路问题;果真如此,那么铁路问题将难以预测何时方能进行,本人大概也无必要匆忙地前往满洲了,云云。出渊次官答称:最近吉田总领事所采取的态度,外务省方面也认为稍微过火,曾立即予以纠正;我自己还曾面见汪公使特意提出询问,所以目前不必担心吉田总领事会对中国方面继续采取强硬态度。不消说,政府根据中国方面的态度如何,迟早会有必要表示强硬的态度;但是,计划届时经各方慎重讨论之后,再一致对付中国方面。方才社长说,在总理的命令书中提到应该先解决悬案,然后再解决铁路问题的意旨。我自己虽未记得该文件的内容,但决无发出这种硬性规定的命令的道理。解决悬案固属重要,而与此并行设法解决铁路问题,也同样重要。问题主要在于中国方面是否以诚意对待我们。倘若张作霖及其所属的满洲官员,漠视条约规定的义务,或抱着不顾我国在满洲地位的态度进行交涉,则卑躬屈膝地去获得一两条铁路,实毫

---

① 山本条太郎,满铁社长。田中义一,内阁总理兼外务大臣。

无意义。原来使张作霖傲慢起来的原因,大概是日本人遇事辄不善处理,只顾考虑企业的发展,却忽略了确保我帝国在满蒙的地位的缘故。我想今后我国官民对张作霖及其所属满洲官员,似乎绝对需要经常表示出威严的态度。社长又说:依靠江藤的活动,铁路问题必能解决。(出渊)试探问道:此事能够一两个月内解决吗? 社长答称:这一点虽不能断言,但根据江藤可以跑到张作霖的寝室内自由交谈来看,必定能获得某种成果。对此,出渊次官谈道:松冈理事曾经为了一条铁路问题费去大约半年时间。由于张作霖是个相当狡猾的人,只要日本方面不是从各方面一致采取果断的态度对付他,恐怕铁路问题也难于取得良好的结果。

接着,山本社长说:在满蒙问题方面有务望总理予以谅解的事项,于是出示了载有大要如下三项的便条:

(1)应让满铁社长参预有关满蒙的外交问题;

(2)关东州内产业方面事宜,应移交满铁管理;

(3)目前满铁执行的有关行政事宜,应移交关东厅管理。

次官对此谈称:关于第一项,由于满铁是经营满蒙的基干,满铁社长是满铁这个大会社的主宰,而且是经政府任命的,政府当然并且有必要经常让该社长了解有关满蒙的外交方针,等等。但遗憾的是,不能同意用文件表示,宛如满铁社长有权参预外交问题的形式。总之,该问题希望仅用口头言明,即政府应让满铁社长经常了解重要的外交方针。第二项,关于产业的事宜,由于满铁是开发满蒙的基干,看来让满铁将关东州内的产业设施统一起来,大概是合适的,因此当然表示同意。第三项,关于行政事宜,我一向认为让满铁掌管教育之类事宜,根本不当,所以社长能够主动地提议拟将有关行政事宜移交关东厅管理,我认为是极其得当的措施。田中总理流露出大体同意次官见解的口吻,并且答称:此等事项目前正命令行政制度审议会研究,因此,满铁社会今天提出的三项建议,也应该交由该会同时审查。

日人之新南满政策

1927 年 8 月 21 日

（东京二十一日合众社电）日人最近为保持东三省利益，经营不遗余力，现已议决对发展东三省规定新政策五则，而此新政策之总枢纽，以南满铁路为日本中央政府之工具，故日人称此项新政策，为中央集权中之新南满政策。该五项政策如下：

（一）外务与陆军两省间，须造成密切之结合，而以南满铁路为执行新政策之工具。同时为厚增中央政府与南满铁路之实权，故扩张南满铁路之权利范围。

（二）须固定日本对东三省之新政策，为求此项政策进行之顺利，外务省于南满铁路应有密切之连络，以便固定东三省之政治情形。一方须竭力防范，绝对不容中国内乱侵入东三省内。

（三）中东铁路通运条约，须早日完成，以便保持日本与苏俄间，在北满之和平均势。

（四）应于相当时期内，向中国方面提出日人于东三省租地权。此项租地权，应以取消日人在东三省之治外法权为交换条件。

（五）应设法令中国方面组织中央银行。该银行得支用南满铁路公司公款，同时由中国当局，须获得一种谅解云。

北京《晨报》1927 年 8 月 22 日

日本使馆致外交部

1927 年 8 月 22 日

径启者：本月九日，田中首相嘱出渊次官面达事项，业经电陈在案。是日，据出渊次官面称，此次东方会议，本中日两国共存共荣之精神，决定对东三省方针，日后两国当局应同心同德，专尽力于经济之发展，并拟将各种悬案与东三省地方当局诚意商榷，以求圆满解决。如一、打虎山、通辽间建造铁路问题。中国动工建筑，于本年正月从打虎山至彰武间，业已竣工，此路线与明治三十八年，中日间协定禁止建设满铁并行路线誓约相背。日本政府自大正十五年八月以来，遇机即对张大帅、杨总参议提出严重抗议，中国当局仍然从事筑造，预定本年底完竣。二、海龙城、吉林间敷设铁路问题。此路线与大正七年，中日间交换公文抵触，曾由奉天及吉林两总领事，自大正十五年十一月以来，对中国当局屡次抗议，中国仍然设立海吉铁路筹备处，购买材料着手进行。三、帽儿山（即临江），设立领事分馆问题。本年三月中旬，曾向北京外交部及奉天、安东中国地方官宪提议，已得王外交次长及杨总参议谅解。四月中旬，田中副领事携同职员数名，赴帽儿山对岸中江镇求见临江县知事，竟被拒绝。五月二十九日，携带护照，率领馆员至帽儿山，又被中国官民协力逐出境外，并将所租分馆用房屋毁坏。尔后，一方由驻北京代理公使向外交部交涉，一方令奉天吉田总领事向奉天莫省长交涉，惟省长声明不负责任。四、东三省违背条约课税问题。（甲）二分五厘附加税。东三省官宪，自本年三月起，公布征收二分五厘附加税，此税违背条约之规定，决难承认，并提议在满洲租借地及铁路附属地内设征收机关，虽经拒绝，然在其他各地，莫省长以中央命令为牌号，依仗实力，在各地税关实行征收附加税。（乙）其他各种违背条约课税。如奉天省城及其他各地之销场税，奉天、吉林两省及哈尔滨特别区之纸烟特捐，奉天商埠地内日人房屋税，满洲纺纱公司制品之二重课税，安奉线铁路用地课税，采木公司课税等。五、盛京时报禁止发卖问题。本年六月，奉天军司令部，因盛京时报登载奉军不利电报，遂禁止发卖，以强制手段妨害分送邮寄，虽经日本奉天总领事对莫省长抗议，并由北京堀代理公使与外交总长交涉，至今尚无结果。以上问题，均待解决，刻不容缓。驻奉天吉田总领事，在东方会议时，曾将东三省情形详细报告，备陈个人意见。本人对于中国极表好感，且于中日经济提携尤期早日实现。七月十九日回任，即将日本政府宗旨叠次通告莫省长，惟该省长始终不肯负责协商。七月二十三日，曾发警告照会，其原译文称，贵省长就任以来，贵我之间频发不幸交涉案件，不但迄未能解决，且有加无已。且发生事件，违背条约，压迫言论，即无视公理民福之不当课税，甚至无视善邻之谊,而出于非友谊的行政上之行为,关于此节,本官屡次告以忠言,虽有所切实要求贵省长,然毫无效果。且贵省长意乃对于帝国政府并无执行专责之好意,此在本官深为遗憾,已具禀申帝国政府,以资唤起深甚之注意。当经帝国政府顾全善邻睦谊,与于东三省贵我特殊关系,乃特命本官而要求贵省长之再思反省。方今战乱相踵,民人各不安其业,幸而贵省长查看目下形势,顾念内外人之福利,以重善邻交谊而秉公至正之善政,使东三省内外人为安分乐业之地,是为至盼等语。莫省长接此照会,置之不理。七月三十日,由吉田总领事催问双参谋。据称,日内当有正式答复,惟俟多日,仍无信息。八月四日,驻奉天蜂谷领事赴省公署面谒莫省长,该省长声称,本省长公务忙迫,无暇协商,如有交涉事件,凡在条约范围内者,应与交涉员接洽可也。闻言之下,不胜诧异,当即告以贵省长如不肯诚意磋商,日政府或出于不得已以报复手段对付,然该省长仍态度强硬,毫不反省,近更有排日举动。查东三省中日关系密切,一切事业非经两国官宪互相谅解,诚心协商,不能圆满进行。而莫省长就任以来,业已二年有余,中日悬案一无解决,今复以如此态度对日本,于两国交好之友谊实有妨碍。叠据吉田总领事请示办法,日政府本拟立即以强硬手段报复,如遮断沈阳站至皇姑屯京奉路线等类,因此路线经过满铁附属地,但日政府为顾全两国邦交,于实行此种手段以前,请先电达中央政府,严令莫省长变更从来态度,诚意与吉田总领事商议,以便解决各项悬案,否则将此情形声明国内,唤起舆论问题,必至重大等语。当经切实辩论,莫省长系奉省行政首领,交涉员专管外交事务,所称与交涉员接洽磋商一节,并不为失当,惟彼方自田中首相决定对东三省积极政策后,对于磋商解决悬案情形急迫,颇难延缓,特行函陈,即请察核。此致

外交部

《中日关系史料——渔盐路矿交涉》,第 621—622 页

张元节①致外交部

1927 年 8 月 26 日到

总长钧鉴：昨奉手谕,谦奖备至,感悚交并。此次东方会议,决定新筑满蒙六路计划,元节就调查所得,编为说帖,附以略图,谨呈钧览,祗颂钧祉。元节谨上。八月二十四日。

附件一

总长钧鉴：昨陈说帖并略图,谅承典签。顷接友人在南满铁道会社办事者函告,日本所计划六线,志极坚决,然实行尚有种种困难,即筹款一节亦属不易。中国以圆滑手段对付之,彼将计无所施,或希冀中国无异议,彼先取得既得权,此不可不预防。再吉会铁路,上年已开工云云,此未确实,似系吉海线之讹。又吉林海龙线、吉林敦化连络线、奉天与京海龙连络线、打虎山通辽线、长春伯都讷连络线,此五线与中国交涉已久,日本意在从速解决,并非南满铁道会社之新计划也等语。谨以密闻,未识确否,仍请钧部详密调查为祷,祗颂钧祉。元节谨上。八月二十四日。

吉海等五线,即东方会议所谓满蒙交通政策也,业经各节报告在先,并陈。

附件二：说帖

日本东方会议,曾决定满蒙铁网政策,由南满铁道会社新筑六线,开发满蒙暨朝鲜之实业,垄断经济,不论如何,必欲排万难以成之。兹分列如后：

一、吉会铁路：自吉林经额穆、延吉、间岛至会宁,与朝鲜境内清津线相接,此吉长铁路延长线也。为开发吉林与朝鲜实业之计划,上年已开工,闻第一段土方将敷设告竣。

二、洮齐铁路：自洮南经昂昂溪至齐齐哈尔,此四洮铁路北端延长线也,横断中东铁路,为开发黑龙江实业之计划。

---

① 驻日使馆秘书。

三、洮索铁路：自洮南至索伦，此四洮铁路西北延长线也。为开发蒙古实业之计划。

四、大赉铁路：自大赉经扶余至石头城子，在吉林境内，此中东铁路并行线也。横断长春以北之路线，将来可与四洮铁路衔接，为开发吉林实业之计划。

五、新林铁路：自新邱至林西，在热河境内。此路将来可与京奉铁路衔接，为开展热河实业之计划。

六、滨黑铁路：自滨江经绥化、海伦、嫩江至黑河，此北满铁路线也。横断中东铁路直达南满铁路，为开发黑龙江实业之计划。

右六线完成，则满蒙在握，南至于旅顺，北至于黑河，西南至于山海关，东至于会宁，东北至于海参崴，西北至于齐齐哈尔、索伦，西至于热河，莫不脉络贯通，此日本侵略满蒙，亦数十年来之传统精神也。日本进行此计划之步骤，凡与中国已订有借款条约者，则笃促速成之。新定路线，则向中国提出要求，探闻日本政府提出方法，或向东三省当局交涉，或向外交部交涉，以简捷为主，欲用其强硬手段。此次东方会议，决定依各种交涉问题之种类性质，嗣后由芳泽公使、山本满铁社长、儿玉关东长官、武藤关东军司令官、吉田奉天总领事等互相采取充分之联络，作适宜之行动。日本此种计划，殊与苏俄利害不相容，将来日俄恐起冲突，即英、美、法等国，亦未必能漠视。故日本政府善作解释之词，田中首相曾在东方会议宣言，日本政府欲维持满蒙之平和，俾供为内外人安居之地计。兹根据门户开放机会均等之大原则，不问何国，皆可协同在该地开发产业，以谋经济之发展等语。日本外务省亦恐中国暨列强或起而抗争，曾在东方会议宣传其所抱之意见，以作解释。其大旨如后：

一、满蒙完全系中国之领土，日本所占有者，唯铁路附属地与矿山等，不过满蒙之一极小部分而已。兹根据条约上之权利，欲确保既得权及特殊之地位，则每当事件发生时，固应取强硬之态度以拥护之，然谓视满蒙为日本之准领土，此根本上之误会也。

二、中国内地各行省,战祸连年,今日满洲已为中国人自身避难之地,每年由内地移住满洲者达数十万人,其结果增加廉价之劳力,则满洲之特殊产物亦必随之增加。因之满铁之货车时感不足,今后满铁应采最为适宜之积极政策,及早实行建筑预定之路线,以应经济发展之必要。

综合日本当局之言论意见,未始无所顾忌,彼于条约所已规定者,势必尽力拥护,倘于条约上毫无根据,未经规定者,似仍为一种希望之要求。况日俄之交涉,彼此未易得谅解,日本岂能一意孤行。窃愿和缓应付之,婉曲防闲之而已。附略图。旧有此图,可知日本蓄谋久矣。兹觅得摹印之。

《中日关系史料——渔盐路矿交涉》,第 623—625 页

政府特讯:芳泽入府谒见张作霖[①]
1927 年 8 月

日本自田中秉政后,劈头将对华政策,由消极转变为积极。前此东方会议之召集,合全国军事家、外交家于一堂,讨论对华方针,而所谓对满蒙之积极侵略政策,遂均完全确定。今兹大连会议,不过将前此之确定侵略政策,协议其性质轻重缓急,以判定分别实行之步骤。步骤决定以后,即由芳泽入京,担任提出交涉之任务。芳泽亦知该案冒然提出,必惹起中国各方重大之反响,故于来京之始,犹□示镇定,且间以续订中日商约,废除领事裁判权相饵,以冀缓和华人感情,然后再相机提出,始为得计。讵料日当局急于对外邀功,以镇压国内之反动,致令芳泽绝少掩饰闪辩之余暇,故不得不即行提出,要亦日方二重外交之流毒也。据政府方面特讯,昨日下午三时,芳泽入府谒张,谈满蒙问题。该使送上田中致张手书,并赠张物品。后伊即开始说明东方会议决定对满蒙问题之意见,大致系分经济与政治两层。关于经济者,谓日本在满投资

---

① 标题为编者所加。

达十二万万元,关系非常密切。关政治者,满洲与朝鲜密迩,北连苏俄,地位重要。朝鲜党人恒在满洲活动,前曾获共党五十名,政治上关系可知。芳泽又详述决定理由,惟具体案尚待续议。张并与芳泽约定,以后关于满蒙各交涉案,皆由杨宇霆担任。

北京《晨报》1927 年 8 月 26 日

在解决满蒙悬案问题时有关各方面的联系

1927 年 8 月 29 日

“东方会议”以来,(外务省)曾同陆军、海军、大藏省、关东长官、朝鲜总督府、在华公使、驻奉总领事以及满铁,就解决满蒙悬案问题相应地进行了协商,明确了上述各方面对外务省的方案基本上没有异议。因而关于本案,经过田中外务大臣的批准,于昭和二年(八)〔七〕月二十日向驻奉吉田总领事发出了开始交涉的电训。此一情况已于 7 月 26 日通报上开有关各方面。

并且,在此之前,吉田总领事于归任返奉途中(7 月 17 日),在大连停留,预先同满铁协商了关于在对中国采取行动时希望给予协助的问题。

另外,此项交涉开始后,在向中国方面发出禁止京奉线军用列车通过附属地的通告之前,吉田总领事 8 月 2 日曾就这一情况向关东长官和满铁本社发出了通报,以后又进行了适当的联系。

日本外务省档案胶卷,P57,P.V.M.23,第 411—412 页

田中的谈话

1927 年 8 月 30 日

日本总理田中大将上月三十日由东京西下往静冈参加政友会支部大会时,途中与新闻记者谈话,颇多关于满洲问题,田中脑中之理想尤值注意。其言如下:

世人每于政友会之政策,不论属于何种问题,必大事宣传其取积极

主义。所谓积极主义者,当进行一事时,必有彻底解决之谓,如中国之不当课税问题,因日本绝对反对,列国因是亦共同取同一态度,中国因此亦自行取消是也。但对于满蒙问题,若世间皆误传日本取积极主义,致增中国之危惧,则实极遗憾者也。日本现政府丝毫不存野心,对于满蒙,无积极之动作,惟遇有机会,当局者以适当方法解决之。芳泽公使目下之交涉,不过其一部分,若操之过急,则不能成功矣。吾辈所希望者,将南北满洲成为永久平和之乐园。此平和境若得与列国均等机会以经济的发展,则彼我皆有幸福矣。要之,满洲之平和,于不知不觉间,惟恃日本实力以维持。中俄日之关系,近日在北满方面尤其密切,日本之发展南满,已无问题矣,目下非向北满进行不可云。

北京《晨报》1927 年 9 月 3 日

山本条太郎谈满蒙积极政策

1927 年 9 月

新满铁总裁山本条太郎,于七日抵哈尔滨,与新闻记者谈满蒙积极政策云,政友会对于中国及满洲政策,乃普通的、非新发明者。因政友会现正执掌政局,所以特为世人所注目。根本上之政友会对华政策,简言之,因日本人口每年增加一百万人,食粮问题,随而发生。日本地小,时有乏粮之虞,势之所趋,当求之于满洲之粮食输入,与原料输入是也。日本每年由印度、澳洲方面,输入粮食、羊毛、木料、铁矿,其额达七亿元。此类原料,满蒙随处皆有,于日本实甚便。故满铁之积极政策,乃对此目的而生,中国与谅解之下,努力开发满蒙,无其他用意,亦无独占之企图也。满蒙侥幸于过去二十年间,未卷入南北战争之祸,仍继续和平生活,逐年见住民之增加。此东三省之平和,与交通机关之发达,与日本有重大关系之中国当局及中国住民,对于日本为中国代谋利益,努力进行之点,不与谅解,实极遗憾者也。

北京《晨报》1927 年 9 月 14 日

蒂利致张伯伦

东京,1927 年 9 月 19 日

关于我本月 9 日的第 368 号电报,我荣幸地报告,那天我拜访了副外相,就各种问题有长长的会谈。

2、所讨论的最重要的事情,是满洲中国人与日本人之间的麻烦,出渊①主动提到了这些麻烦。他说,形势是严重的,因为必须让张作霖相信,日本政府是认真的,而且他们的慷慨是有限度的。实际争议的诸点——有时候提到它们好像是二十一条的翻版,其实是次要的。日本政府并未实施"激进政策",而仅仅是要求践行约定。事实上,尽管这个说法可以适用于允许建筑通往朝鲜边界的铁路,但我不能得出结论说,日本人拥有在临江设立领事馆的条约权利,临江设馆是个争议之点。尽管如此,出渊接着把以下的意思说得明明白白:日本政府的主要抱怨,在于张作霖及其代理人的不真诚和推托,这种感觉也许因张作霖断言他没听说满洲有排日抵制而进一步加剧了,但是,"不真诚"这个字眼不止一次被重复,给我留下非常不快的印象。这是打算挑起战争,并刻意寻衅的那些人才使用的措辞。这种不快的印象并未因随后谈话的倾向而减少太多,出渊说,与日本公开吵翻会毁了张作霖在满洲的声望。我提醒他,这会影响到张作霖在北京的声望,张在北京的声望也会被毁。出渊说他们对此相当注意;本月 7 日芳泽谦吉对元帅提出了抗议,如果几天之内没有收到有利的答复,局势就会极其危急,但是,他有信心预计,张作霖会看到他的处境危险,并按照日本人的要求去做。我问如果张作霖失去权力,在满洲谁将是继任者。出渊称明显没有这么一个人。我补充说,元帅从北京消失,有可能导致那里的混乱,他承认是这样的。日本政府充分认识到局势的微妙,不会愚蠢到向张作霖发出最后通牒。在我看来,所有这一切表明,如果必要的话,日本政府仍

---

① 　Mr. Debuchi,时任日本副外相——译者注。

然决心采取某种激烈措施。

BDFA,Part Ⅱ,Series E Asia,Vol. 33,p. 245

芳泽公使对记者的谈话

1927 年 9 月

又解决满蒙悬案之交涉,现归停顿,确属事实。但究将停顿至何时为止,则尚难预言。现虽有于杨宇霆回奉后,即在奉天开始交涉之说,然日本政府是否有此意见,殊无由悉。予以为无论在奉或在京交涉,均无不可,而一惟日政府之命令是从。据余个人之意见,杨即可望于三四星期后回京,则自以在京继续交涉为便。又满蒙交涉是否将视奉天排日运动半归消灭,或全部消灭之时,始再开议,亦当纯依日本政府之意见而行,予固毫无成见。现排日运动,虽渐趋缓和,而不良事件,尚层出未已。度杨回京后,对排日之取缔,或可望大收效果。闻杨此次回奉,须亲临打通线通车典礼,为其任务之一。在日本对修筑该路,并不反对且业经两国间成立谅解。惟日本对修筑海吉铁路及扶余开通铁路,则决难赞同,此已于一个月前,亲向中国当局申述最强硬之反对意见矣。自宁政府通告裁厘加税之实行无期延期后,使团对该问题,已认为完全解决。至对烟酒等之不当课税问题,现正由沪领团作为地方问题,继续交涉中。按不当课税问题,不仅限于宁政府,即在山东及东三省各地,亦成为极困难之外交问题,此现亦在华北各地间,进行交涉。又关税会议续开问题,除见诸报端以外,尚未由中政府当局作任何之提议。关于货价编订委员会之继续,亦未有新的提议发生。

北京《晨报》1927 年 9 月 22 日

杨宇霆之谈话

1927 年 9 月 24 日

(奉天二十四日东方社电)本日杨宇霆就时局问题,大要发表谈话如次:

（一）满蒙交涉，在排日问题未镇静以前，无续开之望。交涉在北京决定大纲后，在奉天协议细目。

（二）一般排日，虽已归镇静，但外交后援会等，今不能即予解散，亦不能加急激之弹压。

（三）莫省长提出辞呈，虽系事实，但如使其负排日问题之一切责任，则酷矣。谅莫氏将于适当之时节辞职。但外交方面消息，谓中日间之满蒙交涉问题，北京方面，在杨宇霆起程返奉以前，已中止进行。军政府之意，以此等问题，关系既大，民心激昂，又达极度，当然审慎办理，不能轻率。日本方面，虽似认为地方问题，欲在京商定各问题之大体后，即移归奉垣交涉细目。顾军政府则认此事尚有从长考虑之余地，不欲遽与谈判。故外间虽有种种传说，实则内幕中并无何等进行，且在民气愤激之际，亦无法进行云。

北京《晨报》1927 年 9 月 26 日

田中致芳泽

1927 年 9 月 28 日

第 249 号。

日前已电告贵官，应将关于解决满蒙悬案的交涉暂停。最近乘本庄中将和松井少将归国之机，经军部与外务省有关官员商议结果，已确定另纸甲号的方针，作为挽回此项交涉的办法。并且为敦促张作霖反省，现在特决定让本庄以口头向张提出另纸乙号的意见，说是本大臣带去的口信，作为重新开始此项交涉的前提。因此，希望贵官仔细阅读另纸附件，然后按附件所示的方针，与有关方面采取一致步调，努力使此项交涉取得进展。

待本庄中将到北京归任后，请贵官向该人听取详细情况。

日本外务省档案胶卷，P57，P. V. M. 23，第 530—532 页

田中致芳泽

1927 年 9 月 28 日

附件甲号。

关于解决满蒙悬案问题

为了解决满蒙悬案,昭和二年九月二十一日和二十四日两天,在外务大臣官邸召开了军部以及外务省各有关官员的会议,协商决定下列各项,并已经过外务大臣批准。

(出席人员名单略)。

(一)挽回交涉的方法:

(1)应让张作霖对公使道歉说:关于满洲之发生排日行动实感遗憾,约定将来以诚意取缔之。同时,让张作霖向田中总理发出上述内容的私函,作为借以挽回局面的主要机会。

此外,应尽可能使对方停止打通铁路工程。

(2)上述事宜施行日期,如果满洲的排日运动状况止于现在的程度,则以本庄中将归任之时,亦即 10 月 5 日为宜。

但上述日期须以杨(宇霆)在北京停留为其前提。

(二)挽回交涉的实施方法:

(1)令杨充任使者到日本公使馆道歉,届时令杨提议说:张(作霖)也有意向芳泽公使致谢,因此,希望能去访问张。然后在公使会见张的席上让张致谢。以上系采取让中国方面自发地提出要求的形式。为了让对方作到此点,应由本庄中将适当地向杨给予暗示。

(三)交涉顺序:

(1)悬案问题和铁路问题,大致均应由公使与杨进行交涉。

(2)铁路问题可由公使与杨只议定大纲,但应尽量详细。

(3)满铁根据公使与杨议定的大纲再商妥细则,届时驻奉天总领事、驻吉林总领事等应根据需要援助满铁。

(4)关于非法征税和帽儿山(领事)分馆等问题,应先就大纲达成谅解,然后移至当地交涉。但是,此等问题的大纲和铁路问题不同,以在北京只达成极其概略的谅解,然后尽快移至当地交涉为宜。

(四)铁路线:

(1)在东方会议上决定的铁路预定线,须使其作为中国的满蒙铁路网的一部分,全部予以承认。但是,须使对方具体着手进行的铁路线,在不得已时,目前可满足于只办成(甲)吉会、(乙)长大等两三条重要铁路。

(五)交涉时的缓和手段:

(1)根据开发满蒙的根本原则,东三省方面热望修筑的铁路,只要不显著妨害我国的利益,应尽量容许。

(2)公使于必要时可以声明,将尽量对中国方面放宽军事运输的条件;并且当新建有日本参与的中国铁路时,将尽量设法不给中国方面造成不当的损失。

(上述放宽的方法和程度等,应交由(外务省)亚洲局研究。)

(3)当解决非法征税与设立帽儿山(领事)分馆问题等悬案时,将不惜采取互让的态度。

(六)关于铁路线的交涉,应大致于 11 月下旬结束。

(七)如果尽管我方采用上述稳健方法,开诚布公地进行交涉,中国方面仍表示缺乏诚意的态度,以致交涉无进展时,我方应按已往的决定,采取果断的手段。

(关于果断的手段,应由军部和外务省重新研究恰当的办法。)

日本外务省档案胶卷,P57,P. V. M. 23,第 514—521 页

田中致芳泽

1927 年 9 月 28 日

附件乙号。

当本庄中将归任之际,田中总理大臣关于满洲排日以及满蒙悬案交涉问题带给张作霖的口信(1927.9.26)

关于本人对此次奉天发生的排日运动的想法,我想经过日前本人的特使芳泽公使的传达,阁下早已知晓。我一贯相信:从来对阁下怀有好意,一遇机会即竭力表示;阁下也一向对我的好意充分谅解,与我不断诚心相处。然而,当此次本人组阁之际,东三省发生史无前例的排日运动,即或是基于误解,也实在出乎本人意料之外。特别是,根据各种情报来看,幕后有东三省官宪的活动,我内心感到十分不快。不仅如此,甚至于令人不得不怀疑东三省官宪的居心。如果不揣冒昧地说,中国方面对我方简直是采取了欺人太甚的态度;我方也痛感简直是到了不能不采取果断行动的地步。我考虑,此次运动给东三省播下了祸种,如不及早采取果断措施,加以剿灭,恢复当地治安,结果必然导致南方以及俄国方面对阁下问鼎轻重。俄国人以及南方派一定认为,趁此机会用兵,是更容易打倒阁下的方法。如上所述,排日运动对阁下本身也极为不利,因此,恳切地劝告阁下,彻底加以取缔,使将来不再发生此种运动。

帝国对于满蒙的主要目的,本来是想把该地建成安全的经济发达地区,以便我国和中国共享利益。而且,关于该地区经济开发的设施,今后必须加以计划的事宜很多;为了付诸实施,我方愿不断给中国以援助,互相携手,以谋双方之福祉,而丝毫不会排斥中国,或侵害中国主权,贪图一己的私利。我们衷心希望:日中相互协作,共享利益。东三省当局如能了解我方诚意,满蒙的经济开发始能有望;我方对此也诚心给以支持,甚至于对经济发展所必要的维持满蒙治安问题,也决心不惜给以正当的援助。

倘若东三省方面不了解我方诚意,对日中携手谋求满蒙经济发展的我方希望,加以蔑视,本人认为:对日满关系的未来有重新加以严格考虑的必要。本人所以派芳泽公使向阁下和杨宇霆提议,其主要精神,即关于此点请阁下衷心谅解,以改善将来的日满关系。阁下幸而感到事态严重,回顾本人与阁下的过去关系,以诚恳态度对待我方,真心实意在东三省实行日中合作,谋求经济开发,本人也将对阁下维持怀有特别好意的态度,不惜给以正当的支持。

现在,日满关系的未来,全赖阁下是否对我方上述的真意和决心充分了解。满洲地方在历史上、地理上,对帝国有不可分的特殊关系;帝国政府对此将给予特殊考虑,对方针的实行抱有坚定决心。我希望阁下对此事态有充分了解。

日本外务省档案胶卷,P57,P. V. M. 23,第 522—527 页

杨宇霆致王荫泰①
1927 年 9 月 30 日②

孟群老弟惠鉴:

兹奉华函并汪公使报告,均收悉。已摘要函致莫省长知照矣。原件附还即希察收。顷接莫省长来函,略谓日前吉田总领事来见,谓一年以来,奉天省当局不顾条约,破坏亲善。最为日本方面所不满意者,约有六项:(一)建筑打通铁路;(二)建筑吉海铁路;(三)取消免税专照;(四)增收二五附税;(五)阻设临江领馆;(六)禁阅盛京时报。措词极为强横,并面递觉书一件,书中希望顾念邦交,再思反省等语。按此次日方对奉提出觉书,即系东方会议之一种策略,非统筹兼顾不足以资应付。用特专函奉告,即希台洽为盼。即颂

日祉

兄杨期○○再拜
《奉系军阀密信》,第 292 页

---

① 外交总长。

② 王荫泰任外交总长期内只有 1927 年的一个 9 月 30 日,故此信为该年所写——原编者注。

赵欣伯①致杨宇霆

1927 年 9 月②

督办座下：

久别甚念，法学会筹备就绪，十三日开会，十九日闭会，乞勿廑念。惟近阅报载，关于满蒙问题，督办为全权委员，直接与芳泽公使谈判，并谓各种问题，老将已首肯，而督办强硬。且报纸所传，多有他人误会之处。愚意督办不必身当其冲，临此难局。总以委之外部，而督办暗中指挥为宜。欣伯未在京，对于日本通信机关，无人预先注意。故凡关于中日两国之事，乞勿直接露面，免得内外不讨好也。谨此，顺颂

秋祺

赵欣伯顿首

《奉系军阀密信》，第 297 页

江藤丰二的回忆录③

田中大将组阁后，山本先生曾预定入阁结果未成，当了满铁社长，担起经营满洲的大任。当时召开了东方会议，决定在满洲修建七条铁路。山本问我（江藤丰二）："究竟能不能修成？"我说："不能。"因为如果将这些要求拿到张作霖那里，会立刻争吵起来。山本说："麻烦啦，我已经承担起此项交涉，你没什么好办法吗？"我说："那么，只好如此，如此。"事情就从这开始了。我回北京后，不断和大元帅的顾问町野武马保持联系着手工作，但困难很大。张作霖看到方案后说："这不是日本准备与俄国开战用的铁路吗？"谈话很难进行。后来经过种种说服，他自己提笔在记载着铁路线的文件上圈了四条铁路。我说："可以放

---

① 赵欣伯，历任东三省巡阅使法律顾问、外交部条约修订委员会委员，时正在筹备组织法学会——原编者注。

② 杨宇霆与芳泽于 1927 年 9 月 19 日举行第三次谈判，故此信为该年 9 月所写——原编者注。

③ 这段资料在翻译时略有删简——原编者注。

弃两条,请再圈一条,共五条吧!"张说:"在我根本不了解的地方修铁路,是无法约定的。"我说:"多一条少一条,相差无几。"终于由我让张提笔又圈了一条。那时张作霖似乎浑身都在哆嗦,并说:"这只是预备性商议,暂且不要发表。"不久,蒋介石北伐逐渐开展,政友会高唱应出兵华北,援助张作霖,于是终于出兵山东,铁路问题就放下了。山本先生要我进一步用五亿或十亿日元干脆把满洲买过来的话,也就是在这时候说的。总之,此事仅张作霖内心同意了而已。我去大连向山本谈了此事,此事暂未发表。他问我说:"有希望吗?"我说:"大概能成。"他说:"那么,我派太太去北京,探探张作霖的虚实吧。"于是,山本便让满铁派专车送夫人等去北京游览。张作霖闻讯后,决定由张作霖夫人主持欢迎,派专车前往迎接。山本夫人等在北京停留一周,张欢迎的非常热烈,而且不是单纯礼节性的,纯粹是出于内心的款待。山本夫人在北京停留期间,张特意派专车出去搜集山珍海味设宴招待;派铁路官员充当向导,招待山本夫人登八达岭游览长城;其款待之盛,是前所未有的。夫人回大连时,还带回来大量礼物。山本听到这些消息后说道:"已经没问题啦,这回该由我去结束交涉啦。"

《山本条太郎・传记》,转引自《满铁史资料》第二卷《路权篇》第三分册,第

946—947 页

山本条太郎对记者的谈话

1927 年 10 月 10 日

来京之满铁社长山本条太郎,十日会见记者团,发表谈话如次:

余此次来京者,因前者视察满蒙归大连,本社之事业预算,亟待查定,现已竣事,近将东归,在其前因欲向张大元帅以次各大官,述新任之寒煊,以示敬意,同时向芳泽公使接洽一切,故尔来燕耳,而并未衔有另可陈述之的确要件。昨日适值双十节,谅张大元帅处,拜贺之人往来频繁,故暂未往访而主与芳泽公使商洽。

铁路问题并具体的问题,本人无直接作何等交涉之考虑,问题应经

芳泽公使之手办理,固不待言,然关于从来之历史及各种交涉之经过之专门及技术的事项,谅有为芳泽公使所不充分知悉者,故拟就此点,事前充分从事商洽。

芳泽公使对于张大元帅如何交涉,其时机在何时,谅一惟日本政府之命令是据,余亲视察满蒙之地,该地方发展之速,实可惊异,不觉为中国且间接为我国而大喜,同时见尚十分残有开发之余地,尤以北满洲及蒙古地域之开拓者,殆仅及其一半,睹此事实相信着着以适当之方法促进其完成,为两国特为中国计,极为紧要也。而其方法,则修筑铁路一事,较任何事为最必要,不待言也。故在满铁会社,适应事情,关于其达成,不辞协力,以图一切之便宜也。

满蒙问题关于解决我国之人口及食料问题,有重大关系,无须复赘。即我国每年人口增加近百万人,而对于人口食粮供给之不足,应须补充,而对于过剩之人口,因依农业以外之产业而与以生活之途,故有供给各种工业原料之必要,而此等食料原料,将向何处求之乎?且何地方于地理经济上最便利乎?则与世界任何国相比较,固未有如满蒙之便宜者也。举最适切之一例以言之,去年由北满及蒙古向朝鲜输出之粟及杂谷,约达三百万石,此三百万石粟之输入,一转易间,则成为朝鲜米三百万石之供给内地人矣。换言之,仅此数年间,满蒙对日本已新供给三百万石于日本矣。其他如此类之关系,已不少矣。设想将来满蒙之发展时,不独食粮问题,如各种工业资料,例如羊毛或木材,其资于日本产业之发达,必极大也。假令满蒙之开发,其利益全部尽归该地方住民之所得,间接利于我国之国民经济,亦甚大也。我国民常高倡,希望蒙满开发者,此经济关系即其主要之目的也。顾观中国人士,其中似往往误会日本之满蒙政策,疑为有侵略意图者,是由于未充分谅解该政策本于前述之国家的经济关系之要求也,是吾人所甚为遗憾者也。满蒙之开发,固专利中国,而为其居住民之利益,极为明了。

试举最确之事例言之,一年间,满铁会社支出之款项,约二亿五千万元,在日本之股东所得者,不过三千数百万元,其二亿元余之款项,全部消费于满洲,此款专为劳动资金而归中国人之收入,该地方之发展,如何有利于中国人士,可窥一端矣。且试思东三省近年所以得显著发达之理由,盖以往二十年间中国之中部及南部兵乱相仍,而东三省独得维持治安,本土之铁路之开发,已经中辍,而东三省独得显著之发达,是固由于张大元帅之威望,与夫官宪之统制得宜而然,而相信日本帝国之威信及其施设得宜,亦与有力焉。此点谅夙为先觉者所知悉,苟对于中国之平和的发达,使中日之亲善关系,益加巩固,以善处东亚之大局,是所切望者也。

《顺天时报》1927 年 10 月 12 日

芳泽谦吉谈话

1927 年 10 月 11 日

驻京日本芳泽公使昨日于记者团之共同会见,大要发表谈话如次:

满蒙交涉议期

满蒙交涉尚未至再开之机运,尚未自政府接到何等着手再开之命令。八日早,杨宇霆氏之来访,非关满蒙交涉,何时开始,尚未决定。自九月九日交涉展期以来,正式非正式,均未与杨氏交换关于满蒙交涉之意见,想何时将与杨氏在北京开始交涉,以予个人之见,该交涉并非再开而无希望之性质者,纵使再开,无论如何谈判,固故障而不见进步,屡屡有之,而此次之交涉,亦有时或遭遇难关,固在预料之中也。

打通路线问题

关于打通线问题,前曾由吉田总领事提出抗议,予复向中国方面有所警告。然该路工程,仍有相当之进步。今后在满蒙交涉终了以前,想工程必不至告竣。关于敷设打通线一事,日本方面,固未曾丝毫承认也。

改约会近况

中日商约会议,尚未至予与王外交总长会议之时,专门委员会,由唐参事与重光书记官会见两三次。重光书记官将于日内归国,其后将由堀参事官代行交涉，至相当之程度，予即与王总长谈判，料非此后一二次即达其程度。

《顺天时报》1927 年 10 月 12 日

本庄①致陆军省次官
1927 年 10 月 13 日

第 612 号。

10 日午前，山本满铁社长抵燕。当天午后，如支第 610 号电陈，张作霖曾向芳泽公使就排日问题表示歉意。昨 11 日，山本社长会见张作霖长谈约三小时，始终围绕重开关于满洲的交涉问题进行磋商，双方基本上取得谅解。

4 日，卑职曾会见张作霖，在长时间会谈中我传达了田中总理大臣的意见。当时，张谈称："关于铁路线一事，我将同最近来京的山本社长直接交涉。借款利息一事，可委诸杨宇霆与公使或山本社长交涉。"昨天，山本、张作霖间交涉要点大致如下：

一、山本提议吉会、长春—大赉、洮南—索伦、吉林—五常、延吉—海林、齐齐哈尔—黑河、新丘运煤线等七线。张作霖表示：齐齐哈尔—黑河线因情况不明，容调查后再议；新丘运煤线因我方已设有轻便线，故难予同意；对该两线表示反对。对吉会、长大、洮索、吉林—五常、延吉—海林等五线表示同意。此外，对方还提出海龙—吉林线，山本表示接受。

二、据满铁计算，上述七线的建设总经费为一亿四千八百万元。山本同意在新建铁路获利以前，延期支付建设费利息。

三、关于新建铁路初步取得如下谅解：大体上按洮南—齐齐哈尔线前例，由日本方面承办工程；除派修筑工程师、会计（洮南—齐齐哈尔线，只此二者）外，还包括监督营业。

----

① 驻北京公使馆武官。

四、山本同意中国方面修筑海龙—吉林线、吉会线及打通线等。

五、同意在新建铁路上的主要城市开设商埠。

六、待各线交涉结束后，开始动工。

有关属于吉林的铁路，因为必须由张作霖命令张作相使之同意，故要求对其中海龙—吉林线务必向吉林当局让步，为此作出上述决定。同时商定同杨宇霆只讨论建设费利息一项。

上述协议事项已于昨夜写成书面，今日由张作霖说服杨宇霆。今日午后四时起，山本、杨宇霆二人已开始议定上述利息问题。

山本会见张作霖时，曾坚持要求改变中东铁路南线的轨距。但张作霖答称：因最近同俄国之间有中东铁路利益折半的协定，故难以同意，可暂令中东铁路督办吕荣寰进行调查。

同时，山本尚提及东三省治外法权和我国国民的居住、营业、占有土地等问题。张作霖以事关重大表现踌躇。估计只能是山本与张作霖之间作出备忘录的程度。

上述铁路问题，应决定均由芳泽公使与中国方面负责人员签订，以树立公使之威信，山本一概不应出名。该项签署当于今明两日内结束。山本社长本应今晚归去，但因上述情况归期须稍有迟延。为此，今日同杨宇霆的交涉颇费周折，根据情况能否最后签订尚难断定。然而，不论由谁完成，如上述铁路建设大纲达成协定，则有关细目的交涉，当会比较容易。国家之庆幸莫过于此。

日本外务省档案胶卷，P58，P. V. M. 24，第 23—29 页

芳泽致田中

1927 年 10 月 14 日

山本满铁社长于 10 日来燕，13 日离去。在此期间，11 日和 12 日同张作霖会见。13 日同张作霖、杨宇霆会见。不仅就铁路问题，并曾就满洲的治安维持方面的换文问题以及日中经济协定问题进行了会谈。以上从拙电第 1080 号、第 1083 号已有所了解。如去电第 1084 号

所陈,山本社长对本使谈称,关于上述换文以及日中经济协定等问题,不过是一席茶余谈话;但该社长在同本使会谈中曾透露,关于上述两案已由斋藤满铁理事于大连起草,据此可知,山本社长似乎已从大连带来腹稿,以便解决铁路问题。此外,山本社长似乎曾命江藤、町野等向张作霖透露,关于此次铁路交涉可立即使用三百万元至五百万元。同时,张作霖向山本社长明确表示,对中东铁路今后采取绝对不许敷设五呎轨距的方针。山本社长并对张作霖谈称:如果中国方面赎回中东铁路南部线,并改筑为标准轨距时,满铁将不惜付出几千万元。对此,张大元帅表示:中东铁路南部线虽欲行收回,但现在尚非时机。又据山本社长所谈,在此次铁路交涉中,由于中国方面希望在通辽、林西间修筑铁路,故满铁方面未提出通辽、开鲁线。关于新丘线,中国方面坚决反对,不仅终无获得同意之希望,而且,因为有抚顺煤矿,该线并无急于实现的必要,故此次并未坚持此项要求(据山本社长观察,由于张学良一派重视新丘煤矿,除非日中合办,恐均难解决)。洮索线问题,向中国方面表示大约五年后开始动工。关于在铁路沿线主要地点开辟商埠地,中国方面大体表示赞同,因而社长已面交希望开埠地点表。此外,关于铁路修筑问题,除利率问题以外,大体上均同中国方面已达成谅解。关于利率,原则上虽定为八厘,但中国方面最初主张在铁路经营尚未获利期间应不计息。现在大概规定如下:即未获利期间,借款合同上定为五厘,另在秘密合同上规定向满铁支付相当于一厘五之款额。中国方面表示,如利率过高,将引起地方人士反对;可在表面上尽量将利率定低,在暗中予以补足。根据中国方面此一提议,最后定为六厘五。故双方要求已在很大程度上有所接近。

山本社长临行时,在车站上曾对使馆人员说,中国方面最后曾对换文以及日中经济协定问题,又表示有意进行交涉。

山本社长于昨 13 日夜由此出发,将径返东京,详细情况直接可从社长听取。仅作为去电第 1080 号之补充,供参考。

本报告请勿泄露给外务省有关部门以外。

日本外务省档案胶卷,P58,P. V. M. 24,第 47—52 页

本庄给陆军大臣的报告

1927 年 10 月 14 日

如支 612 号报告所陈,昨 12 日山本社长与杨宇霆就新建铁路的利息问题举行了谈判。山本主张,至消除亏损之前,这一期间虽可暂缓支付利息,但其后必须于既定利息之外,另加缓付利息若干,一并偿付。杨表示,此次交涉各方面均已知晓,因此必须使人感到对中国方面似乎多少有利;而且修筑铁路一事主要是由日本方面提出的,一些损失当然应由日本方面承担,因此不同意补交上述缓付期间的利息。今天 13 日正继续进行谈判,究能取得如何结果尚不能断定。卑职从国家立场出发,希望其得到解决。山本会见张作霖时,曾提出关于满蒙的治安维持方面的换文(指交换官方文件)问题以及日中经济合作问题[内容系关于废除治外法权与杂居(中国)内地问题],所幸张作霖全部接受。但据云潘复总理、常荫槐交通次长及杨宇霆等,有正向张作霖提出反对意见的迹象。卑职从宗旨上对该两案本无异议,但此类问题纯属于公使任务范围,而非满铁社长应为之事;其所以引起近来的意见隔阂,亦属自然。因此,卑职曾主张山本社长可暂时不必来燕,可是考虑到公使前此已有怂恿山本来燕之举,故最后乃同意社长来此,但不可参与交涉,只能限于向张作霖陈述日满的利害关系,以促进公使之交涉,留燕一两日后即须返回。然而,不料终于提出了上述重大问题。即使这是山本社长个人的意见,如仅止于口头程度,尚勉强可以,如见之于文件,则中国方面必然要予以相当考虑。关于利息问题,杨宇霆终于提出较当初对我私谈远为强硬的主张,估计不能不起因于上述情况。事已至此,现已按东京各有关方面所考虑的满铁与公使在交涉中的关系问题而作的决定,就要求张作霖发出致田中总理的公函一事,开始进行非正式的交涉。现在如对此加以督促,亦无何意义,听其自然而已。但是,无论情

况如何,惟有铁路问题必须使之实现。公使现在正多方设法。

日本外务省档案胶卷,P58,P. V. M. 24,第30—34 页

田中致芳泽

1927 年 10 月 14 日

第 454 号。

关于贵电第一〇八〇号,满铁同张作霖之间已就铁路问题及其它问题进行直接谈判一事,本大臣毫无所知。山本社长曾于 9 月 13 日由吉田总领事转来如下意见:即"张、杨等态度稍有缓和,此地之排日将停止,此时,如我方之严肃态度稍有松弛,匆匆转向各项具体交涉问题,或可能易于收效;然而,却有给今后交涉带来损失之虞",故认为暂时坚持给贵官第四〇四号电报所定之方针实为至要。此后再无其它消息。后来松冈付社长曾来电请示会见杨宇霆时应持之态度。对此,曾电示松冈,我方自应持严肃态度,在谈判时应限于听取杨之意见,松冈应尽量避免发表意见。此意您已知晓。然而,10 月 1 日土肥原给参谋次长的电报,却提到怀疑满铁有向张作霖提出某种提案之事。关于此事,曾由贵官向江藤询问,江藤答称,山本社长对张所转达者,乃系有关日中经济提携必要性的综观大局之论;松冈付社长所转达者,乃系力陈必须停止并行线,否则绝不能进行商议;云云。而此次山本社长北京之行以及贵电第一〇八一号、一〇八二号所陈,事态大有急转直下之势,已达到一定程度的具体化阶段。我对此种情况感到颇难理解;而山本社长事前未同贵官进行任何商量,即同张作霖进行重要交涉,实属不当。其次,据松冈来电(去电第四四一号已转电)称,关于吉会线及长大线,合同内容几乎已完全确定,故无需再商订大纲,云云。然而,此次满铁社长却又声称,所拟最后商定者,仅为包括上述二线的五条铁路的大纲。这又令人难以理解。关于上述诸端,待满铁社长来东京时,听取其有关此等事宜的报告后,当提醒其予以注意,切勿作出易于招致干涉外交的责难的行动。贵官在此种情况下,对满铁同张作霖的交涉可以

不必介意,亦不必等待张向本大臣发出私函,可径自开始交涉。交涉方针仍根据 9 月 28 日亚——机密第二四九号训令,该方针现在并无任何改变;贵电第一〇八一号内开关于铁路合同一事,可按贵官意见行事,并以训令为参考,不要过分拘泥。当谈判时,倘若中国方面坚持主张以吉林、五常线及延吉、海林线代替新丘线及林西线;或者以筹备费等关系,我方在五线之外再提出增加吉林、五常线及延吉、海林线时,则应重新考虑,希再作请示。另外,于重开谈判前,对满铁方面所进行的交涉经过情形,应调查清楚,务请注意使我方之主张勿发生不一致之处。

日本外务省档案胶卷,P58,P. V. M. 24,第 53—58 页

芳泽致田中

1927 年 10 月 14 日

第 1085 号。

本公使发给奉天的第一二三号电报内开:

张作霖日前对山本满铁社长表明,打通线工程即使不能停止,亦不许延长至通辽以北;同时,将命令有关官宪,停止吉林—海龙线的工程以及扶余—开通线的测量,中东铁路横断线要坚决进行。目前,满铁对中国方面进行的铁路交涉,遇到代理交通部部长常荫槐一派之反对。又据前呈大臣电报第一〇八三号中所载姚震之谈话推测,安福系对此事亦引为不快,张作霖能否按上述态度付诸实行,不无疑问。希将以上实情调查清楚,电告大臣及本公使。此外,关于今后动向,亦希多加注意,随时电告。

请转电吉林、郑家屯、齐齐哈尔方面。对吉林,要求就吉林—海龙线;对郑家屯,要求就扶余—开通线;对齐齐哈尔,要求就隔断问题;各根据本电精神,令其查明报来。

日本外务省档案胶卷,P58,P. V. M. 24,第 35—36 页

驻京公使馆武官致陆军大臣

1927 年 10 月 15 日

支字第六一六号电陈，张作霖曾答应山本社长，关于就铁路建造事宜备文送国务院审议一事，业已暴露秘密，万事皆休，故已停止进行。昨日町野、江藤两人携带上述文件，直接要求张作霖签署，张作霖颇感不安，急忙请杨宇霆前来，小官亦得在场。杨宇霆以初次得见该文件为由，倾吐了种种意见，竟声言虽然张作霖业经应允，但此事非大元帅所能专断。经町野、江藤竭力说明，小官亦乘机插话，改正了该文件中某些条款，结果说服了杨宇霆。本月 15 日，町野、江藤又携带该文件抄本会见张作霖，张作霖亲笔写个阅字（大元帅批准公文的惯例是自书阅字），以为同意之证据。最初告知杨宇霆时，唯恐话不投机，造成障碍；曾取得张作霖的谅解，除有关利息一项外，均由张作霖独自决定。上述各节杨宇霆业已知晓。原案虽稍有修改（原意并无何改变），此项文件更具有了现实性。

经协商确定最后文字时，标题只写上"协约"二字，其要点如下：

（"协约"内容见后面资料，此处从略）

对前此报告的内容，进行变更的主要之点是：

一、必须修筑的铁路线减为五条；

二、删除在新铁路线上主要车站开设商埠地一项（对此项问题，张作霖、杨宇霆虽然并不根本反对，但因事关管辖问题，不宜列入铁路协约之内，故删除之）；

三、删除营业监督一项。

上述情节，须根据此次我政府的命令，即由芳泽公使签订铁路建设大纲，由山本社长付诸实行。

此外，将上述协议最后变成政府间的正式协约，尚可能遇到一些麻烦；吉林、奉天当局同满铁之间订立细目协定时，亦将有相当困难。然而，此次得以订立此项满洲铁路大纲，无论如何实乃国家之幸。上次电陈已取得张作霖承认证据的协约文件，现正由町野交涉中，估计至迟在

16日晨会有结果。

关于铁路一事的长文电报暂止于此。关于本件,当事人希望保守极密。并且,电文中为了详述情况,恐有不少欠妥文字,希对部外保密;如有必要作内部通报时,特请斟酌订正。

日本外务省档案胶卷,P58,P. V. M. 24,第64—71页

协　约

中国政府(以下称为政府)与南满洲铁道株式会社(以下称为会社)双方约定下列条款:

第一条:政府委托会社承办建造下列五条铁路,应于签订承办合同之日起立即开工,承包款额另行规定。

(1)自敦化经老头沟至图们江江岸线;

(2)自长春至大赉线;

(3)自吉林至五常线;

(4)自洮南至索伦线;

(5)自延吉至海林线。

第二条:各线工程竣工移交后,应将承包款额付与会社,如不支付,即按洮昂铁路承办合同之例,作为借款;此时应按另纸所定之借款利率与协约附件计算利息。

第三条:本协约签字后,应立即商订各条铁路之承办合同。

第四条:政府与会社应就第一条内所载各条铁路与会社铁路,订立联络与运费协定。

第五条:政府不将打虎山至通辽铁路展修至通辽以北,将来并应与会社商议本铁路(与会社铁路)联运事宜(包括运费问题)。

第六条:政府决定修筑吉林至海龙城的铁路,将来并应与会社商议本铁路(与会社铁路)联运事宜(包括运费问题)。

第七条:政府不修筑开通至扶余的铁路。

第八条:本协约自签字之日起即发生效力。

第九条：本协约用中文与日文各缮写两份，双方各保存一份。

第十条：本协约签字后，尚须电两国政府的代表正式签字。

借款利率与协约附件

中国政府与南满洲铁道株式会社，双方商定下列事项：

第一条：借款利率定为年利八厘。

但该铁路的利润（所谓利润，系指自总收入中减去不包括利息在内的总支出后的余额），在每年不满借款款额的百分之五时，允将借款利率定为年利五厘。当利润达到百分之五至百分之八时，除自其利润中支付年利五厘的利息外，并应将利润余额之一半，作为利息支付之。

第二条：各条铁路应聘用日本人担任会计主任。会计主任管理有关本铁路的收入和支出，并与铁路局长会签有关本铁路的支出票据。

借款利息另约

兹协定借款利息另约如下：

因会社已允按借款利率与协约附件第一条所载，当利润不敷支付年利八厘的借款利息时，特别是利润未达到借款款额的百分之五时，可将借款利率定为年利五厘；利润达到百分之五至百分之八时，在年利五厘的利率外，并以利润余额之一半作为利息。为此，会社在利息方面所受损失，政府应补充其损失，使利率能达到年利六厘五（可再从利润余额中支出）。

《山本条太郎·传记》，转引自《满铁史资料》第二卷《路权篇》第三分册，第954—956页

杨宇霆重要谈话

1927 年 10 月

满蒙交涉，盛传如将再开者，然于我方则目前全无再开之意思，亦无接受芳泽公使再开之交涉。满蒙交涉，先前芳泽公使与余之间，前后曾接洽二次，其后以日政府之训电，因东三省人民太激昂，拟暂中止，遂由芳泽公使提议中止，乃直至于今。先日山本满铁社长访问大元帅之

际,世间颇传其再议满蒙交涉,其时适值余不在席,实际曾否有无其事,余全不得而知。唯据其后所闻及所想像,山本社长在就任以前曾来访,已与大元帅肝胆相照,因此关系,其来或为其就任之仪式访问耳。唯大元帅今虽居北京,仍为东三省之责任者,谈次及于满蒙之事,亦未可料。不过山本社长并非外交官,不至讨议满蒙之交涉,况如满蒙交涉之复杂问题,大元帅与山本社长到底非一二日间可以解决者也。又关于中日合办铁路之建筑,具体的喧传何线与何线已成立谅解,然以余所关,则未尝闻之。关于中日合办之事业,满洲之利益,即中日两国无何等之障碍,可使两国民享受,本无异议,故倘谅解成立,想或即指此点而言。即由根本上言之,其谅解之程度,仅在于铁路归中日合筑,为中日两国利益点也。日本之满蒙铁路政策及于所谓东方会议所决议之积极政策,其内容余无所知。倘于中日两国间之利益无碍,余固赞成,惟其如有领土的侵略或单为日本谋利益之野心,则余不能不断然反对。铁路之发展本所期望,不独与日本人相提携,中国人固无论,不论其他何人之计划,苟其有开发东三省富源之利益者,固无须提起异见也。不过只谋单方利益之计划,则不能予以容许。日本一部人士似以为打通线、奉海线其他之延长线计划及葫芦岛筑港相连络,将侵害满铁之利益,此诚太过于神经过敏,不知真相之偏见耳。东三省自现在财政上观之,得与满铁及日本竞争之实力,又究在何处耶? 以此凡一切疑问,亦可为之一扫。惟在一部人士中,似有谓东三省将因借款而使铁路纵横敷设省内,但吾等自交通上言之,抑自经济的见地言之,自皆希望铁路之敷设,惟以无归还希望之借款与利息急不容缓之借款,完成此铁道网之计划,则非所愿。又最近所传与满铁缔结一千二百万元借款之说,余对之绝无所闻,恐系谣言云。

《顺天时报》1927 年 10 月 26 日

田中致芳泽

1927 年 11 月 7 日

第 492 号。

关于去电第四五四号一事,已听取山本社长关于交涉经过的详细报告。山本社长本人承认他在处理上亦有不当之处,并表示歉意和今后注意妥善处理,请谅解。其次,关于铁路问题的善后处理,本大臣亦与彼具体研究,认为贵官与张作霖间关于铁路交涉一事,当前应立即停止;并决定由满铁社长同张作霖按已取得的谅解继续争取签订承办合同。

关于铁路建设一事,张作霖究竟有无诚意是有问题的;倘若确无诚意,尽管满铁社长带回签有"阅"字的协约,亦系无充分诚意之文件,虽强使张作霖在正式文件上签字,包括缔结承办合同,恐张亦必将制造某种理由拒绝实行。征诸往例,事属必然。然而,满铁社长谈称,既已同张作霖达成充分谅解,尽管对文件并不满意,仍充分确信有可能使张作霖缔结承办合同。所以,政府认为莫如暂时撒手,静观事态的发展;从各方面考虑,亦事属可行;因而作出上述决定。但鉴于打通、吉海两路,因违反日中双方之协议及谅解事项,我方曾一再提出严重抗议;政府考虑如对此态度暧昧,则将有引起不良影响之虞,曾认为有必要暂将打通、吉海问题另行处理,使张作霖对贵官发出请求谅解的函件。然而,根据满铁社长等人的意见,现在如急于索取上述函件,又唯恐杨宇霆等反对派将乘机制造纠纷,使一切化为泡影;因此决定,暂先按满铁社长等人的意见,贵官与张作霖之间可按另电第四九三号的内容交换函件。如使张作霖同意交换上述函件,与其由贵官直接进行交涉,莫如利用以往的关系,由町野、江藤在贵官与张作霖之间进行斡旋,较为捷便。此事满铁社长亦将电命町野、江藤,贵官可直接指导此二人向张作霖进行工作,使其同意发出函件。

如将铁路问题按上述方针交由满铁处理,则所谓满蒙交涉,在目前须同中国进行交涉的具体问题,只剩有帽儿山(领事)分馆、《盛京时报》、非法课税等问题。本届政府关于满蒙政策的一贯方针,在于真正维持此等地方的秩序,使满蒙成为内外人得以安居之地,并使之成为经济发展获得安全之区,以期彼我双方皆受其惠。"东方会议"上关于满蒙交涉的主要目标,曾取得的一致见解,如贵官所知,乃在于使张作霖充分理解其在东三省过去、现在以及将来所处之地位,并充分理解上述我方意旨,彼此达到肝胆相照的地步。如铁路问题,乃按上述曾取得的一致见解,目前使其实现的具体问题之一而已。前一时期,贵官虽曾多次会晤张作霖反复陈说,但未能达到上述主要目标,而转入铁路交涉。不久,交涉中止以至今日。由于町野、江藤等暗中活动结果,张作霖大体上允诺关于打通线等问题可发出略如上述的函件。望贵官本着重开交涉的精神,立刻求见张作霖,首先尽最大努力向其详细陈明上述东方会议之宗旨(按本庄归任时带回的本大臣给张作霖的口信要点),以贯彻我方的意图。上述要点,本大臣认为,是实现同中国方面谈判的经济提携、日华共存共荣这一目标,解决当前所应解决的各项具体问题,所必须具备的前提。因此,特强调指出。

其次,贵官提到铁路问题。已同满铁社长大体上进行商谈,贵官于目前虽可不必过问,但仍有必要敦促对方对诚意付诸实行。此事可事前令町野等进行商谈,要求其提出函件。至于帽儿山(领事)分馆、《盛京时报》、非法课税等悬案,可在与张会见时,或者在以后的良好时机,一般地交换意见。关于帽儿山问题可按前电处理;《盛京时报》问题,待中岛真雄赴奉时,可与商谈改组。贵官可根据情况,将我方态度作适当说明,对方肯定会充分谅解的。至于相当复杂而又困难的非法课税问题,可按照我方历来采取的一贯态度进行一定的谈判之后,作为地方性交涉加以处理。贵官和张作霖的交涉,大体上进行一两次即可结束。

所示各点,如果同意,即希按此行事。

上述决定,有如所料,乃基于东方会议决定的所谓满蒙交涉,现在在执行中必须前进一步。如贵官所知,外务省对满蒙交涉,尤其是对铁路问题的进展予以极大注意,而收效甚微已如前述。可以预料,社会舆论必将提出种种疑问。对此等疑问，贵官可作以下简单说明，即"满蒙交涉重开后，经一二次商谈，同张作霖之间已取得充分谅解"。关于铁路问题的结果，如有人提出询问，可答称："关于交涉内容，现在尚非公开言明之时，最近当有具体事实体现之。"

日本外务省档案胶卷，P58，P. V. M. 24，第138—148 页

参谋次长致本庄①
1927 年 11 月

关于满铁社长与中国方面的交涉经过，屡承详细电告，内情尽悉。铁路问题大纲一事，其所以意外顺利解决，谅多赖贵官等从侧面多方援助，欣慰之至。查此次非正式交涉，既未于事前取得公使之充分谅解，而所议事项，又不仅限于铁路问题，并涉及满洲治安的维持以及经济等问题。满铁此举，显系越权。尤其上述两文件，愚意认为有被利用为进行铁路交涉诱饵之感，因此，对公使的正式交涉，将有招致恶劣影响之虞。对此，不仅芳泽公使，即外务省当局，因责任攸关，恐处境亦颇感困难。此次交涉之采取此种方式，想固属事出有因，但今后有关各方面的合作万一不够协调，进而引起中国方面的某种疑惧心理，致使煞费周折始告成立的非正式协约毁于一旦，为国家计，当然极为遗憾。现在外相已对满铁社长的越权行为进行告诫；同时并电训公使，令其参照既定协约，着手商谈正式协约，估计亦系对上述情况怀有忧虑之故（外交当局一方面为顾全芳泽公使体面，另一方面又为使既定之铁路协约不致被完全推翻起见，日前曾致电该公使）。根据上述情况，当今后政府间谈判正式协约时，贵官当周旋于外务省与满铁之间，力谋使双方取得充分谅解；同时，在中国方面与公使之间，则尽力给公使以援助。前此已有贵电第六二五、第六二六号所陈意见，但无论中国方面的情况如何，当前必须努力促使芳泽公使同张作霖间的正式协约成立。而此项重大任

---

① 本电报撰写和发出时间不详，估计在 1927 年 11 月下旬——原编者注。

务,实际上只有贵官最为适任,故望同松井顾问等共同努力,为达到最终目的而全力以赴,是为至盼。

日本外务省档案胶卷,P58,P.V.M.24,第113—116 页

大阪《朝日新闻》节译①
1927 年 11 月 24 日

北京二十二日发来特电云:目下非正式进行之满蒙交涉,即属铁路以外之部分,为便利计,亦并入铁路问题一同进行,所以正式交涉再开之期,稍有濡滞,大约仍在秘密交涉之中。惟关于铁路问题交涉之内容,据本社特派员所调查,则东方会议原决定为我所希望者,如吉会线自敦化展(自)〔至〕会宁、昂齐线自洮昂展至齐齐哈尔、洮索线自洮南展至索伦、大赉线自石头城子经扶余展至大赉、滨黑线自新邱展至林西。本为六线,而兹之交涉变为五线者,则以第二之昂齐线在今日既已确定,认为无须交涉;第五之大赉线,则因中国方面开有打通铁路,结果即作为打通路之培养线。凡此均非当务之急,遂置而不论。易以新追加整理之五线,曰吉会线、曰洮索线、曰长扶线(长春扶余大赉)、曰吉开线(吉林海龙开原)、曰吉五线(吉林五常)是也。以上除有一线为中国方面之利益完全可得一致不至别生枝节外,其第一线为国境铁路,多彼此意见多少乖违,中国方面不予赞同,遂即取消吉会线,而以天图铁路为正式铁路,扩张至敦化止,作为达同一目的之延长案。该案可望一致。本问题不但照张氏与山本氏之谅解,所具节略已有抽象办法,即满铁及交通部间闻亦有成立协(立)〔定〕或交换节略之说,但尚不能证实,彼此之间仍未直接交涉也。惟大元帅府与我使馆之交涉具体上固已节节进行云。

《"九·一八"事变档案史料精编》,第2—3 页

---

① 原标题为"满蒙非正式交涉,铁路五线新要求,各线均有顺利之望"。

芳泽致田中

1927 年 11 月 30 日

关于贵电第五二九号一事,将所训示精神向本庄详细传达后,本庄已于 29 日会同町野往见杨宇霆。首先向杨说明:已将町野、松井等人同张、杨会谈详情向日本政府报告,政府感到对其意图似有尚未充分了解之处,要求本人(本庄)再作进一步说明。然后提出,关于铁路问题,曾由本公使与张、杨开始进行交涉,为了作好善后处理,由张向公使发出函件似属当然。杨闻此言后答称:关于满蒙铁路问题,同本使的交涉尚未进入商讨具体问题时,山本社长即作为田中总理的代表来此议妥铁路问题的大纲,想必日本方面内部对一切已有充分谅解之后,由山本社长接替公使代表日本政府前来进行交涉的,故应由山本协定结束此次交涉。本庄谈称:吉海、打通线问题,由于侵害条约所规定的权利,日本政府已屡次提出严重抗议,并且最为重视;同时考虑到中国方面的立场,为避免今后发生纠纷,希望采取由张向公使发出函件的方式作好善后处理。杨对此答称:当商讨山本协定之际,山本曾言明如果新铁路协定成立,对吉海、打通线问题,定能作好善后处理;实际上日本方面已放弃其对吉海、打通线之抗议,根据此点,才成立了该协定。

本庄谈称:山本是否接受总理的意图虽不得知,然而山本终究不是日本政府的正式代表。政府的代表当为公使,凡属国际间的手续,按正式必须通过公使办理。何况,山本与张的协定最后一条曾规定,尚须由两国政府的代表正式签字。而现在却以换文代替签字,云云。杨对此答称:无论如何,山本乃秉承总理的意图作为总理的代表进行交涉的,而总理的代表当无正式与非正式之别,如果说山本非总理的正式代表,又焉能有协定之缔结? 另外,国家间的交涉也并非仅限于公使,尚有通过特使进行的。山本协定最后一条关于两国政府代表签字的规定,并无重大意义。山本对上述规定只不过取其精神,而并非着重于文字。本人(杨)认为山本协定乃系草案,当根据草案另订详细具体的协定,在新协定上应由两国代表签字。而现在要求交换函件,则无疑等于撤销协定,因而绝不能允诺。并答称:若欲废除山本协定,重新同公使订立协定,亦毫无不可。如将由张向田中总理发出函件一事,理解为确认同总理的代表协商,则将函件委托公使传达亦无不可。

此时,町野对杨问道:并未同政府商谈,仅作为个人意见,如果采取由张致函公使、委托公使向总理转达的形式可否?杨答称:此种作法不合乎中国公文程式,难以同意。如退让一步,改为致田中大臣函、委托公使转达,尚可同意。同时,杨还谈到,在中国方面,由于内部存在种种困难问题,倘若能将此等问题妥善处理,则对于可以使日本得到满足之事项将尽力而为。本人(杨)将进一步研究,总之,希望与张作霖直接会谈。因此,30日本庄曾访张作霖并进行会谈,张似乎事前已与杨宇霆磋商,所以此次会谈中张所谈内容与杨宇霆大体相同。张反复说明上述意见,并谈称:社会舆论风传本人(张)已成为日本的傀儡,将东三省已变为日本的殖民地;田中内阁正利用此次交涉进行宣传;山本竟违背约定乱传交涉内容;等等。为此,本人(张)处境极为困难。然后又谈称:如在此时与公使交换函件,恐更将引起社会上的误解,给反宣传提供材料。最后,张明确提出,公使对本人(张)同山本之交涉,事前并非不知,而现在又要求交换函件,为同一事宜反反复复,其意义实难理解。如公使坚持要求交换函件,除通过外交部别无它途。

日本外务省档案胶卷,P58,P. V. M. 24,第83—89页

本庄致参谋次长

1927 年 11 月 30 日

第 711 号。

如支字第七○一号电陈,昨 29 日偕町野见杨宇霆,坚决要求张作霖向公使送交有关满蒙交涉的公文。杨对此重申支字第七○○号电所陈之理由,即已允诺由张作霖将送交田中外务大臣之文件通过公使转达,这已是极大让步。如再进一步要求,鉴于中国方面内部情况以及其它各种原因,无论如何,实难照办;不久前,英美记者亦曾提出种种质

问,致使我方立场陷于非常困难境地(此时,卑职尚未获悉杨与英美记者的谈话内容),最后并以希望卑职直接同张作霖交涉为词而回避。但至昨夜杨对英美记者之谈话既已传出,公使乃立即以私函向杨发出攻击性质问。此外,关于由张作霖向公使送交公文一事,张作霖较杨尤为反对。事已至此,恐继续要求亦无济于事。今日 30 日,卑职仍单独往访张作霖,首先问及杨对英美记者的声明,张大为激愤,声称:英美报纸近来岂非连篇累牍地报导着,日本为开发满洲而借用美国资本吗?因此,外国公使和美国资本家均曾来访,向本人提出强烈质问;杨对英美记者的质问亦有所答复。另外,关于同山本的交涉,自山本归国以后,大部分报纸皆有登载,想必日本政府似有意利用此事进行宣传。因此,南方对本人不断发动攻击,甚至有人大肆造谣中伤,说日本报纸载有本人将满洲送给日本,想依靠日本援助而当武宪皇帝一事。这样,实使本人处于自取灭亡地步。对此,卑职谈称:上述论调,不过是报纸捏造而已;杨昨天的声明,却是他本人口讲的对田中内阁的攻击,现在如不向公使送交早已谈定之公文,则将重蹈前此排日之覆辙,势必导致日中关系的愈益恶化。张对此声称:山本同本人交涉的内容,公使并非不晓,然而,又要求向公使提出公文,日本的真意何在,实难理解。如势必索取,公使可向我国外交总长交涉。至此,谈话竟不欢而散。

　　张于临别时自言自语说:本人在暗中和极端秘密里,想为日本谋利益作的一些事情,竟全部公之于日本报纸,传播中外,而日本政府又不采取任何措施加以取缔,在此种情况下,岂非任何事情也不能再向日本谈吗?

　　情况如此,我想:日本或者采取作出一定让步,但仍以实行为主的态度;或者把向美国举借满铁社债也许不可能实现的情况考虑在内,当前(对张)断然采取积极手段。二者必选其一。

　　为查明目前实情,从速取得联系,派松井部长前往,不知意下如何?详情容后电告。

日本外务省档案胶卷,P58,P.V.M.24,第 193—198 页

杨宇霆反对美贷日款开发满蒙

1927 年 11 月

满蒙交涉事件,迩来日报宣传殊甚,且有五铁路案业有谅解,及不久将开正式会议之说,奉方当局,亦未有何表示,昨日上午总参议杨宇霆对往访之英美记者,特明白表示否认,且谓自初次会议停顿后,迄未商过。美政府之间接允借款日本,作开发满蒙,奉尤反对。至日美两国所议解决无线电台协定,中国亦不能予以承认。兹撮录大意如下:

满蒙问题,迩来日方颇有宣传。美国方面日人所宣传谓英国将以资本转投华方公司,为建造满蒙某铁路之谣,传播尤广,其意似在示美款投日开满蒙之机会,已届成熟。现满铁会社借美款之议,渐将成立。但如美政府果间接承认此项借款,允其投资,则中国人民将认为缺乏友谊,而抱有甚大之憾怒。考日方根本原因,殆不在开发满蒙,而在藉此使日本舆论同情于现内阁,为将来选举之地步。盖在东京之田中首相,如能对满蒙持积极侵略与开发政策,凡日本之爱国民众,将无一人反对之也。日方现在固已公开语人,满蒙非中国之一部,而变为日本之财产,日本政府且任意宣传关于满蒙交涉,业已继续之谣。其实此项谈判,自上次停顿而后,迄未赓续。且据彼所见,此交涉将不能续开。满铁社长山本氏,前者在北京,与中国当局所谈,日本对吉海打通两路,愿不再向华抗议。迨山本回日后,日政府方面乃引起不快,此事毋须多论。其辽东海湾之葫芦岛开港,日方传有英国投资,决无是事。即打通路之建筑,亦纯系中国资本也。关于无线电台问题,近日华盛顿东京两处传来消息,称日美政府关于三井洋行与联合无线电公司,将商立协定,以解决此案。此类协定,中国自始即不能认为有效,因中国决难予以承认也。

最后杨复称日本在(华)〔东〕北权利,实已逾量,苟美国能直接向满洲投资,则殊为欢迎云云。

北京《晨报》1927 年 11 月 30 日

芳泽与杨宇霆针锋相对

1927 年 11 月

昨报所载杨宇霆对欧美新闻记者,关于满蒙问题,无线电问题,均有极重要之谈话。杨对于日本田中内阁所取之满蒙政策,颇加批评,同时表示所谓满蒙交涉,已不能再开。此为最近有责任者关于最重要之外交问题,最有价值而且最为痛快之谈话。日本屡屡宣传满蒙交涉已有进行,观杨谈话,则根本上并无其事。昨日驻华芳泽日使特接见日本记者团,专为反驳杨之意见,而发表长篇之谈话,语气亦颇强硬,或将引起外交上小小蹉辖。本来谈话为个人自由,他人不能干涉,芳泽如是,亦可谓极恫吓之能事也。芳泽公使谈话原文如左:

昨日杨宇霆向外报记者之谈话,已见诸本早各报。该谈话内容,匪特对于满洲之中日间关系有害,且有与事实不符之点。予现(指三十日早)已招请英美记者及通信员来署,说明予之见解。当予昨晚闻悉杨氏谈话时,因对其内容,多欠解之点,已立致私函,质问果否作此谈话。据传该项谈话,业由各国新闻通信员各致电其本国,予因于本早先据路透通信,熟读其谈话内容。据路透所载,杨之谈话颇长。其中足认为最要之点,为关于满铁刻下在美募集借款之说。关于此事,予对满铁果否现正向美商议此类借款,因尚未接政府方面任何通知,其所闻亦仅得诸报端,自无由知其是否属实。然现纵假定报传之说属实,据以述予之意见,则无论其公司或银行,均当向利率稍低之国或地方募集资金,以供自己营业之用。此在以前如满铁兴业银行、东京市或日政府,为遂行事实计,亦曾一再在英美等国募集公债,毫无足怪。中政府或中国之公司银行三起外国公债,日人对之曾未尝异议,且如认日本之利率较低,而向日本起债,亦无不可,从而日本对于本国之商事公司募集外债,自亦纯听其自然,断无受中国或其他国家提出异议之理。盖商业上之交易,任在世界何国何地,均属自由。矧公债之募集,仅属起债者与募债者间之关系,更非第三者所能容喙。又杨谓此种借款,系日本欲利用于或种政治上之目的,斯言出诸负有邻交国之责任地位之人,殊属不顾国交。杨又谓日本总选举期将届,故田中内阁拟宣传其开发满洲之政策,以期博民望,此实误谬不然。盖历代之日本政府,固无不注意于满洲之发展。现田中内阁亦特重视此点,认谋满洲之经济的发展,在使内外人安居,或内外人利益上,均属必要。而现与华方间所行之交涉,要亦不外解决建设铁路,及其他数种地方的悬案,并未包含任何政治的计划也。日本在满洲经营,如铁类之大铁路,及其他多数商工业,要悉出于谋满洲经济的发展之主旨,而杨对日在满之事业,虽露不快之感,然实则由日本在满洲之事业,最受利益者,仍属华人,日人固由满铁受股利之分配,又其他事业,固亦曾受有相当利益,然华人因日本对满洲经济活动之结果,其所获利益,又岂止数倍于日人所获?自满铁创办以来,已历二十余寒暑,其间对于满洲发展上之贡献,异常伟大。满洲之华人,因是遂较在其他中国地方之华人,颇为富庶。且华人经由满铁之手所得利益,亦达数万万元之巨。然则杨何故尚对日本在满洲之经济活动,露不满之言,怀不快之感,且竟公然对世界发表耶,此诚为予所大惑不解者矣。杨谓满铁所募之外债,在用以建筑吉林至朝鲜境界间之铁路,然予意则以为若仅为吉会铁路,则满铁尚无募债必要。且日本曾于十年前,预借建筑吉会铁路之款一千万元与华方,迄今尚难收取利息。杨又谓照旧契约论,吉会铁路若由华方自办,则毋庸再烦日方参预。然该路契约,计有三种,一成于明治四十年(光绪三十三年),二成于明治四十二年(宣统元年),三成于大正七年(民国七年)。据第一次之契约,诚如杨氏所述,而第二次契约,则改仿吉长铁路之例规定。第三次契约,为大正七年之西原借款。杨所指若属第一次契约,固无问题,然彼未举第二次第三次之协定,实不免引起世间误解,使日方陷于不利之立场。故不得不认杨之作此言,出于恶意。杨又谓满铁社长山本来京时,关于满洲之协定,外间虽传其几近成立,而实则纯属日方捏造,殊属可哂。并谓日人常传类似此种虚报之消息于外国云云,然世界其他部分,或有惯作虚伪宣传者,亦未可知,而日人则不幸未精此道也。又杨对无线电问题及其他问题,亦略有所述,然无线电问题,现尚由中日美三国间交涉中,其凡属于交涉中者,无论其为满洲问题,或无线电问题,予殊不如杨氏之有发表其内容之勇气。总之,无论其为杨宇霆或其他在中国立于责任地位之人物,其向世间作何谈话,虽属自由,然当对邻交国显吐不快之言辞时,望于有确实之论据而后布露,矧其事实不符耶。

日使于谈话毕后,对记者之质问后答复如左:

自昨晚致函质问杨宇霆后,迄今(三十日下午一时)尚未得复。据国际间之先例,一国政府之责任者,若对邻交国发表不快之言辞时,有即提出抗议者。但予对杨氏此次之谈话,当采若何措置,现尚在考虑之中,未便奉告。前事若出于普通人士,予既可置诸不理,既出于在北京政界占有重要地位之人,则影响于世界綦巨,予殊不能默尔而息。予固甚盼满蒙交涉,不至因杨之言辞而受阻碍,使仍得圆滑进行,然该交涉万一因此受累,则亦属势非得已也。

北京《晨报》1927 年 12 月 1 日

杨宇霆对中国记者团之谈话
1927 年 11 月 28 日

十一月廿八日,奉干部总参议杨宇霆接见英美驻京记者,对于满蒙问题,有所论列。三十日日使芳泽谦吉即对日本记者团,发表针锋相对之谈话,并致函杨氏诘问。昨日下午三时,杨特约中国新闻记者团数人,到公府纯一斋说明真相。各记者到府后,由外部秘书顾泰来招待,三时五分,杨即同外次吴晋出见。兹志其谈话要点如左:

今日约诸位到此,实因近来有一点事情,外界多不明了,不得不将真相披露。一月以来,英美各驻京新闻记者,屡次来函约余定期一谈,自问在此未任何项重要职务,系一无责任之人,以前概未答复。嗣后因各该记者要求无已,乃约定于前三日在府晤面。在未定期之前,对该记者团来意,亦有调查,判断之不外三种:(一)日本向美借款问题,(二)山本满铁社长来京事件,(三)中美日无线电交涉。三者之中,尤以山本来京一事,最足以引起西方人士之注意。其故安在?查最近东京大坂朝日每日新闻外交时报等,迭次发表消息,谓山本来京,曾向潘复、常荫槐、杨宇霆等面递觉书,对于开发满蒙,有如何具体计划,潘、常业已同意,杨宇霆亦极谅解,各等语。嗣后调查,潘、常均以国务总理与交通部长地位发电更正,余因未负直接责任,未加声明。该记者团因此种种,对余不无相当疑惑,故迭函约余一见。但各记者未来之前,是否具有此意,固不便强加臆断,然揣情度理,似不外此也。接见之时,由顾秘书泰来任翻译。该记者团发问要点,即(甲)日本向美借款开发满蒙,足下对之有何感想?(乙)山本来京见张大元帅是否面递觉书,内容若何?(丙)中日美无线电问题若何?

余当时关于甲点之答复云:东三省从前因自修铁路,拟由他方借款,日本尚根据其对满蒙有优先权之条约,表示反对。今日方若以开发满蒙为辞,利用外交,中国人自应坚决反对。换言之,满蒙是中国之满蒙,虽以前各种不平等条约,订有日对满蒙有优先权,但日亦不能反客为主,将满蒙抵押于其他第三国。关于乙点之答复云,山本系一满铁社长,张大元帅对东省军民政务,仍是兼摄。该员既到南满,当然有来京觐见之谊。当见面之时,山本对满蒙修路等事,口头上略有陈述。对吉会路,亦有相当说明。张大元帅谓此事关系甚大,只要与两国互有利益,将来自有开诚协商之日。现非其时,山本并当面递田中首相信件,内容纯是问候性质,张亦照样答复之。山本非日本政府外交特派员,或外交当局,自无投递觉书之义务。余非外交当局,更无对山本觉书表示谅解之权能。关于丙点,余答复云:中日美合办无线电事件,应以三国一致之同意行之。若日美联合一气,先行说妥,中国自难承认。至以前各项谈判,现因科学进步,中国对无线电亦有特长,如果赓续交涉,当然对原谈判之基础,应加以增损。

以上说毕,各记者谓日本以前有赈灾借款等事,此次借款,安知非作内政之用?余谓田中首相与余本有交谊,生平作事坚苦毅勇,或许有此计划,亦未可知。但中国只反对其借款以经营满蒙,其他则为日本内

政,无过问之必要。如果日本借款系作复兴事业之用,中国人决无异
议。该记者又谓美国投资,系属商民,与政府无关,中国似不能因美借
款,对美政府加以非难。余谓美如许该国商民,向日投资经营满蒙,则
是间接侵略满蒙,中国人亦有反对之必要。此外关于借款运动选举或
许作点事业以增国民好感,并缓和反对党等语,纯是当时问词,余并无
此答复。因田中私人道德素所钦佩,为不致说此出乎范围之语,以失余
个人分际也。自此事件发生后,日方颇有误会,芳泽公使除披露谈话
外,并致函附以路透电,向余诘问。余已请外部派陈科长告诉实情,因
身非外交当局,无正式答复之必要。至于向欧美各报声明一节,则无此
义务。且此种对外妄肆挑拨之纪载,纯是出于日本东京各报纸,果如各
该报所云,则满蒙已成日本领土,中国人反对别人抵押满蒙,以经营满
蒙,似属词严义正,更无更正之必要。至于田中内阁成立以来,事业昭
著,余个人并希望其永久继续,绝无故为臆说,以挑动感情之心。总之
日本借款为一事,开发满蒙为一事。日本若由借款以开发满蒙,则满蒙
将成日本之抵押品。余为东三省一份子,义当誓死反对者也。此外与
本题无关,不必深论。

　　杨说毕后,当询以所谓满蒙问题内容。杨谓此事大半属于悬案,前
者吉田总领事自经过东方会议赴奉后,曾向奉天省长递有觉书,内容大
概谓日本对吉会铁路,及世人所传之五路,均有优先权,应予以时机进
行。奉方主张开诚布公协商,总以互有利益为主。而东省人民并因之
生出许多纠纷,表示反对。盖奉自将打通吉海等语,自修完成后,日方
因优先权问题,多表不满。奉主谓开发满蒙,是日本朝野所希望,奉省
自修铁路,岂非开发之一种乎?日方何以反对?如此扑灭,日本之所谓
开发满蒙者,要由日本开发之,不许奉方有所开发也。日本因亦无辞。
此外商租、开港两事,亦系案中之重要问题,换言之,日方颇望我方承认
其治外法权,令彼国人民在满洲有土地买卖权是也。惟奉方作事,向以
实事求实为主,对不可能者,绝不说空说。无论任何方面能利用外资以
经营实业,奉人决不反对。但以满蒙为世界殖民地,则誓死必争。至于

葫芦岛开港一事，不办则已，如果办理，决不仰借外债。即就奉省已办事业而论，实无一利用外债者也。

北京《晨报》1927 年 12 月 2 日

外交部致施肇基①

1927 年 11 月 17 日

极密。报载摩根公司代表拉门德在日本有贷借巨款之议，日本藉以发展满洲铁路，不啻助长日本侵我满洲，且将引起华人对美恶感，希密探确否？如果有其事，应向美政府表示异议。外交部。十七日。

中国第二历史档案馆藏北洋政府外交部档案

外交部致施肇基

1927 年 11 月 21 日

密。十九日美京路透电称，华盛顿召集会议，有 Lamont Jnitchell Kellogg 等列席讨论远东经济问题。倘美国果系贷款日本，即无异使日本假美国财力以侵我满蒙，希查照十七日电，迅向美政府切实解释，设法消弭，并请电复。外交部。二十一日。

中国第二历史档案馆藏北洋政府外交部档案

外交部致汪荣宝

1927 年 11 月 22 日

近日报载美国摩根公司代表拉门德曾在日本接洽贷款事，十九日美京路透电，又有美国务卿及拉氏等在华府讨论远东经济问题，此项消息仰非虚构，且颇闻日本将藉美国巨款，实施计划，以侵我满蒙，惟其对外不无表里，美国或非所晓，我能悉其底蕴，庶有应付地步，除已电驻美

---

① 驻美国公使。

施公使注意外,即希设法密探,并向驻日美大使面询究竟,酌予解释。盼速电复。外交部。二十二日。

施肇基致外交部

1927 年 11 月 22 日

外交部:两电均悉。据美副外部称,对于南满借款问题外部尚未决定办法等语。闻南满借款系为偿还到期借款及推广路务之用。基。二十二日。

外交部致汪荣宝

1927 年 11 月 23 日

二十二日电计达。顷准施使电,美副外部称,对于南满借款问题,外部尚未决定办法云云,闻南满借款系为偿还到期借款及推广路务之用,等语。另据密报日政府决募五千万或八千万公债,专为满蒙铁路建筑之需,特电达,究竟施使所闻推广路务范围若何? 公债额数已否确定? 希并前电探查电复。外交部。二十三日。

外交部致施肇基

1927 年 11 月 29 日

二十二日电悉。汪使复电略同,惟日报虚构山本与交通总长交换觉书,中国政府赞成签字之说,且纷传美已准备批准借款,等于兰辛石井协定云云,日方竭力宣传亦有对内关系。美国如果批准,难免协助日本侵略之嫌,应请向美外部说明底蕴,并探询真意,以释国民之疑虑,如何措词,统祈察酌。盼电复。外交部。二十九日。

奉天省议会致外交部

1927 年 12 月 3 日

国务院、外交部鉴：报载日本以南满铁路名义借美国银行团大宗款项经营满蒙，实行其经济侵略政策，视东三省为其殖民地，与国权有绝大关系，除径电美国政府及其国会外，相应电请贵院、大部提出严重抗议，阻其进行，实为至幸。奉天省议会。江电。

中国第二历史档案馆藏北洋政府外交部档案

芳泽致田中

1927 年 12 月 5 日

第 1287 号。

关于第一二七九号往电一事，12 月 5 日松井、町野来访，据称张作霖、杨宇霆都同意致函外务大臣。本使当即根据阁下以前指示，要求与张氏会谈。据悉张氏身体不适，未能会见。（据杨宇霆对本使及本庄中将表示，自上次报纸事件发生以来，津浦线方面战况不利，需要应援，张氏极为不快，无论与任何人会谈，都不会得到要领。此时将不会与本使会晤。）在未获允予接见之际，5 日晚陈庆云来访，携带张氏致外务大臣的函件，并致函本使乞代为转递。本使当即与贵电第四九三号比较阅读，同阁下指示中词句仍有不同之处。于此，再通过松井、町野进行交涉，但想再进一步，毕竟不易。该函件业经收下，译文详另电第一二八八号及第一二八九号。

（下略）

日本外务省档案胶卷，P58，P. V. M. 24，第 208—211 页

芳泽致田中

1927 年 12 月 5 日

第 1289 号。

张作霖致田中外务大臣函

田中外务大臣阁下：敬启者，日前山本社长来京所谈之事，敝意深愿以诚意商议。对于各该案详细规定，现拟饬由各该地方官逐项议订，仍令本彼此共同利益和衷商办，以敦睦谊。专此，敬颂勋祺

日本外务省档案胶卷，P58，P. V. M. 24，第 214 页

田中致芳泽

1927 年 12 月 7 日

来电第一二八七号已悉。

顷接第一二八八号电，张氏来函已收到无误。查"各该案"中仍有可能被解释为包括日中经济协定及东三省治安维持问题之意。故望贵官所发之复函务须阐明我方立场，贵官之复函希如下文：

"敬复者，奉到　　月　　日来函，其内容已转达田中外务大臣。顷接该大臣电训，关于铁路问题一节，必须以阁下与山本社长之间所达成之协议为基础，以期圆满解决，此点我方毫无异议，应向阁下答复。相应函达，伫候明教。谨启。"①

希转电驻奉天总领事

日本外务省档案胶卷，P58，P. V. M. 24，第 218—219 页

铁路问题交涉经过

昭和二年十月八日，社长（山本条太郎）由大连出发，十日到北京进行交涉。

10 月 13 日　　大纲略定，社长由北京返回会社。

10 月 15 日　　通过大纲协约。

12 月 9 日　　田中总理和张大帅签订大纲协约。

昭和三年一月六日社长携带承包合同草案由大连出发，7 日抵北京。

---

①　该复函于 12 月 9 日送交张作霖——原编者注。

1月9日　开始交涉缔结承包合同事项。张大帅答应解决本问题,并约定同杨宇霆进行磋商。

1月14日　杨宇霆声称,由于张大帅答应解决本问题,本人也同意解决。

1月17日　张大帅决定命张作相签订铁路承包合同,并提出下列三项条件要求日本承认:一、日本方面在一定期间内要严守秘密;一、不要各线问题同时着手,要一条线或两条线地逐步着手;一、政治上取得联系。

1月18日　町野为报告情况和磋商条件由北京出发赴东京。

1月23日　穗积返大连,向副社长征求关于签字人及其它问题的意见。副社长提出:(一)如果同时提出备案手续,张作相也可作为签字人,洮索线也要和奉天省长办理签字备案手续;(二)在备案手续办妥之前绝不支付筹备费;(三)根据大纲规定,长大线当然也要在此次签字;(四)吉会、长大两线的局长希由魏武英兼任,如果张大帅不允,希望由刘树春或林鹤(泉)〔皋〕任长大线局长;(五)倘若交涉不顺利,在吉会、长大二线中只能任择其一时,要签订长大线合同;(六)有关泄密的注意事项。

1月25日　张、杨二人要求支付预付款,以非办完备案手续则难予应允,加以拒绝。

1月30日　杨宇霆说,张作相在下月1、2日到京。

1月31日　有电报称,町野2月3日到奉天。

2月1日　江藤致电町野,来北京与张大帅会谈。张作相到北京。

2月4日　午后一时,江藤同张大帅会见。张大帅谈称,已命张作相签订承包合同,但不愿接受,困难颇大。午后四时,江藤同张学良会见,张学良对解决本问题表示赞意,愿尽力为之。午后七时,町野到北京。午后八时,町野、江藤同张大帅会见。町野说,日本承认张大帅所提条件。张作霖谈称,已说服张作相使其勉强同意签字,在各项合同上尚须本人自签阅字。

2月5日　江藤会见张作霖，要求张大帅在各项合同上亲自签上阅字。张大帅谈称，待张作相和江藤会谈后再说；而张作相和江藤会谈时没有必要涉及承包金额问题；此外，在谈话进行中决定各线同时签字云云。

2月6日　江藤要求会见张作相，由于张有客来访，未能会晤。

2月7日　午前十时，江藤同张作相会见。张作相谈称，曾接到张大帅命令，并且对大帅决定事宜不应反对；但由于事关重大，须待战争结束回吉林同大家商量之后才能签字。此外，由于吉敦线将于本年秋季通车，按程序可在此后着手进行。关于选定研究员（研究合同内容）一事碍难应允。午后二时，本庄中将、松井、仪我两顾问和江藤一起同张大帅会谈，要求张大帅关于选定代表一事对张作相下命令。张大帅答称，可以告知张作相作为我自己的代理人。午后七时，松井、仪我两顾问和江藤一起会见张作相，要求选定代表。张作相说，必须召请代理省长、交涉署长钟毓前来，但钟氏正在守丧，非到下月上旬不能来京。松井、江藤问道，钟氏来京太晚，没有其他的适当人选吗？张作相答称，没有其他的适当人选。松井、江藤无奈只待与钟氏磋商。

2月8日　江藤委托吉林林顾问观察一下，可否给钟氏去电邀请。

2月9日　林顾问和江藤会谈。林说，邀请钟氏电尚未发出，张作相前往战地后，我和张作相的秘书长一同前往吉林。町野来电说，不能等到三月上旬。

2月10日　江藤会见杨宇霆及张大帅，并手交町野拍来的电报，张大帅答应催促张作相加速进行。

2月11日　林顾问希望明日访问张督办的代表、吉海铁路工程局帮办艾乃芳，约定明日上午十时与江藤会见。

2月12日　午后一时，江藤和艾（由林顾问陪同）会见。按张督办的命令将本问题的内容转达给钟氏，并催钟氏尽快到京。艾听了江藤所谈内容后，要求解决下列两项：（一）希望满铁方面，同意运输吉海铁路所用铁轨及其它材料；（二）在吉林进行连接一事，希望得到日本方面允诺。江藤答称,日本认为这是属于抗议中的铁路,如果本问题(满蒙新五路)得到解决,你方的希望日本也能同意;因此,为了迅速解决本问题,希望钟氏尽快来京。艾表示同意,并称张督办已电命钟氏。

2月13日　张作相前往战地。秘书长、艾和林顾问乘夜车前往奉天。

2月14日　据副社长来电,野村由上野出发返回任地途中,穗积同行。

2月16日　副社长给江藤来电,希望到大连。

2月17日　副社长给魏武英拍密电,希望测量敦化至老头沟间路线。江藤致电副社长:"张大帅谈称,张作相目前正为取得部下谅解,煞费苦心地多方努力;所以在此之前开始测量一事,会引起误解,从而使张作相陷入困难境地。因此,当前要信赖张作相的行为,并希为尽快签字而努力。"

2月18日　江藤由北京前往大连。副社长电江藤:"委托你对开扶线提出严重抗议,并希对测量敦老线向魏武英发出密令。"

2月19日　江藤抵大连同副社长进行商谈。

2月23日　决定在副社长赴东京期间,江藤同留守的木村部长进行商谈。

2月24日　副社长赴东京。江藤就钟毓来京日期电询林中佐。林中佐电复,钟毓并无急于赴京的迹象。此后,林中佐来函称,钟氏表示在3月27日办完母丧后赴京。据此,江藤致电林中佐:"能否设法安排钟氏先来北京,中间可为母亲葬仪返乡。"林中佐电复,钟氏赴京时间系督办参谋长和钟氏商量之后决定的,因此不能变更。

2月28日　江藤致电松井顾问:"委托你请张大帅向钟毓发出命令,命钟氏先晋京然后中间为葬仪返乡。"

3月1日　江藤和木村部长进行商谈。

3月2日　江藤离大连前往北京。

3月4日　江藤到北京。江藤、松井少将和后到的林中佐会谈,林中佐说,原想和熙吉林参谋长一同来京,但熙由于向张作相陈述反对铁路的意见而未能同来。江藤说,对此种情况,必须采取请张大帅对反对者发出警告的措施。林中佐说,熙氏预定在 12 日前后到京。松井少将说,张大帅大约在十天以内绝对不接见任何人,原因不明;此外,本庄中将为了告别而在公出中,一两天即返京。

3 月 5 日　江藤用电话向陈秘书提出会见张大帅的要求,陈回答,大帅由于工作繁忙,要闭居数日,希在后天(7 日)来访。

3 月 6 日　本庄中将返北京。本庄中将谈,杨氏表示在我去东京后,关于开扶铁路计划和常氏谈使之中止;此外,五路问题则全由张作相处理,希勿过于焦急。江藤将本庄中将同杨氏会谈要点,电告副社长。

3 月 8 日　江藤会见张大帅。江藤针对熙参谋长反对铁路问题的消息,要求张大帅把决心向他明确表示,并命令他对本问题能尽力协助。张大帅谈,我一定对熙氏好好说明,同时谈些他自己处境颇为困难的情况。对江藤渴望向魏局长发出测量敦老间路线的密令一事,大帅答称,须待杨归京后再说;江藤谈到常氏对开扶铁路的处理不妥当时,大帅说,我不知此事,须待杨归京。江藤将他和张大帅会谈要点电告副社长。

3 月 12 日　探知熙洽由山西到京,他今天如果能面谒张大帅,当夜就要离京。松井少将立即访问熙,问他面谒张大帅时是否谈到铁路问题;熙答称:没特别谈,关于吉会路的事情督办谈过,必须在 4 月上旬钟毓来京之后才能谈判。

3 月 13 日　本庄中将接到林中佐来信,内容是张作相对熙洽的指示事项。张作相说,大帅也承认吉敦铁路延长线,我自己也和日本方面代表进行过会谈;该延长线是多年以来的老问题,势非得已;特别是铁路的开通,无论从外交方面说,或者从交通运输方面说,都是利益很多的事业,所以我也同意了;至于它的实现,尚须一定时日,因此也希望熙氏能再考虑一番。

3月21日　江藤将町野就选举问题(此事不详)同张大帅会谈要点电告副社长。

3月22日　社长询问钟氏到京日期。

3月24日　江藤电复社长,钟氏拟于四月初到京;关于测量敦老线一事,杨希望待合同签字后再进行。

3月26日　江藤致电社长:"张作相的方针是,先请钟到大同给予命令,然后再派往北京与江藤进行交涉,云云。"

4月11日　社长询问钟到京日期。

4月13日　江藤电社长,钟尚未到京。

4月17日　江藤将大帅对满铁行动的态度电告社长。

4月25日　社长致电江藤,内容如下:"预计议会中有可能顺利通过,希你和町野洽商,鉴于南北形势,迅速将铁路合同全部签字,相信从大局着眼,对彼我均为有利,希多方尽力,云云。"

4月26日　江藤同张大帅进行会谈。张大帅谈称,我本打算不待钟毓来京,就请江藤去吉林交涉;但由于满铁问题一直拖延至今未能实现。现在可根据社长来电给张作相去电,待张作相复电再去吉林交涉,云云。江藤将上述同张作霖会谈要点电告社长。

4月28日　社长电江藤:"移至吉林交涉恐不易解决,目前请设法务必在北京签字。"江藤访张大帅,张大帅谈,张作相复电后,您可立即前往吉林。并且将派营口道尹到吉林出差,代理大帅兼管接待事宜。

4月29日　江藤致电社长:"前往吉林适应对方实情,对达到目的是必要的,云云。"

5月1日　社长复电江藤,指出江藤出差到吉林的不利之点;此外,提出吉敦延长线以及长大线等问题,试探以交通总长为对手签订合同,也可作为一种方案,云云。

5月2日　町野访问张大帅,张大帅谈,张作相回电说,完全听从我的命令,怎样安排都可以;因此我已电命钟来京。江藤将町野和大帅会谈情况以及在当地协商的意旨电告社长。

5月3日　接到济南的南军与日军发生冲突的报告。

5月4日　江藤访问张大帅，大帅谈称，铁路问题必须在现在解决；已再电钟来京。江藤电告社长，大帅已向钟氏发出立即来京的电报，我已向木村部长发出派遣穗积的电报。牛岛电告副社长，签订满蒙各铁路合同的时机已经到来，松井少将预定于9日到东京。牛岛电告冈理事，希望于松井少将经陆路回东京途中，在奉天能和他面谈一次。

5月5日　穗积和藤根、神鞭两理事关于承包合同就下列问题进行商洽：一、关于各铁路开工的时间问题；二、关于指定银行的问题；三、关于罢免会计主任问题；四、关于制定联络运输大纲问题。

5月6日　穗积前往北京。钟毓到京在大元帅府会见江藤，钟毓答称，关于签字问题，由于吉林官场反对，我尚未经张作相授与正式签字的资格；因此，虽有大帅命令，也不能签字。大帅按江藤要求，电命张作相授与钟毓签字资格。社长致电江藤，希望采用天图铁路改筑线，云云。江藤将钟毓来京以及会见情况电告社长。

5月7日　副社长向江藤发出如下电报，关于野村的出差问题以及穗积在北京须采取的措施。社长电告江藤，希望向对方试探，将现在日中合办的天图铁路改成宽轨，并将该线一直延长到敦化，使对方同意。江藤访问张大帅，陈述由于时局关系，有迅速签字必要；大帅对此表示同意。

5月8日　江藤访张大帅，大帅声称，如8日夜以前张作相不回电话，大帅就亲自签字。江藤担心大帅签字将来在手续上有不完备之处，要求由代理交通总长签字，大帅对此马上应允。江藤将会见钟毓的情形，张大帅要亲自签字的决心，以及由代理交通总长签字等情，电告社长。江藤访张大帅，大帅谈，常荫槐表示宁可丢官也不能服从大帅命令；另外张作相也复电表示，除吉会线外需要慎重考虑，而研究内容亦需相当时间，所以不能迅速签字；大帅为此流露出不愉快态度。大元帅将严命潘复进行签字（江藤事前曾和潘复密谈，潘同意），倘若潘复办不到，大帅就亲自签字。芳泽公使说，现内阁并非根据宪法经国会承认的,而是大帅组织的内阁,因此用大帅的署名签字在法理上是有效的。此外,接到钟毓擅自出发去山西的情报。江藤将上述和大帅会谈情况及其它电告社长。副社长向江藤发出关于阻止调转洮昂局长的电报。5 月 8 日任命于长富为交通部参事;5 月 10 日任命许文国兼任齐克铁路工程局长,未任命许文国为洮昂局长,因洮昂路属于奉天省,不属于交通部直辖。

5 月 9 日　社长电告江藤,合同一经签字,即委托町野送来。江藤访大元帅,参加会见的有杨和潘复,杨、潘复向江藤表示,本铁路合同不论经何人签订,鉴于时局关系,在二三个月内,有必要绝对保守秘密。江藤向大元帅提出,请向潘复发出签字的命令,大元帅表示同意。江藤访问潘复,潘复声称,大帅虽然严命我必须署名,但部印和总长的印章均在常氏手中保管,常氏反对签字;为严守秘密起见,权且用我的印章。江藤力陈部印和总长的印章绝对必要,希劝告常氏;但潘复考虑非常困难并未答应。穗积到京后,一方面和江藤磋商使潘复表示同意;另一方面和牛岛参事努力作好下述事宜,即根据社长电报,尽快拟定由日中合办将天图轻便铁路改成宽轨并延长至敦化的合同草案,并整理好有关的往返函件。

5 月 10 日　江藤向社长电告日前交涉经过。社长致电江藤,加盖政府官印事项,假如目前不能尽快签字,对大元帅恐将成为值得忧虑的事情。穗积就请求承认联络运输大纲一事致电藤根理事。江藤访大元帅,要求向常发出如下命令,为作到让潘总长签字,常须盖上交通部印和总长印章;大元帅表示同潘复商谈后再作处理。

5 月 11 日　江藤往访潘复,潘谈称,常由于有大帅命令又经种种劝说后,才勉强说,吉敦延长线及其它一线可以签字,其它三线不能签字。穗积接到江藤电话,请火速将合同草案加以整理,穗积将包括追加往返函件在内的各项合同、天图路改筑并延长至敦化的合同草案一并亲手交给江藤。藤根理事来电称,关于联络运输大纲一事,由于需要时间加以考查,假若事情急需办理,可以从缓考查,另找时间再行提出,特此通知。但电报到时业已将大纲提出（虽有不完备之点，但作为提案一并提出是有利的）；因此回电说，仍按前电已向交通部提出。

5月12日　午后三时十分江藤打电话给穗积，常氏希望合同以洮昂线为标准，态度强硬，因此或有修改的可能。穗积答称，本合同草案与洮昂、吉敦铁路合同相比，已将不便和有疑义之点加以更正，对中国方面并无不利之点；因此，现在首先争取按本案签字，希您尽力。午后三时四十分江藤给穗积打电话，请携带洮昂、吉敦两合同立即来大帅府。穗积携带有关文件到大帅府。穗积在大帅府书斋会见常荫槐，不久，赵镇前来会见。穗积将洮昂合同亲自交给常，并陈述本合同草案与吉敦、洮昂两合同并无大差别，对工程的完成以及其它方面均为有利；同时将吉敦、洮昂合同与本合同草案作了比较说明。常热心听完说明之后谈称，希望把长大线合同中的"会计主任"改为"顾问"，此外，将"车辆直通"字样取消；认为权限无大差别，同意往返函件，因此予以允诺。接着转入对本合同逐条审议。如交涉经过所记载那样，常氏的修改要求，没有根本修改合同，对工程实施的影响亦属极微，并承认全部往返函件，因此予以允诺。按上述修改草案确定了吉敦延长线（即敦老线、老图线）和长大线两合同的内容，决定在明日签字。町野、江藤联名电告社长，本日终于解决问题，明日当可全部签字。

5月13日　穗积和牛岛忙于制定修改方案以及各项合同草案。将张大帅必须签字盖章的延海、洮索、吉五三个合同（在原案里插入追加的往返函件）整理就绪，盖上社长的印章，在午后二时半交给江藤。江藤、町野二人前往大帅府，午后五时，大帅在延海、洮索两项合同上盖上张作霖的印章，并亲书"阅，准行"等字样。吉五线保留在罢免张作相之后盖印。穗积急忙将吉敦延长线（无暇将敦老、老图两线整理在一起）及长大线两合同拟成，终于在午后七时汇集在一起（无暇查对），盖上社长的印章，和江藤一起访问赵〔镇〕私宅进行说明，决定签字日为5月13日，然后和赵镇一起前往交通部。赵亲书"交通部代理次长赵镇"，盖上"交通次长"、"交通部印"，约用两个小时，到午后九时五十分全部签字完了。一份给赵镇，一份由我们带回。

5月14日　町野电告社长，吉会、长大两线盖上交通部印，延海、洮索两线不得已由大帅亲自署名签字，在三个月内有绝对严守秘密的必要，望您知悉。吉五线保留到罢免张作相之后签字。我（町野）携带延海、洮索合同于（13）〔15〕日夜出发，18日到东京，云云。因大帅签字的两项合同未写上日期和姓名，江藤、牛岛二人前往大帅府，把日期写上五月十三日，姓名写上"张大元帅阁下"。

5月15日　社长向江藤询问町野出发日期。江藤、穗积一同访问赵镇私宅，江藤向赵镇面交关于合同发表日期的公函。此外，江藤又要求将合同中的错字加以改正；同时由于14日才任命代理次长的缘故，要求将签订合同的日期改为15日。赵次长慨然允诺。穗积将签字月日改为"五月十五日"，并改正了错字。

5月16日　社长电江藤，（中国方面）将全部合同于极端秘密中交国务会议审议，取得承认；然后将此意旨由中国政府履行通知芳泽公使的手续，云云。社长又电江藤，希望江藤留在北京，由穗积携带吉敦延长线及长大线两项合同回东京。江藤电社长，我留在北京，文件由穗积携带于18日出发，云云。此外，还告知以吉长线及其它收入为担保借款五十万元问题，以及各铁路利息由九厘降至八厘问题。穗积携带文件由北京出发去东京。

5月19日　社长电江藤，将新丘运煤铁路一事与五十万元借款问题联系在一起，希即采取措施获得批准。社长电江藤，延海、洮索两项合同也要和吉会、长大两线一样，由交通部当局署名签字，云云。此外，社长还向江藤发出关于中东铁路问题的电报。江藤就中东铁路问题给社长回电。牛岛致电木村部长，因正在交涉将用大元帅名义的部分改用交通总长名义，令穗积携带社长印鉴立即返回北京，云云。穗积在满洲馆将吉敦延长线以及长大线二合同及有关文件亲手交给木村部长。5月19日免去吉长兼吉敦铁路局局长魏武英本兼各职，同时任命赵镇为吉敦铁路工程局局长兼吉长铁路管理局局长。冈理事电牛岛，希望魏武英在解决吉长、吉敦两铁路合并协定以前一直留任。

5月20日 小日山理事就穗积出发及有关合同文件问题致电牛岛。

5月21日 江藤电社长,延海、洮索合同希由町野带回,该合同采取和吉会、长大线同样的手续虽有困难,但仍在努力中。穗积到(东)京。江藤访张大帅,就魏局长留任事提出警告,但大帅以魏失去任局长资格加以拒绝。牛岛将江藤就魏局长问题同张大帅会谈要点电告冈理事。

5月23日 社长致江藤电,町野由东京出发,关于急速动手施工问题。江藤给社长回电,吉林省反对,有关吉敦延长线及长大线着手动工问题。江藤、牛岛和穗积对吉林省反对铁路问题进行磋商,牛岛访问佟庆山,希望他予以协助,佟氏慨然应允,表示尽力镇压。

5月24日 牛岛访问佟庆山,佟谈称,一两天内吉林有人来,待我从彼等得知详情后,一定采取适当措施。庶务部长电牛岛,将老图铁路承包合同附带的往返函件中的"敝部"字样改写为"大元帅"。穗积和江藤对上述电报进行研究。

5月25日 牛岛回电庶务部长,将印刷错误之处进行查对,然后采取适当措施。社长致江藤电,关于町野因弄错而未携带延海、洮索合同,以及该合同的修改措施问题。

5月26日 穗积和江藤研究订正合同中的错字以及其它问题后,访问天羽书记官。天羽拿出川越总领事给他的报告,其中谈了吉林反对铁路问题,并提出了对策和应注意事项;天羽抄后交给江藤、牛岛二人。松井少将返北京。牛岛电庶务部长,据矿政司长洪敬民前往吉林的情报看来,该人的离京可以认为是增加了反对铁路问题的力量,云云。副社长电江藤,利用此时机,设法解决新丘问题。町野致电江藤,关于吉会线立即动工和魏留任问题。

5月27日 江藤访张大帅,询问大帅关于吉林反对铁路问题的意见。大帅谈称,前天夜间曾召见张作相,向他提出了阻止反对铁路问题的忠告。

5 月 29 日　副社长电江藤,将老图线延长到灰漠洞时,根据备忘录和换文商定关于图们江架桥以及和朝鲜铁路连接的问题,并追加架桥费预算。町野顾问返北京。

5 月 30 日　穗积和江藤商量后给副社长回电,在已签订的合同的承包金额中已包括架桥费;此外,由于合同的当事人不在,现在可否省略往返函件的手续,云云。穗积委托江藤交涉并解决下列问题:(一)关于大元帅签字的延海、洮索二线合同需要交通部印鉴及备案手续问题;(二)抄写大元帅关于吉敦延长线及长大线的命令问题;(三)关于潘复和常荫槐签订吉敦延长线及长大线合同的委任状问题;(四)订正老图合同附录往返函件的错字问题。

5 月 31 日　江藤访常荫槐进行交涉。常谈称,问题(二)(四)已作为严封秘密文件处理,因修改地方不是重大问题,希等待一个时期;问题(一)由于按秘密办法处理,希望现在暂时观望一下形势,再作处理;假如有用日中合办的形式进行备案的机会,我将为承认此事而努力。江藤谈称,假如采取日中合办的形式,要求大帅承认是必要的,为了将来不发生问题起见,则需要交通部的承认。常对此表示将予以考虑。此外,常还谈到,吉林反对的不是吉敦延长线而是长大线,云云。

6 月 1 日　江藤出发前往大连。牛岛访问佟庆山,佟谈称,在吉林代表来京之前,必须从当地的吉林同乡会中派出六名有声望人士,努力阻止反对活动。牛岛将上述情况电告副社长。

6 月 2 日　牛岛致电副社长,请同意给派去镇压反对运动的人员支付旅费。副社长回电牛岛,同意。

满铁调查部:《新满蒙五路问题和满蒙铁路交涉的突破》,转引自《满铁史

资料》第二卷《路权篇》第三分册,第 964—976 页

蒋介石、田中首相会谈

田中义一首相期待蒋介石的南京政府与共产党分裂而统一中国本

土。在此以前,他认为必须使张作霖同意解决在满蒙建设五条铁路等各项悬案。这些权利一旦以条约形式得到确实保障,则中国革命即使波及满蒙亦将得以保持。

1907 年在研究陆军对俄军备时,任参谋本部作战课部员的田中义一中佐曾说:"在决定我陆军兵力方面,与其单纯希望增加兵力,不如先行整备交通机关更为迫切,整备交通机关与增加兵力效果相同。"他对完成满蒙战略铁路表示了异常的热情。现在,作为首相兼外相的田中,正要实现其多年的宿愿。

鉴于此事极为困难,特任命政友会干事长山本条太郎为满铁社长(后改称总裁),使之会同满铁副社长松冈洋右,代表田中外相与张作霖进行交涉。1927 年 10 月 10 日、11 日在戏剧性的交涉中,至 15 日达成了《山本·张作霖密约》。

密约内容即由满铁承包修建满蒙的五条铁路:敦化—老头沟—图们江江岸线、长春—大赉线、吉林—五常线、洮南—索伦线、延吉—海林线。其费用由日本贷款。密约并包括禁止建设与南满铁路平行的线路,如打通线向通辽以北延长及开通—扶余线等。山本总裁更提出日满经济同盟及攻守同盟方案,并已交换了公文。

上述五条铁路纯属准备哈尔滨会战与齐齐哈尔会战的战略铁路,也具有向南满铁路集中物资的意义。

据说张作霖看过五条铁路图曾质问山本总裁说:"这不是日本为了同俄国打仗的铁路吗?"杨宇霆也为密约内容的苛刻而感到震惊。

另一方面,11 月 5 日田中首相同 8 月下野的蒋介石、张群在青山私邸会谈,企图取得对中国政策纲领的成果。

田中首相劝蒋介石在大局方面首先巩固长江以南,消灭共产党后再行北伐。蒋介石说:汪兆铭约我归国复任总司令,或将开始北伐,希望得到日本的支持。中国之所以排日,是因为认为日本援助张作霖,中国国民厌恶军阀,认为军阀依靠日本。日本有必要帮助我们的同志早日完成革命,以消除国民之误解。这样,满蒙问题不难解决,排日自然会绝迹。

田中首相开始考虑使张作霖承认各项悬案，并使之回到奉天的方针。同时，按照这一方针，国民政府也为停止民众排日运动采取了若干措施。

如在张作霖返回关外后再行北伐，则各项悬案当可顺利解决。但各项悬案的具体化陷入僵局，而于此时进行北伐，以致第二次出兵山东、济南事件、炸死张作霖事件接踵而来，形势一直趋向恶化。

《日本军国主义侵华资料长编(上)——〈大本营陆军部〉摘译》，第141—143页

张作霖与刘尚清[①]等往复电
1928 年 5 月—6 月

张作霖电(五月三十一日)

盛京刘省长、吉林诚省长、卜奎于省长：安密。顷闻三省学界颇有排日酝酿。东省对日，素敦睦谊。学生尤宜专心向学，不可因此稍生误会，致惹外交困难。该省长等务宜注意侦查，切实防范，勿任有越轨行为，至要！大元帅。世印。

刘尚清复电稿(六月一日)

北京大元帅钧鉴：安密。世电奉悉。奉省学生向极专心向学。此次济南事件发生后，深恐对外引起误会，业饬教育厅长妥为防止，并由省长召集省城各校校长，当面切实告诫，复令警察厅、局随时侦查，并无排日举动。现在尚属平静。除再督饬严加防范，以免误会外，谨电奉复，请释廑念。刘〇〇叩。东印。

奉天省公署档，转引自《奉系军阀密电》第四册，第25页

---

① 奉天省省长。

（三）皇姑屯事件

说明：由于张作霖未能满足日本在东北筑路、开矿、设厂、租地、移民等种种要求，引起日方强烈不满，加之随着北伐军的推进，张作霖退兵关外亦是势在必行，如何处置张作霖成为日本关东军和满铁首脑考虑的主要问题。最后，关东军少壮派将奉军退归东北视为解决"满蒙问题"的难得时机，不待日本政府命令，私自决定炸毙张作霖，同时趁事发后东北可能出现的混乱局面，出动关东军武力解决满洲问题。关东军参谋部的河本大作遂在奉天近郊的皇姑屯制造了炸车事件，张作霖受重伤不治身亡。炸车案发生后，其后续进展并未如关东军最初所料想的那样，因此，皇姑屯事件仅以炸死张作霖了结。这一事件充分暴露了日本帝国主义侵吞中国东北的野心。

1. 皇姑屯炸车案之发生

日本政府觉书

1928 年 5 月 18 日

芳泽氏十八日遵日政府训令赴大元帅府，谒大元帅张作霖氏，面交节略一通如左：

中国长年战乱频仍之结果，一般国民生活，陷于极度之不安与疲惫，而中国居住之外侨，亦且无从安居乐业，故战乱早日息止，而现和平统一之中国，乃中外人士所渴望，在中国邻邦利害关系殊深之帝国，翘望不置者也。然今者动乱行将波及于京津地方，而满洲地方亦且有蒙其影响之虞，夫满洲之治安保持，为帝国之所最重视，苟有紊乱该地方之治安或紊乱该地方治安之原因之事态发生，乃帝国政府所欲极力阻止者，故战乱向京津地方开展，而且祸乱将及于满洲之时，帝国政府为维持满洲之治安计，不得不取适宜且有效之措置，然对于交战者持严正中立态度之帝国政府之方针，固无何等变更，是以在行前开处置之时，关于其时期与方法，必加以最大之注意，俾免对于两者发生何等不公平之结果，此又所断言者也。

天津《大公报》1928 年 5 月 19 日

村冈①通告中国南、北军各将领文

1928 年 5 月 19 日

大日本帝国关东驻屯军司令官（冈村）〔村冈〕通告支那南、北军各将领文。

本司令官奉命驻屯关东，现（置）〔值〕支那内乱，我帝国侨民每受凌辱与危害，南京、济南相继发生（爆）〔暴〕乱，此帝国政府最为痛恨者也。故对于满洲一带之帝国侨民当取充分的保护，特设警备区域数处。凡支那军欲通过者，悉予解除武装；若敢加害帝国侨民生命田产（者），本司令官言出法随，立当严办，决不姑贷。此通告日起，仰尔支那军政各界人等，一体懔遵毋违，切切此布。右分给

张作霖、蒋中正、冯玉祥、阎锡山等

昭和三年五月十九日
大日本帝国关东特遣驻屯军司令官之关防

《日本帝国主义侵华档案资料选编：九・一八事变》，第 56—57 页

外交部致芳泽谦吉

1928 年 5 月 25 日

为照会事：贵公使近向本国大元帅表陈意见，略称企望中国战乱从速终息，而见统一和平，惟动乱现将波及京津地方，东三省亦将受其影响，苟有扰乱该地治安，或发生何等扰乱之原因，日本政府应极力拦阻，

---

① 日本关东驻屯军司令官。

故战乱进展,将及东三省时,日本政府为维持东三省治安起见,或不得不采取适当且有效之措置等语,并在各报发表。查贵国政府以友谊关系,希望中国战事早日息止,与本国大元帅佳日通电休兵息民之意,正相符合,本国政府,固深表感谢之忱,惟所称以动乱行将及于京津,影响东三省地方,不得不采取适当且有效之措置一节,本国政府断难承认,而有切实之声明者,东三省及京津地方,均为中国领土,主权所在,不容漠视,无论现在各该地安谧如常,即使蒙何影响,所有外侨安全,本国政府自负保护之责,深盼贵国,鉴于济南不祥事件之发生,勿再有不合国际惯例之措置,以保持中日固有之亲交。相应照会贵公使,即希迅达贵国政府为荷。须至照会者。

天津《大公报》1928 年 5 月 26 日

北京政府正式宣言
1928 年 5 月 25 日

　　五月十八日日本芳泽公使向中国元帅发表意见,略谓因中国长久继续战乱,国民生活陷于极端之不安困苦,侨华外人亦无由安居乐业,□战乱速熄而见统一和平,中外人均所切盼,而与中国邻邦并有切实利害关系之日本,尤为翘望,惟动乱现将涉及京津,东三省亦有受其影响之虞,三省治安日本尤为重视,苟有扰乱该地治安,或发生何等扰乱治安之原因者,日本政府应极力拦阻之。故战乱一向京津进展,而其祸乱将及东三省时,日本为维持东三省治安,或不得不采适当且有效力之措置等语。中国政府之意见,以为日本政府以友谊关系,希望中国战事早日息止,与中国大元帅佳日通电休兵息民之意,正相符合,中国政府固深表感谢之忱,惟所称以动乱将及于京津,影响东三省地方,不得不采适当且有效力之措置一节,中国政府断难承认,而有切实声明者,东三省及京津地方,均为中国领土,主权所在不容漠视,无论现在各该地方安谧如常,即使蒙何影响,所有外侨安全,中国政府自负保护之责,深盼日本政府鉴于济南不祥事件之发生,勿再有不合国际惯例之措置,以保持中日固有之亲交,已于二十五日由外交部照会日本公使正式声明矣。再此举与一九二二年二月六日九国间在华府所订关于中国事件适用原则,条约所载,缔约各国尊重中国之主权与独立,暨领土与行政之完整,及不得因中国状况乘机营谋特别权利两项原则,显有抵触,此则为中国国民所惋惜者也。

天津《大公报》1928 年 5 月 26 日

张作霖通电

1928 年 6 月 2 日

急。各省军民长官、各军团长、各军长、各法团、各报馆、全国父老同鉴:

曩以乱未已,波及外人,曾经通电全国撤退各路军事,表示息争意旨,谅邀鉴察,方期彼此觉悟,早靖纷争,既释友邦之忧疑,并泯未来之赤祸。乃外交之责任方急,同室之操戈未休,瞬将喋血京畿,转恐祸及中外。况自频年用兵,商贾辍业,物力凋残,百姓流离,饿殍载道,实已惨不忍言,若再周旋武力,徒苦我民,既乖讨赤初衷,亦背息争本旨。二十年膺兹艰巨,本为救国而来,今救国之志愿未偿,决不忍穷兵黩武,爰即整率所部退出京师。所有中央政务暂交国务院摄理,军务归各军团长分别负责,此后政治问题仍听国民裁决。总之,共和国家主权在民,天下公器惟德能守,作霖戎马半生,饱经世变,但期于民有益,无事不可牺牲。所冀中华国祚不自我而斩,共产恶化不自我而兴,此则堪告无罪于天下后世者也。特布区区,祗希亮察。张作霖冬印。

《“九·一八”事变档案史料精编》,第 14—15 页

奉天省长公署致新民等县电

1928 年 6 月 2 日

新民、黑山、北镇、锦西、锦县、兴城、绥中、义县知事:急。省密。顷奉大元帅冬日通电,贯彻息争宗旨,正率所部退出京师。中央政务,暂

交国务院摄理；军事归各军团长分别负责，等因。合电知照。该县管境内，铁路桥梁，仰督饬警甲事先妥为警备，毋稍疏懈。切切。省署。冬戍印。

张作霖专题档，《奉系军阀密电》第四册，第 26 页

我杀死了张作霖

河本大作

一

一九二六年三月，我从小仓联队中校队附，接任关东军黑田高级参谋的工作。当时的关东军司令官是白川义则上将，参谋长系河田明治少将，后为中国通的斋藤少将。

可是，来到好久没来的东北以后，我却不禁大为惊愕。张作霖神气得很，同时因为二十一条问题，整个东北充满着排日的气氛。日本人的居留、商租权等既得权利等于有名无实。二十万在满日人的生命、财产，濒于危殆。

对于满铁，他们计划许多铁路，与之竞争，意图压迫。在中日、俄日战争用血换来的满洲，竟面临奉天军阀任意蹂躏。

翌年的一九二七年七月，田中义一以总理大臣兼任外务大臣在朝，主张所谓"东方会议"；外务政务次官是已故森恪。

当时的关东军司令官已由白川上将变成武藤信义中将，武藤是于一九二六年七月上任的。他是个俄国通，曾任参谋本部第二部长，因此对中国也很了解。所谓中国通也有几种，有的只是住在中国，跟中国人来往，买些古董而沾沾自喜，但武藤将军不是这种中国通。

所以，他就任关东军司令以后，对于幕僚们的献策，都能懂得，上下都能够毫无保留地对经营大陆的根本对策交换意见。

随即召开东方会议。武藤司令官决定出席这项会议，我随从他到了东京。

在这个会议席上，当然讨论了对满洲的对策，我力主对于奉天军阀

之所采取包围满铁线的态势,已经非外交抗议等所能奏效;这时武藤将军强调用武力来解决。田中首相也谅解了这个主张,于是在大体上决定了以武力解决的方针。

因此,我建议利用如下的情势。此时崛起华南的蒋介石已经开始北伐(原文说蒋公与国父一起北伐,当然这是错误的——译者),奉天派的前锋且进至江浙方面的上海,以张学良、杨宇霆为主将,与之抗衡。

蒋介石以军校训练的精兵,与奉天老军阀的士卒,其实力、纪律自然有天渊之别。尤其是江浙一向是南方派的地盘。张作霖虽然乘势插足上海,但遇到蒋介石的北伐军,奉天军一定非逃回关外不可。

跟螃蟹钻进洞里一样。只要钻进去,便很不容易进攻,张作霖败退回到关外,也就安全。在这里等待,等到天气转好,他便要东山再起。

到北京自称大元帅的张作霖,拥有三十万大军,现在关内。这三十万军队,如果打败仗逃回关外,很可能乱来。而如果帮助他们,这些人又没有终生感恩的节义;郭松(令)〔龄〕事件已经考验过这班人马。

其次,南北干戈相见,使山东和华东之地蒙受战祸,无论对具有许多权益的日本和列国,以及无辜的中国民众,都不能等闲视之。因此必须阻止北伐于华北。

与此同时,败退的三十万张作霖部队,应该在山海关解除其武装后,才准许其入关。并乘张作霖手无一兵时,一下子与其解决逐渐失去之上千件的日本权益问题。

二

蒋介石的北伐开始了。起初蒋介石接受了要避免山东、华北卷入战祸的提案,可是醉于胜利的他,竟违约进城,所以于一九二八〔年〕发生济南事件,由之日本遂出兵。在另一方面,如所意料,奉天军打了败仗,成群地往山海关逃。(编按:此段史实错误。)

为了维持治安,关东军即时从朝鲜编组一个混成旅团,集结奉天待命,惟到锦州和山海关,系属于满铁线附属地以外的出兵,非有奉敕命令,不得出动。可是奉敕命令一直没下来,败兵却接踵而至。

当时的首相，又是东方会议的主持者田中，对于东方会议的决议，在山海关应该采取的方针，不知为何却犹豫不前。

这是由于出渊驻美大使的报告，顾虑美国的舆论，而踌躇实行既定方针的结果。

那时的参谋本部第二部长是松井石根中将，加以田中首相的亲信佐藤安之助少将等的影响，田中的想法更由之摇摆不定。

这时，关东军司令官已由武藤将军换为村冈将军，在人格、见识上村冈将军并不逊于武藤将军，并且在经营大陆的意见上，两人更是完全一致。因此，关东军的态度也就毫无所动。

但最重要的中央，却是这个样子，真是糟糕。不久，在奉天城内，吴俊陞由黑龙江省率领五万军队，出来守着。加以从山海关天天要回来一万、五千不等的败兵。所以迨至五月下旬，入关的败兵已经达到三四万人。败兵更经由京奉线和古北口而来。

果尔，一旦有事，关东军势必陷于四面楚歌之中。奉天还好，弥漫整个东北的排日，一发生事情，势将有如燎原之火，燃烧起来；排日军，很可能统统揭竿而起。如果又一次日军与这些残军发生战斗，将是可怕的巷战，居留奉天的日本人，因而不知道将遭什么殃。奉天城内的排日，已非笔墨所能形容，日人子弟上学，已经达到危险的程度；居住奉天的日人，所唯一能够依靠的是关东军，但这些日侨眼看关东军之袖手旁观的态度，不仅失望，而且开始怀恨。

这种奉天军的排日，完全出自张作霖的主意，绝非民众之以日本为敌。张作霖的目的是，依靠欧美来赶走日本，以扩大其一己的势力，谋取私利，绝没有建立东洋永远的和平这种信念。我认为，只要打倒张作霖一个人，所谓奉天派的诸将，便会四散。今日人们之以为只要由张作霖统治满洲，就可以维持其治安这种想法是错误的。张作霖毕竟是个军阀者流，眼中既没有国家，更没有群众的福利。至于其他诸将，只是头子、喽罗的关系所结合的私党。

正因为他们的结合是这样，所以只要把这个头子干掉，他们便会四分五裂,而在还没出现第二个张作霖以前,他们是不知所措的。是即张作霖的存在,跟匪贼的头子并没有什么两样。

干掉头子。除此而外,没有解决满洲问题的第二条路。只要干掉张作霖就行。

村冈将军也终于得出这个结论。但要杀张作霖,并不必动用在满的日军兵力。用谋略应该就可以达到这个目的。

这时张作霖还在华北,慢吞吞地在准备逃离。于是有人认为,假华北日军之手,便能够轻而易举地干掉他。因而决定派遣竹下(义晴)参谋为密使,前往华北。

得知内情的我,遂对竹下参谋说:"不要多此一举,万一失败了怎么办?华北方面有没有敢干这种事的人,实在不无疑问。万一的时候,不要给军方或国家负任何责任,而由一个人去负一切责任,否则虎视眈眈的列国,一定会乘这个求之不得的机会来胡搞。所以由我来干好了。因此你到华北以后,直往北京,仔细侦察张作霖的行动,确知他何月何日坐火车逃到关外,随时告诉我。"当时,北京大使馆副武官是建川(美次)少将。

三

没多久,竹下参谋便来了密电。他说,张作霖已经决定要逃往关外,回到奉天,并告诉我火车的预定行程。因此,我便派出侦察者到山海关、锦州和新民府等京奉线的要地,令他们确确实实地监视各通过地点,并即时告诉我,火车是否已经通过。

至于在奉天,哪个地点最适当,经过一再研究的结果,认为大河上的铁桥是最好的地点。

于是遂令某工兵中队长,详详细细地侦察其附近的情况,结果发现奉天军的警备严得不得了。而且,最低限度,得在那里等上一个星期左右。在这样警备森严的状况之下,这是办不到的。尤其是据说张作霖惯用替身者,所以要一次就把他干掉,实在很不容易,需要非常充分的准备。

若是，必须另外选择日军的监视比较自由的地点。经多方研究以后，得出满铁线和京奉线的交叉地点皇姑屯最为安全的结论，因为在这里满铁线走其上面，京奉线通过它的下面，日本人在那里稍微走动也不怎么奇怪。

下来就是要用什么方法的问题。

袭击火车？还是用炸药炸毁火车？只有这两种方法。如果用第一个方法，马上知道是日军干的。如果使用第二个方法，或能不留痕迹地达成目的。

因而我们选择了第二个方法。但为预防爆炸失败，我们准备了第二道计划，即令火车出轨翻车的计划。这时，将乘其混乱，使刺刀队冲上去杀。我们的一切准备都完成了。

根据第一手情报，六月一日不会来，二日、三日也没有动静。迨至四号，来了张作霖确坐上火车的情报。

通过交叉地点将是早晨六点钟左右，我们遂装上第一道和第二道爆炸装置，以便防止爆炸的失败。但要在当场炸死张作霖，则需要很多的炸药，如果炸药量少，很可能达不到目的；如果多，效果当然较大，但会闹得很大。真是头痛。

与此同时，我们又担心在这个时间满铁线的火车开过来。当然最好是事先告诉满铁，但这是属于绝对的机密，所以又不便这样做。因此，为了发生万一的时候，遂装设发电信号，以防止满铁线的危害。

毫不知情之张作霖的专车，终于开到交叉地点来了。与轰隆的炸声之同时，黑烟飞扬两百公尺上空。我以为张作霖的骨头也飞上天空了，其黑烟和炸声的厉害，使我惊奇不已。

由之，第二道的出轨计划和刺刀队现在都用不着了。惟万一如果对方知道这个爆炸是日军所计划的，并派兵来的话，我们决定不使用日军，而将由荒木五郎指挥其所组之奉天军中的"模范队"来对付；在另一方面，安定城内，有关东军司令部的东拓前中央广场，则由军的主力来警备。

　　万一如果奉天军动用兵力的话,张景惠将内应日军,另起独立之奉天军,发动如日后的"九·一八"事变,惟奉天派有聪明的臧式毅,阻止了不能自制之奉天军的行动,而防范奉天军与日军的冲突于未然。

　　为了镇静人心,没发丧,而只发表张作霖负重伤,没有生命危险,因此奉天城内非常安静。这时候,排日行为停止了一段时间。

<h2 style="text-align:center">四</h2>

　　张作霖被炸死以后,张学良和杨宇霆这班人猜不透在奉天之日军的意向,因而留在锦州方面,不回奉天,在那里观望,所以奉天遂以袁金铠为首长,组织东三省治安维持会,以为临时政权。

　　而在日本方面,对于今后东三省政权的首脑应该推举谁的问题,有各种意见,奉天军事顾问松井七夫少将一派拥护杨宇霆,当时在奉天特务机关长秦真次少将一派则支持张学良,两派互相暗斗。

　　但秦和松井认为令奉天政局呈现真空状态实在不适宜,因此他俩遂向张学良表示没有他意并怂恿张、杨回奉天,所以张学良才放心,而化装工人回到奉天来。

　　正在此时,前驻华公使林权助来奉天,与心神还不宁静的张学良会面。

　　林权助对张学良说明,日本外史中"关原战役"后,丰臣与德川之关系的一段,暗地里把张学良当做丰臣秀赖,比拟杨宇霆为德川家康,以鼓励张学良。

　　比诸大阪城沦陷后丰臣秀赖的命运,张学良对说不定会变成德川家康的杨宇霆,经常疑神疑鬼。这时,杨宇霆举办了祝寿,张学良也列席了这个盛宴,从全国各省,更参加了如山的要人,频送贵重礼物,这使张学良觉得天下的诸侯在丰臣秀吉去世后,已经倾向德川家康了。

　　至此,张学良对杨宇霆的猜疑愈来愈深,从而怀有要将其杀害之意。于是张作霖被炸死翌年四月间,张学良便把杨宇霆请来奉天督军公署,并令事先安排好卫兵长等人,用手枪当场将杨宇霆打死。

　　得悉这个消息的秦少将,和身居奉天军的黄慕(荒木五郎),遂抓住这个机会,拥护张学良为东三省的新主人,策划张学良走向亲日。可是,当时在张学良身边的年轻亲信们,却都醉心于欧美,崇奉自由主义,因此张学良的恐日,遂逐渐变成排日,而终于成为侮日。

而为其具体表现的,就是满铁线的包围铁路、万宝山事件,和冯庸大学的排日教育。排日和抗日,甚至比张作霖时代更为积极,而且日趋激烈,秦少将等人所意图的张学良怀柔方策,由之完全归于画饼。

如此一来,枭雄张作霖死亡后变成张学良时代,但满洲的对日关系不但没有好转,反倒背道而驰,所以我觉悟:除非再用武力打倒张学良政权,满洲问题将永远不能解决。

反此,日本政界欠缺要解决满蒙问题的诚意,对于张作霖被炸死事件不仅没有妥善处理,并且更有人把它当做倒阁的工具,譬如中野正刚、伊泽修二等就是这类人。

当时的陆相是白川义则上将,他很愚直,对事件不会答辩,因此更予中野、伊泽等以可乘机会,而终于导致田中内阁的垮台。

由于参加这个事件的我,受到停职处分,村冈军司令官、斋藤参谋长和水町竹三独立守备队司令官也分别遭受行政处分。

政争终于误国策。政党政治之弊端,至此达到极点,为日本宪政史上留下最好的例子。

因此我于一九二九年五月,被谪降为第九师团司令部附,同年八月,因受到停职处分而脱离军职。尔后,依以前伏见联队时代的关系,暂居京都伏见深草愿成,表示禁闭之意。

五

在这禁闭生活之中,我充分把握默思的时间。社会滔滔走向自由主义,他们大事抨击以武力解决满蒙问题,有的外交官,甚至主张放弃满洲和蒙古。

年年在增加的日本人口,应该怎么办? 粮食的对策呢? 现在应该重新检讨由这些问题而产生的经济政策才对。其当然的解决方策,实舍对大陆坚定的方策莫属。而我所采取的武力方法,是不是应该受到人们的攻击？如果应该反省，我将反省。

　　我为了自责和自省，以及虚怀若谷地把握时代，我曾努力于研究。我又请教过京都帝大的许多权威学者，更连日前往京都帝大的图书馆，广览有关政治经济的群书。

　　结果我得出这样的结论：日本的将来，实惟赖满蒙问题的解决。我更坚信：日本应该以新的构想，来解决满洲的问题。

　　我谪居伏见一年以后，又恢复军职，并任第十六师团司令部附，但翌日，则被编入预备役。由禁闭生活已告一个段落，所以遂移住东京。

《我杀死了张作霖》，第18—27页

河本大作笔供（节选）
1953年

　　（四）从第一次世界大战结束到"九·一八"事变（1931年）

　　如上所述，第一次世界大战期间，使日本得以肆无忌惮地在远东实现其帝国主义野心；使日本国民增强了作为远东盟主的自负心。而一九二一年，华盛顿会议召开，其目的则在于以英美联合之威力压制日本。大战期间向远东大陆扩展的日本势力，将全部回复到大战前的旧态；海军军力的比率限制为5∶5∶3，不允许日本同英美两国保持同等的海军实力。面对上述被强加的两大难题，一时间国内舆论大哗。然而，最后还是由于奉行大国追随主义的币原软弱外交而屈服。此后，中国的排日风潮也日益高涨，被视为日本向大陆发展基础的南满铁路（以下简称满铁）的权益，也由于中国东北三省对日感情恶化，其经营亦陷于困难境地。基于上述原因，日本在满洲的二十万侨民强烈要求解决满蒙问题，尤其是土地商租和旅行居住自由问题，实为当务之急。同时，还攻击币原的软弱外交。并向政府和一般国民呼吁：只限于满蒙问题，应采取强硬手段，以保持我国防的生存线（当时日本人曾持有这种谬论）。恰巧，一九二五年（十二月）〔十一月〕，爆发了张作霖部下郭松龄的倒戈事件。事件发生后，张作霖惊慌失措，派张学良赴旅顺，向关东军司令官白川义则和关东州长官儿玉秀雄求援,并在信函中提出保证:通过日方援助,郭松龄叛乱一旦平定,日满间以往的外交案件,如土地商租及旅行居住自由等悬案,当能立即解决。白川和儿玉以及满铁总裁安广伴一郎三人经协商后,建议当时的内阁支援张作霖,政府立即批准。于是,不仅向张作霖提供武器弹药,而且还直接出兵,以武力保护张作霖。此事件发生后,在满洲的日本侨民期望着土地商租及居住权问题,当郭松龄倒戈失败后,不日即可解决。然而,其后张作霖进关,成为英美的傀儡,反过来对日本侨民施加压力。于是,关于解决满蒙问题的舆论再次沸腾起来。终于于一九二七年七月田中内阁在东京召开了东方会议,就解决满蒙问题征求芳泽公使(驻北京)、武藤关东军司令官、儿玉关东州长官等人的意见。最后作出如下决议:"满蒙问题虽然可以交张作霖解决,但他的军队过于庞大,多次进关消耗巨额军费,必然施行虐政,横征暴敛。有鉴于此,应乘其军队由关内败退满洲之机,解除其武装,以绝祸根。对于尾追前来满洲的南方派军队应坚决进行阻止。"此后,关东军根据上述决议,全力以赴地进行准备,等待时机的到来。一九二八年五月末,形势的发展正如东方会议所设想的一样。关东军及时地在奉天集结兵力,为了向战略上需要的锦州西方地区移动,要求下达奉敕命令(向满铁沿线以外地区出动兵力时,需要履行此手续)。而田中总理却对于执行自己亲自召开的东方会议的决议表示犹豫不决,一拖再拖,终于使关东军丧失了向锦州进军的时机,并痛感面临着以薄弱的兵力与优势的东三省军队(约三十万)相对抗的危机。关东军当即作出判断:为了完成保护在满日侨(约二十万)和满铁的任务,能够避免同东北军交战的唯一方策就是消灭张作霖,打乱东北军的指挥系统,除此之外别无妙策。最后终于酿成六月四日皇姑屯炸死张作霖的事件。我当时以关东军参谋(大佐)的身份主动参与爆炸事件(我已认识到这是我最大的罪恶)。此后,在日本军当局的怂恿(主要是秦真次少将的意见)下,张学良从关内返回奉天,继其父张作霖之后,统治东北三省。而当时以奉天的美国总领事为首,张学良身边的亲美派人物大肆活跃,积极煽动,从而使排日气势更加高涨。另一方面,以满铁为中心的在满日侨更是群情激愤,达到顶点。满铁派出擅长辩论的社员分赴国内各主要城市进行游说,以唤起国内舆论。满蒙问题终于作为一个日本国内外的紧迫问题,引起了日本全体国民的关注。接着,又相继发生了长春附近的万宝山事件和中村大尉失踪事件等,日本方面对满蒙问题的舆论从而更加强硬,终于导致了一九三一年的"九・一八"事变的爆发。

《日本帝国主义侵华档案资料选编:九・一八事变》,第26—28页

河本大作笔供

1953 年 4 月 11 日

皇姑屯事件的经过:

(1)一九二八年五月上旬,在关内的奉天军受到国民党军的压迫,逐渐向北方退却,已经呈现不能留在关内的状态。在北京的芳泽公使根据东方会议的决议发表声明说,国民党军若跟随奉天军进入关外,对满蒙有特种权益的日本是不能默视的,警告了国民党军。于是,关东军也于五月九日以后向奉天集结兵力,从朝鲜派遣的混成旅团也逐次向奉天集中(根据东方会议的决议)。

(2)接着关东军根据东方会议的决议,为解除从关内败归的奉天军武装,准备向锦州方面转进。关东军在满铁之外地方行动时,必待奉敕命令。关东军司令官通过参谋总长督促该命令的下达,内阁总理田中义一却左推右托,不履行奉敕命令的发出手续,延误很久。此时在关内的奉天军每天由铁路运输或步行回到关外,五月二十日前后已到奉天省者有五万余人,继续败退的兵力约二十五万人。

(3)如是,关东军为等待敕令空过了宝贵的时日,再向锦州方面转进,是腹背受敌的不利态势,结果失掉了转进机会,陷于进退维谷之窘境。相反奉天军方面连日增加兵力,呈现优势,每日气氛与日俱增,日本军将兵及日侨一般愤懑达于极点,呈现一触即发的局势。于此,关东

军司令官村冈长太郎日夜焦虑如何脱此困境？在奉天中日两军的冲突虽不足惧，但难于保护散在各地的日侨及满铁防卫的安全。因此，只有将奉天军的统帅张作霖弄死，打乱其指挥系统，暂时避免彼我的冲突，此外别无良策。并且认为，尽可能在关内暗杀张作霖为最好，所以拟派军司令部附竹下中佐到北京会见北京公使馆武官建川美次及天津驻屯军司令官铃木一马，委托其协力解决；并决定竹下中佐于五月二十五日出发前往平津。

（4）竹下中佐出发时到参谋部谈了他的使命。关东军参谋部各参谋得知军司令官有暗杀张作霖的企图后认为，自己不做此事，而使他人火中取栗，并且认为在北京及天津大概也无法实行。全体参谋认为，村冈司令官既然有暗杀张作霖的意图，我们幕僚不能袖手旁观，应以全力实现其企图。结果一致意见排除依靠北京天津的主张，自己来干，且期其必成。开始时决定在新民府东方巨流河铁桥附近安装爆破装置，但侦察结果，奉天军的警戒很严，所以又变更了计划，决定于皇姑屯东方约一千米的奉山线和满铁线的交接点，此外无适当地点。

（5）可是，该交接点的警备是由独立守备第四中队长东宫铁男大尉担任，因而有得到他谅解的必要，如果可能，委托东宫大尉实施，是为最良之策。为此，把东宫大尉叫到参谋部向他说明一切，并希望得其协助。东宫大尉则主动应允，并且誓言一定满足军司令官以下各位的希望。他希望派神田大尉及桐野工兵中尉辅助。关东军参谋部使菅野工兵少佐准备电气工具及炸药，交给东宫大尉。

（6）如是，东宫大尉于五月二十八日一切准备就绪，即于皇姑屯东方与满铁交接点装置了炸药，于该交接点的南方约500米的瞭望台上装置了电气机，又于奉山线上装置了脱线器两条。准备完了，静待张作霖的列车到来。据北京建川的情报，张作霖原预定六月一日到奉天，后变更为六月二日自北京出发，三日在锦州受到吴俊陞（黑龙江督军）的迎接，于同日夜自锦州出发，预定六月四日拂晓到奉天。当时关东军参谋部认为有必要确知张到达奉天附近新民府的时间，遂派驻奉天独立守备第二中队附武田丈夫(中尉)到新民府(六月二日),使用当地军用电话与军参谋部联络。

(7)六月(三)〔四〕日将近拂晓时,武田中尉通知说张作霖列车已通过新民府,于是立即与东宫大尉联络,命其准备万全。六月四日黎明(午前五时半)张作霖的列车到了皇姑屯,接近交接点。他坐的车(天蓝色铁甲车)到达交接点上时,东宫大尉押了电门,交接点发生大爆炸,满铁的压道车炸得粉碎,张作霖坐的车炸飞车盖,连接的餐车起了大火。这时,警戒交接点处的奉天宪兵将受重伤的张作霖抬入汽车,送往督军署。吴俊陞当即死亡,其他死伤者约五六名。奉天则对张作霖的死保持秘密,宣传说他还活着。

(8)事件发生后,奉天军参谋长臧式毅采用极端不抵抗主义,严令无论有任何理由不许与日本军生事,事态是非常平静稳定的。日本方面则由总领事林久治郎于六月四日午前主持召开军官民联合会议,在会议席上林总领事说:关于今天早晨在奉天发生的事件应速调查,使内外(指英美)能明了真相是最紧要的。全场反对,其中宪兵和警察官断然反对调查,说问题是在中国领土上发生的,将惹起国际上的很大注意,日本单独自动调查,有百害而无一利。结果,请示关东军司令官及关东厅长官,而关东军司令官和关东厅长官会商结果,决定对本事件采取不调查的方针,并将此方针指示给宪兵司令官及警察局长。其后从日本内地派遣了调查团体,现地宪兵、警察拒绝协助调查。还有北京的英国人特务毛利逊来调查时,也毫无所获。这样,经过一些时日就成了"谜"。

(9)一九二八年末,在日本国议会中的民政党议员中野政刚和永井柳太郎,向陆军大臣白川义则大将质问说:本年六月间在关东军警备区内发生了皇姑屯事件,关东军任何人都应负责,而至今竟无一人负责,这不能不认为是军纪弛缓,请当局大臣回答。白川说:现正调查中,判明后即可发表。于是关东军为指定谁为责任者而焦思苦虑,结果是铁道警备的责任者独立守备队司令官水町竹三(少将)及关东军担任警备的高级参谋河本大作二人,受到行政处分而公布了。至此,皇姑屯事件的行政处置告一段落。

关于皇姑屯事件的罪恶行为:

(1)我察知村冈司令官有暗杀张作霖的企图后,并未冷静考虑该企图的是非曲直,只是认为司令官的意图完全正当,故而未选择其他合法合理的手段,盲目的规定了实行方案。我认为司令部的高级幕僚应该完全辅佐司令官,因而采取了此种轻举妄动的办法。

(2)听到竹下中佐的报告后,即召开参谋部会议,决定了暗杀张作霖的方案,我是该次会议的领导者。

(3)据报暗杀地点巨流河铁桥不很适当,我即在图上选定皇姑屯东方南满线和奉山线的交叉点为爆炸地点。我又亲自乘汽车往现地侦察,认为该处的交接点最为适宜。

(4)东宫大尉,我于一九二三年在广东与他相识,认为他是刚毅果断的人物,即选定他为本事件的实行者。

(5)为了探知张作霖所乘火车由北京出发后的情况,即和北京、天津、山海关、锦州各地的谍报人员取得联系,并根据我的意图派武田丈夫中尉到新民府,又在皇姑屯车站布置密探,计划使密探待张作霖所乘火车到站或开出时发射信号(花火),但该密探未执行。

(6)我事前取得宪兵队长三谷清中佐的充分谅解,约定调派东宫大尉以下神田、桐野、武田等担任该项任务。

(7)因为参谋长斋藤恒少将言语不够谨慎,恐其泄露秘密,所以我未将重要问题告知他,多系我自己独断独行。并且村冈司令官也不相信斋藤参谋长,所以重要案件多直接命令我执行。

(8)总之,皇姑屯事件的重大问题,其全部责任应归我担负。

《日本帝国主义侵华档案资料选编:九·一八事变》,第46—50页

城野宏笔供

1954 年

皇姑屯事件真相

在上述情况下（指奉军在北伐军的攻击下大批退回东北），关东军司令官村冈处心积虑地暗自策划解决办法。他认为，自己的幕僚河本参谋等从一开始就坚决主张按照"东方会议决议"执行，因而难于向他下达命令，便亲自向曾任吉林省军顾问的竹下义晴秘密下达命令，委托竹下潜入北京，在关东军管辖以外的地方，袭击张作霖返回奉天时所乘的列车。然而，竹下却将这一计划泄露给河本参谋。当时河本曾向竹下提出忠告，认为此举有可能以失败告终。因此，竹下虽然奉村冈司令官的密令赴京，但北京的建川少将却电告村冈司令官，此计划不能实现，因而作罢。

但是，置之不理也终非了局。日本不仅没有下达按东方会议决议而行动的奉敕命令，而且发现，根据惯例为了获得奉敕命令，在帷幄上奏时，必须有首相侍立，可是连这一程序也尚未进行。因此，归根结蒂，等于是停止执行东方会议的决议。

在上述情况下，河本参谋认为已经到了不采取非常手段不能打开僵局的地步了。为了在不付出重大牺牲而使奉天军屈服，只有铲除其首领，或可有成功的希望。因而决心采取消灭张作霖个人的计划。并且认为最简便的办法就是炸毁张作霖乘坐的列车。关于具体的执行办法曾作过多方面的考虑，结果认为采取行动的最好地点只有位于沈阳附近的皇姑屯之满铁线和奉山线的交叉点。这里是东宫大尉的警备地区。于是便将当地的负责人东宫大尉召至沈阳馆（当时的关东军宿舍），示之以密谋的要点。东宫大尉的回答是，除东宫外还有二三名青年军官，以及北陵的地主榊原某和伊达顺之助等人，早已酝酿这一计划，并已做好充分准备，随时可以行动。河本参谋听后十分满意，并询问了计划的具体内容，发现其用心十分周到：直接爆破由来自朝鲜派遣军的藤野中尉（河本所供另一材料中为桐野）担任，他是东宫大尉的同期同学。采用工兵的专门技术,用电动装置进行爆破。万一失败,则使用事先备用的脱轨机。还考虑到若仍不成时,最后还准备了由神田安之助中尉集中精于剑术的勇士所组成的敢死队。同时,对于此次爆破还进行了细致的研究。两个月前,奉天军曾计划通过交叉点上方满铁线,从洮昂线向沈海线运输军用物资。当时为了防止对满铁线造成影响,为了保卫南满铁路,在交叉点附近利用沙袋筑成护路用的碉堡。修筑碉堡用的沙袋里装上炸药,用以代替沙子,这种炸药拥有极强的威力。正由于是两个月之前筑成的,就连满铁自身的员工对于这一用沙袋筑成的碉堡也没有任何怀疑。而且,是由不了解内情的士兵在其他地方将沙袋中的沙子换成炸药,又由另外一批士兵运至此处,所以他们是一无所知的。准备当张作霖的列车进入交叉点时,立即按动电气开关。为了监视列车到达时间,在皇姑屯的前一站新民府站有武田中尉负责侦察。在交叉点附近原来就有一座监视列车用的瞭望楼(二者之间相距150米),届时指挥者可以在瞭望楼上指挥。这可以说是一个无懈可击的计划。河本参谋听到东宫大尉等人已进行了上述准备和安排,深感满意,并鼓励他们将这一计划付诸行动,并亲手交付一千元作为行动经费。一切只待时机到来。六月四日凌晨五时,沈阳的市街还在沉睡中,在皇姑屯方向发出一声轰然巨响,将沈阳城内城外的人们从睡梦中惊醒。该地附近硝烟迷漫,直冲云天。在满铁与奉山线的交叉点上,张作霖乘坐的天蓝色装甲车和连接在其前部的餐车,车体象刀削的一样被切断,颠覆在线路以外,熊熊燃烧。坐在这节车箱中的张作霖被抬进宪兵前来迎接的汽车中,似乎是负了重伤(实际是当场死亡)。同车的吴俊陞当场死亡,日本人顾问仪我诚也(少佐)也碰伤了面部和腰部,此外还有五名死亡。

事件发生时,为保卫张作霖而乘坐在该列车前部和后部的侍卫队,被这一意外事故所震惊,未及弄清原委,只是惊慌失措地向铁路附近正去上班途中的工人们架起机枪,滥行扫射,致使附近一带景象更加悲惨。

　　关东军司令部得知这一意外事件发生时，估计其后果不容乐观。但意外的是奉天军参谋长臧式毅从事件发生就采取极端不抵抗主义，没有任何行动。结果是未费一兵一卒，便消灭了张作霖，比执行"东方会议"决议还要简单，日本尝到了甜头，因此关东军也就无意再追究炸车事件的真相了，木下关东厅长官也同关东军持相同意见。因此，日本方面的宪兵，警察的行动都受到限制。奉天总领事林久治郎积极主张进行调查，以解除各外国的疑虑，但在会议席上遭到军部的批评而退缩。由于上述原因，使社会上颇有坠入五里云雾之感，任凭人们作为"迷"的事件而议论纷纷，谣言四起，而这正是军部求之不得的。正值此时，突然在日本国内的国会上，由在野党的民政党议员中野正刚、永井太郎抓住这一问题，向白川陆相进行指责：对于如此重大事件，态度暧昧。企图借以倒阁而穷追不舍。原来准备尽可能不了了之的田中首相，也感到事关内阁命运，因此，不久白川陆相便将铁道守备队司令官水町竹三少将和关东军警备主任参谋河本大作二人，作为当事人给予停职处分，继而编入预备役，借以敷衍了事，搪塞了国会，而军部始终装作若无其事的样子。最后糊里糊涂地将事件掩盖过去了。事件发生后不久，田中首相可能是由于劳累过度，在青山家里，在睡眠中因心脏麻痹而猝死。

　　（下略）。

《日本帝国主义侵华档案资料选编：九·一八事变》，第50—54页

臧式毅笔供

哈尔滨，1951年1月

　　一九二五年调充奉天镇威上将军公署参谋长。该公署自上将军以下有总参议、参谋长及各处而构成。自一九二六年张作霖上将军入关，总参议杨宇霆及各处重要职员多数随行，遂以参谋长留守奉天。张氏入关后数年未归，此数年间内乱不已，东三省军队大部份奉调入关。奉天全省治安关系重要，不能忽视，只以少数军队及省长所辖之警团队维

持现状。以彼时之治安状况而言,实觉武力单薄,只得会同省长责成现有之军警团队竭力维持,以图防患于未然。不过因内乱不已,战争频仍,前方军队需用浩繁,后方之供给维艰,取之于民用之于战,其影响人民之生活及地方之安全甚大。于一九二八年六月初旬,张作霖氏出关,列车行至皇姑屯南满铁道线老道口铁桥下突遭爆炸。事后搜集各方面的情报并经详细调查,确知系日本关东军派人在该桥下预先安设炸弹炸死张氏,希图乘乱占领奉天。不过当时张氏仅身负重伤数处,入城后始因伤重致死。而日人之阴谋并未得逞。此即所谓哄传各方骇人听闻之皇姑屯炸车案是也。当时奉天省垣全体大为震骇,以为大祸之来临,无不惊惶失措,甚至有纷纷避难者,商市有闭门者,秩序甚为紊乱。最可恨者驻奉天日本守备队亦取战时姿势,以为我方遭此惨变,或有其他举动,彼则利用机会借口出动,以伸其魔手。值此一发千钧、危急震撼之际,为安定人心计,惟有对张氏之死秘不发表,一面力持镇静,严嘱各界各安生业,以维持秩序,而避其锋。不过各方面尚有未得真相者,当时中外人士纷纷前来探询,而尤以日本方面为甚。日本领事则一日数次用种种方法前来探问张氏之生死,其居心叵测,来意不良,甚为显然。幸全体严守秘密,未由我方泄露其真相。东三省骤然遭此惨变,人心异常慌恐,大有朝不保夕之势。加以三省长官均未在省,如黑龙江督军吴俊陞与张氏同车被炸,即时身死;吉林督军张作相率队在前方未归,更兼奉天大部军队由张学良等率领由前方陆续撤退中,尚未出关。三省政权无人主持终非久计,不得不急电请张作相等速归主持一切。彼时南北隔阂,遂会同省长刘尚清商由省议会公推张作相主持三省政权,张作相力辞不就,遂又公推张学良为东三省保安总司令。张作霖之死至此始正式发表,张学良就职后始为其父发丧。迄总司令部组织成立,余即转任奉天兵工厂总办。彼时杨宇霆为兵工厂督办。(一九二八年冬)〔一九二九年一月〕,当杨宇霆、常荫槐事件之发生,兵工厂卫队被缴械,省垣人心又大为震惊。因身居总办,惟有力持镇静,维持厂内秩序,以安人心。幸员工均能顾全大局,照常服务,照常工作,全厂未致靡乱,一场风波幸得平安度过。

《日本帝国主义侵华档案资料选编:九·一八事变》,第 55—56 页

张作霖被炸真相

后来在二次大战之后的远东军事法庭中,曾任当时田中内阁海军大臣的冈田启介及驻北京武官田中隆吉二人有如下的证言:

据田中作证——炸死张作霖事件,是出于河本独断,关东军司令及参谋长等均毫未与闻其事。爆炸之后,河本曾打算对关东军发布紧急集合命令,与张作霖护卫部队交战,但为参谋长斋藤恒发令所阻止。后来,河本说道:"如果紧急集合见诸实行,则满洲事变早在那个时候就已经出现了。"

河本的意图,不仅在于炸死张作霖,而是要使事件更加扩大。

又据冈田口供书——关于事件之后的处分问题,陆军大臣白川义则虽有遵循田中命令之意,但在陆军省内有军务局长杉山元和参谋总长金谷范三都表示反对,以致田中无法贯彻决定。从这一点,就可以证明关东军比日本政府的力量更强,其势力足以影响到参谋本部。

《中华民国重要史料初编——对日抗战时期》绪编(一),第 209—210 页

张作霖被炸事件

1928 年 4 月下旬,北军形势不利,关东军提出:不论是撤退的张作霖军,或是进击的国民军,关东军将在山海关隘路一律解除其武装,以维持满洲治安。此外,并提出以张作霖、张学良、杨宇霆为统治满洲的适当人选等种种意见。

5 月中旬北军退至保定、沧州一线,企图进行决战防御。南军决定切断奉军退路,由冯玉祥军向北京、蒋介石军向天津同时继续进击。显然,京津势将遭受兵乱。列国在京津地方驻扎总兵力虽约有 1 万名,但以之保护侨民则感不足。因此,日本命已经动员的第 3 师团之一部(步兵两个大队、炮兵一个大队)勿在青岛登陆,径直开赴天津,并与独

立航空一个中队共同加强中国驻屯军。

在此以前,陆军中央部根据南北两军的实力,担心奉军败退后将造成满洲的祸乱,当即与外务当局认真进行了研究。5月3日济南事件爆发后,由满洲增派混成第28旅团到山东,同时由朝鲜调派混成第40旅团到满洲为之补充。

5月16日阁议决定关于维持满洲地方治安的措施方案,表明了政府的重大决心。17日将该方案要点通告英、美、法、意大使如下:

一、于最近适当时机,向张作霖及蒋介石(通过蒋介石转致冯玉祥)交付另件之备忘录。

二、在所交付备忘录中,除略述对和平之希望外,并明确说明:在战乱扩展至京津地方后,不问其为南方或北方部队,我决心阻止武装部队进入满洲(曾有劝告张作霖下野之意见,因阁僚对此不表同意,故未实行)。如奉军早日回师,主动退却与南军隔离,能秩序良好地向关外撤退时,则日方在维持治安上允许的情况下,可不必解除其武装。无论属于上述何种情况,均应绝对阻止南军进入关外。

三、根据全面形势,第一项备忘录提出日期,今日已届其时。

四、为维持满洲治安,对武装之南北两军,应公平对待,均不使其进入关外,责成关东军司令官与中国驻屯军协力进行适当处置。为此,将根据需要向该方面增派若干部队。

18日,对张作霖与蒋介石交付的备忘录内称:"战乱扩展至京津地方,如其祸乱波及满洲时,帝国政府为维持满洲治安,将不得不采取适当有效之措施。"

在山东方面,由于对南军的扫荡作战已告一段落,5月17日混成第28旅团返回满洲。

5月17日,关东军司令官村冈长太郎中将顾及关内情况与京奉铁路发生障碍,首先决定于5月20日将第14师团的半数从奉天派往锦州,并为以后必要的增兵,命混成第40旅团移驻奉天,军司令部也决定进入奉天。

5月18日,接到上述报告的参谋本部,得知外务当局持有向锦州出动为时过早的意见,认为有必要取得政战两略的一致。于是电告关东军在未接到传达敕命前,不可向附属地以外出动。然而,关东军认为当前如不动兵,则将失掉时机,有使帝国声明成为一纸空文之虞,为此要求中央再作考虑。

铃木庄六参谋总长与田中首相会见结果,就委关东军以新任务事,定于21日上奏天皇。而于20日电令关东军,在敕命发布前,暂不向锦州出动。

其后,在中央部就关东军出动锦州问题,虽几经周折,但田中首相由于考虑到对外关系,而且又有南军不再追击、奉军主动撤退的可能,以及首相本人想要保存张作霖等原因,终于表明不同意出动,对关东军未发布委以新任务的命令。

关东军不得已将主力集结于奉天待机,为防万一,制定了奉天警备计划,以一部警备附属地一带及收容侨民,集中主力用于攻势,本此方针进行各种准备。

5月末,奉军战况更趋不利,出现意外的崩溃。因料到其将败退满洲,故严加戒备。至6月3日,张作霖从北京撤退,当其所乘火车于4日清晨5时23分即将进入奉天时,在南满铁路与京奉铁路交叉的铁路桥下发生爆炸,张作霖受重伤,不久身亡,同车的吴俊陞也被炸死。

以后关于本事件的真相及遇难地点的警备问题,在日本政府内部成为重大问题。田中内阁即因"满洲某重大事件"倒台。而三年后发生的满洲事变,亦以此为其前奏。

参考:炸死张作霖

1928年6月1日,张作霖邀请外交使团举行了撤离北京的告别会。

张决定从北京撤离以前,考虑了足有半年之久。

自从山梨平造大将传达了田中(义一)首相的口信,劝告张作霖是否放弃称霸全国之奢望,返回奉天专心致力于掌握与发展东三省。迄今已逾半年以上。

张作霖坚持其"革命军是共产主义者。我为防止中国的赤化而战。亦即为中国、为满洲、为日本而战"的论调,对返回奉天的劝告,充耳不闻。因此 7 月 17 日①芳泽公使对他劝说了四个小时毫无效果。此外,他对北京周围的战局仍然满怀信心。

然而,孙传芳、张宗昌在山东方面相继败北,战况日趋不利。

张学良及杨宇霆对北京日本公使馆武官建川美次少将的劝说,立即答应向关外撤退。据说这一过于简单的回答,曾使建川的使者驻屯军参谋浦澄江中佐大为吃惊。

事已至此,张作霖鉴于周围的形势,也不得不决定退出北京。因此,6 月 1 日举行了告别会。

外交使团方面对于张作霖在北京期间对外国人的保护表示感谢。芳泽公使亦以张作霖在北京一年半期间治安甚佳,外国人评价良好,各国公使均对张表示惜别之意,因而向田中发出"日本军宪对张逮捕如成事实,相信外国方面将加以非难"的报告(见芳泽——田中,6 月 2 日发出之《外交文件》)。

关于张作霖撤离北京,当时的日本新闻也以带有若干伤感的华丽词藻大事报道。

张于 6 月 3 日 1 时自北京出发,6 时 26 分在戒严中到达大津。停车约三十分钟,于 6 时 52 分由天津发车,16 时通过山海关驶向奉天。

6 月 4 日晨 5 时 20 分刚过,挂有 20 节车厢的张大元帅的专车到达铁桥之下。此处已离近京奉路的沈阳车站,位于与南满铁路(奉天车站北约 1 公里)的交叉点。

张作霖乘坐的车厢为第八节瞭望车。在天津临时停车,是为使只

---

① 此处原文有误,应为 5 月 17 日——原编者注。

身前来天津迎接的黑龙江省督办吴俊陞上车①。

在瞭望车里，张作霖正同吴俊陞、日本军事顾问仪我诚也少佐喝早茶。

"大帅，马上就到奉天了，好象有些冷，请穿上大衣吧！"

听吴俊陞相劝，张点头起身，把手伸到大衣袖里。

恰当此时，站在距离约200米堤上的一个男人右手突然一闪，顿时张的专车被笼罩在黑烟和爆炸声中。

这就是张作霖一行的遇难经过，即所谓满洲某重大事件。

被隐瞒了真象的这一重大事件，逐步已被揭穿，事件出于以关东军高级参谋河本大作大佐为主的谋略工作终于暴露。

以后对此罪行究系河本单独所为，抑与军方合谋，以及如何计划与实行的？查明其真象的兴致也被冲淡了。

因为，无论是河本参谋的独断行为，或是多数人的合谋，都是表面现象。在当时的情况下，从关东军和陆军中央部对满洲问题的气氛看来，策划与实行此等谋略工作乃形势之必然。关东军对不服从日本号令的张作霖，曾计划使之下野并予以驱逐，以便掌握满蒙实权。而张作霖返奉乃实现其计划的绝好机会，关东军正要首先拥护张作霖返奉，然后开始解除奉军武装，只是由于田中首相断然禁止关东军出动，才使解除武装的计划，变成炸死张作霖的行动。

策划暗杀张作霖的不只河本一人，奉天特务机关长秦真次、奉天省军事顾问土肥原贤二均曾参与其事。关东军司令官村冈长太郎中将亦为暗杀张的策划者。

村冈对未传达敕命表示不满，计划假手天津驻屯军杀张于北京。于是，不与斋藤参谋长、河本联系，秘派哈尔滨驻在武官竹下义晴中佐前往北京与建川武官联系。竹下在军司令部偶遇河本。河本对竹下的

---

① 据全国政协文史资料研究委员会编《文史资料选辑》第五辑周大文所写《张作霖皇姑屯被炸事件亲历记》中称："专车到山海关时，……吴俊陞已先由奉天赶到山海关站迎接。"——原编者注。

突然出现感到怀疑。因驻在武官的出差须根据参谋长的命令,实际上要经过高级参谋河本之手。

在河本的追问下,竹下中佐说出了军司令官的密令。

河本说执行计划由他一手承担,命竹下中佐在北京随时报告张作霖的动静。

竹下看到张作霖自北京出发后,立即回到日本公使馆,向奉天的河本拍发了密码电报:"4 日①凌晨 1 时 15 分,特别列车由北京发车。列车由 20 节车厢组成。那人乘第八节车。"(见关宽治著《满洲事变前史》中《走向太平洋战争的道路》及相良俊辅著《满洲原野的夕阳》)

尤为重要的问题是在炸死张作霖的同时,确实点燃了"满洲事变"的导火线。

关东军及军部中央,为不使此次点起的火熄灭,不仅以此不可靠的单独暴力行动为信管,并且曾经准备了有组织的、紧密配合的暴力行动,即全军出动的所谓百分之百可靠的谋略,做好断然进行战斗的准备。首先,满洲事变的点火人石原莞尔中佐,于炸张事件数月后即被派到满洲。

《日本军国主义侵华资料长编(上)——〈大本营陆军部〉摘译》,第 153—
159 页

2. 日方对于炸车案的调查

木村②:关于中国时局对策的考察
1927 年 6 月

从最近中国时局的发展情况看,南北两军之间的交战暂告一段落,进入自然的休战状态。早早就显示出了和以前相类似的情形,即各派

---

①　为 3 日之误——原编者注。
②　木村锐市,亚细亚局长——译者注。

势力之间开始进行政治战,也就是妥协运动。据说张作霖、阎锡山、蒋介石之间的妥协正在进行中,以阻止唐生智、冯玉祥的北进主张;另说由于冯、唐、蒋结成了同盟,要接着完成南军的北伐大业;还说蒋、阎之间遥相呼应,相互提携;亦有人说阎、张之间的利害关系盘根错节,最容易产生妥协合作。所以,应乘此机会,设法拉拢冯、唐。虽有各种不同的说法,但各派势力之间彼此妥协的态度终会逐渐明朗,并随着形势的发展不可逆转。各派势力之间进行的妥协运动,只是为保护当前各自的地位而实施的权宜行动,不过,因其具有相当的延续性,仍可见其总体的发展趋势。但是,应该说他们之间要实现真正的妥协合作是极为困难的。因此,我方的期望目标是,使他们之间的妥协媾和仅为暂时的;然后,以此为基础确立对策,并进一步推进之。在妥协运动的漩涡中,帝国政府应避免轻易地作出亲自干预的决断,对于特别混乱的现今中国,需要从大局出发观察她,讲究处理方法,并以该观点为基础考虑对中国时局的策略。

一、对于中国南方,按照既定的方针,以中国人断然实行自我肃清为主要目标,对国民革命军中稳健分子的建设性事业,适当地与各国协调,给予精神性援助。在南方,我们要逐渐发挥促使其内部分裂的作用,期望逐渐消灭共产不稳分子。如此,聪明的做法是,努力寻找一种与南方各派之间自然合作的形式,即使在根据孙文遗训迁都南京的情况下,仍与专在黄河以南地区以稳定政局为目标的南方政权保持友好关系,谋求与其和平地发展经济。

二、然而,鉴于华北与特殊的满蒙地区接壤,以及两者之间具有密切的利害关系,故而为维护东亚的安宁,日本社会对现内阁的期待非常地明确,即根据帝国独立的立场讲求确保政局安定的政策。但是,在满蒙地区毕竟通过战争获得了12项权力。为确保永久地开发其特殊经济,首先要解决的第一大问题,就是应该保有相当的年限及该地方的政局安定。由此而确定的无论在什么情况下都以张作霖为唯一拉拢目标的政策,不仅极为短见,而且非常不合理。

1. 从此前中国各派势力此消彼长的历史轨迹可见，真正诉诸战争的事情，结果常常由于妥协而稳定局势，但要成为该妥协结局的优势者，必须具有一定的人气，即声望。据此来看张作霖的现状，不论他使用何种政治手腕，都无法改变其为一介武夫这一众所周知的事实。在各政治家、各团体、各军官之间已形成了一成不变的舆论：他在中国本土不受欢迎。即使在他常年培植势力的东三省也变得非常不受喜欢，如反对其拘禁部分国人的宣传就是明摆着的事实。张作霖现已步入老年，那些主张改变其思想，恢复其政治声望的想法，不过是空想而已。

2. 然而，截至今日，他之所以能够维持其势力，一个重要的原因就是他与帝国在满蒙密不可分的关系。正是由于这种特殊关系，他曾毫无顾忌地断言能够巧妙地利用帝国的威力，他从来都是在与中国本土的各派势力对抗失败后，常常窜入东三省，以图东山再起；就对俄关系而言，亦可见他在恫吓俄国时，声称不能完全无视日本帝国在满蒙的地位。换言之，张之所以有今日，是因为张有保持自身势力的实力，或者由于帝国积极援张所致，或者由确保巩固帝国在满蒙特殊地位的决议所致。作为其必然结果，偏安东三省的他获得了维持对内对外的地位，即对内对外张作霖拥有今日的地位，首先不过是日本威力的反映；同时，帝国在满蒙的特殊地位，并非如一部分人所主张的，即因张作霖一人的兴亡将导致其消长，而是仅仅应该说因其与日本的互惠关系，只有张长期盘踞东三省，才会使满蒙问题及其他问题的协商变得更加便利。

3. 然而，应特别留意的是，由于张素来利用日本的威力时，毫无顾忌日本对俄对华大局的微妙关系，从而使帝国对俄、对华的亲善关系一再陷于不必要的恶化中。这是在本次中国巨大变革之际，我朝野应该特别注意的问题。个人认为，日本最初将张的一生沉浮与维护帝国在满蒙地区特殊地位问题紧密相连，而现在则到了应该将这两个问题截然分开的时候。鉴于张今天的困境，有人提出我们应援助他。但是，其自取灭亡只是时间问题。如果援助他，则将导致日本在对华关系上受到全中国和世界的谴责。张也自知其剩下时间不长。所以,我们应该放弃与其同生共死的态度。为此,我们不仅不能给予其绝对的援助,而且在必要的情况下,还要对他施加相当的压力以促其辞职。同时,若发生无端侵害我在满蒙特殊地位及权益的情况,无论来自中国任何党派或任何外国的何种势力,都要奋起阻止之。若从开发满蒙出发,进而扩张我既得未得之权益,此时直接谋划实现之也是有困难的。作为我方,当前应尽早快速地谋求该地方的政局稳定,寻找机会,期待渐渐地实现上述的权益扩张。可以说,若乘今日张作霖之窘境,通过向其提供积极的援助而获得权益,将犹如黄粱一梦,是无视时局的、鼠目寸光的自杀性政策,并将使我满蒙政策在日后衍生弊端。

三、基于以上考虑,并考察张作霖现在的地位,即可得出三种预想的情况。

1. 张在华北完全失败后只身逃入天津租界,或者亡命日本,或者为部下所杀,如果发生这些情况,应充分考虑如何收拾尤其是张亡之后的东三省事态,即为防止华北动乱波及东三省,要趁早物色合适的中心人物。其应标榜东三省人的东三省主义,在保境安民的主张下提议南北两军的停战,同时表明赞成三民主义、欢迎国民革命运动之意。因此,指导和帮助这样表里如一的中心人物将成为关键。必要的时候,我们应使用适当的手段,在南军向关外推进过程中迫使其发表如第二次直奉战争时的详尽声明,表明始终一贯拥护我方在满蒙地区特殊地位的态度。关于该中心人物的问题,当前吉林、黑龙江两省首先应该以张作相、吴俊陞作为其中心人物,对于奉天省,则以新秀将军统帅军事;另一方面,直接促使王永江的复出,先行建立奉天省的政务,进而在三省实力派联合协议的基础上总揽东三省政务即可。但是,以上所说的新秀将帅,从其与吉、黑两省方面,特别是与王永江的合作上考虑,建议推举韩麟春。至于杨宇霆,他是东三省的唯一智囊,这一点虽不容置疑,但不幸的是至今身无一兵,最近虽开始整备实力但并未成功。他不仅与张作霖之间未必释然,而且与吉、黑两方面旧军阀之间的关系亦是不亚于犬猿相争的全然对立。故而,为尽速安定东三省人心计,虽然杨个人的才能突出,但需要注意东三省整体上的协和,以稳定时局。关于杨个人,我们要考虑到为谋取将来他的效忠,应使其暂时引退,或者亡命日本,等待日后出山的机会。

2. 张在华北大败,只身带卫队逃回东三省的情况下,或许军队、一般民众有可能欢迎他进入奉天省城,也有可能在锦州附近就发生了内外各界要求其下野的运动。故而,在这种情况下,日本应该怂恿其主动下野。他响应之,则采取与上述第 1 种情况相同的措施。他如果表明响应彼我双方的建议,实际上则等于我们抛弃了他。为此,我们甚至可以施加一定程度的压力,促成他作出这样的决定。

3. 在他至少带着半数以上的兵力返回奉天的情况下,我们要采取最谨慎的措施。这种情况如果持续,东三省的财政将完全枯竭,民众全都反对他应该只是时间问题。故而,应再次采取以他为中心谋划东三省事宜的态度,静待东三省内部的崩溃即可。但是,在这种情况下,就会出现南北两军对峙的形势,他要发表与上述第 1 种情况下完全相同的声明,即表明始终一贯拥护我方在满蒙地区权益的态度,同时希望以任何和平的方式平息满洲的事态。在其他方面,对于其断然解聘我顾问,或者不奖励有调停之功者,仍旧表示绝对不干涉。我们应旁观时局的发展,大约一年间其内部会发生崩溃运动,在这种情况下应以第 1 种情况为标准采取措施。

4. 无论上述何种情况,都应根据东三省人的东三省主义,通过王永江等人真正成功地收拾东三省的时局,为我满蒙政策的实施作出贡献。所以,我方应特别慎重地考虑对他们的态度,即作为我方,与南方派之间同样可以获得暂时性权益,并可根据他们的想法非常明显地援助他们,但要考虑避免弱化他们的立场。

四、南方军队进入华北的结果,如前所述将导致东三省内一定的政治变动。这自然与阎锡山、蒋介石等人的态度密切相关,甚至促进了国民党一直期望的国民会议的召开。因此,在这种情况下,作为日本则应劝诱东三省方面致力于该会议的召开。对于南方派主张遵循孙文遗训以南京为会议地点的情况,东三省方面应暂缓应对之。该会议与国民政府建都南京,都将越来越影响中国民众的视听,北方因为地域遥远,所以不要急于作出反应。中国的中央政权确立于南京,而东三省势必作为中国边缘地区管理,可以说我满蒙政策的实施就获得了便利。其他方面,我们可以通过努力,以南京为中心策划日中之间新的经济提携,并逐渐获得在长江流域和平发展经济的权益。

《日本外交年表并主要文书》(下),第 97—101 页

满铁京奉交叉地点火车爆炸事件报告

1928 年 6 月 4 日

第一　破坏损害状况

(甲)满铁株式会社方面的破坏损害。

(A)铁路桥损害(所附照片第一号①)。

另纸所见图中(イ)、(ロ)、(ハ)、(ニ)之间架设的两条陆上铁路桥中,(イ)、(ロ)之间的陆路桥半下路桥及上路桥的两条,因桥墩上部破坏而坠落。西侧的半下路桥横梁在图中(ヘ)、(ト)的附近,东侧的上路桥在(リ)附近,如此横亘在(ロ)、(ハ)之间陆路桥西侧的半下路桥也变形了,东侧的上路桥在下方道路(ヌ)的附近亦有坠落。

(B)桥墩(所附照片第一号)。

图中(イ)处的桥墩石崖,其上部受到了少许破坏和损害。此外,通过其他破损的地方亦可知,因爆炸火力过猛导致石崖遭到相当程度的损害。

图中(ロ)处的桥墩受到的破坏最严重,桥墩石崖上部两角中,东侧有十分之二,西侧有十分之一的破坏,由于从外部爆破以及火灾导致石料的毁坏与风化,从而导致桥墩从顶部到底部的龟裂,如不完全修缮

---

① 　所附 1—13 号照片略,只取全景图片一张,以与文字对照阅看——译者注。

或更换,则在将来很难使用该桥墩。

(C)电线。铁路桥附近满铁使用的电线全部被切断,散落在附近各处。

(乙)中国方面的破坏损害。

(A)贵宾车(津浦线上车辆的三号车,所附照片第二号)。

距离图中(チ)地点——"桥"的东侧几十间车厢远的地方,停着略向北倾斜的贵宾车,检查其受害情况,可见车厢顶部及侧面窗户等全都粉碎了,其内部散落着铁路枕木、石料等物,可知该车厢受到了损害。根据对车厢内墙壁上大量飞散的血迹的考察,一如所料,车内多少有死伤者。通过所见的车内死伤者,中国方面负责人表示,在该车厢内发现并收容了于参谋次长的司机何伦志的尸体。

(B)瞭望车(第八〇号车厢,即张作霖乘坐的车厢,所附照片第三号)

该瞭望车仅剩下了车轮及车床,乍一看犹如失去了船桅的遇难破船,见图中(卜)处,距"桥"东侧四五辆车厢远的地方,横卧着略向西南倾斜的残骸,车厢顶部及各扇窗户等四处散落,其两侧仅见一些小碎片。该车厢与餐车之间是该被炸车辆爆炸的焦点,破坏的程度最为严重,在该处发现了一具烧焦的尸体,根据燃烧后残留的名片可知是李子亨。关于此人,中国方面说他是餐车的"服务生"。

(C)餐车、卧铺车厢(车厢第二一六号及二一四号,所附照片第四号)

餐车在图中(ヘ)处附近,卧铺车厢与之相连,在其西侧,且仅剩残骸,除残留的车厢及铁骨架之外全部烧毁了。餐车北侧发现一具烧焦的尸体,中国方面负责人认为其为女性。

(D)餐车残骸横卧之处地上的"铁轨"破损,枕木也多少受到损坏。

(注)就以上各项,中国方面负责人多少有些异议。

第二 事件当时的警备状况

关于事发前后满铁京奉"交叉"地点的警备状况,现综合日本方面三岛守备队长、三谷宪兵分队长，以及中国方面宪兵队金中尉谈及的各种情报，汇报如下：

（A）日中之间的警戒会谈

三日下午三点半左右，中国方面宪兵队金中尉作为齐司令的代表，拜访三谷宪兵分队长，提出鉴于当天夜里张大元帅返回奉天，齐司令拟在沈阳站至皇姑屯站之间的京奉线上，派出五十多名骑兵和数名宪兵警戒；为避免与南满铁路线上该处的日本守备队产生冲突，就此按平常惯例通知日方向该地派出日本宪兵数名，负责与铁路桥下警戒（人员）的联络，且与不时到桥上巡逻的中国宪兵联络。三谷分队长认为桥上是满铁火车通行线，应由日本方面警戒，便以中国宪兵到该地巡逻有发生误解之虞而拒绝了中方要求；关于桥下的警戒，表示经与上司及军司令部协商，特别允许中国方面的请求。当天夜里八点左右，他派遣下士一名、上等兵两名与金中尉同去现场，到达守备队派出所常常驻扎的"交叉"地点，与中国方面进行联络。

（注）关于上述内容，中国方面认为：三日下午三点半金中尉拜访三谷宪兵分队长，提出即使在桥上中国宪兵也要常常上桥联络。对此，三谷宪兵分队长答应仅限于中国宪兵上桥联络。但是，当天夜里八点赶赴现场之际，他又表示根据军司令官的命令，拒绝中国宪兵上桥。

（B）日本方面的警备

"交叉"地点附近的日方满铁沿线守备兵力平常也就 8 名，三日夜间从八点前开始增加为 16 名，并配备将校一名，进行特别严格的警备，大约每小时由一名守备兵在"交叉"地点与派出所之间进行巡逻警戒。因为事发当时正值拂晓前后，所以仅有一名值班守备兵在瞭望台担任周围的警戒，其他人则在派出所内休息。

（C）中国方面的警备

如同沈阳站的警戒一样非常严密，担任皇姑屯、沈阳站之间京奉线警戒的 50 多名骑兵中，大约半数由宪兵司令齐某亲自率领，时常巡视；涉及二哩半范围内的京奉线路一带及桥下的警戒，则由另一半骑兵担任。可以说，"交叉"地点附近的警戒是充分的。事发前几十分钟，骑马的警备兵有五六名不知何故离开此地。"交叉"地点西侧几乎没有警备兵，东侧附近仅有一名，与该处几十米间距的地方也只有三四名。

（注）关于上述内容，中国方面承认在事发前几十分钟数名警备骑兵离开现场是事实，说是为了去检查下述第三项所说的便衣队尸体，但从"交叉"地点附近在事发当时有四五名警备兵站立，却没有任何人死伤这一点来看，很难令人相信。

第三　举动不慎者的出现（所附照片第五号）

在图中（ホ）处附近，从日本守备兵以刺刀刺杀的两具中国人的尸体看，认为无论如何应进行新的调查。这两具中国人尸体，戴着麦秸草帽，穿着中式鞋子，刚刚理发一两天，年龄都在三十二三岁。对此，据三岛守备队长说，四日拂晓前后，日本守备兵在瞭望台附近的满铁线路堤防内秘密巡逻，发现行动怪异的三名中国人，乃喝问是谁，为何在此？而这些中国人举起了手中所握的东西，像是炸弹，他出于防御刺死了两人。可以肯定的是，这两名中国人有手榴弹（所附照片第六号），并携带凌印清和以愚兄愚弟的名义致叙五老兄、润轩先生等人的信函，故与南方派有联系，且发现了所携带的三封具有煽动性内容的文件（所附照片第七至十三号），从而表明了这两人作为爆炸事件嫌疑人的各种证据。

（注）关于上述内容，中国方面尚有异议。

第四　爆炸的原因

事发四个半小时以后开始共同调查，召集了中国方面的消防队员以及满铁当地的工作人员，采取灭火及应急措施，可见爆炸当时的情形相当混乱。爆炸物及爆炸方法等，都得请具有专业知识者进行判定。根据调查的结果、损害的状况及程度推断，使用了相当多的炸药，并以电子装置进行引爆，炸药被置于桥面上，或者直接在地面上，或者是投掷到侧面或桥上。结果，炸药很可能在第八〇号瞭望车后部以及餐车前部附近的车厢上部，或者装置于桥墩铁梁与石壁之间的空隙处。然后，根据瞭望车与餐车连接处损害最为严重，且距离"交叉"点东端仅十五米远,并在该处停车的事实,以及受损车辆及后续车辆几乎完全脱轨的明显特征,认为该火车在陆桥下通过时开始减速,且其数个车厢之间的编组缓慢。该被炸火车由二十多节车厢组成,并不时重新编组,交替行驶,仅从外部获知各车厢的位置颇为困难。因此,根据爆炸由外部几乎击中目标车厢的事实推断,认为该事件犯罪嫌疑人常常注意火车的编组,并能够知道其位置,这一点应该成为侦知本次事件真相的有力证据。

(注)关于上述内容,中国方面避不明确表示炸药的装置地点。

前述之外,认为与事件相关的情况全都拍了照片,随记录同呈。

昭和三年六月二十一日

驻奉天帝国总领事馆领事　　内田五郎

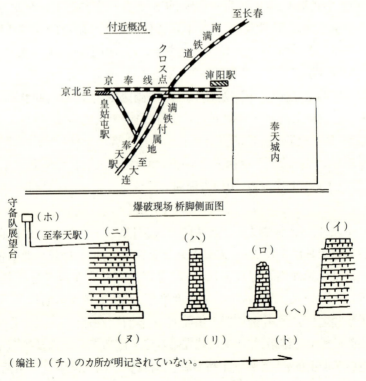

田中致林久治郎①

1928 年 6 月 5 日

就张作霖搭乘火车爆炸事件,关于时局的注意事项训令

本省 6 月 5 日下午 8 点 15 分发,第八十二号

由于张作霖返回奉天,特别是其乘坐的火车发生爆炸事件等,使东三省的事态变得非常微妙,故有必要充分注意今后时局的发展。虽然迄今尚无动作,但随着时局的发展要充分关注而不能懈怠,在随机而动和讲究合适措施的同时,请把其状况随时快速地以电报传来。其他方面,东三省政局动荡之时,应有治安混乱之虞。因此,附属地的警戒由关东长官、军司令官及满铁社长联合负责,要确保万无一失。另外,充分注意,日本的行动此时要特别慎重,杜绝轻率的行动,万望以此为念。

转电在满各领事,并转电驻华公使以作参考。

《日本外交文书》昭和时期 I,第一部第二卷(昭和三年),第 134—135 页

关于维持满洲治安、给关东军司令官的任务等阁议

1928 年 6 月 7 日

关于满洲维持治安件

昭和三年六月七日的阁议另见附件,商议的结果是决定了如下事项:

一、在有必要增兵满洲的情况下,是否准备运输船。(本项属于陆军大臣的权限)

二、关东军司令官恢复本来固有的任务,即在发生下列另见第一及第二种的情况下,首先由司令官决定是否有必要进行准备。

另外,在前述阁议之后,田中总理大臣将自己的意见,转达给了森政务次官。

---

① 日本驻奉天总领事。

另见的第一种情况,发生的可能性为十分之一,若发生则应充分地整合,即应在辽河河畔采取适当的处置措施;第二种情况,即如果发生向哈尔滨、吉林派兵的情况,这正是我们目前需要认真考虑的。

附件

一、在关内,通过南北两军的形势,可见南军对于北军的撤退正以强劲的势头追击。因此,日本方面有必要大规模地解除中国军队的武装。事态大体上亦如所见,即使在万一的情况下,作为政府也有必要为此予以相当的准备。

二、然而,一方面由于张作霖受伤、吴俊陞死亡等事件,在满洲全境普遍充斥着不安气氛,一般看来,要确保绝无发生兵变之虞是困难的。若有人乘此不安气氛煽动排日排外,深感对日本人的生命财产是个危险,即使仅仅发生上述状况,作为政府对此讲求相应的措施也是必要的。

三、对于第一种情况,是"在奉天附近集结相当的部队,密切关注事态的发展,若与今日的设想相反,发生混乱的大部队向满洲开进的情况,此际,有必要向京奉沿线的适当地点出动,采取解除混乱部队的武装及其他必要的措施"。第二种情况,是因满洲全境范围内散居着总计20万日本人,在当地进行保护几乎是不可能的,故而应向重要的地点,例如哈尔滨、吉林、龙井村、四平街、铁岭、奉天、辽阳、营口、安东等地点集合居留民,以兵力保护他们,这一点变得日渐重要。

陆军省的意见,是将引号内的内容修改如下:"密切关注现状之下的形势发展,若与今日的设想相反,发生混乱的大部队向满洲开进的情况,此际,有必要向京奉沿线的适当地点出动,努力采取解除混乱部队的武装及其他必要的措施。"

四、关东军在上述第一及第二种情况下,要讲究适当的措施,除其固有的任务以外,还被赋予新的任务。在这种情况下,以关东军的现有兵力执行其任务是不足的,故而,有必要适当地增加之。依据"此时赋予关东军司令官符合前述主旨的新任务,同时命令目前驻扎山东方面的第三师团之一部向满洲移动,归关东军司令官节制"。但是,关于在第一种情况下向京奉线方面派兵,以及在第二种情况下向吉林、哈尔滨方面的出动,在外交上还有微妙的关系。此时,对关东军司令官"赋予的新任务应由政府最后决定,对该方面的出兵,有必要谨慎进行"。最后决定的时间由陆军大臣与外务大臣协议后确定。

陆军省的意见,是将(第一处)引号内的内容修正如下:"此时赋予关东军司令官符合前述主旨的新任务,同时,由现今(驻扎)山东方面(的日军)向满洲增派所需兵力及附属部队是当前急务。"

陆军省的意见,还将(第二处)引号内的内容修正如下:"即使赋予新任务,其行动也要顾忌一般性状况和形势,有必要适当地谨慎进行。"

五、对间岛居留民的保护,在必要的情况下,由朝鲜军司令官采取措施,而赋予其新任务应等待更为适当的时机奏请之。

昭和三年六月七日的阁议草稿。

《日本外交文书》昭和时期I,第一部第二卷(昭和三年),第135—137页

林久治郎致田中

1928 年 6 月 8 日

关于张作霖搭乘火车爆炸事件的情报

奉天发　6 月 8 日到达本省,第三〇〇号

关于爆炸事件发生至今的感想、听闻等,向亚细亚局长汇报如下:

(一)本官到任后,关于在当地的后方扰乱计划,已有五月十四日机密公函第三六七号上报。鉴于最近该地区有种种所谓本国浪人往来活动的说法,致使反张、排日的气氛相互交错。各种谣言传说中掺杂着陆军及满铁一部分人的倒张计划等,虽诚属谎言,但因为这时恰好发生了爆炸事件,遂受该爆炸事件的冲击,在本国的新闻记者之间,不仅仅是一两个人发出震耳欲聋的感叹:"哈哈,终于做了!"近来,以至于国人内部也就此认为是国人方面的计划或满铁、陆军一部分人的计划。

实际上，鉴于该事件已酿成外交上的一个重大事件，深感对此不宜轻易说出口来。

（二）同时，根据另一方面军队领导层的意见，这种阴谋本来能否成功暂且不论，关于此前本国人、浪人及凌印清等人的倒张计划，如果没有我国政府或者陆军的援助，就没有金钱、武器，也不可能获得成功。陆军方面究竟做了什么？这件事情说来也是事实，就爆炸事件而言，相比此前提供的援助，当然应该认为具有某种特定援助的意味。

（三）凌印清在我便衣宪兵的护送下，被秘密送往大连。在调查事件真相过程中，根据有关爆炸事件的一种说法，凌有准备与杨宇霆及中国其他各方面进行某种联络的迹象，如他曾努力促使恭亲王由大连来奉天。另一方面，爆炸事件之际中国宪兵在京奉线严密警戒、杜绝漏洞；而张的火车被"拦腰截断"前，在附近警戒的中国士兵中的一部分人不知去了哪里。根据对其他方面情况的考察，并不能排除具有某种内部联系。然而，无论事件真相如何，事件毕竟是在容易误解为是日本方面实施谋划的地点发生的，加上他们的乘机宣传，由此恶化了日本对张派的关系，并因相当大的疏忽大意而被他们利用了。根据对凌及其他方面的调查，应该能够彻底查明导致该事件结果的真相，或者发现由其他方面策动而导致事发的真相。即使在中国人之间，也有与之相同的意见。

（四）然而，同时根据了解凌的本国人所说：凌在没有钱时才会大谈豪言壮语，而并非谋划如此庞大计划的人物，他的最终目的是为了金钱。爆炸事件发生之后到现在，他本人保持着素来平心静气的态度，在附属地内依旧悠哉游哉。因此，有人认为，我们被爆炸事件之前在凌的书信中偶尔表现出来的观点蒙蔽了。

事情如前所述，通过对凌以及其他方面的调查，假以时日，应该可以判明事件真相。以上所述谨供参考。

《日本外交文书》昭和时期I，第一部第二卷（昭和三年），第138—139页

林久治郎致田中

1928 年 8 月 13 日

关于张作霖炸死事件中国方面警备责任者的处分

机密公函第五九四号(8 月 20 日收到)

张作霖火车爆炸事件时,负责现场警戒的宪兵司令齐恩铭,在本月一日被免除宪兵司令、奉天全省清乡督办以及奉天省城戒严司令各职务,因其与张作霖有故交,被任命为保安总司令部咨议这一闲职,目前在自己家中非常谨慎。他的亲戚、宪兵司令部督察长兼侦探队长齐家骧,甚感自己负有责任而辞职。奉天省会警察厅长张乐山因爆炸事件警备上的责任,以年迈让位的名义被革职。管辖事发地的第六区警察署长,降职为警察厅科员,其他二十三名署员被免职。另外,事发当时宪兵司令部负责警戒线路的相关铁路局方面,没有受到任何惩戒。

报告上述内容,谨供参考。

本信送至驻华公使。

《日本外交文书》昭和时期 I,第一部第二卷(昭和三年),第 188 页

张作霖炸死事件调查特别委员会第一次会议议事录

1928 年 9 月 22 日

第一次会议 昭和三年九月二十一日上午 10 点至晚上 12 点半,在外务省小会议室。

出席者 外务省:森政务次官*①、植原参与官*、林总领事、有田亚洲局长*、冈崎事务官

陆军省:杉山军务局长*、根本少佐

关东厅:藤冈警务局长*

一、上午十点开会,出席者一起就审议方针等交换了意见。上午十

---

① 标＊号者为特别委员会委员。

点四十五分,田中总理大臣出席,就特别委员会的设置做了训示后退席,训示见所附之另见。

二、总理退席后,接着就审议方针进行协商,最终有了关于该事件最详细的情况介绍,并听取了陆军方面的调查结果,杉山军务局长进行了如下阐述。

杉山军务局长之陈述:

(1)陆军方面此前的调查结果是,仅仅列举了该事件并非出自日本人之手的反证据。但是,究系何人所为,这一点至今仍未判明。

(2)不过,最近工藤铁三郎在致小川铁道大臣的《爆炸事件的真相》文书中,有各种矛盾之处,其中并非没有涉及事件核心的部分。据此,陆军方面在由陆军次官指出上述各种矛盾之处的同时,将明确的调查方针文件授予峰宪兵司令官,命其出差满洲,与关东军司令官协商后确定该事件的调查方法,等该司令官回京(据说十月八日回京),接到其报告,然后应该可以获知该事件的真相。阅读工藤致小川铁相的两份书信及一份电报,以及安达隆盛致工藤的若干份信函(因为原件已有小川铁相的允许),进一步说明了前述书信中出现的伊藤谦次郎、安达隆盛、刘戴明、某大佐(所言应为河本参谋)、宫川议员、工藤铁三郎等人之间的关系,且信中还提到了小川铁相已给参与该事件者五千元。

四①、接着,林总领事向各位解释了关于该事件的疑问之处。

(1)起初,无论是警察方面,还是奉天特务机关,都说杀死被怀疑是南方便衣队的中国人的时间,是在六月三日晚上十一点左右;此后,司令部方面则说是四日早上三点半,感觉彼此在其间的协商上产生了龃龉。

(2)火车爆炸时,东宫大尉在瞭望所内吗?他说听到爆炸声后跑到外边,但鉴于中国卫兵的胡乱射击,采取了对射。担负共同警备的责任,听到爆炸声时,无论采取怎样的措施,都应直接赶赴爆炸现场,这是

---

① 原文无"三"。

很自然的;或许,因为该大尉在听到爆炸声的同时,中国卫兵开始了胡乱射击,所以没有赶到爆炸地点的余地了。但是,综合事发前后各事,以及仪峨少佐的谈话等,认为上述中国方面的射击是在爆炸发生几分钟后开始的。

(3)鉴于当时铁桥上有几个土麻袋,应调查其具有何等用途。

五、关于爆炸使用的火药种类及安装位置。

(1)林总领事说,根据松井(常三郎)预备役中佐所见的爆炸烟尘,推断该爆炸事件使用了约100至150斤的黄色炸药。而且,据已所见:炸药置于"铁桥上"的情况是一目了然的,故而详细记述"铁桥桥墩上部"的方式没有错。

(2)杉山军务局长详细阅读了关东军方面的报告书(在前面,添加了川越炮兵大尉所说的使用黑色或黄色炸药的意见)。

六、就以上各项协商的结果、调查方针及方法,各位委员意见一致之处如下:

(1)在该事件调查过程中,应避免彼此插手其他各省的主管事项,从而导致事件调查意见分歧的情况。有鉴于此,关东厅认为,在需要调查其他各省相关事项的情况下,首先要报告本委员会,根据本委员会的命令,确定适当的调查方向,并采取相应的措施。

(2)非常重要的调查报告书等,不能仅听信一家之言,从而使其撤清关系，而应采取正确的问卷调查书形式。

（3）陆军方面，由宪兵司令官持续进行必要的调查是适当的。另外，与此同时，还要调查陆军方面所拥有的火药储藏量、使用量等，调查实际的存量与帐簿上的数量是否一致。

（4）为防止小川铁相所持有的、与该事件相关的书信原件的散佚，迅速由本委员会接受、保管。但是，该行动应通过总理大臣与铁相交涉。

（5）关东厅在该事件调查过程中，要特别注意调查安达隆盛的身份、刘戴明的现居住地（大连）及其身份、刘戴明所雇佣者（当作便衣队被刺杀者）的遗族等。

（6）本委员会的成立经过，应由陆军省向关东军司令官通报。

（7）对于本委员会，关东厅方面在警务局长返任后，应派遣一名主任官留驻东京。

（8）本委员会的事务，目前由根本少佐及冈崎事务官负责处理，关东厅方面的负责官员来京以后亦参与之。

附件：田中内阁总理大臣在张作霖炸死事件调查特别委员会上的训示

关于张作霖炸死事件，自事件以来，关东军、领事馆及关东厅努力地调查真相。迄至今日，彻底查明真相，仍需要更加努力，希望各相关官厅进一步推动其调查工作。同时，为了调查的便宜及统一，自开始调查以来，就在外务省召开了外务、陆、海军的联席会议，创立了这一特别委员会。希望由该委员会确定张作霖炸死事件真相的调查方针，依据该方针督促各机关收集情报及证据，在最短的时间内撰写提交给本大臣的报告书。

该特别委员会由外务省政务次官、外务省参与官、外务省亚洲局长、陆军省军务局长及关东厅警务局长组成，撰写报告书，并在十月中旬汇总上报，所以要继续努力。

另外，为调查该事件而设立特别委员会的事情，在当前形势下是绝对的极密。

《日本外交文书》昭和时期Ⅰ，第一部第二卷（昭和三年），第192—195页

张作霖炸死事件调查特别委员会第二次会议议事录

1928 年 10 月 23 日

第二次会议　昭和三年十月二十三日下午两点至四点于外务省小会议室

出席者　外务省：森政务次官*①、植原参与官*、有田亚洲局长*、冈崎事务官

　　　　　陆军省：杉山军务局长*

　　　　　关东厅：大场事务官*

一、下午两点森政务次官宣布开会，首先，就藤冈关东厅警务局长向本委员会提出的报告书（报告书制作了三份，一份由藤冈局长保管，一份由大场事务官保管，一份向本委员会提出，目前由有田局长保管），听取了大场事务官的说明。

二、大场事务官说明的要旨

（1）爆炸事件之初，即使关东厅方面也怀疑凌印清，并进行了调查，因没有太大关系，遂将其搁置。上次藤冈局长返任，以本委员会协商的结果为基础，进一步对凌及伊藤谦次郎、安达隆盛等人调查取证，结果形成了本件报告书。关东厅就爆破之行动，主要采取了深入调查的方法，通过取证调查，对准备爆破而雇佣中国人的经过，大体判明如下。

（2）第一次计划　成为爆炸事件中心的是伊藤谦次郎（居住于大石桥，从事煤炭及铁矿石贩卖）。他平时大谈满洲问题等，颇有男子汉气概。今年 5 月，他批评迁就张作霖的情况，主张为解决满蒙问题，此时应以吴俊陞取代张作霖。5 月 15 日左右（未判明准确的日期、时

---

① 标*号者为特别委员会委员。

间),他在奉天关东军司令部拜访了斋藤参谋长,提出了此时应以极端方法扭转局面的计划。斋藤参谋长仅仅听取了他的发言,并没有进行商谈。伊藤接着拜访了河本参谋,首先为使河本下定决心,向河本说明其"为了国家有切腹准备"的打算;重点阐述了为解决(满蒙)悬案,以吴取代张的计划(当时,伊藤等人的计划,多少获得了吴的谅解,遂以此为先行准备的设想)。河本赞成之。

据此,作为实行方法,首先与吴俊陞同被考虑的还有张景惠。伊藤经过和张景惠有兄弟之约的新井宗治(在奉天从事银行业)商谈,由新井给北京打电话,请张景惠直接来访;为促使张景惠的到来,进一步劝说张景惠的儿子,并派其副官赴燕,阐述该计划。由于张景惠的同意,更加决定了实施该计划。

(3)第一次计划的龃龉　然而,当时是根据张作霖6月14日左右返回奉天的先行设想,准备推进其计划。但是,在6月1日获知,因情况紧急,张作霖将于6月3日返回奉天。因此,他们慌忙劝说吴俊陞抓紧促成该计划。吴以时间紧迫,不知是否准备妥当为由而拒绝,且为出迎张作霖向山海关方向出发了,遂致当初的计划以失败告终。

(4)第二次计划　据此,伊藤接着欲以其他计划实现当初的目的,即企图炸毁张作霖的火车,并劝说河本参谋保守这个秘密,且选择了南满京奉"交叉"地点作为实施爆炸的场所。河本表达了此时需要资金的想法,另外,还提出在爆炸中有必要雇佣四五名中国人。伊藤答应为之周旋。

然而,河本雇佣中国人的要求,虽说应由伊藤本人负责,但他平时与中国人没有交往,便诉之新井宗治(但是,据说新井与第二次计划没有关系)。一番商谈之后,通过刘戴明(原吉林军队骑兵营长,现为奉天附属地经营红灯区的黑社会成员)之手办成了,而刘平常与安达隆盛素有往来。为查清该事,通过调查安达,得知该人的口风不严。因此,应是知道该事的刘戴明和安达泄漏了该计划。

刘雇佣了原部下、吗啡瘾君子刘半肖(音译),并通过他雇佣了张爱口(音译)及王某,共三人。当初,给予他们三人 100 元(但这是伊藤所言,安达及刘戴明抗诉说给了 150 元),在表面上是充当日本驻天津军的秘密侦探。接着,命他们洗澡、理发,整理衣服(改变他们原来的乞丐模样)。(另外,6 月 3 日凌晨 4 点左右,在红灯区的福开泉澡堂内,一度切断他们与外界的联系,强行要求每人洗澡。)然而,其后王某逃跑,结果只剩下两人被带去见伊藤(3 日早晨)。伊藤如实告诉了他们为炸火车而投掷炸弹的事情,两人都变得非常害怕,因担心他们逃跑,遂将其置于安达家中看管。但是,此时安达说:若本次任务成功每人发给 2000 元,若死亡则给予遗属 5000 元。伊藤对于安达所说,提示要防止今后无力付钱的困窘局面。安达回答道:一旦爆炸,中国方面开枪,日本方面也与之对射,结果奉天陷入半战争状态,此时 5000 元或 1 万元都无所谓了。

六月三日上午八点多,伊藤、安达及刘戴明带着上述两名中国人,且这两名中国人身上附有刘戴明所写的两封信,去了奉天沈阳馆(关东军幕僚宿舍),将他们一并交给了河本参谋。不过,伊藤进而希望与他们一起去现场,河本拒绝了他,仅带着两名中国人开车出发了。因此,伊藤等人关于其后的情况所知不多。(以上伊藤、安达及刘戴明所言大体一致,唯有新井与第二次计划没有关系,以及如前所述就雇佣中国人所给金额,伊藤与安达及刘戴明所述有差别。)

(5)王某的行踪 有这样的传言:逃跑后的王某被中国方面逮捕,从他的口中暴露了日本方面的计划。虽就此事进行了探查,但还未判明。但是,伊藤等人表示仅对王某说了充当天津驻屯军密探的意图,因此,要注意前述传言演变为事实。(对此,植原参与官透露了王某在杨宇霆的许可下,承认传言属实。)

(6)据说刘半肖及张爱口在"交叉"地点被杀后,从红灯区澡堂的洗澡者口中泄漏了这两人的情况,且到现场辨认确定死者。由此,这种说法成了奉天地区普遍的传言。

伊藤虽未接触这两名同为吗啡瘾君子的遗属等人,但安达及刘戴明与刘半肖在开原的家人和张爱口在皇姑屯的家人有联系,由刘戴明每月给他们二三十元,目前仍称这是给他们充当密探的工资。这种状态持续到何时尚不清楚,不得不告诉他们亲人的死亡是迟早的事。这时,出现了死亡后给 5000 元的窘境,一如上述安达所言。

该问题产生后,伊藤自然可以逃避之。但是,安达与死亡的中国人的家人有联系,故而无法逃避。不过,安达并没有以此为口实,为他们争取补偿金。

(7)被杀的中国人所携带的信件　上述信件共有三封,内有两封为刘戴明所写;另外一封的信纸是凌印清所用的信纸,信封也是凌使用的信封,却并非凌本人的笔迹,也许是他熟人的笔迹。这种情况大概是王清一拜访凌时,盗取信纸及信封,故这封临摹信中并非没有王的笔迹。

另外,王清一与井田哲及管原坚郎(退役尉官,从事兵工厂的物品收集)等人,属于同一派浪人团体。凌正是由于王清一的介绍,才与他们接近的。

(8)刘戴明　中国方面若逮捕刘,就能判明日本方面的计划,所以频频侦探其所在。于是,与刘一起参与张作霖炸死事件的同伙,极秘密地将刘安置在奉天附属地南大明街井上古董店的出租屋内(安达向井上所租借),租金三十元,生活费每月三十元。然后,花钱打通各种关系,将来设法把他安置到大连或其他安全的地方。

然而,伊藤及安达都想获得金钱。伊藤称要使用三千元;安达亦声称为成立一个中心,需要投入大量的资金,但无论花费多少,都没能从陆军等处获得一分钱。他们常常鼓吹上述那样的事情。

以上张作霖炸死事件的调查情况,还呈报给了奉天警察署长及奉天领事馆警察高等官伊藤警部,也向总领事做了特别报告。书信则仅有关东长官、藤冈警务局长及大场事务官阅览。大场事务官赴东京后,与该事件相关的电报往来,则由该事务官本人编制暗码发电。不过,该事务官赴东京后,暂时中止了该事件调查。

三、对于以上大场事务官的说明,希望森政务次官根据仅有的上述三封文件,撰成该事件报告书。接着,就各位委员的质疑,大场事务官回答如下:

(一)杉山军务局长

(1)针对伊藤就第一次计划何时拜访河本的质问,答称对此还无法准确判明,只能判明五月中旬左右拜访了斋藤参谋长,其后又拜访了河本参谋。

(2)河本就当时的爆炸,曾根据自己的方法,要求雇佣四五名中国人。有人质问这一点在调查书中是否存在,回答在调查书中存在这一点。

(二)有田亚洲局长

问:在本调查前,是否存在类似于本件报告的传言?

答:本调查前,犹如伸手抓浮云,一切毫无头绪。虽然存在关于后方扰乱计划的传言,但爆炸事件后,就成了关于伊藤、安达的另外传言了。

(三)森次官

(1)问:宫川一贯氏在东京,是否有本报告书中所说过的话,在奉天是否盛行这样的传言?

答:宫川氏与伊藤交往甚密,是从他那里听说的。我个人认为该人所知道的情况相当详细。

(2)问:町野武马、江藤丰二两人也在东京说过同样的事情吗,其情报来自何处?

答:他们是从社会上的传言中获知的。

(3)问:赤冢议员(前任公使)赴奉,为本件调查做得怎样?

答:相信赤冢议员详细地了解了上述过程。

四、回答以上疑问后,杉山军务局长就该事件说:峰宪兵司令官对过去的情况,也进行了调查取证,结果陆军方面也有相当的材料。不过,还有未能吻合之处;而且,以关东厅的报告为基础,还有进一步调查取证之处,因此,陆军方面的报告暂时还在酝酿中。

五、据此,森次官说,下次再听取陆军方面的报告。接着,他指示大场事务官就当天会议的情况向关东厅报告,并由该事务官直接报告藤冈委员,且说明其对所有质疑回答的情况。另外,以目前关东厅方面调查所达到的程度为基础,撰写书面报告书。言毕散会。

《日本外交文书》昭和时期 I,第一部第二卷(昭和三年),第 195—199 页

六、北京政府关于涉外突发事件的交涉

说明:大沽口事件和查抄苏联大使馆是北京政府垮台前所发生的两个主要外交事件。1926 年初,在奉直军阀联手对付国民军的过程中,国民军封锁大沽口。3 月 12 日,日舰进入海口时遭到国民军大沽炮台守军的警告,日舰遂以机关枪射击,国民军予以还击,其间双方人员各有损伤。事件引起日本方面和《辛丑条约》缔约国的严重抗议,交涉过程中北京政府对外软弱,对内残酷镇压民众的抗议活动。在中苏关系方面,段祺瑞的临时执政府垮台后,奉、直两派军阀操纵下的北京政府奉行反苏政策,中苏关系迅速恶化。北京政府继要求苏联政府撤换驻华大使加拉罕之后,又挑起种种事端。查抄苏联驻华大使馆即是其重要行动之一。

本章主要资料来源:

中国第二历史档案馆藏北洋政府外交部档案

罗家伦主编:《革命文献》第 9 辑,台北,1955 年

江长仁编:《三一八惨案资料汇编》,北京出版社,1985 年

孙曜编:《中华民国史料》第 3 册,上海文明书局,1929 年

Kenneth Bourne and D. Cameron Watt ed., *British Documents on Foreign Affairs: Reports and Papers from the Foreign Office Confidential Print*(《英国外交文件集》,以下简称"BDFA"), Part II, Series E Asia, Vol. 30, Vol. 32, University Publications of America, 1994

《顺天时报》,北京《晨报》,《京报》,《时事新报》,《国民新报》,《申报》,《向导周报》。

英文资料由张丽翻译。

其他资料来源文中说明。

（一）大沽口事件

说明:1926 年初,奉直两派军阀化敌为友,联合进攻倾向革命的国民军。3 月 9 日,国民军为防备奉军军舰从海上进攻,敷设水雷封锁了大沽口,外国船只只准在日间行驶。在公使团的抗议下,国民军有条件开放海口。3 月 12 日,日舰进入海河时因与原来的安排不相符合,国民军遂向日舰发出警告,令其停止,但日舰不顾国民军警告,急驶入港,并以机关枪射击大沽口炮台。国民军不得已进行还击,将日舰逐出大沽口,此即为“大沽口事件”。事件发生后,日方向北京政府提出抗议,并联合《辛丑条约》缔约国提出《八国通牒》,各国军舰也集结大沽口以武力相威胁。双方交涉中北京政府态度软弱,北京各界群众举行的抗议活动还遭到段祺瑞政府的武力镇压,酿成“三·一八惨案”。

外交团致王正廷

1926 年 3 月 10 日

外交总长王正廷博士阁下:本使代表辛丑协约各国外交代表,特请贵总长对于下列事实,予以最恳切之注意。据天津中国官宪声称,在大沽口内敷设电气装置之水（电）〔雷〕十个。该处水道宽仅五百尺左右①,并通告领港人谓一切商船不得出入港口,如是则天津海口实已完全封锁矣。又青岛海军与驻扎大沽南炮台之国民军,现仍继续炮火冲突,此举实属阻碍大沽海道航舰之安全。而奉天军与国民军战争,又将天津、秦皇岛之铁路阻断。就现时情形言之,北京与海道之交通已完全拆断,实违反辛丑条约之规定。上述各国外交代表,对于此种情事特提出最急切之抗议,并要求中政府迅即制止中国之交战军队,停止阻断经

---

①　原文如此,据英文资料,系 500 英尺。

行大沽海口之海道自由交通之行动。设中政府未能进行完成此种目的,以符辛丑条约之规定,则各代表保留保护外国船只及维护天津港口出入自由之讨论权。相应照达。须至照会者。荷使及领袖公使欧登科。

一九二六年三月十日

《中华民国史料》第 3 册,第 188—189 页

麻克类之节略
1926 年 3 月 10 日

本使昨得天津本国总领事报告:大沽海口,国奉两方已发生战事,外国商船全不能通行。昨日(九日)国民军方面并于海口敷设水雷,断绝交通,影响商务,本使不胜遗憾。查辛丑条约最终议定书,京津间交通,不能阻断,天津三十里内,不得有军事行动,并不得为军事设备。今竟如此,实属蔑视条约,应请中国政府立饬该地军事当局,即日撤退军备,恢复平时状态。

《顺天时报》1926 年 3 月 11 日

鹿钟麟[①]致国务院
1926 年 3 月 12 日

急!北京国务院钧鉴:真电准。外交团照会大沽海口封闭,海路阻止,特提抗议等因敬悉。查国际惯例,对交战团体,素以平等待遇为主。乃近迭据报,敌军每倚界外人,在天津沿海地方,对于国军有种种危险行为,甚至用外舰运兵,由北塘上陆,外交团迄未加制止。国军迫不得已,暂将海口封锁,以为自卫之计。今准前因,国军为尊重邦交条约起见,将以自动的开放大沽口岸,惟须外交团确实担保条约外国轮船不得代为敌军运兵运械。外船入口不得有敌舰混入。以上并恳钧院迅向外

---

① 国民军总司令。

交团声明,并赐电复为祷。鹿钟麟叩。文。印。

章伯锋主编:《北洋军阀》第5卷,武汉出版社,1990年,第179页

蒲田①致有田②

1926年3月13日

职舰"藤"、"薄"二号向塘沽开进,途中适藤井领事馆员乘陆军运输部小蒸汽到来,当即转载于舰,相信与国民军已有谅解,遂揭挂军舰及C旗向前开进。午后三时,突被河口突堤配合之散兵所射击,乃以步枪应战,因发生重伤一名,轻伤一名,微伤一名,有入院治疗之必要。且以接近炮台,如再强行溯河,恐有不利,遂退回塘沽,兹将负伤者列下:重伤,主计大尉迁忠臣。轻伤,二等军曹服部好秋(名系谐音)。微伤,中佐蒲田正造(同上)。重伤者生命尚无异状,因虑有万一,已移载于"获"号,急运往旅顺口。"须几"号虽亦受射击,但无负伤者。

《京报》1926年3月14日

日舰关于大沽事件之报告

1926年3月

(东方社十五天津电)关于大沽事件,"藤"、"薄"两舰舰长,向永野司令官报告如下:(一)中国兵开始射击时刻为下午二时五十八分,日舰还击之时刻为二时五十九分。(二)射击时间历十分钟,发射弹数,机关枪计"藤"八十五发,"薄"百二十发。(三)因华兵暂时屈服,日舰即停止射击。(四)射击日舰者,为与炮台相离之中国散兵。(五)除负伤者之外,舰体无损害。(六)反射后不再出于攻击者,以其时却值退潮,我舰在一百零五米之狭水路,有搁浅之虞也。

《时事新报》1926年3月16日

---

① 蒲田中佐,日本第十驱逐舰队司令。

② 日本驻天津总领事。

芳泽谦吉的抗议书

1926 年 3 月 13 日

（衔略）日本政府鉴于塘沽方面发生最近之事件，为期确保船舶之自由航行无有遗憾起见，特行急派驱逐舰四艘前赴塘沽。该四艘中之"藤"、"吹雪"二艘，则于三月十二日下午开航。驻津日本总领事接到该驱逐舰开赴塘沽之报，为期事前不致有误会起见，当对中国总指挥鹿钟麟氏有所要求，请其训令前方军官知照。既而现在塘沽公干中之日本总领事馆员，亦与该炮台当局之间，为关于该舰通过所必要之商议。当经中国军官乘小轮船前导，舰上则揭帝国军舰旗及预先约定之 C 号旗，讵知如此细心周到，溯航至中国炮台，迨小轮船中之中国军官下船后，突受炮台附近之中国军队射击。日本驱逐舰为防卫计，不得已亦还击之，卒至为避难计而不得不再退至海面。嗣查此时因中国之炮击，日本方面乃有重伤者一名（辻主计大尉）、轻伤者一名（服部二等兵曹）、微伤者一名（司令蒲田中佐）焉。照上述经过，事极重大。按诸友邦大局，诚不胜其痛惜。日本公使关于此事之善后处置，容当更行提出办法。兹特先向中国政府要求严命前方官宪为严防此种不祥事件之再发，即时讲求的确最有效之手段为荷。

《中华民国史料》第 3 册，第 190 页

八国公使致外交部

1926 年 3 月 16 日

为照会事：外交总长阁下，三月十日，本首席公使曾代表辛丑和约关系国之各使，因天津出入口水雷之敷设及炮击各事端，有障碍及于同地出入船舶之自由交通，特行通告中国政府，请为除去。同时并曾由本首席公使对中国政府声明，前记自由交通倘未能如请，得以确保，各国为拥护辛丑条约起见，应保留其执行权利。且同时并在天津、奉天及济南由各该地领事团提出同一之通告，并已对天津港出入口一切从事于战斗之各军队，本部悉行送达。虽然和约关系国间，鉴于前项要求并未

获任何效果,遂认必要于再由在津握有海军力之代表各国公使及海军指挥官,以本日(三月十六日星期二下午四时)对指挥大沽炮台之军事官宪暨指挥青岛舰队之海军将校,发如左之通告:

盖为拥护国际通商上一般协约内之权利以及辛丑和约所定首都与海滨间关于自由交通之特殊权利起见,关系各国特行要求左列之各项也。

(甲)由大沽砂洲(Taku Bar)至天津之航道,须全行停止战斗行为。

(乙)应除却水雷、地雷及其他一切障碍物。

(丙)恢复所有航行标识,且须保护将来不再发生任何妨碍行为。

(丁)一切兵船须停泊于大沽砂洲之外,且须对外国船舶不加以任何干涉。

(戊)除海关官吏外,应停对于外国船舶之一切检查。

对上述各项,若于三月十八日(星期日)[①]正午止,不得满足的保障时,则关系各国海军当局,决采所认为必要之手段,以除去其阻碍天津及海滨间之航海自由及安全上一切障碍,或其他的禁止与压迫焉。须至照会者。首席荷兰公使欧登科。

《中华民国史料》第3册,第190—192页

外交部致八国公使

1926年3月17日

径启者:准三月十六日来照,并抄送各国驻天津海军司令官交付在大沽双方交战司令官之通牒,业已阅悉。经即据转地方军事当局酌核办理。查辛丑和约所载由京至海通道无断绝之虞一节,素为本国政府所尊重。不幸近因地方发生争执,大沽附近有军事行动,以致外船通航受有限制。本国政府迭准驻京各国公使来照,正在竭力设法消弭此项障碍,恢复由京通海之自由交通,谅为驻京各公使所深悉。乃各国公使

---

① 应为星期四。

不待该问题之从容解决,竟令驻津海军司令官提出限期答复之通牒。阅该通牒内容,各国驻津海军司令官所采取之态度,本国政府视为超越辛丑和约之范围,不能认为适当。该通牒所开条款,除饬由地方军事长官妥酌办理外,相应函请贵公使查照,转达有海军在天津之各国公使,迅即转行驻津海军司令官与地方军事当局,从容妥商维持至海通道之稳妥交通办法,勿取激切之措置,以重亲睦之邦交为荷。顺颂　　日祉

《中华民国史料》第 3 册,第 192 页

国民军第三军情报课告日本人士书

1926 年 3 月 17 日

（一）大沽事件发生慨言　间尝读世界历史,内争二字何国蔑有,因争而封锁港口,亦属累见不鲜之事。港口既封,无论何国船舰,自在出入禁止之例。吾国则以辛丑条约之束缚,既不许建筑炮台,复不容封锁港口,以我极痛苦、极耻辱之事,而外人反视为奇货可居,每于此非常时期,故与为难。呜呼! 孰谓公理战胜强权乎? 甚不解此类不祥之事件,每多发见于所谓兄弟之邦之中国与日本间也! 更不解吾人正高谈中日亲善,而亲善途上之障碍物愈益加多也!

（二）暂时封锁海口原因　查国际惯例,对交战团体应表示平等待遇。乃此次国奉交绥,奉方军舰滞留大沽口外,俟机登陆,为害国军。其倚仗外人而在沿海所施之种种危险行为,不少成例,而外舰复之逞兵由北塘上陆,外交团迄不制止。国军之封锁港口,盖为自卫计,迫不得已而出此也。

（三）开放海口经过情形　嗣因外人以商轮不得出入,有碍商务为词,国军乃从外人之请,开放海口,惟开放之条件如下:(1)外轮通行海口时,必须有一引水船为之前驱,此引船行近炮台时,须吹哨为号,向国军示意。(2)外船出入,必须悬持其本国国旗,不可淆乱。(3)入口轮中之华人,须经国军一度检查,方许通过。此三月十五日前之事也。

（四）日舰驶入海口情形　贵国"藤"字第十五号军舰一艘,因贵国

总领事与天津当局交涉之结果,准免检查,许其即日即入口。不料十二日下午三时,该舰进口时,与贵国领事对当局声称三点全不符合,国军不得已乃施以警告,该舰即以机关枪迎击,势甚凶恶。幸潮水大落,该舰始退,此当日之实在情形也。

（五）日本应负完全责任　吾人于此有下列之四项,证明此次之责任在贵国军舰而不在国军:(1)我军在津沽布置海防,为顾全国际条约起见,对于各国轮船出进,曾与各领事商定办法,双方遵守。十二日贵国领事馆派人至我前敌总指挥部,声称是日有贵国"藤"字十五号兵舰一艘进口,当由总指挥部转知我军海防,按照商订办法手续放行。乃该舰驶进之际,又有一舰随行,我军海防官兵,见与所报舰数不符,恐系敌舰诈冒进袭,不得不令其禁止。(2)时间问题。贵领事馆原言该舰上午十时进口,而该舰迟至下午三时余始行进口,致海防官兵无从明其是否即系日舰。(3)按照原订办法,无论何国船只进口,至指定地点即须停泊,以便查检放行,而是日该舰并未遵照前约驶往应停地点,只知强行闯入海口。我军为防止敌舰之袭击起见,自不得不设法制止。(4)该舰谓我军先开炮之说绝对不确。盖既有上列三种原因,我军见该舰疾驶入口时,当然设法令其停止,并未实弹放枪,而该舰误为敌视,〔既〕〔即〕用机关枪射击。我军方面因猝不及防,受伤者十数人之多。

上举理由,至为明了,想贵国人士当有同等之感想也。吾人今后不谈日中亲善则已,否则愿贵国人士持公平正大之态度,以处理此不祥事件也。

《国民新报》1926 年 3 月 19 日

芳泽谦吉致外交部

1926 年 3 月 18 日

径启者:日本公使关于大沽事件,兹确认三月十三日日本公使馆根据驻津日本总领事迭次报告之说帖内开之事实,而不得不重请中国政府痛切之考虑。夫不幸而勃发之事件之真相,业已明白,兹无须重述上

开三月十三日说帖之内容。惟十四日外交部说帖引用鹿钟麟氏之报告,则殊与事实不符,兹举其重者于左:

(一)派赴大沽之日本总领事馆员,并未约定日舰在任何地点投锚受上官之指挥。

(二)关于日舰之航行,非可受何等拘束。故不惟无以汽笛示信号等义务,且关于此次事件并未有何等约定。

(三)日本总领事馆三月十二日对于鹿钟麟氏之使者,曾否认中国方面主张由日本方面发炮之事,且开示明确事实之真相,至鹿钟麟氏报告所谓日本总领馆已表示遗憾之意,则全然与事实相反。

日本驱逐舰受中国方面之枪击至乘组将校负伤,始不得已而应射,乃为不可枉之事实。上开事实,日本方面实有第三者之确证。

外间虽或有以日本驱逐舰之溯航,违反预约之时刻为事件勃发之原因者,然当时关于溯航时刻不惟无何等预约,且当日白河溯航需要之满潮时刻,约在午后二时。各国商船利用上开潮时,先行溯航大体在诸商船之后,此事已经商定。因之日本驱逐舰之溯航时刻约在午后三时,其间并无何等时间之错误。总之,参照驻津日本总领事及他各方面之报告事件之真相,益形明白,责任之所在如何,已无何等置疑之余地。日本公使因请中国政府顾念中日邦交之大局,加以痛切之考虑,为期迅速公平解决此不祥事件起见,幸尽最善之手段为荷。即颂　日祉

《中华民国史料》第 3 册,第 192—194 页

大沽事件已解决
1926 年 3 月

国民军封锁大沽口事件,八国最后通牒,限定十八日正午为满意之答复。外交部于十七日夜十时正式回答,同时鹿钟麟在天津亦于十七日下午四时将答复四点,由大沽炮台司令官张团长面交意大利舰长,内容略谓:现奉总司令鹿钟麟命,愿确保船舶今后得自由在白河航行,同时对于各国要求,亦愿均表同意,惟其详细办法,则俟报告鹿总司令及

孙督办后,再由交涉员回复驻津领团云云。嗣即于十八日下午三时,由交涉员亲交该项回答公文与驻津首席领事英领,渤海舰队司令官毕庶澄亦于十七日晚六时将正式答复书面交英国驱逐舰舰长,表示奉舰不再攻击大沽一带海岸,以免发生问题,一方奉军代表杨宇霆亦答复各国,谓奉舰前来大沽目的,仅在截留由海参崴运载赴津之枪械,此外别无他意云云。辛丑条约关系国于十七日夜接到外部复文后,即于十八日上午十时在意使馆开会,由意使翟禄第报告我政府复文及鹿钟麟、毕庶澄答复毕,某某两国公使谓中国答复尚未尽如各国所要求者,仍须本最后通牒宗旨,实行高压手段,嗣见我国舆论激昂,益知此种方法实属有害,故力主乘此机会转台,万不可再行压迫,致难收拾。某使痛论结果,各使态度始渐和缓,咸谓只要各国面子上过得去,不必再事强迫。嗣又得天津方面报告,鹿钟麟已极端表示好意,谓水雷尽可撤除,唯检(察)〔查〕进口船舶,为事实上万不可缺之必要,如各国不欲国民军将校兵士登轮检查,尽可变通办法,或用便衣将校,或雇用外人会同海关人员检查,亦无不可,只要能预防奉军便衣军人或侦探混入津埠,国民军皆可通融。各使得此报告,益觉事件大有转圜,乃决定发表大体可以满意之说,而惊动一时之最后通牒,亦以此收束矣。至天津方面,除炮台司令官张团长与意大利舰长磋商外,鹿钟麟之交涉员常小河亦正与各国领事谈判,大约日间即可议定一具体决定书,现时所往返商谈者,仅检查之人员问题耳。此点本属手续上问题,当然不难解决也。

《申报》1926年3月26日

麻克类致张伯伦

北京,1926年3月29日

关于您今年1月18日的第44号快信,我荣幸地向您报告今年发生在大沽沙洲附近和海河入口处的中国交战军阀干预外船航行事件。10天前,因在海口敷设水雷,实际上封闭了天津港口的航行,事态达到了顶点。

2. 1月底,我接到英王陛下驻天津总领事的报告,称一艘英国船驶入海河时遭到炮击,炮火显然来自于奉军炮艇,目标可能是大沽炮台。事件导致大沽陆军请求海港当局清除大沽潮汐信号灯以及其他夜航辅助设施,以阻止炮艇驶入海河的任何尝试。考虑到发生在去年12月的干预航行事件,我立即向外交部发出了书面抗议(兹附上抗议书副本),将发生过的干预事件记录在案。在2月3日的会见中,我还向外交总长提出了口头抗议,并称如果禁止船只进入海河会酿成严重的局面。事件中双方似乎都有过错,因为希望我的行动不偏不倚,所以我正在沈阳提出类似的抗议。同一天,领衔公使提出了另一项抗议,使我的这一抗议更有力度。还派英王陛下驻天津的副领事前往海河口的塘沽,向那里的军事指挥官解释清除航标灯将会给外船航行造成的危险,后者同意放弃这个建议。不知是因为多方抗议,还是因为奉军炮艇没有行动或离开,2月份余下的时间里没有再发生干预外船航行的情况。

3. 3月初,得到了来自青岛的消息,两艘中国巡洋舰、3艘满载军队的运输船驶离该港,据认为目的是进攻大沽,这预示着上个月发生过的类似情况又会出现。因此我立即安排英王陛下驻山东和沈阳的领事官警告这些船只的责任当局,不得在大沽干预外船航行,并向外交总长和天津中国军事当局重申了上个月的警告。

4. 来自青岛的船只于3月3日抵达大沽口外,3月8日运输船上的军队在北塘登陆,并阻断了铁路桥。驶往沙洲的炮艇有一艘与大沽炮台发生了持续两小时的炮战。炮艇撤退后,一艘挪威船驶入海河,遭到炮台炮击,但仍沿河而上。但是,在炮击时穿越沙洲的一艘日本客船被迫又退回海上。陆军立即占领了潮汐信号站,安排清除主要的信号灯,并禁止船只驶入海河。第二天他们在河的入口敷设了10只电气装置水雷。(后来似乎有些怀疑是否确实敷设了水雷,但无论如何占领炮台的国民军那时清楚地使人们了解到航道上这样布了雷。)

5. 由于这个问题极端紧迫,而且对已在驶往天津途中的英国船只造成了严重的威胁,我和我的日本同僚约定向我们的天津总领事发出联合训令：立即向那里的中国责任当局提出抗议，抗议企图通过在航道上敷设水雷或在其他方面阻碍外船自由航行来封锁河道，并声明有关各国保留其采取必要措施阻止此种干预的权利。他们还要补充说明，正在通过驻青岛和烟台的领事向另一方的军队发出类似警告。考虑到主要是英国和日本的船只受到影响，发出了这些训令，但与此同时作出安排，由辛丑条约缔约国驻天津和北京的代表考虑局势。

　　6. 在 3 月 10 日召开的辛丑条约缔约国公使会议上，大家认为，奉军已从海上发起进攻，陆军只能采取行动以期自卫。但是，考虑到外国船只不断面临着极其严重的危险，不可能允许这种局面继续下去。各国方面的任何行动都必须计划得不偏袒任何一方。大家还认为，如果采取有效措施，就必须类似于 1924 年在上海所采用的办法。当时海军在黄浦江交战，禁止离开吴淞口。这一次采取行动，缔约国公使的立场甚至要更为强硬。任何遭到炮击船只上的外国人有切实的生命危险，除此之外还有其他理由，即，不是由于中央政府的命令，而是由于敌对地方军阀的行动，天津以远与首都的所有铁路交通均被切断，所留下的最后的出海口现已被封闭。美国公使尤其坚持加紧行动厉行尊重条约。他指出，去年的国际列车事件①中，各国陷入软弱无能的境地，尽管有军队可调用，但他们不敢冒险与中国军队发生冲突。可是，目前情况下，形势颠倒过来了，真正发生冲突的风险不大。因此决定由领衔公使代表《辛丑条约》缔约国向外交总长提出紧急抗议，要求停止阻碍海道交通，而且，如果中国政府未能立即为此采取行动，各国保留共同保护外国船只并根据 1901 年条约维持自由通行天津的权利。兹附抗议书副本。同时，指示驻山东、沈阳、天津的领衔领事们向中国有关军事当局发出类似抗议，并请求外国海军当局安排采取切实可行的措施，一方面保证外国船只得以在规定时间进出河道而不会招致水雷或岸上骚扰的危险，另一方面，保证进攻部队的船只不会趁机利用这样的安排企

---

①　即临城劫车案。原文有误，应为 1923 年——译者注。

图强行进入河道。在向英国船只"毛地黄"号(Foxglove)指挥官传达这一消息时,我补充说,采取行动应严守公正,我极望避免运用武力,所以,为避免误解,要是可以向双方解释打算采取的行动,这样也不妨。

7. 一直到 3 月 12 日局势都没有改善。确实做了随机而定的安排,使得某些船只得以在白天进出河道。但是,3 月 12 日有了新的进展。当时,据报告说,国民军在天津的司令部已禁止装运煤炭的船只航行,借口是防止向敌方舰队供煤。可以指出的是,秦皇岛在友军控制之下,敌方舰队自然不担心他们的煤炭供应。在 3 月 12 日召开的缔约国会议上,经充分讨论局势后决定,发出进一步的指示,指导天津外国海军当局。我 3 月 12 日的第 105 号电报传送了这些指示的全文。简而言之,这些指示规定,如果到 3 月 13 日不恢复自由航行,海军当局应通知敌对的军事指挥官们:根据 1901 年条约,有关各国要求天津至大沽沙洲间的航道停战,并清除所有航行障碍。如果到 3 月 15 日上午为止没有得到关于上述各项的满意保证,则海军当局将采取他们认为必要的措施保证实现上述目标。

8. 大沽危局初起时,日本人从旅顺港派遣了由 4 艘驱逐舰组成的舰队。3 月 12 日下午,舰队中的两艘驱逐舰穿越大沽沙洲溯河而上。先前和炮台做好了安排以防发生误会。日本领事馆的一名代表下去迎接船只,而且,驱逐舰以一艘汽艇为先导,汽艇上有炮台的一名军官。汽艇停下让军官上岸时,炮台突然向驱逐舰开火,其间舰上有 3 人受伤。驱逐舰予以还击并退回大沽,炮台有几名人员伤亡。中国人和日本人都提出了抗议,中国人声称驱逐舰没有遵守有关驶入海口时间、信号等等的安排,日本当局对此予以断然否认。到写这封信时事件仍在谈判中。

9. 由于拖延——先是应外国海军当局的请求,后是留出时间让日本指挥官接收东京的训令,向敌对军事当局递交通告的时间被推迟了。最终,在 3 月 16 日下午,英国船"卡莱尔"号(Carlisle)指挥官向青岛舰队递交了通告,同时,应我的要求,"卡莱尔"号总司令将通告送往大沽沙洲,由法、意指挥官递交给大沽炮台,时限是 3 月 18 日正午为止。在此期间我收到您 3 月 12 日第 90 号电报的训令，并且我告诉有关英国海军军官，未经进一步向我呈报，在时限到期时不参与任何诉诸武力的行动。但是，我收到了英王陛下驻天津总领事和天津军事当局会谈的报告，以及沈阳、烟台方面对本信前面所提到的指示的答复。根据这些报告和答复，显然如果能够解除双方的某些忧虑，哪一方采取顽固态度的可能性都不大。天津当局明白表示，一向他们保证不再受到来自大沽沙洲的进攻威胁，他们就准备放弃防御措施。在沈阳，当局作出保证，他们一方不再以扣留检查、炮台炮击或其他方式在大沽干预外国船只航行，但他们保留搜查装运军火船只的权利，对此他们会事先通告。来自烟台的答复否认青岛舰队阻碍商船航行，但称有权在船上搜查军火和间谍。从烟台的沈阳方面的答复看，显然奉系得到了向国民军运输军火的情报，而且，3 月 14 日，据说装载大量武器的俄国轮船"奥利格"（Oleg）号在大沽被捕获。兹附上事件的新闻报道。

　　10. 3 月 16 日，领衔公使还在照会中将致双方的通告送达给外交部。兹附上照会副本以及外交部次日的答复。尽管学生和共党煽动分子对外交部施加了强大的压力，答复还是安抚性的，并表示希望不要诉诸极端措施。3 月 18 日上午收到了英国船"卡莱尔"号和英王陛下驻天津总领事的电报，转达了一个并非出乎意料的消息，即，双方都接受了 3 月 16 日通告的 5 项条款，关于第 5 条条款，陆军方面有保留，赞成一个简单但却有效的河道警察协同海关检查的办法。对此公使们立即答复说，他们准备接受一项安排，使河道警察帮助海关当局检查中国乘客。该项安排要使军事当局满意，同时还要规定在外国船上逮捕任何中国人都要以合法的方式进行，一直到国民军垮台撤出大沽和天津时，也没有令人满意的落实此项安排的实际办法，而且已经没有必要进一步讨论这件事了。

　　11. 希望事件到此结束，只剩下一点我要补充：在我看来，缔约国只得这样行动。默认不负责任的军阀封锁港口的行动，就会给天津的贸易以毁灭性的打击，还会开创一个最讨厌的先例。在类似情况下，不可想象我们容许,例如,整个上海港的贸易因不负责任的地方军阀开战而无限期中止。在上海,受到威胁的利益足够重大,有可能采取有效的行动,如同目前情况下,我认为,让军阀们以为他们的行动可以全然无视外国的利益,这会是一个非常严重的错误。

12. 在 3 月 12 日的第 226 号快信中,我报告了北京的示威活动,其中有特殊势力在起作用,因此不能视之为自发的意见表达。除此以外,各国的行动似乎没有引起强烈的反感,甚至是在学界。迄今为止,我没有听说中国其他地方发生示威活动。

13. 我希望借此机会感谢英国船"卡莱尔"号和"毛地黄"号指挥官给予我的宝贵帮助,亦感谢英王陛下驻天津总领事克尔爵士①在与当地文武官员长时间的棘手谈判中表现出的机智和审慎。

14. 奉军舰队和守卫天津的国民军军事指挥官接受缔约国通告的条件,我将此主要归功于克尔先生以及该两名海军军官的个人影响力和灵巧的处理。

BDFA,Part II,Series E Asia,Vol. 30,pp. 357–360

全国学生联合总会通电
1926 年 3 月 14 日

全国各界同胞钧鉴:

帝国主义藉不平等条约为护符,横行妄为,肆无忌惮,每当我国内乱之际,辄藉口保护侨商,派遣军舰,驻泊各埠口岸,以为扶植卖国军阀延长内乱之武装保障。前此日本之出兵满洲,英人之封锁粤港,马夫暗助军械等等事实,其用心所在,皆出一辙。遂使卖国军阀,残喘苟延,全国民众,更于水深火热之中,而莫可振拔。乃当此奉系军阀进攻天津,日本兵轮又强迫行驶大沽,不受检查,开炮轰击驻军,此关系日本帝国主义援助奉系军阀,延长我国内乱,以逞其侵略阴谋之表现。乃复援引

---

① Ker,时任英国驻天津总领事——译者注。

不平等条约封锁粤港,用意正同,而尤过之。本会痛帝国主义之横行,爰本匹夫有责之大义,作誓死救亡之呼号。除另电北京政府促其坚持抗争以彰国威外,特此通电,翘盼全国同胞,一致奋起,具与汝偕亡之决心,作大规模之反日运动,国家前途,庶其有豸。

中华民国学生联合总会叩寒(十四日)

《工人之路》第 267 期,1926 年 3 月 22 日,转引自《三一八惨案资料汇编》,第 15 页

北京国民大会决议案

1926 年 3 月 14 日

中华民国十五年三月十四日,北京国民反日侵略直隶大会,对最近日本军舰炮击大沽及日本陆军参加滦州奉军作战事,特提出严重抗议如下:(一)立刻撤退津沽一带日本军舰。(二)日本军舰非得中国允许,永远不准在中国境内停泊及行驶。(三)立刻撤退在中国境内一切军警,永远不准复设。(四)日本政府须向中国国民政府及人民道歉,并撤换驻华公使。(五)严厉惩办轰击大沽口之军舰官佐士兵,并以后绝对不准援助奉天胡匪张作霖扰乱中国,并不准借给军火,并参加奉军作战。(六)赔偿中国大沽此次所受损失。(七)如不容纳以上最正当之要求,则国民立刻宣布与日本断绝国交,驱逐日本公使出境,即与宣战,亦所不恤。

《世界日报》1926 年 3 月 15 日,转引自《三一八惨案资料汇编》,第 16 页

广东外交代表团抗议大沽案

1926 年 3 月 16 日

本月十二日中国防守大沽之国民军,横遭日本炮舰及驱逐舰炮击,致死伤者甚多。本代表团特对于日本帝国政府提出抗议,日本此种行动实系仇视中国之行动。若使中国兵力强盛,必将入于交战状态,中国国民认此种行动,显然为日本表示援助张作霖,以恢复其关内势力之政策。日本为此,系谋日本及其他帝国主义之利益,完全敌视中国国民现

在废除不平等条约之运动。日本政府及其他帝国主义之国家之政府，曾屡次声明，愿睹中国之和平与统一，在建立有效能之政府，但日本之陆海军，若似此情况，时时干涉中国国民铲除内乱祸首国贼张作霖之运动，中国如何能建立有效能之政府乎。日本藉口条约权利，既以陆军援助张作霖，而扑灭郭松龄，以破坏中国之和平及统一，又以海军为同一之行动，以压迫国民军，冀使奉军得胜，此则日本应负干涉内政，及扰乱中国之责。毫无疑问，日本动引条约种种干涉中国行动之护符，此更足见中国国民废除不平等条约之主张，有充分之理由矣。因日本主张条约权利，徒使张作霖受其利益，而张作霖首叛中国政府之举动，益形猖獗，则中国今日之情势，断不能容许不平等条约之存在，而不平等条约之废止，乃中国保障国家生存所认为必要者也。此致。

广东外交代表团主席徐谦
中华民国十五年三月十六日

《工人之路》第 275 期，1926 年 3 月 30 日，转引自《三一八惨案资料汇编》，第 17—18 页

北京国民外交代表团等致外交部
1926 年 3 月 17 日

外交总长大鉴：

大沽事件，屈在日本，事实显然，乃辛丑条约关系各国，竟向我国提出最后通牒，限我四十八小时答复，侮辱国体，侵犯主权，莫此为甚。查辛丑条约本系帝国主义者强迫订立之不平等条约之一，国人早已大声疾呼，运动废除。矧此次事件，且非条约所许，纯为干涉内政侵略中国之举动耶。此而可忍，孰不可忍。现在国民闻状之下，莫不缨冠披发，誓死反抗，存亡关头，在此一举。务祈总长据理力争，勿稍退让，于必要时，即以铁血相抗，亦所不惜，全国民众誓为后盾也。兹派代表晋谒大部，面陈一切，务希赐予接纳为幸。

《京报》1926 年 3 月 18 日

天津市民团体通电

1926 年 3 月 17 日

（衔略）大沽日舰击我炮台事件，所谓误会，显系日本帝国主义政府，于出兵南满援张杀郭以后，及助李景林、张宗昌反攻天津不成以后，悍然以武力迫我之动作。当日事件，既约信时，复定信旗，而彼方故意违反，又复受警告，竟突然对我炮台轰击。近旬以来，因军事防敌而封锁海口事件，在天津以英国为首之领事团，及在北京东交民巷之公使团，既处心积虑，百般刁难，最后竟由日本发难出此手段，以不平等条约为借口，欺侮我国，至于此极！庚子事件而后，此乃国家第二次大辱。据报载所谓辛丑条约国，特因此对我作蛮横之要求，日本政府竟有所谓含重大意味之最强硬抗议，各帝国主义者与张吴等反动军阀之联合战线，以此愈显，不平等条约之为害，更足证明。此次事件日本既为发难者，则日本帝国主义之暴行，当受严惩。望我国国民一致兴起，严重抗议，督促当事者，防其软弱屈服，并猛烈进行广大之反日排货运动，以挽救国家于危亡。临电不胜愤激，待命之至。

天津讨张反日大会、反帝国主义大同盟、天津总工会暨二十二个分会、国民党直隶省党部、天津市党部、国民党第二次全省代表大会、天津各界妇女联合会、学生联合会、励进社、中华全国铁路总工会、天津国民会议促成会、天津反吴排英大会、天津反基督教大同盟等七十余团体同叩。

《国民新报》1926 年 3 月 18 日

上海各团体联合会致外交部

1926 年 3 月 17 日

北京《国民新报》转北京各团体鉴：

昨致北京外交部一电，文曰：反奉军与以还。日人始终以武力援助奉系军阀，今更派遣军舰驶入大沽，拒受军事当局之检查，显系载运接济奉系之军械及意图保护奉系军队登陆，以扰乱津京，而转移奉系垂败之战线；且竟敢开炮击我国防炮台，干涉内战、侵我国权，尤进而向我国政府提出无理抗议，此而不争，国何以国。上海人民自得警耗，莫不眦裂发指，誓死力争。特此电达钧部，务希据理抗争，强硬对付，敝会誓率上海民众，以为后盾，临电不胜迫切愤激之至。特此电达，尚望号召北京民众，一致奋起，督促政府共同奋斗为幸。

　　　　上海各团体联合会率二百余团体叩。筱（十七日）。

《国民新报》1926 年 3 月 19 日

国民党北京市党部通告

1926 年 3 月 17 日

　　为通告事：现在的国民革命运动的局面，已到极危迫的时候了！本月十六日午刻，东交民巷使团向国民军提出的最后通牒，限四十八小时答复要求，立即停止天津大沽间战事，否则取必要手段，由该公使团自行取缔天津大沽间障碍。他们的理由是根据辛丑条约，这种通牒的意义，便是乘着国民军军事胜利，借口不平等条约，以压迫国民军而援助国贼张作霖，欲其卷土重来，恢复张贼盘据中原的旧有地位。帝国主义用心之何等的狠狠呵！

　　这使我们想到郭松龄兵到新民屯的时候，日本帝国主义借口铁道沿路地带二十里以内，不许有战事发生，因此令张作霖死灰复燃。郭松龄功败垂成，卒以身殉。这回的通牒，帝国主义者的用意，与上回是一般无二，但是情势要严重万分。

　　第一，这回美、日、法、英、意、荷、西、比各公使联合出头，这就是帝国主义一个联合战线来对付国民军，务必使国民军倒（后）〔台〕，可以进而扫除掉中国的民众运动！

　　第二，这回帝国主义所攻击的是国民军，国民军是反奉战争中在北方仅有的硕果，他的成败，直接关系北方中原民众运动的存亡，亦即关系中国的存亡。假如国民军失败，中央政局重入奉系军阀手里，可任意由帝国主义支配，帝国主义必用残酷手段，予中国民众以严惩。因为自

（五卅）以来，中国民众对帝国主义的进攻，毫未停止，且愈演愈烈，这次天津大沽的问题，可算是中国民众与帝国主义战斗的总结果，所以在这最后的关键中，本党同志千万抓着这千钧一发的时期，应该积极领导民众，帮助国民军与帝国主义作殊死战。

《国民新报》1926 年 3 月 18 日

反抗列强最后通牒国民大会致八国公使函

1926 年 3 月 18 日

公使团领袖及署名大沽事件最后通牒各国公使鉴：我们看见了公使团关于大沽事件最后通牒，异常愤慨！大沽口为我国北方门户，我们有守备防御之绝对权利，况当群盗袭击之时，所以日舰炮击大沽炮台，为绝对侵犯中国主权。贵公使团根据辛丑条约之权利，提出最后通牒，真是无理取闹！我们最后向你们提出抗议。

辛丑条约，在我们中国国民，认定这是满清帝国时代的条约，在民国以来，是绝对否认为有效的，就是在你们帝国主义者一方面，也是默认为无效。有三点可以证明：第一点，就辛丑条约说，该约原定在天津三十里之内，中外各国不得驻兵，但是去年国奉二军作战，李景林用天津做根据地，在天津附近作战许久，毫不听到你们提出什么抗议。第二点，辛丑条约指定不能驻兵的地点，是包括山海关与秦皇岛在内，现在张作霖正利用那些地方作战，你们帝国主义者也不见提出抗议。第三点，张作霖的海军来攻大沽口，你们许久都不向张作霖提出抗议。有此三点，就是你们帝国主义者自己，认定辛丑条约是无效的，现在你们偏要在这个时候来抗议，这证明你们就是帮助张作霖，延长我国的内乱，侵犯我国的主权！如果你们不能立时撤退各国战舰与最后通牒，则请各国下旗归国，立即出境，否则我们当努力驱逐！此问公安。反抗列强最后通牒国民大会启　一九二六年三月十八日

《京报》1926 年 3 月 19 日

北京学生总会急电
1926 年 3 月 18 日

上海全国学生总会转各团体、各报馆鉴：万急！今午十时北京各界为反对八国极无理之最后通牒，开国民大会，到十万余人，齐赴执政府，要求严重驳复。乃段贼竟命卫队向众枪击，死三百余人，伤者不计其数，惨无人道，天人共愤，望全国同胞，亟起声讨。北京学生总会叩。巧（十八日）。

《京报》1926 年 3 月 19 日

临时执政令
1926 年 3 月 19 日

近年以来，徐谦、李大钊、李煜瀛、易培基、顾兆熊等，假借共产学说，啸聚群众，屡肇事端。本日由徐谦以共产党执行委员会名义，散布传单，率领暴徒数百人，闯袭国务院，泼灌火油，抛掷炸弹，手枪木棍，丛击军警。各军警因正当防卫，以致互有死伤。似此聚众扰乱，危害国家，实属目无法纪，殊堪痛恨。查该暴徒等，潜伏各省区，迭有阴谋发见，国家秩序，岌岌可危。此次变乱，除由京师军警竭力防卫外，各省区事同一律，应由该各军民长官，督饬所属，严加查究，以杜乱源，而安地方。徐谦等，并着京外一体严拿，尽法惩办，用儆效尤。此令。

中华民国十五年三月十九日
《政府公报》第 3570 号，1926 年 3 月 20 日

中国共产党告全国民众书
1926 年 3 月 20 日

全国民众！抑知今日严重时局及其由来否？原来中国的民族运动，自五卅以至郭松龄反戈攻奉，中国的民众已有胜利的希望，帝国主义者发了恐慌，不得不亲自出马，援助他们的走狗向中国民众反攻。第一个反攻即日本出兵满洲，帮助卖国贼张作霖击败郭松龄；第二个反攻

即是英国以大批军械帮助吴佩孚攻打河南,日本以大批军械帮助李景林、张宗昌攻打直隶;第三个反攻即是广州英国帝国主义藉税务司利用中国海关封锁广州海口,为摧残广州国民政府和饿毙广东人民之计,并隐藏着藉此发动炮击广州的阴谋,英报且明白宣布将以十万大兵征服中国的计划;第四个反攻即是日本公然派遣舰队掩护奉军兵舰进攻大沽口,且炮击大沽炮台;最近第五次进攻即是他们反来藉大沽事件以最后通牒威吓中国,且指向段祺瑞屠杀反对此项最后通牒的学生与市民,以形成今日严重的时局,即英日段张吴联合屠杀中国民众的时局!

全国的民众! 我们觉得目前时局的急转直下,比之民国四年五月七日二十一条件的最后通牒时,民国八年五月巴黎和约签字时,及去年五卅上海租界政府屠杀爱国同胞时,更严重十倍。五七、五四、五卅——这三时期是帝国主义列强侵略中国和屠杀同胞因而引起全国民众热烈的反抗运动。经过这三时期,中国民众不知道牺牲了多少,才形成了布满全国的民族解放运动。可是现在到了帝国主义列强直接用枪炮军舰大队人马间接以实力扶助卖国军阀,企图根本消灭全国的民族解放运动——全国民众历年牺牲的结晶,甚至稍具民族色彩的势力。消灭全国的民族解放运动,就是实行屠杀全国民众,使全国民众永无翻身之一日,死无葬身之地! 因此目前这一时期是再危险没有的了。

正当全国民众要求取消不平等条约之时,帝国主义者却用最后通牒拥护剥削中国主权最甚之辛丑条约。甚至在天津禁止中国当局检查外轮,超出已有不平等条约范围之外。英日等帝国主义威吓中国的最后通牒,固然给中国民众以莫大的耻辱,同时亦是援助张作霖、吴佩孚、李景林、张宗昌等实力压迫冯玉祥所领导的国民军。帝国主义者为什么援助张吴? 当然因为他们都是拥护帝国主义在华利益的卖国军阀。为什么压迫冯玉祥? 因为冯玉祥所领导的国民军是帝国主义的工具。张吴两派军阀统治中国之障碍,冯玉祥之失败即是帝国主义的工具。张吴之胜利,这正是此时中国民众应该对冯军表同情的缘故。民众对冯军表同情之意义，不是拥护一个军阀，乃是督促他们与全国民众共雪帝国主义者所给予中国民族的耻辱。日本军舰在大沽枪杀许多中国兵士，虽然他们是国民军，可是也是中国同胞，亦不好任帝国主义者杀戮罢！

全国痛恨的段祺瑞为什么敢于枪杀大批学生、市民呢？为谁枪杀他们呢？自然明明白白是老卖国贼段祺瑞受了英日指使，为拥护辛丑条约而屠杀爱国同胞！爱国同胞死于帝国主义者之手，已足使人愤不欲生；今爱国同胞为爱国示威而死于自称中国执政之手，全国民众又将何如！？段祺瑞早已不是中国人民的执政，现在又变成彰明较著的卖国凶犯。全国的民众！我们能不为这些死者复仇么？我们能不讨伐这个杀人的卖国凶犯么？

全国的民众！帝国主义者已从各方面用最后手段对付我们了，段祺瑞、吴佩孚、张作霖、张宗昌、李景林等已是显明的帝国主义的刽子手了。他们所要摧残的目的物，自然是全国要求民族自由的民众，他们为要达到这个目的，所以首先要扫除达到这个目的的障碍物——广州的国民政府及北方的国民军。因此广州国民政府和北方国民军与全国民众发生了生则共生亡则共亡的关系了。在此种时势之下，民众或则坐为待毙，或则急起直追，杀出一条血路，除此以外再没有其他的办法了！

据我们想象，无论平时有何政见不同，无论是国民党右派、国家主义派、富商大贾、研究系、进步的军阀官僚等等，在此次争斗，即对于讨伐段祺瑞、取消辛丑条约和洗最后通牒的耻辱这三件事，都应有所动作，若有人坐视不动，无论平时说得如何爱国，无论是否以反赤为口实，都是中国民众中的败类。

苟安的心理是再不能有了。唯一的办法只有实际的行动。民众应立即起来团结、武装和革命。推翻了帝国主义者在中国的势力，打倒了段张吴，中国才有和平的可言。否则苟安就是送死。

因此，中国共产党中央执行委员会，敬告全国商人、学生、工人、农

民、兵士,应急起联合起来,不分党派,一致奋斗,发动一个比五卅运动更伟大的运动,以

打倒惨杀爱国同胞的段祺瑞!

肃清一切卖国军阀!

取消辛丑条约,以雪最后通牒之耻!

建立人民政府谋全国真正和平!

欲达上列四项目的,真正爱国民众尤应集中于广州国民政府革命旗帜之下,助成他的北伐使命,同时亦不惜以重大牺牲,实际援助冯玉祥所领导的国民军。最后的时机到了,我们再不能犹豫了,或存或亡,在此一举。

中国共产党中央执行委员会

《向导周报》第 147 期,1926 年 3 月 27 日

(二)查抄苏联大使馆

说明:由于苏联政府支持国民政府兴师北伐,奉系军阀认为苏联驻华大使馆是南方赤色势力在北方的司令部,遂将矛头指向苏联大使馆。奉系军阀在取得各国"谅解"后,于 1927 年 4 月 6 日由京师警察厅总监率领宪警三百余人进入苏联驻华大使馆区进行搜查,拘捕使馆工作人员并逮捕李大钊等革命党人,劫走大批文件。事件发生后,北京政府和苏联政府的态度均十分强硬,北京政府以苏联大使馆容留共产党,违反国际公法和"中俄协定"为由向苏方提出抗议,而苏方亦向中方提出严重抗议,并将苏联驻华代办及馆员撤回。此后北京政府和苏联政府之间实际上已经处于绝交状态,只是还维持着若干联系。

外交部有关文电
1926 年 7 月—10 月

（1）外交部致郑延禧①（7 月 27 日）

希将左开电文送达苏联政府。文曰：喀使自就职以来，未得中国政府之继续信任。为巩固两国邦交起见，应请苏联政府召回喀使，另派适宜人员来华充任大使，不胜盼望。等语。该政府意见如何？盼速电复。外交部。

（2）外交部致郑延禧（7 月 27 日）

电计达。苏联政府如询及请撤喀使理由，可告以按照国际通例，接待驻使本须先得所驻国政府之信任。今喀使既已不能得中国政府之继续信任，自应另派能得信任之人员，以期增进两国之睦谊，若就不信任理由加以讨论，恐于中苏邦交反有妨碍，似可不必深求此事。政府意在必行，统盼相机应付，俾苏联政府谅解，务达目的为要。外交部。

（3）郑延禧致外交部（7 月 31 日）

外交部总次长钧鉴：二十七日两电敬悉。请撤喀使事，除遵钧电备文送达苏联政府外，并向齐外长订期会晤。渠因病未能接见，委托东方司〔长〕代见。彼果询及（询）请撤喀使理由，延禧即照钧电严词答告。彼称：此事当转达齐外长核办。并称：个人意见，凡各国要求撤换驻使，须有不信任之事实及证据。等语。谨先电陈，续报。延禧叩。

（4）外交部致郑延禧（8 月 14 日）

十三日电悉。现在中苏待商事件甚多，应切催该政府迅派相当人员来华接替，以便进行。倘彼再延搁不复，可酌告中国政府对于不信任人员，势难继续其以前之待遇。希随时催促，并将办理情形电部。外交部。

（5）郑延禧致外交部（8 月 20 日）

外交部总次长钧鉴，二十日电敬悉。顷向东方司长转告一切。彼

---

① 驻苏代办。

称:航员清单无俄人,系手续未完备。兹本部特请中政府通融,准该俄人乘德机赴华,盖俄人乘德机系双方约定,倘中国不准俄人乘德机,则俄国亦不准德机过境赴华。等语。再,请撤喀使事同时由延禧遵十四日钧电向东方司长切实催询,彼称一切当转达齐外交总长,但齐病卧在床,一时殊难表示意见云云。谨电陈。延禧叩。

(6)汪荣宝致外交部(8月20日)

外交部:极密。十九日电悉。请求撤换驻使,日本尚无此种先例。惟鄙见所及,外国驻使有重大失礼或干涉内政,经主国政府要求召还时,该外国政府应即承诺。如一八四六年驻里马美代办以得罪秘外部,被秘政府要求召还,美政府立即承诺是也。若外国政府不允撤换,主国政府得径发护照,令该使出境。如一八四八年驻马得里英使及一八八九年驻华盛顿英使均有干政情形,西、美两国先求召还,英国不允,终致给照离境是也。至说撤换应否说明理由,学说不一,似以含浑其词,但请将该使荣调为妥。余函详。荣。

(7)陈维城①致外交部(8月20日)

十九日电敬悉。遵即设法探查。据专家云,先例惟对于某国驻使不信任时,可令由本国驻某国公使,商请该国政府撤换,总可得其同意。英国外交史尚无对驻使取消待遇之先例云。查一千八百零四年日国驻美大使 yrojo 因美政府不加信任,请求撤换。日政府允藉口他事调回,而该使仍思恋栈,卒致美政府不与该使接洽事件,日政府另派代办接替,其事始寝。此节亦可参考。城。

(8)陈篆致外交部(8月20日)

外交部,十九日电悉。撤使事法国向例系饬使馆向驻在国政府口头表示,本国政府不满意态度,要求撤换。此项惯例实行无损,因驻使失信任,难容久留,致不能执行职务。特复。篆。

(9)郑延禧致外交部(8月28日)

---

① 驻英代办。

外交部总次长钧鉴:请撤使事,顷向齐外交总长剀切申说,彼称:苏联政府即请喀使先行回国,面询一切,再定办法。等语。谨电陈。禧叩。

(10)外交部致郑延禧(8月28日)

廿日电悉。齐外长虽卧病,政务应有人主持,我国请求撤换喀使,历时数旬,未便再任延容,希面向苏联外部声明,如九月五日以前苏联政府不能与中国以满意之答复,中国政府不得已,即将取销该大使一切待遇,并给予回国护照。该政府意见如何,盼时往切催办理,并电复。外交部。

(11)郑延禧致外交部(8月30日)

外交部总次长钧鉴:顷东方司长面称,苏联政府已电请喀使回俄。谨闻。延禧叩。

(12)施肇基①致外交部(8月31日)

外交部十九日电悉。询据蓝辛复称:如彼政府不允召回,我可正式照会该使,告以彼继续在京任职,两国利益均不相宜,故请离去。并告以彼所享外交待遇于指定日期起程即行取消,以无官职地位之外国寻常人看待,出国护照并附,云云。惟此项指定日期应稍隔远,俾彼指日启程。由我同时驻俄使馆照会彼政府②,我国所取行动等语。基。

(13)外交部致张作霖③(9月10日)

钧鉴:喀拉罕已于今晨离京,濒行既未会晤,亦未辞行。顷接该馆来文声称:喀使出京由林德代办使事等语。谨电奉闻。次长。衔。

(14)许沅④致外交部(9月11日)

外交部总次长钧鉴:苏联沪领函告:加大使十四日可抵沪。拟会晤。等语。加大使是否被召回国,抑系撤换迫令离京?抵沪后应否按

---

① 驻美公使。
② 似应为"同时由我驻俄使馆照会彼政府"。
③ 奉天督办。
④ 上海特派员。

章接待？乞电示遵。许沆叩。

（15）外交部致许沆（9月12日）

十一日电悉。加使离京，确因我方要求撤换，而用被召回国名义，以全体面。此次抵沪，可毋庸按章接待。该使在沪有无轨外行动，应随时严密监视，并将离沪日期报部为要。外交部。

（16）许沆致外交部（9月27日）

外交部钧鉴：苏联加大使昨午后二时，偕秘书等五人乘挂那威旗轮船赴海参崴，经过广东是否登岸，尚未探悉。除将捕房连日侦查报告另行邮呈外，谨陈。许沆叩。

（17）奉天上将军署致外交部（10月15日）

外交部王次长鉴：元电悉。据高总署长清和禀称：文日上午驻奉苏联副领事来函通知该署邹参事云：苏联代使切尔内赫当日下午二时到奉，转请核示等情。查该使来华，事前未接部电，亦无驻莫郑代办来电，即到奉时期驻奉苏联总领事亦未正式函告总署，故于该使身分不甚明了，当嘱总署派邹参事赴站，按照普通外宾惯例迎接致意。翌日，复派邹参事往晤苏联库总领事，探询切氏是否新任驻华代使，抑系加氏代理？据称：伊所知者，加系请假归国。切氏除代使本职外，尚奉有苏联政府解决东路各问题之全权委任。其于代理加使一层，始终含混其词，不肯明白表示，故此间尚未正式接待。

查切氏来华，事前既未向我方表明其身分，我方是否表示同意？所虑者，切氏身份未确定，即与撤换加使问题有关。盖该员有代使资格，又有解决东路全权之使命，此系预为地步，维护加使原任，倘予以正式接待，不啻默认加使地位之保留，将来加使或乘机回任或来华宣传，我以普通人民加以取缔，彼必藉口大使资格存在，纠纷由此而起，流弊殊多。此次切氏赴京，应先令其表明身份，如确系加使撤回后之新任，方可正式接洽。应请注意，并盼电复。上将军署。咸。

外交部与加拉罕、郑延禧等来往文电

1927 年 4 月

（1）郑延禧致外交部（4 月 6 日）

外交部总长、次长钧鉴：顷苏联外部面称：英国无线电载，今晨北京华兵侵入苏联大使馆搜查一切，并拘捕馆员数人。本部不胜惊骇，请速电询贵国政府，究竟如何情形等语。乞速电示。禧。六日。

（2）加拉罕致顾维钧（4 月 6 日）

北京，顾外交总长鉴：苏俄人民委员会外交部接据外国访员报告，今晨有张作霖上将军部兵百余名，侵入北京俄大使馆封锁各门，占据馆舍，施行逮捕，以汽车将被捕者载去。关于此事，俄外部尚未接到车代办报告，上项外国访员报告是否确实，真相如何？又车代办与俄政府通讯之便利，业被剥夺，是否属实？统乞迅速电复。六日。

（3）外交部致驻苏代办（4 月 7 日）

六日电悉。此事警厅迭据探报及捕获党人口供，苏联使馆包庇党员，在远东银行及俄国旧营房内，设立机关，召集会议，图谋不轨。本月六日，由地方军警当局得使团谅解，派警赴远东银行等处搜查，获有重要党员多名及谋乱枪械、旗帜、图章等证物，以及宣传印品甚夥。惟对苏联使馆仍尊重，并未侵入。查远东银行及俄国旧营房均为苏联使馆直接管辖之处，乃任该党员等在内设立谋乱机关，实属违反中俄协定及国际公法，不知是何用意？本部业向苏联使馆提出严重抗议，并声明保留，俟查明详情后，应如何处置办理之权，希即本此意旨向苏联政府抗议，并声明未入使馆搜查。彼方态度如何？切盼电复。外交部。七日。

（4）郑延禧致外交部（4 月 10 日）

外交部总长、次长钧鉴：顷准苏联外部公函略称：中国军警侵入苏联大使馆陆军随员办公所及馆员住所，并有殴辱、拘捕、搜查、掠夺等情，如此违背国际公法，未有先例。苏联政府反对以上所述之暴行及违法事件，提出坚决之抗议，并以为以下所列之初步要求为必须贯彻之主张：一、中国军警应立即由陆军随员与大使馆办事人员之住所及商务代表处撤退。二、所有苏联大使馆及经济机关不能牵涉办事人员，被逮捕者应从速释放。三、所有由陆军随员住所搜去之文件，应从速交还。四、所有财产如金钱、物件、家用器具、书籍等件被抢掠及为军警所夺取者，应从速交还原主。苏联政府为表示抗议态度起见，迫不得已于以上所列之要求未满足以前，将车代办及大使馆全体馆员召回，仅留办理领事事务人员于北京。请即转达北京政府。等语。谨先摘要电达。余另呈详。禧。十日。

（5）外交部致郑延禧（4月16日）

十日电悉。对苏联抗议，正式答复应俟全文寄到核办。兹先略复如下：查外交官所享治外法权，并非绝对无限，驻使有不法行为，即不能得国际法之保障，何况附属机关，搜查使馆，各国固不乏先例，苏联亦曾行之。此次中国军警搜查俄国旧营房等处，系因乱党在内组织机关，希图颠（复）〔覆〕政府，扰乱治安，显系违反国际公法及中俄协定。不得已乃根据国家自卫权之发动而实施搜查，所搜得重要各乱党及党人起事之旗帜、印信、名册暨各种证据文件。此外，尚搜得大宗军器，如机关枪、步枪、子弹及苏联与乱党通谋之各种文据，均在苏联大使馆所管辖或与有密切关系之各机关内搜获，苏联大使馆何能包庇助乱党图谋扰乱治安、颠（复）〔覆〕驻在国政府之责任。中国军警对于大使馆本身，未加搜查，实属格外优容。乃苏联政府反指为暴行违法，殊出意外。中国政府对于捕获人犯及物件，正在审讯检查，一俟完毕，自有相当处置。值此讯查未了，中国政府保留一切处理之权，对于苏联政府要求四条，目前碍难照办，希即转达。至撤回使馆人员，政府意听其自便，不予答复。彼方态度，仍盼随时电告。外交部。十六日。

（6）郑延禧致外交部（4月23日）

外交部总、次长钧鉴：搜查党人案，奉十六日钧电，当即遵电答复苏联外部。去后兹准复文大旨：一、北京内阁复文将重要问题置之不理，不能认为满足。二、北京政府未先向车代办抗议，或请其取缔馆员，而直加暴行于馆员,实属违反国际公法。三、北京内阁谓苏联曾有此先例,并非事实。四、北京公议,以为苏联大使馆包庇乱党一节,毫无实据。五、复牒所云在大使馆管辖处搜获旗帜、印信、兵器等物,但搜查陆军随员办公室及住所时系秘密行动,并未准苏联大使馆正式职员在场,殊背搜查时应守之浅近法规。六、四月九日苏联政府通牒中所述要求未满足以前,关于召回车代办之外部前项宣言仍保留其效力,等语。原文甚长,谨先摘要电闻,余函详。禧叩。廿三日。

(7)吴晋①致郑延禧(7 月 23 日)

前在安国军外交处长任内,对于俄馆收发密电,曾令电局扣留。如俄外有所抗议,请告以此系军事机关命令,与本部无关为盼。吴晋。二十三日。

(8)外交部致郑延禧(8 月 4 日)

廿九日电悉,查苏联驻京大使馆撤退时,该馆仅函送留京办理领事事务人员名单一纸。嗣本部电令该代办转询该项人员之确实资格,俾予相当待遇。迄未答复。北京向无专设领馆办法,该远东司长所称之驻京总领事馆在法律及事实上,均无根据,碍难承认。又查外交通信秘密权,只能在相当范围内适用于领馆馆长,苏联留京人员既无法律上之资格,复值我国军事时代,自不能任其享受该项特权。至我国驻苏联大使馆地位完全合于外交公例,不可与苏联留京人员同日而语。希向彼方郑重声明为要。外交部。四日。

中国第二历史档案馆藏北洋政府外交部档案

俄政府要人对华演说

1927 年 4 月 11 日

(莫斯科十一日电)政府首领赖可夫在全俄苏维埃大会演说,大意以此次俄馆事件,外交团竟直接干与其中,且有白俄卫兵在内,可见责

---

① 外交部次长。

任不仅在北政府,亦在外交团。当事件发生时,有某某国代表,力向苏俄担保并不参预,但英美两国,并未与此种保证。帝国主义者此种恶作剧,无非嫉视苏俄抛弃辛丑条约之权利,彼等以为所谓打破不平等条约之结果,当然驯致此类事件,苏俄之遭此恶剧,可谓咎由自取。

查使馆界内藏匿反对党人员,早有先例。譬如荷兰使馆数年前且收容复辟罪犯张勋,最近上海公共租界收容北方溃兵使其回鲁戍军,尤为世人所共见者也。

帝国主义者虽在挑拨中俄宣战,但俄方仍报以坚强的和平政策,不改从前。苏俄对北京政府之抗议要求,系属最小限度,无非为排除将来纠纷起见。苏俄政府对华绝不步踵帝国主义各国,施以暴力之压迫。凡调处纠争一本和平政策,但此举成功与否,苏俄不能专负其责也。

北京《晨报》,1927 年 4 月 13 日

张伯伦在众院表示检查俄兵营不违法

1927 年 4 月 11 日

(伦敦十一日路透电)英外相张伯伦在众院质问时,宣读一报告称彼由接驻华公使所接到关于搜检俄大使署之报,执行检查之军警,竟超过其权力之外,而延及俄国卫队之兵营,但张君云,可以辨明者,该兵营不能为外交上不可侵犯之地,因苏俄无再拥有卫兵之资格。就张所知,外间所传,被捕之人,已一律斩首一节,完全不确,彼其明了者,辛丑条约列强所云,使馆界之保障安全权利,决不能赋与反抗当地官宪之阴谋派所享有,措词极当云。

《顺天时报》1927 年 4 月 13 日

蓝普森致张伯伦

北京,1927 年 4 月 11 日

根据我到这里以来发出的多份电报,您大概知道了张作霖元帅表现出越来越强烈的倾向要对苏联采取激烈的行动。

2. 您大概还记得,在 1 月 25 日我的第 175 号电报中,我报告过,元帅的密使吴晋对我提到了北京苏联大使馆各种活动的问题。他断言,苏联大使馆是反英和其他阴谋的中心。他询问外交团是不可以用某种方式对付苏联大使馆,还是不允许张作霖元帅查抄它。他说,张作霖元帅决心设法处理这个问题,如果需要的话,还会考虑与俄国断绝关系,并打发苏联大使馆的全体工作人员离开中国。我指出了查抄大使馆的困难,关于断绝关系这个更重大的问题则没有表示看法。

3. 直到 2 月 23 日英王陛下政府致苏联政府的抗议和警告照会发表后,才听到关于这个问题的更多的消息。无疑是受到该照会的鼓励,吴晋向我提出了令人震惊的幼稚建议,即,英国、法国和波兰联合起来将布尔什维克赶出莫斯科,同时,中国北方政府驱逐此地的所有布尔什维克。我在 3 月 9 日致日内瓦的塞尔比先生的密电中报告过这个情况。

4. 就在这项建议之前,北方当局采取了针对布尔什维克的第一个实质性的行动,于 2 月 28 日在南京查抄了苏联船只"巴米西列宁那"号①,船上载有鲍罗廷夫人②以及 3 名苏联外交人员,所有这些人都被扣押。这引起苏联大使馆向外交部发出了一连串的照会,抗议查抄船只并检查外交邮件,要求立即释放全体船员和乘客,而且应由中国政府对受到事件威胁的苏联公民的生命财产安全负责。

5. 3 月 11 日,吴晋回来向我建议说,张作霖元帅以第一份抗议照会为理由与俄国断绝关系,而这是英、波、法和中国联合行动计划的第一步,他已经于 3 月 8 日向我建议过这个计划。如我在 3 月 19 日的第 242 号快信中解释的那样,我比上一次更详细地指出,任何这样的联合行动都是不可能的。

6. 3 月 22 日,吴晋再次提出了联合行动的问题,我也再次试图打

---

① Pamiat Lenina──译者注。
② Mme. Borodin──译者注。

消他的幻想,后来他回到俄国人在使馆区的俄国大使馆策划阴谋的问题。根据您在 1 月 28 日第 83 号电报中的指示,我答称,对于针对一名外交团成员的计划——其政府为英王陛下政府所正式承认,我不可能同意或承担责任。吴晋接着说,他建议外交部将事实真相告知外交团,我说对此我不反对,但是,我坚持要他去问领衔公使。吴晋进而试探我,如果张作霖与俄国断绝关系并卷入对苏俄的战争,英王陛下政府的态度如何。我拒绝被拉进来讨论这么一个假设的问题,并且指出,对于一个如此密切影响俄中关系的问题,我发表任何看法都是不合适的。

7.3 月 26 日,吴晋又来拜访(见 3 月 26 日我的第 512 号电报),这次他说,张作霖元帅指示他请求我们支持反对南方、反对苏俄。我重申,英王陛下政府的在华政策是不干涉政策,至于英王陛下政府对苏俄的政策,我提到了 2 月 23 日英国致莫斯科的照会。

8. 是在 4 月 4 日,外交团的某些成员第一次集体讨论了对使馆区的俄国煽动者采取行动的可能性。那天,领衔公使召集了辛丑条约缔约国代表的秘密会议,他说,张作霖元帅的随从再三向他指出,俄国人正在滥用使馆区的庇护,在那里组织闹事。据说有 4000 支手枪被偷运进帝俄旧兵营的营房,再从那儿分发给北京的暴乱分子。中国当局尤其想要查抄远东银行,他们预计在那里会找到武器和重要文件。

9. 正如我在 4 月 5 日的第 616 号电报中报告的那样,会议总的意向是,如果使馆区的好客被用来对付当地政府,整个使馆区的地位都会受到危害。会议一致同意,中国警察如备有合适的搜查证,应该得到领衔公使许可进入搜查证上明确提到的任何被怀疑的俄国私产。虽然我同意这样——因为符合英租界里英国人的程序,但我仍借机向会议宣读了您第 83 号电报的最后一段(见前面第 6 段)。4 月 5 日,我又致信领衔公使,指出需要谨慎以免确立一个危险的先例。

10.4 月 6 日,中国京师警察厅致信领衔公使,称有证据表明,大批共产分子躲在中东铁路、远东银行以及俄国庚款委员会大楼的房屋内,正在煽动骚乱,请领衔公使同意宪兵和警察查抄这些房屋。领衔公使签署此信,准其所请。附信件原文。

11. 查抄行动似乎计划和执行得很好,而且行动中只有最少的暴力。

12. 如我在 4 月 7 日的第 639 号电报中报告的那样,虽然俄国大使馆本身绝对得到了尊重,查抄人员还是超越权限进入了帝俄公使馆警卫兵营。尽管可以辩称,这些兵营被一堵墙和大使馆的院子隔开了,它们并不是大使馆本身的一部分(见下面第 16 段),但是,经与同事们讨论,领衔公使还是认为立即在 4 月 6 日的照会中抗议越权为好,兹附上照会文本。领衔公使在其 4 月 7 日的第 52 号通告(即本信附件 1)中报告了他的行动。

13. 4 月 7 日,京师警察厅向领衔公使简要报告了查抄结果,信件译文见附件 5。从信中得知,查获的物品包括机枪、步枪、左轮手枪和弹药。虽然警察的信没有详细叙述,但领衔公使告诉我,他们查获了一份有 4000 名共党代理人的名单,他们准备在北京闹事并采取暴力行动。查抄的其他物品还有反英、反日委员会的钤印。

14. 警方 4 月 7 日的来信说,已逮捕了数名共党分子。因此,辛丑条约缔约国代表认为,还是由领衔公使在 4 月 8 日向京师警察厅司令部发出照会为宜(附照会原文,即附件 7),要求保证所有被捕人员受到主管司法当局的公正审判。同时,欧登科给警察厅司令部和张作霖元帅的工作人员都打了电话,预先告知了这个消息。

15. 4 月 8 日,报上刊登了 4 月 6 日苏联大使馆致外交部抗议书的全文,根据抗议书,好像是进入了武官室,这无疑会引起关于这里的俄国外交代表目前享有的外交豁免权的地域范围的热烈讨论。

16. 应该解释的是,大使的住处、秘书和官员们的办公室和房屋,只占俄国大使馆属地的一部分,都在一个独门独户的院子里,有一堵墙把它们和以前用作帝俄警卫兵营的房屋分隔开来。远东银行、中东铁路和庚款委员会的办公室就在旧兵营的房屋里。

17. 因此,虽然可以宣称被查抄的所有房屋都坐落在俄国大使馆的属地上，但是，如果土地被出租给银行和商行，地上的房屋是绝没有外交豁免权的。尤其是这个时候，由于 1924 年 5 月 31 日中俄协定第 12 款的缘故，俄国人（大使馆实际工作人员除外）和俄国馆舍（大使馆实际作外交之用者除外）不得拥有治外法权。

18. 苏联武官的办公室可能和这些商业机构在同一幢房子里，而且似乎搜查者进入了武官室，这无疑是个复杂的情况。但是，苏联政府的态度可能更多地取决于查抄的实际结果，而不是理论上的考量。正如《京津泰晤士报》评论的那样："如果以外交豁免权这一不合逻辑的借口抗议查抄，提出这个权利，它就得对房屋内敌对宣传品和证章的存在作出解释。如果不抗议，它还是得对所管理的房屋被用来存放煽动性传单和国民党旗帜作出解释。不管怎么说，它都不能逃脱严重滥用外交特权的责任。"

19. 根据霍尔（Hall）的《国际法》，即使进入了武官室，如果搜查结果发现了煽动性活动，苏联政府是否有合理的理由抗议搜查，似乎是值得怀疑的。在该书第二部分第 4 章第 51 段有这样的叙述："为使非外交工作人员免于属地管辖权的直接行动，他始终必须被长期雇用并以为公使效力作为日常工作。"这似乎证明搜查商用房屋是正当的。

20. 关于武官室，前引书第 51 段的前面部分确实说："外交人员的豁免权可以扩大到……秘书和专员，民事的或军事的，他们构成外交使团的一部分，但不是私人任用的，因为在外交人员的公务往来中这些人是必不可少的……。"尽管如此，在第 52 段中还有下面一段话："据认为，外交人员的房屋以须保证他们自由行使职能为限度免于属地管辖权的行动。同样认为，在政府有正当理由逮捕大使并搜查其文件的情况下，豁免权不再适用———出现无视特权的权利，为保证享有该特权而存在的豁免权就自然终止。"

BDFA，Part II，Series E Asia，Vol. 32，pp. 428–431

国务会议议决由外交部起草驳复俄国抗议

1927 年 4 月 14 日

　　昨日国务例会席上,讨论时间最久而最重要者,厥为中俄交涉事件。开会时,外长顾维钧起立报告中俄交涉现在情形,略闻军警日前在俄使馆附属三机关搜获证据文件,及党员多人,本部业向俄使馆抗议。讵上星期四,俄代办复照会外部抗议,应否予以驳复,议决,俄代办抗议所持之理由,有逾出普通外交惯例以外之处,亟应设法驳复,交外交部赶即起草,竣事后,再定期阁议讨论通过,缮正送出。并须郑重声明,北京军警此次在俄使馆界内所捕之俄国人民,均系共产份子,所有搜出之各项文书,即该共产党宣传赤化,扰乱中国秩序之证据,刻正依法检查,日内即可分别公布。

《顺天时报》1927 年 4 月 15 日

从俄使馆案至国民党清共(节选)

田鹏

　　北京俄使馆匿藏共产党　中国国民党第一次全国代表大会自孙中山容共议案通过后,共产党遂得大肆活动。及中山逝世后,国民党与共产党暗斗日烈。北京俄使馆实为中国北部共产党之总司令部,共党首领李大钊等居之,久已成为公开之秘密。民国十六年三月间,北京发生大捕学生案,实为搜查俄使馆案之先声。未几,学生运动之重要分子多已迁入俄使馆居住,益促当局之注意。及四月六日,遂大肆搜查俄国大使馆。

　　搜查俄使馆之经过　奉天方面办理兹案之初,即派人商之驻京各国公使,公使虽皆无异议,但以中国军警入东交民巷(即公使馆街),系违反辛丑条约,宜由外交部出面协商。安国军总部遂通告顾维钧,顾不敢负此重责,推诿延宕,久无定议。后因京津谣言甚炽,中外咸觉俄使馆为阴谋策源地,奉方乃决定自负责任为断然之处置;更派人商之英、法两使,两使初有难色。奉方代表谓吾人前方正与敌人对垒,今总司令部所在地,即有敌人之一大本营在,其危险孰甚,无论如何,非办不可。两使乃谓事涉违反条约,容与辛丑条约国各使会议。会议结果,以相当条件,许可中国军警前来;至具体方法,委托领袖荷使主持,由是乃成安国军总部与荷使之交涉。安国军总部与荷使商定办法后,五日晚间,总部乃召京师警察总监陈兴亚至,授以方略,定翌日早晨准备军警人员,赴东交民巷备用。便衣人等,则以带红线为记,同时令其备一正式公文,声称使馆界内远东银行、中东铁路办事处、庚款委员会等处,有党人阴谋暴动机关,事机迫切,立须搜查,请予许可等情。六日清晨安国军总部外交处长吴晋赴荷兰使馆指挥。十时以前,人已集齐;十时二十分,由荷使就警厅公文签字,随即着手搜查。以路径不熟,事前情请熟习者为之画图,入门以后,军警遂按图把守。搜查结果,拘获共产党人李大钊、路友于等六十余人,检出关系苏俄赤化中国之重要文件多起。当是日下午二时,军警正在搜查时,俄使馆武官室,突然起火,盖欲毁灭文件证据也。旋经消防队驰往,即行救灭。

搜查后中俄互相抗议　搜查后,北京外交部根据所获各种证物,以俄使馆容留共党,违背国际法及中俄协定为理由,向俄代使赤尔尼抗议。七日早,俄代使以军警曾搜及武官室,亦向北京外交部抗议。

搜查所获重要文件　此次搜查俄使领馆,所获苏俄在中国宣传共产主义各种阴谋文件百数十箱,全部堆置,可以充栋。苏俄当时在中国宣传共产主义之阴谋,几完全揭露无遗。在国界未打破以前,国际阴谋,固所难免;而在中国实行阴谋企图者,自亦不仅苏俄为然;特苏俄以其在中国享有治外法权之使领馆,为其行使阴谋策源地,斯不能不谓为违反国际法之重大憾事也。兹由当时搜查所获百数十箱文件中,择其特别重要者,照录译文数种,以见苏俄在中国及远东阴谋之一般政策。其文件全文如次:

第一件:苏联在华密探局组织法

一　宗旨　(甲)研究中国实力部分之组织及兵力,并时时注意其军队发展及扩充之情形。(乙)随时搜集有关军事之材料,并注意与中国关系各国援助中国之数量而编辑之（首应注意者为日本及英国）。（丙）上项材料，随时寄往莫斯科及北京，并由海参崴寄往西伯利亚军司令部。以上三项，系本局之宗旨。

工作之方面及范围，应注意以下两点：（甲）须认定苏联与日本及中国有战事之可能。（乙）须认定中国国民革命运动，能以发展，因之欧洲帝国主义国家及新大陆，不致予苏联以封锁。对于甲项，吾等应详细研究中国北部及高丽各地之情形，以该各地为未来之战场（以该处为进攻之起点及军队集合之中心，并在该地筹备后防），注意该各地出产及其有组织之军队，对于国民革命运动之态度。对于乙项，亦照上项办法研究中国各部分之情形，以该各部分为反帝国主义运动接济之来源，并认为将来在抵抗日本、英国、美国及其余各国时，苏联与中国有联盟之可能。中国现时大局之具体情状，为两大主要军阀之活动，即奉天派（张作霖）及直隶派（吴佩孚）是也。两派与广东国民军及外国人之相互关系，处于具有组织之工人农人及知识阶级之发展的国民运动中，被牵入于战斗之漩涡，日甚一日。吾人据上述之视察，对于中国实在状况之研究，应以苏联最高革命委员会之意旨及其具体计划为根据，定吾人进行之方针；因该委员会为全部军事工作唯一之全权机关也。再应经由主管之中央机关之密探总局，并与战事计划机关保持协议。所有莫斯科中央方面之意向及计划，应根据驻华平时及战时各项侦探之报告为之确定。故该侦探等对于中国全局之研究，应力求洞悉。吾人工作前途根本步骤与严格的范围，均可依此定之。一切详细情形，见诸计划书内。在当地之工作，必须与大使馆及大使馆武官处（指导机关）及国际共产党部三处之动作一致。

二　职务　为实行以上宗旨，须组织大规模之探访机关，搜罗及教练各种探访人员，散布各处，随时加以引导指挥。各探访机关，平时须预备妥善；一至战争时，即可供诸材料，不致发生困难。组织须坚固，通信须灵速，且须与本总机关部及各军队、土匪等通消息。

三　机关部之组织法　密探各分机关部，彼此均不得知其机关之所在地及工作人员。各分机关部除得消息后,各自报告北京总机关部,由北京转达莫斯科。在中国之各分机关部,得藏设于使领馆等机关内,以托庇护;有时亦得暗设于市上饭店商号之中(按日本人在东三省,德国人在中国内地,皆系此种办法)。现为节省经费工作便利起见,宜正式藏匿于大使馆或商务代表处等机关,因吾俄人颇不易与华人发生关系故也。又如广东俄国技师、顾问能与该司令部有直接关系者,分机关部即可藏彼处,以资保障。惟在此种保护之下,无论如何,须以能保全秘密,及随时探寄消息为要。

四　与外交侦探之关系　本局与大使馆之关系,即得到军事材料,按期汇送。又与大使馆武官处之关系亦同。而大使馆及大使馆武官处两方面特别材料,亦汇送本局。本局人员遇必要时,大使馆须发给外交护照,并在使领馆内留予相当位置,俾可与官场发生关系,办理中央交办事项,且可保障其行动自由,秘密行事。本局各分部与各处领事馆及总领事馆之关系亦同。

使领馆各外交机关,须与各分部预备住所,保障工作之安全,保守所有之秘密,协助一切。

五　与政治侦探局之关系　政治侦探局国外部密探,探得军事材料,应随时供给于当地本局或分机关部。惟现在各处所得材料或不传递,或仅传递一部分,殊与工作前途有碍。于工作之完善上,及所得材料之整理编纂上,均多不便。甚至已得之材料,本处须重行搜罗,费力甚多。纵使此项材料可在中央(莫斯科)交换,不但多费时日,亦且声气隔阂。如此,欲期各地方侦探机关全部进行,势所不能;故各侦探机关应将所得之材料,随时传递于国政局外务科。国政局亦应将自己区域范围内之计划,与侦探机关互相交换。若本局或分机关部遇有采集政治材料时,亦可请当地政治密探代为侦探。所有关于军事密探事件之工作,应集中于国政局外务科之手;但应将此项工作之结果,随时通知本处各分机关。该各分机关亦可将军事密探事件,送请该外务科查办。

六　与国际共产党机关部之关系　共产党各机关部须在当地随时协助本局分机关部寻觅秘密住所,帮同搜罗探员;其军务处亦须时时与本局各分部接洽互换军事材料。接洽方法,须斟酌当地情形,秘密办理。

七　与国民军内顾问之关系　国民军中之顾问技师,系遵照大使馆武官处给予之方针,单独工作;但彼等遇有关系之材料,皆须供给当地本局分机关部。吾等探员办理事项,或假借顾问、技师等名义,名为司令部人员,但仍直接受北京总局之管辖,办理北京总局交办事项,由北京总局领取薪水。至于假借领事馆人员名义工作之人亦同。各分机关部之全部报告,皆须供给司令部之顾问,其密探并可办理司令部一部分之事务;但办理之事,必须报告本局。

八　与商务代表处商船处远东银行及中东铁路等机关之关系　以上各机关,须尽力协助密探局,供给各种材料。其互相协助方法,斟酌当地情形办理。

九　与海参崴库伦东京附近各机关之关系　本局各地分部除后表(后表缺)所载人员外,其余人员,不得与上述各机关有来往。北京密探总局与上述各机关应交换人员,及业经编订之材料,并互相协助。

(下略)

第三件:苏联大使馆训令各密探员调查中国军事政治情形之各种方针

各密探员首应注意者,即为调查中国各军阀及国民革命各军之实力,及政治之派别。现在关于此种调查材料,有两种缺点:一为时间过晚,无侦查性质;一为各种材料,多系由报纸印刷品探录而来,不见新颖。

如能报告合时,不仅能将发生之事,随时知晓;即工作人在该地范围以内进行之工作,及将来所发生政治与经济之重要变化,皆能预先料定。

此事纵不能常常办到,然对于工作上随时特别注意,亦能得许多成效。譬如在国民军由北京退往西北之时期,与我方最有关系者,即内蒙古、山西、陕西、甘肃各处之政治经济情形、地方财政、路线及运输方法等事;但各密探员对此并未加以注意。即广东方面预备北伐经年以来,各探员亦未注意及之。

我方各探员向来对于已经过去之事件,供给极详细之材料;惟在最激烈之政变,或最要紧之军事时间报告,反付缺如。因此发生种种困难,无法应付。此种迟慢报告,即为国民军由南口、张家口退往包头,经陕西、甘肃退往西安一事。盖国民军原于八月十四日开始撤退,至现在已历一月之久,况其预备撤退之先,当有时期,计至今日,已经一月有余,而我方迄未得各探员之任何报告。

由以上所述,可见各探(长)〔员〕之调查报告,大半系根据新闻纸得来;但此种材料,我方自有各种英、法文新闻杂志甚多,原无待于调查。惟各军阀、各政治当局与外交团之各种会议及各种消息,均为探员所宜注意之事,苟能极力侦查,继之以果毅之力,定能得极佳之结果。兹将吾方在华探员最积极之任务,分述如下:

(一)记载东三省、蒙古、新疆、云南、甘肃、山西、陕西等地之经济、军事及政治状况,记载时,不能抄袭旧有书籍,必须本诸该处之实在情形,并应注意该地自治机关、殖民机关、财政机关及海关监督等处之情形。

(二)对于军事方面,应当详细研究各军阀之实力,首应注意其师、旅、团及各分部之数目,及其驻扎地点。现时我方所调查者,均不正确。至其军队之战斗力如何,更无论矣。此外对于军队之基本组织、政治状况、教练及预备情形、经费枪械及服装粮秣等问题,亦应注意。

尤关重要者,即为军事侦查,其任务即调查英、美、日各国对于中国各种问题之材料。兹分述如下:

(一)调查日本在东三省、蒙古之积极政策,及其对于英、美各国之态度,并英、美各国对此问题之方针。

(二)调查英、美、日各国对于山东问题之态度。

(三)调查英、法、日、美各国对于广东问题之态度。

（四）调查各帝国主义国家对于中国关税自主，取消领事裁判权，及其他国民运动之政治态度。

《革命文献》第 9 辑，第 120—150 页